AF554325

CONSERVATION

RÉVOLUTION

ET

POSITIVISME.

CATALOGUE DES PUBLICATIONS DE L'ÉCOLE POSITIVE.

M. AUGUSTE COMTE,

Ancien élève de l'École polytechnique, répétiteur d'analyse transcendante et de mécanique rationnelle à cette école, et examinateur des candidats qui s'y destinent.

COURS DE PHILOSOPHIE (système de philosophie positive). Chez Bachelier, quai des Augustins, 55. Paris, 1830-1842. 6 vol. in-8°. 50 fr.

Le 1er vol. contient les *Préliminaires généraux* et la *Philosophie mathématique*. — Le 2e vol. : la *Philosophie astronomique* et la *Philosophie physique*. — Le 3e vol. : la *Philosophie chimique* et la *Philosophie biologique*. — Le 4e vol. : la *Partie dogmatique de la Philosophie sociale*. — Le 5e vol. : la *Partie historique de la Philosophie sociale*. — Le 6e vol. : le *Complément de la partie historique de la Philosophie sociale et les conclusions générales*.

TRAITÉ ÉLÉMENTAIRE DE GÉOMÉTRIE ANALYTIQUE. Chez Carilian-Gœury et Vor Dalmont, quai des Augustins, 49. Paris, mars 1843. 1 vol. in-8°. 7 fr.

TRAITÉ PHILOSOPHIQUE D'ASTRONOMIE POPULAIRE. Chez les mêmes. Paris, 1845. 1 vol. in-8°. 6 fr.

DISCOURS SUR L'ESPRIT POSITIF, prononcé à l'ouverture du cours d'astronomie populaire en février 1844. Chez les mêmes. Brochure. 2 fr.

DISCOURS SUR L'ENSEMBLE DU POSITIVISME. Chez les mêmes et chez Mathias, quai Malaquais, 15. Paris, juillet 1848 1 vol. in-8°. 6 fr.

SYSTÈME DE POLITIQUE POSITIVE ou **TRAITÉ DE SOCIOLOGIE**, instituant la religion de l'humanité. Chez L. Mathias, quai Malaquais, 15, et chez Carilian-Gœury et Vor Dalmont, quai des Augustins, 49. Paris, juillet 1851. 4 vol. in-8°.

Le 1er vol. contenant le *Discours préliminaire* et l'*Introduction fondamentale*, 8 fr. Le 2e vol. contenant la *Statique sociale* ou la *Théorie de l'Ordre*, sous presse.

M. É. LITTRÉ,

de l'Institut.

CONSERVATION, RÉVOLUTION ET POSITIVISME. Chez Ladrange, rue Saint-André-des-Arts, 41. 1 vol. in-12. 1 fr. 50 c.

(*Voir la suite du Catalogue sur la couverture*).

Paris. — Imprimé par E. Thunot et Ce, rue Racine, 26, près de l'Odéon.

CONSERVATION

RÉVOLUTION

ET

POSITIVISME

PAR É. LITTRÉ,

DE L'INSTITUT.

PARIS.

LIBRAIRIE PHILOSOPHIQUE DE LADRANGE,

RUE SAINT-ANDRÉ-DES-ARTS, 41.

1852

PRÉFACE.

Les opuscules, ici réimprimés, n'avaient point été conçus dans un esprit d'ensemble et en vue de former une seule et même publication [1]. Cependant il a suffi de les rapprocher pour que la connexion s'y manifestât ; et, bien que l'un d'eux [2] remonte à 1844, et soit antérieur à une révolution, qui a fait chavirer tant de convictions et produit tant de contradictions, je n'ai rien eu à changer pour me mettre d'accord soit avec les événements, soit avec moi-même. Pourtant mon sujet est toujours, implicitement ou explicitement, la politique actuelle, qui, à tant d'esprits, paraît si

[1] La réimpression de ces opuscules a été jugée utile par un zélé positiviste, M. Besnard, maire de Villers-Cotterets, et il en a généreusement fait les frais. Ce n'est pas le seul exemple de ce genre qui se soit produit au sein du positivisme, qui déjà, bien que pauvre et borné en nombre, commence à suffire par ses propres ressources à ses besoins principaux, en attendant qu'une hiérarchie établie entre ses membres régularise tous les services et assure son existence spirituelle.

[2] Le premier (*De la philosophie positive*) a paru d'abord dans le *National*, puis a été publié à part. Il en a été de même du second (*Application de la philosophie positive au gouvernement des sociétés et en particulier à la crise actuelle*). Le troisième (*Progrès du socialisme*) a seulement paru dans le *National*.

incertaine et si décevante. De cela, je ne me fais aucun mérite personnel, et, si j'éprouve une vive et sincère satisfaction de n'avoir point à me démentir, et, parlant au public, à diminuer par des revirements et des fluctuations ce qui peut s'attacher de crédit à ma parole, j'en reporte toute la reconnaissance à la philosophie positive, dont la cohérence intime m'a préservé des aberrations, et dont la salutaire discipline m'a défendu contre les découragements et les emportements.

Il est incontestable que, depuis un petit nombre d'années, le positivisme a fait de notables progrès en France et hors de France. S'il s'agissait d'une chose purement scientifique, telle que la découverte du système du monde par Newton, la théorie de la combustion par Lavoisier, l'institution de l'anatomie générale par Bichat, ce seraient sans doute des événements fort importants, qui toutefois n'intéresseraient immédiatement que les savants de profession et n'auraient d'autre résultat (celui qu'en effet ils ont eu) que d'avancer la dissolution des notions théologiques et métaphysiques, et d'être les leviers de la grande révolution occidentale. Autre et plus capitale est l'introduction du positivisme parmi les affaires du monde et au sein de la ruine croissante de l'ancien ordre social. Tout ce qui s'est fait depuis l'ébranlement a eu pour objet, voulu ou non voulu, de hâter cette ruine, sans cependant rien remplacer ; ce qui se fait aujourd'hui a pour objet d'y substituer un nouvel ordre social, seul moyen d'en finir aussi bien avec la rétrogradation qu'avec la révolution, aussi bien avec l'anarchie des conservateurs qu'avec celle des révolutionnaires.

Outre la voie de propagation individuelle, qui conquiert des assentiments complets et fait des prosélytes et des apôtres, il est une voie de propagation générale qui dissémine les idées positives. Sans doute il ne germe d'abord que celles qui sont le plus en rapport avec le sol actuel, mais le sol actuel est heureusement préparé. D'une part, le sentiment socialiste inculque de plus en plus la généreuse croyance qu'il n'est plus de véritable morale que celle qui consacre les forces de tous au service de tous; d'autre part, l'impuissance des restaurations à rien rétablir et l'impuissance connexe des révolutions à rien édifier, se prouvant toujours par le fait, affaiblit incessamment les préjugés soit conservateurs, soit révolutionnaires. De plus, comme, parallèlement, les vieilles autorités s'ébranlent davantage de jour en jour en Europe, les obstacles diminuent aussi qui s'opposent aux saines notions et aux saines applications.

La commotion européenne de 1848 a été très-favorable au positivisme. En ceci, néanmoins, il ne faut rien voir de fortuit, et immanquablement il devait survenir dans la situation générale, à cette date-ci ou à une autre, tel désarroi violent ou non violent (cela dépendait de l'habileté des gouvernants), qui mît en évidence comment la société ne s'appuyait plus que sur des étais ruineux, et comment il était grand temps de remplacer ce qui était vermoulu. Le socialisme même, qui naissait, n'était pas autre chose que le sentiment de cette situation, plus tôt et mieux appréciée par les classes inférieures que par les classes supérieures. Mais, à son tour, le positivisme a rendu à la rénovation européenne tout ce qu'il en avait reçu, il lui a ôté son apparence révolutionnaire qui effraye tant de bons esprits, et il a fait voir que c'était non pas une série de bouleversements sans raison et sans limite, mais un mouvement naturel aboutissant nécessairement à un état final de stabilité régulière. Il en a indiqué les tendances générales, signalant de la sorte des directions qui, dans le développement ultérieur de la crise, ne seront pas perdues, soit pour les peuples, s'il faut qu'une compression inintelligente provoque de nouvelles commotions, soit pour les hommes d'État, s'ils ont l'esprit assez clairvoyant et le cœur assez loyal pour ne sacrifier ni le progrès à l'ordre (tort des conservateurs), ni l'ordre au progrès (tort des révolutionnaires).

Dans l'ordre spirituel la théologie, dans l'ordre temporel la royauté, ne suffisent plus à leur office; la révolte passe incessamment des consciences dans les actes. Donc toute théologie, toute royauté s'en vont. La base religieuse et la base politique tombent l'une par l'autre, la première n'étant pas plus valable pour les intelligences modernes que la seconde pour les besoins modernes. Mais cette chute d'un côté, et de l'autre l'impossibilité de rien refaire de définitif et de clore la révolution occidentale, témoignent qu'il faut en effet créer, pour l'ordre social qui tend à naître, un système spirituel qui rallie les intelligences et les cœurs, un système temporel qui, au lieu de la guerre, intronise l'industrie. A l'aide d'un tel aperçu, qui n'est autre que l'histoire même, on saisit tout d'abord l'insuffisance radicale de tous les socialismes qui, laissant en dehors la partie spirituelle, éducation, morale, religion, prétendent régler les intérêts matériels indépendamment de ces intérêts supérieurs; comme s'il était possible de modifier l'effet sans modifier la cause, et comme si la constitution matérielle de la société n'était pas sous la dépendance étroite de la constitution spirituelle! D'un tel aperçu encore il résulte qu'au delà de l'état révolutionnaire est un état définitif qui dépend de la reconstruction de nouvelles croyances et de nouvelles mœurs, et que nous sommes non pas dans un éternel va-et-vient d'oscillations, mais dans une transition qui a une issue déterminée. En effet, cette base intellectuelle et morale qui manque à la vieille société puisque sa théologie s'en va, qui manque aux socialismes naissants, puisque là-dessus ils se déclarent incompétents, est pleinement rétablie par les notions positives. Elles redonnent (seul moyen d'y réussir, puisque les croyances surnaturelles, qui en ont été jusqu'à présent les gardiennes, sont dans un discrédit croissant et irremédiable), elles redonnent à l'idée d'ordre une consécration solennelle en le fondant sur l'ensemble des lois naturelles qui gouvernent le monde, la vie et la société; elles assurent le progrès en mettant la raison humaine, l'imagination humaine, la sensibilité humaine, l'activité humaine dans une voie où elles ne doivent plus se heurter contre les contradictions avec la réalité, contradictions inévitables quand régnait un surnaturalisme fictif. En d'autres termes, culture de nos meilleurs sentiments et de notre meilleure intelligence autour de notre idéal suprême, l'Humanité, voilà pour le spirituel; paix et travail sous des chefs industriels substitués aux rois et aux Césars, voilà pour le temporel.

En deçà de cette consommation qui s'avance, mais dont pourtant mes yeux ne seront pas témoins, il est un espace intermédiaire, commençant à l'explosion protestante, méconnu en tant que transition aussi longtemps que la théorie sociologique a fait défaut, mais se caractérisant chaque jour davantage. Le trait capital d'une telle situation, c'est que, les éléments de convergence étant dissous et dissipés, la société est soumise à des crises passagères qui l'ébranlent profondément; mais à chaque fois elle se rassoit et reprend sa marche, ayant rejeté loin d'elle quelque débris des vieilles institutions qui l'incommodait. C'est dans ce milieu qu'il faut gouverner; c'est dans ce milieu qu'il faut, comme on l'a dit avec un si juste sentiment des nécessités présentes, faire de l'ordre avec le désordre. Faire de l'ordre avec le désordre veut dire qu'on accepte la société telle qu'elle est, sans prétendre la ramener à aucune des formes du passé, et qu'on cherche, en se mettant dans le courant, à le diriger. Cela seul fait comprendre combien est indûment appliqué le nom de parti de l'ordre au parti conservateur ou rétrograde (car c'est tout un, et la faible nuance qui les séparait sous Louis-Philippe s'est évanouie devant la révolution de Février). Lui prétend faire de l'ordre non pas avec le désordre, non pas avec la situation actuelle, avec les tendances actuelles, mais avec l'ordre des temps passés; il s'efforce, en pleine émancipation mentale, de rétablir la théologie, voire même les jésuites, en pleine république la royauté, croyant que ces choses, qui ont en effet régi l'ancienne société, peuvent encore régir la moderne. L'ordre des conservateurs, ne reposant que sur des illusions rétrogrades, n'est jamais qu'un acheminement à des commotions dangereuses; de même que l'ordre des révolutionnaires, ne reposant que sur des illusions négatives ou métaphysiques, n'est jamais qu'un acheminement à des réactions compressives.

C'est sur des réalités qu'il faut s'appuyer. Aussi, dans le sein de l'incohérence actuelle, le positivisme a-t-il déterminé quelques points qui importent grandement à la sécurité de la transition. Et de ces points, les uns ont déjà profondément pénétré dans l'esprit public, et, quand les volontés populaires auront à se prononcer, ils influeront notablement sur les partis qui seront pris. Les autres, moins en accord avec les tendances spontanées du moment, n'ont pas encore trouvé d'ouverture; mais, aidés par les premiers qui leur servent de marche-pied, ils auront aussi leur tour.

Parmi les questions en voie d'élaboration durant la transition, au premier rang est la paix européenne. En fait, voilà trente-six ans qu'elle dure, dans un temps où les commotions sont fréquentes et impliquant l'Europe entière. Un phénomène historique, si bienfaisant et si admirable, est encore tellement mal compris que les uns craignent à chaque instant de le voir s'évanouir, et que les autres invoquent la guerre comme un remède, soit à la contre-révolution, soit à la révolution. Avant février, c'étaient surtout les révolutionnaires qui blasphémaient la paix, et demandaient une guerre pour briser le joug des rois; depuis février, ce sont surtout les rétrogrades qui, souhaitant une croisade contre le socialisme, invoquent l'intervention des baïonnettes et des canons. Mais avant comme après février, le positivisme, à la fois, s'efforce d'inspirer une salutaire confiance dans la permanence de la situation pacifique, et de faire comprendre aux démocrates que la paix, qui a permis, que dis-je permis, engendré la révolution de juillet et celle de février et leurs conséquences, est pleinement en harmonie avec les véritables aspirations populaires.

A la paix se rattache étroitement le désarmement. Comme il n'y a plus de guerre, il ne faut plus d'armée. Il ne doit rester de la force militaire que ce qu'exigent la conservation de la tranquillité publique et les soins d'une police protectrice. Sans doute l'oppression qui accable l'Italie, l'Allemagne, l'Autriche, la Pologne, fait prévoir des insurrections; mais, si elles doivent arriver, et si une politique aussi brutale qu'inintelligente provoque de légitimes mouvements, on se rappellera que dans l'ébranlement de février ce n'est pas la force qui a manqué aux peuples pour s'affranchir, c'est le concert et l'intelligence de la situation. En tous cas, si de telles extrémités surviennent, des armées révolutionnaires librement recrutées suffiront sans peine à la tâche de délivrer des peuples travaillant eux-mêmes à leur affranchissement.

Tout ceci se lie à une doctrine historique fondamentale que le positivisme s'attache avec persévérance à mettre en lumière : je veux dire la solidarité liant les cinq grandes populations européennes qui ont senti, soit directement, soit, par Charlemagne, indirectement l'assimilation romaine, et qui ont longtemps vécu ensemble sous l'unité catholique ; ce sont l'Angleterre, la France, l'Italie, l'Espagne et l'Allemagne avec ses annexes. Leur éducation a été la même ; elles ont grandi ensemble ; et, cela frappe maintenant tous les yeux, elles sont profondément solidaires les unes des autres. La révolution leur est commune, et commune aussi doit leur être la réorganisation. Une notion si utile pour ce qui doit survenir encore était tellement méconnue au lendemain de février, que l'on vit alors l'Italie s'isoler, et l'Allemagne guerroyer pour son compte. Mais rien n'est mieux et plus vite entré dans les esprits que cette confraternité générale des peuples européens ; et chacun comprend que tous les efforts démocratiques doivent se tourner vers la constitution d'une vaste fédération occidentale, qui, ne pouvant être que républicaine, consolidera définitivement, parmi l'élite de l'humanité, l'ordre et la paix.

Il est aussi des choses qui, bien que négatives, n'en ont pas moins, à un moment donné, une importance réelle : tels sont le régime constitutionnel et le bonapartisme. L'un et l'autre, dégagés de tout nuage et de toute considération personnelle, sont une manière de clore la révolution, l'un par une transaction qui atténue l'ancien régime sans le changer radicalement, l'autre qui en tente brutalement la restauration en s'appuyant sur la guerre. Le positivisme, concevant nettement un état final où un nouveau pouvoir spirituel supplantera l'ancien, et où la royauté cédera la place à une organisation industrielle, ne peut voir dans le régime constitutionnel rien de permanent, rien qui ferme la révolution ; et il l'a toujours représenté, à ce point de vue, comme une illusion, et même comme une illusion dangereuse si elle devait aveugler sur les nécessités réelles. Les événements se sont chargés de faire la leçon aux peuples. La brutalité de la réaction a enlevé sur le continent les derniers adhérents au régime constitutionnel ; tout ce qui y tenait, ou retourne piteusement dans le camp des rétrogrades, ou passe résolument dans celui des républicains. Le tiers parti a disparu en Europe. Dans l'Angleterre même, où le régime constitutionnel, étant un vrai produit du sol, a eu une incontestable vigueur, on le verra, à mesure que les prolétaires anglais gagneront en influence sociale, se modifier ou par des voies paisibles, si les hommes d'État de ce pays conservent l'habileté qui les honore, ou par des mouvements violents, si cette habileté cède à des passions aveugles et à des préjugés invétérés.

Le bonapartisme, lui, a eu un sinistre éclat, quand, refoulant les généreuses sympathies de la révolution française, il déchaîna le carnage et la ruine sur les nations européennes. En cela, un sûr instinct le guidait; ses projets de restauration monarchique, cléricale et nobiliaire n'étaient praticables qu'à l'aide de guerres éternellement entretenues, qui ne laisseraient jamais le peuple respirer et réfléchir. Et ici on voit la connexion étroite entre la guerre et la rétrogradation, et réciproquement entre le développement de la révolution et la paix. Mais de telles combinaisons étaient aussi ineptes qu'odieuses, et ne pouvaient aboutir, comme elles ont abouti, qu'à de douloureuses catastrophes pour nous, qu'à la ruine pour lui. La lassitude de la France d'une part, l'insurrection de l'Europe de l'autre, mit fin à ce régime détestable; et, si plus tard, après avoir vu les rois à l'œuvre, des regrets populaires, même hors de France, ont confondu sa mémoire avec la cause révolutionnaire, c'est un égarement que le positivisme a constamment combattu. Ici encore les événements sont venus confirmer des appréciations purement historiques et impersonnelles; et, si le bonapartisme, un moment ressuscité, n'a pu rallumer les incendies militaires, du moins il a témoigné hautement son affinité intime avec tous les éléments rétrogrades de la société.

Ce sont là des vues sur notre état actuel qui ont gagné un grand crédit. J'en fais pleinement honneur au positivisme : ce n'est pas que celle-ci ou celle-là ne se trouvent de temps en temps patronées par un parti ou par une circonstance. Ainsi le gouvernement de la quasi-Restauration soutint la paix, mais sans le reste. Ainsi le bonapartisme a été détesté par les anciens républicains, mais cela n'empêcha pas le parti libéral de s'allier à lui pour combattre la Restauration ; et, sous Louis-Philippe encore, l'opposition n'a pas toujours et partout été assez sévère pour repousser un pareil auxiliaire. Seul, le positivisme réunit et coordonne toutes ces vues ; seul, surtout, il les dérive du passé, montrant ainsi qu'elles sont, non pas des conceptions plus ou moins lumineuses d'esprits spéculatifs, mais des conditions historiques, inhérentes à notre situation ; seul enfin, il les met en connexion avec notre avenir, vers lequel elles facilitent la transition. Chez lui, c'est un système ; partout ailleurs ce sont des idées isolées et, partant, toujours près d'être abandonnées pour le moindre intérêt de tactique et de circonstance.

Ce qui m'autorise encore davantage à en rapporter l'honneur au positivisme, c'est qu'elles se lient à plusieurs autres conceptions politiques dérivant du même fond historique, et semblablement rattachées à l'avenir par ce commun office de servir à l'évolution de la phase actuelle. Celles-là n'ont point encore autant mordu sur l'esprit public. Elles heurtent plus directement les préjugés révolutionnaires, et ont besoin, pour se faire jour, que la prédication soit plus active, que les événements soient plus pressants, et que, sous cette double influence, la raison générale fasse un pas.

La transformation sociale qui s'opère à l'aide de la révolution occidentale est d'abord une transformation spirituelle de laquelle tout le reste dépend. De là naît la nécessité, durant la transition où nous sommes, de donner pleine et entière liberté à l'essor spirituel, en d'autres termes de ne pas entretenir, aux frais de l'État, le clergé et l'université, une éducation et une instruction qui sont un obstacle direct à toute réorganisation des croyances et des mœurs. A la vérité, il ne serait pas difficile de trouver présentement parmi le parti démocratique des gens tout disposés à voter la suppression du budget ecclésiastique. L'alliance intime que la papauté et, à sa suite, le clergé catholique ont contractée avec la réaction, a renouvelé les antipathies négatives qui prévalurent sous la Restauration et qui furent si violentes au début de la grande révolution. Mais supprimer le budget ecclésiastique sans supprimer le budget universitaire ce serait manquer le but, et faire d'un acte de saine politique et de haute moralité un acte de réaction révolutionnaire et d'oppression arbitraire. Non, ce n'est pas à opprimer le clergé catholique que doit tendre le triomphe populaire, quoique le triomphe du clergé catholique tende à opprimer le peuple, ce ne sont pas de stériles représailles que la circonstance demande. On opprimerait, on exercerait des représailles si l'on supprimait le budget ecclésiastique sans supprimer le budget universitaire; les deux suppressions sont connexes (en conservant, bien entendu, les intérêts des personnes en possession). Le régime mental auquel on soumet les générations actuelles, régime à moitié théologique, à moitié métaphysique, régime tout composé de contradictions, régime aussi dangereux pour l'ordre que pour le progrès, est trop mauvais pour être soutenu par l'État, dès que l'État sera en des mains vigoureuses et intelligentes. Une telle mesure est indispensable à l'ordre; car, jointe à la liberté de presse et de discussion, elle enlève à l'élément révolutionnaire tout ce qui, dans les moments dangereux, fait sa force, à savoir l'accession des hommes libéraux, qui ne peuvent souffrir un despotisme rétrograde; elle est indispensable au progrès, car, détruisant ce faux semblant d'éducation et d'instruction dû à l'accollement contradictoire de la théologie et de la métaphysique, elle attire l'attention sur la plus importante lacune de notre état actuel, l'absence d'un pouvoir spirituel, justement comme l'irrévocable abolition de la royauté signale l'absence et montre à tous les yeux la nécessité d'un nouveau pouvoir temporel. L'intervention de l'État doit se borner à entretenir l'instruction primaire qu'il développera, et les écoles spéciales que ses services demandent.

L'interrègne spirituel ainsi créé ne comporte, de la part du gouvernement, d'autre fondation que celle d'une école supérieure spéciale destinée à augmenter la pépinière où il puise pour ses besoins, par exemple la médecine, la haute administration, la magistrature. Proposer une telle fondation, c'est suivre les indications historiques et prolonger ce qui a été fait antérieurement avec un succès éclatant; c'est développer, agrandir, mettre au niveau social l'école polytechnique. Il y a des remarques à faire sur cette création due au génie de l'immortelle Convention, création dont le caractère essentiel est d'avoir organisé, dans leur ordre véritable, l'enseignement des quatre sciences, mathématique, astronomie, physique et chimie, sans aucun mélange de théologie et de métaphysique. D'abord l'impossibilité d'une telle conception dans l'antiquité et dans le moyen âge est frappante, les éléments en manquaient; et, forcément, l'esprit humain était condamné à rester théologique et métaphysique pour une part notable de ce grand tronçon que la Convention n'éprouvait aucun embarras à mettre sous un régime pleinement positif. En second lieu, et cette remarque est inverse de la précédente, la Convention, placée pour les sciences supérieures, biologie et sociologie, dans la même situation mentale que l'antiquité et le moyen âge pour la physique et la chimie, n'a pu construire que ce que j'appelle et ce qui est un tronçon. Enfin, tandis que les savants qui en ceci furent les conseillers de la Convention saisirent avec une profonde sagacité ce qu'il y avait de systématisable de leur temps, les savants d'aujourd'hui, conseillers consultés à leur tour par le pouvoir, ont perdu le sens de la conception de leurs devanciers et ne savent plus que la détériorer; tant, philosophiquement parlant, la génération actuelle des savants est inférieure à celle qui fut contemporaine de notre grande révolution! Et cela se conçoit et s'explique : celle-ci n'avait à compter ni avec la biologie ni avec la sociologie, et put embrasser d'un seul coup d'œil tout le monde inorganique : celle-là reste aveuglément enfermée dans ce monde inorganique et ne sait ni ne veut passer dans celui de la vie et des sociétés. Mais le positivisme, qui a fait ce grand pas, indique sans hésiter et comme un simple et facile corollaire de sa doctrine, comment doit être prolongée et transformée l'école polytechnique : il s'agit d'y introduire, à la suite de la chimie, la biologie et, à la suite de la biologie, la sociologie [1]. Le génie philosophique de la Convention ne fut pas inférieur à son

[1] Voyez *Rapport à la société positiviste par la commission chargée d'examiner la nature et le plan de l'école positive destinée surtout à régénérer les médecins*, mars 1849, chez Mathias, quai Malaquais, 15; et p. 104 de ce volume.

génie politique, et, à bien dire, ils furent la condition l'un de l'autre. Le positivisme en est l'héritier direct; et, plus heureux que la grande assemblée, il trouve la biologie fondée, il fonde la sociologie, et révèle enfin l'idéal que nous cherchons.

L'interrègne temporel est, d'après la constitution qui nous régit, rempli par un président nommé au suffrage universel. Un tel mode est contraire à l'histoire, c'est-à-dire à la condition réelle des choses, et défavorable au mouvement rénovateur; contraire à l'histoire, car il ôte à Paris la prépondérance que cette grande cité a eue sur la transmission du pouvoir; défavorable au mouvement rénovateur, car il en confie la direction à ceux qui, placés aux extrémités, en sentent moins l'énergique impulsion. Aussi le positivisme n'a-t-il pas hésité à blâmer ce mode, et à conserver en ceci la tradition historique, remettant à Paris, dans notre transition révolutionnaire, la fonction de choisir les gouverneurs qui auront entre les mains le pouvoir exécutif.

Un tel procédé va directement contre le suffrage universel. Mais le positivisme ne partage pas, à l'égard du suffrage universel, le préjugé métaphysique qui en fait un principe permanent, une base de l'ordre social. Suivant lui, le suffrage universel est un élément purement révolutionnaire, dont il faut restreindre l'action. Mais la restreindre dans un intérêt rétrograde, comme nous le voyons aujourd'hui, est difficile et dangereux; la restreindre dans un intérêt progressif est la seule voie par où l'on puisse remédier aux dangers qu'il présente. Le premier et principal danger est l'incompétence des électeurs en matière politique. Mais qui trouvera la limite de la compétence? Les rétrogrades essayent, à chaque fois qu'ils regagnent du pouvoir, de la placer dans le degré de la richesse! Mais le fait prouve à chaque fois, que les riches sont incapables de gouverner pendant la transition révolutionnaire. Ce n'est donc pas par le cens ou par des conditions non moins stériles et non moins usées qu'on doit travailler à ramener le suffrage universel en de meilleures limites. Aussi le positivisme, s'adressant à un tout autre ordre d'idées, recherche où est la véritable action électorale dans nos grandes péripéties, et la trouve dans Paris, qu'il propose d'investir de la fonction d'élire, pour toute la France, le pouvoir exécutif. Telle est la seule voie par laquelle on puisse restreindre le suffrage universel, en satisfaisant mieux que par aucune autre au double besoin d'assurer le caractère progressif du pouvoir exécutif et de resserrer en des mains plus compétentes le droit d'élire. A mesure que la république se consolidera, on verra le droit électoral de plus en plus déserté. Le suffrage universel n'est qu'un instrument de nivellement; aussi, partout où l'ordre ancien n'est pas suffisamment nivelé, on voit les populations le désirer et le poursuivre. C'est présentement le but des chartistes anglais, et sans doute l'Angleterre y entrera en plein, quand la France commencera d'en sortir. Toutefois je ne veux pas dire qu'au moment actuel il n'ait pas beaucoup d'importance et d'utilité. Dans l'anarchie mentale où nous sommes, dans l'absence de toute doctrine qui rallie les esprits, la règle des majorités universelles est ce qui impose le plus, ce qui donne le meilleur gage de la tranquilité, ce qui ferme le mieux la bouche aux impatients et aux emportés. On peut donc, sans aucune contradiction, et s'abriter pour aujourd'hui sous le suffrage universel, et en montrer la prochaine décomposition.

La même tendance qui porte les esprits vers le suffrage universel les porte aussi vers le pouvoir parlementaire ou local. Le positivisme ne partage pas cette préférence, et la sienne est toute pour le pouvoir exécutif ou central. Le pouvoir parlementaire est une arène de paroles où le mieux-disant finit par gagner son diplôme de ministre et de gouvernant ; or, ce n'est pas du mieux-disant que nous avons besoin, c'est du mieux-faisant. Gouverner n'est pas parler; et nous l'avons bien vu chez ces rhéteurs éminents dont la langue était si forte et la main si faible, qui surent captiver le parlement et ne surent rien faire durer. Il faut plus de généralité dans les vues, plus de vigueur d'exécution que n'en a d'ordinaire le pouvoir parlementaire pour faire face aux difficultés de la situation. Ces qualités sont bien plus le partage du pouvoir exécutif. On ne doit pas se laisser égarer par les répugnances que suscite en ce moment un pouvoir exécutif rétrograde; le suffrage universel a-t-il donc eu la main plus heureuse pour le pouvoir parlementaire? Dès que le pouvoir central sera progressif, le préjugé qui le met en suspicion tombera, et une juste confiance le reconnaîtra comme un sûr protecteur de la sécurité commune. Le pouvoir parlementaire doit être réduit strictement aux attributions financières, et nommé, lui, au suffrage universel.

Ce n'est pas pour que le pouvoir central se perde misérablement dans des ambitions individuelles que son agrandissement est proposé ; ce n'est pas pour priver le peuple de sa part légitime dans la direction des affaires, que le suffrage universel est écarté ; loin de là, c'est pour que les prolétaires mettent directement la main au gouvernement. Ceci importe à la terminaison de la longue révolution occidentale. Les hautes classes s'attachent au passé et s'efforcent d'empêcher l'avenir. La bourgeoisie est épuisée du coup qu'elle a porté à l'ordre catholico-féodal. Restent les prolétaires ; plus particulièrement intéressés à une crise qui doit régler définitivement leur sort et étendre enfin jusqu'à eux les bienfaits sociaux de la civilisation, il devient nécessaire qu'ils interviennent. Pour gouverner, c'est-à-dire pour donner la direction aux affaires en tenant un certain nombre de postes supérieurs, non pas dans l'administration, mais dans la politique, aucun apprentissage spécial n'est requis; des vues générales, des sentiments généreux, de l'habileté pratique, sont les meilleures garanties; et quelques-uns de ces prolétaires qui gèrent avec tant de capacité les associations ouvrières fourniraient dès à présent des instruments bien autrement sûrs que tous ceux qu'à notre dam, nous prenons dans les hautes classes.

Tels sont les linéaments généraux des indications, des tendances, des mesures que le positivisme suggère pour la situation présente. Seul il la considère comme une transition vers un avenir déterminé, c'est-à-dire vers de nouvelles croyances et de nouvelles mœurs, et seul aussi il présente à l'opinion publique un ensemble de conceptions politiques adaptées à un état purement transitoire. Les partis s'en font une tout autre idée : les rétrogrades y voient une aberration permise par la Providence et dont ils s'efforcent de sortir pour retourner vers le passé; les conservateurs ou constitutionnels, une situation où il faut rester; les révolutionnaires, un sujet d'application des conceptions métaphysiques qui ont alimenté le XVIIIe siècle et préparé la grande secousse; les socialistes, un thème d'expériences pour améliorer les conditions matérielles isolément des conditions spirituelles. Aussi, pour la gouverner, cette phase où nous sommes, les rétrogrades proposent la théologie et la royauté; les constitutionnels, le roi et deux chambres; les révolutionnaires, des imitations de la révolution; les socialistes, des réformes économiques. Mais l'avenir ? qui s'en occupe ? et qui en a la moindre vue ? Cette transition n'offre que trouble et déception si elle n'est pas mise dans son vrai rapport avec l'avenir; or, tandis qu'elle l'est insciemment par les événements, elle l'est sciemment par le positivisme. Au fond, la donnée essentielle de la politique transitoire est de maintenir l'ordre matériel et d'établir une pleine liberté spirituelle; conditions connexes que les deux grands partis, conservateur ou révolutionnaire, séparent toujours, l'un donnant l'ordre sans la liberté, l'autre la liberté sans l'ordre. C'est pour avoir la liberté que le positivisme supprime les budgets ecclésiastique et universitaire, ouvre les clubs et ôte les entraves de la presse; c'est pour avoir l'ordre qu'il attribue la prépondérance à Paris, au pouvoir central, et aux prolétaires.

La proposition de renforcer le pouvoir central, non-seulement n'éprouvera aucune grave contradiction, bien que des préjugés métaphysiques sur la souveraineté populaire engagent certains démocrates à rêver un gouvernement direct du peuple par le peuple, mais encore trouvera beaucoup de faveur auprès du public. De tous les côtés on entend réclamer pour le pouvoir central plus de force et d'action. Oui, sans doute, un tel accroissement est fort désirable, et c'est, dans la situation, une entreprise chimérique que de vouloir l'ordre maintenu et le pouvoir central affaibli. Mais à quelle condition remédiera-t-on à ce vice politique? Il ne s'agit point ici de rêver tout éveillé et de se fabriquer en imagination une société où l'on se donnerait carte blanche. C'est dans notre société agitée, incertaine, révolutionnaire quand on menace la liberté, réactionnaire quand on menace l'ordre, qu'il faut trouver une base à une plus forte autorité. En vain quelques attardés songent à une restauration de la royauté; la royauté est devenue impossible, si tant est qu'on puisse qualifier de possible une royauté qui, en soixante ans, a péri quatre fois dans les déchirements, sous Louis XVI, Napoléon, Charles X et Louis-Philippe. Le pouvoir central est nécessairement gardien de l'ordre; avec une telle qualité, que lui manque-t-il donc pour s'assurer pleinement la faveur et la confiance publiques? D'être progressif. Tant qu'il sera rétrograde, il aura beau défendre l'ordre à sa manière, jamais on ne lui laissera prendre une prépondérance qu'on craindrait toujours de voir dégénérer en tyrannie. Car, de nos jours, qu'est-ce que la tyrannie, sinon le pouvoir mis au service de la rétrogradation? Si donc il est vrai que le renforcement du pouvoir central importe à la sécurité commune, s'il est vrai encore que jamais un pouvoir rétrograde ne sera renforcé, considérez par quel moyen il est possible de lui acquérir d'une façon permanente le caractère progressif, afin qu'il prenne une pleine efficacité, et dites s'il y en a un autre que d'en remettre l'élection à Paris. Tout le reste est illusoire et infidèle, à commencer par le suffrage universel, trop peu soumis à l'impulsion progressive pour donner la direction à une transition aussi orageuse que la nôtre. Sans doute Paris, appelé à cette grande fonction électorale, ne tarderait pas à confier l'autorité à des prolétaires; mais, en ceci encore, il ne ferait qu'obéir à des tendances salutaires. Le prolétariat arrive de toute part à la compétition du pouvoir; et, comme les instincts progressifs y sont plus puissants qu'ailleurs, il y arrive dans des conditions intellectuelles et morales bien préférables à celles qu'y apportent les autres classes. La situation actuelle le prouve surabondamment; la situation royale ne l'a pas moins prouvé : témoin les révolutions qui y ont mis fin. L'anarchie croît en haut sans qu'elle ait en elle-même aucune issue. On sera certainement conduit à chercher des remèdes. Le remède des rétrogrades est d'appuyer l'ordre sur un pouvoir central qui soit fort; véritable contradiction : jamais pouvoir ne sera fort qui sera rétrograde. Le remède du positivisme est d'appuyer l'ordre sur un pouvoir central qui soit progressif; combinaison lumineuse, la seule qui soit historique, la seule qui n'ait pas encore été régulièrement tentée, la seule aussi qui puisse contenir l'anarchie imminente tant du côté des conservateurs que du côté des révolutionnaires. Et, si on ne l'a pas encore tentée, c'est qu'on n'a jamais songé à investir Paris de la fonction de le nommer; les conservateurs, parce qu'ils redoutent l'influence progressive de Paris; les révolutionnaires, parce qu'ils sont aveuglés par leurs préjugés métaphysiques de suffrage universel et de souveraineté populaire.

J'engage vivement mes lecteurs à réfléchir sur cette idée d'une transition que nous traversons. Plus ils examineront à ce point de vue l'état actuel non-seulement de la France, mais de l'Occident tout entier, plus ils reconnaîtront la réalité d'une telle notion, et plus mille indices qui ne les frappent pas, leur apparaîtront visibles et tangibles. Une transition implique un passé d'où l'on sort, un avenir où l'on tend; le passé d'où l'on sort est manifeste; c'est le régime catholico-féodal, qui lui-même était l'héritier du régime polythéistique Gréco-Romain, qui lui-même dérive des théocraties orientales, qui elles-mêmes, bien que perdues dans la nuit des temps, sont rattachées, par une saine théorie historique, au fétichisme primordial, première expansion des sociétés humaines. Mais l'avenir où l'on tend, quel est-il ? Là-dessus il n'est, à vrai dire, aucune école qui ait une réponse; car la réponse, pour être réelle, devrait avoir une bien plus grande portée que ne se l'imaginent les plus hardis, les plus téméraires dans leurs conceptions rénovatrices. Il s'agit, en effet, d'une réorganisation des croyances et de l'activité; des croyances par un nouveau dogme; de l'activité, par un nouveau régime.

Les socialistes (je laisse de côté les révolutionnaires; la

fonction de ceux-ci est épuisée, et leurs vrais fils sont les socialistes, qui songent sérieusement à sortir du chaos négatif), les socialistes, que tentent-ils? S'occupant uniquement de réformes temporelles, ils s'appuient, dans l'ordre spirituel, suivant leur degré d'émancipation théologique, soit sur le catholicisme ou le protestantisme, soit sur le déisme, soit sur l'athéisme. Mais le catholicisme et son diminutif le protestantisme ont une conception du monde qui fut jadis suffisante, mais qui est maintenant tellement arriérée qu'elle se trouve en contradiction et en lutte de tous les côtés avec la science moderne; comment dès lors indiqueraient-ils les nouvelles croyances et la nouvelle activité? Rien ne peut plus sortir de leur sein; ils ont donné tout ce qu'ils avaient à donner, et la révolution s'éterniserait s'ils étaient l'unique ressource de la société. Le déisme a encore moins d'efficacité; dépourvu du passé social qui fait la gloire du catholicisme, il n'ouvre aucune vue sur l'avenir; stérile création d'une conception subjective, il ne contient que ce qu'on y met; sa nullité est complète pour une reconstruction des croyances et des mœurs. Enfin l'athéisme, outre qu'il est tout autant subjectif que les autres théologismes, a ceci d'aggravant qu'il est purement négatif; loin de pouvoir supporter une base nouvelle, il n'est propre qu'à ruiner et à détruire, n'opposant aucune digue aux divagations, aux aberrations, aux sophismes qui compromettent le plus dangereusement la stabilité sociale. Si bien que les socialistes sont inévitablement placés en ce dilemme : ou prendre pour point d'appui de leurs innovations temporelles une doctrine théologique qui n'enseigne rien sur la valeur de ces innovations, et ne dispose ni les esprits ni les cœurs à les accepter, ou les laisser sans aucun appui spirituel, impuissants dès lors à calmer les craintes légitimes que suscite une pure négation.

Donc, un nouveau dogme, un nouveau régime, un nouveau culte doivent surgir, afin qu'une nouvelle société prenne la place de l'ancienne.

Un dogme est la plus haute expression où l'esprit humain, à un moment donné, puisse atteindre. Il doit satisfaire à ces trois conditions : fournir une conception générale du monde, soumettre les hommes à une autorité supérieure, et leur procurer les moyens d'améliorer progressivement leur nature individuelle et sociale.

Le dogme nouveau donne une conception générale du monde. Éliminant définitivement toutes les volontés surnaturelles connues sous le nom de dieux, d'anges, de démons, de providence, il montre que tout y obéit à des lois naturelles qu'on appellera, si l'on veut, les propriétés immanentes des choses. Un ensemble de notions, partant des plus simples, c'est-à-dire des nombres, des formes géométriques et des mouvements, passe par la théorie des corps célestes, arrive aux phénomènes physiques et chimiques, atteint l'organisation et la vie, et s'élève enfin jusqu'aux sociétés et à leur développement. C'est là notre catéchisme; et, comme il faut qu'un catéchisme soit su de tous, on comprend comment l'éducation doit embrasser toutes ces notions et être universelle. On comprend en même temps (et je m'arrête pour appeler l'attention du lecteur sur cette réflexion), comment un tel ensemble, résultant de l'élaboration séculaire des sciences, enfin coordonnées en une seule science, n'a pu surgir qu'après toutes ces élaborations isolées; comment tout ce qui précède est à vrai dire une longue transition; comment la théologie, sous ses formes sociales, fétichisme, polythéisme, monothéisme, a tenu d'une main bienfaisante les rênes du monde pendant l'enfance des sociétés; et comment nous devons avoir respect et reconnaissance pour ces âges, où nos aïeux ont déposé les germes de ce qui se développe pour nous. Un seul coup d'œil jeté sur le dogme nouveau nous revèle toute la direction et tout le sens de l'histoire.

Ce dogme est aussi celui qui nous soumet à une autorité supérieure, et qui réprime ainsi d'une manière efficace les insurrections mentales, et, par suite, les insurrections matérielles surgissant au sein de notre orageuse société. Tout dogme accepté par la conscience publique a pour effet de réunir les esprits autour de notions suprêmes et directrices. Mais aujourd'hui où sont les notions suprêmes et directrices, et qu'y a-t-il qui soit accepté par la conscience publique? Rien, si ce n'est des débris du dogme ancien, qui, valant de moins en moins, ne valent d'ailleurs que pour un nombre de plus en plus restreint, et des opinions métaphysiques ou révolutionnaires, qui, telles que le suffrage universel, l'éducation par l'État, l'égalité, la haine du passé catholico-féodal, la confusion des pouvoirs spirituel et temporel, ne sont bonnes qu'à niveler, à détruire, à faire place nette pour des constructions devant nécessairement provenir d'éléments tout autres. En fait, le dogme ancien est complétement inhabile à diriger les consciences; elles sont, en nombre immense, émancipées. Mais émancipées, à quelle fin et au profit de quoi? Nul ne peut le dire; car le dogme nouveau, qui ne prend son existence que dans la philosophie positive, est postérieur à la grande commotion occidentale, et, présentement, n'est encore que sur le seuil des intelligences. Ce qui fait que le dogme ancien perd journellement de son crédit, ce qui fait que les consciences sont émancipées, c'est qu'il est en complet désaccord avec les notions positives, fruit spontané et successif de la culture des sciences. Le monde est autre pour nous que pour nos aïeux; de là la nécessité que notre dogme soit autre que le leur. Examinée plus profondément, la déchéance du dogme ancien, quant à l'autorité, dépend de la conception même qui y préside : les êtres théologiques, tenus, il est vrai, pour réels, mais, dans le fait, n'ayant d'existence que dans l'esprit, ne contiennent que ce que l'esprit avait au moment où il les conçut. De la sorte, le monothéisme lui-même, pauvre en notions positives, puisqu'il n'est venu au monde que quand la science était rudimentaire, laisse encore un vague très-grand, moins grand que dans le polythéisme, où il était déjà moins grand que dans le fétichisme; les conditions des phénomènes les plus élevés lui étant inconnues, il n'oppose qu'une barrière très-imparfaite à l'arbitraire humain, et son dieu ignore trop de choses pour subordonner régulièrement l'homme à l'ensemble des lois naturelles. Mais le dogme nouveau, établissant toutes les conditions qui nous régissent tant du côté du monde inorganique que de celui de la vie et de la société, met le frein véritable, enseignant ce qui se peut et ce qui ne se peut pas dans la rectification de l'ordre naturel et dans le perfectionnement de notre situation. Là se ferme la porte aux divagations révolutionnaires. Et il n'a rien de fortuit et de conventionnel, car il n'est que le sommaire philosophique, le résumé suprême, l'épanouissement religieux du travail scientifique qui se poursuit depuis l'origine des sociétés, et qui, de notre temps, illumine d'une révélation nouvelle notre passé, notre présent et notre avenir. Il parle à la raison, et il sera entendu, car les sociétés, sortant de leur enfance, touchent à l'âge adulte ; il parle au cœur, et il sera entendu, car l'âge des luttes sanglantes touche à sa fin, et une fraternité bienheureuse s'infiltre entre les nations, et l'immense population prolétaire arrive à la plénitude de la vie sociale.

Voilà pour l'ordre ; ceci est pour le progrès. Le dogme nouveau signale nettement les directions qu'il faut suivre pour améliorer notre position. De ce côté, la stérilité du dogme ancien est absolue. Tant qu'il conserva son efficacité mentale, c'est-à-dire tant que, n'étant entré dans aucune contradiction radicale avec la science positive, il maintint la foi et, autour de la foi, la convergence des intelligences, il exerça sans doute une influence perfectionnante sur la société, mais il ne l'exerça que d'une manière indirecte; car son objet était non pas la terre et l'amélioration de l'humanité, mais la poursuite d'une patrie céleste où des êtres immatériels et désormais immodifiables ne pouvaient évidemment rien constituer qui ressemblât à une société. Depuis, la foi s'étant éteinte, cet office indirect a disparu, et la théologie ne donne plus la moindre lueur sur la voie à suivre pour améliorer notre condition sociale. Entre les preuves qui surabondent, je n'appellerai l'attention du lecteur que sur une seule; et cela, parce que, pour un esprit réfléchi, elle les renferme toutes: la théologie est incapable d'expliquer le passé, ne voyant qu'idolâtrie dans le paganisme et le fétichisme, que corruption et perversité dans la révolution. Comment, dès lors, aurait-elle quelque intelligence de l'avenir? C'est justement parce que le dogme nouveau a une pleine intelligence du passé qu'il est apte à nous éclairer sur nos destinées futures. La puissance de l'homme sur la nature ne s'est développée qu'à fur et à mesure qu'il a su reconnaître les lois qui régissent les phénomènes. Hors de là, il n'y a pour lui qu'échecs et déceptions. Il n'est devenu puissant par la vapeur, l'électricité, la lumière, la chaleur, que quand il a possédé la théorie de ces agents; puissant dans les arts chimiques, que quand la chimie lui a révélé ses secrets. Les arts biologiques n'ont pris une vraie consistance que depuis que son génie a pénétré profondément dans la science de la vie. De même pour les sociétés. Son intervention n'acquerra une influence qui satisfasse son esprit et son cœur que quand il connaîtra les lois naturelles qui président aux phénomènes sociaux. Jusque-là, le développement social a été spontané, aveugle, sans que rien de systématique le rendît plus rapide, plus sûr et meilleur. C'est ce système qu'apporte le dogme nouveau, conciliant seul l'ordre et le progrès ; l'ordre, en le fondant sur l'ensemble des lois naturelles ; le progrès, en le rattachant à la modification de ces lois naturelles par l'intervention bienfaisante de l'intelligence et de l'activité.

Un dogme nouveau appelle un régime nouveau. Je nomme régime l'ordre temporel qui s'établit sous la direction d'un ordre spirituel. Ainsi, sous le polythéisme, il y eut le régime des patriciats, de la plèbe et des esclaves, des théocraties et des castes ; sous le catholicisme florissant, le régime féodal ; et sous le catholicisme déchiré par l'insurrection protestante et par l'émancipation qui suivit, il y eut le régime féodal déchiré et toutes les révolutions dont nous sommes témoins. Le régime nouveau est essentiellement caractérisé par la paix et l'industrie. Les chefs militaires tombent, les chefs industriels s'élèvent, chefs destinés à un rôle bien autrement considérable que le rôle de ceux qui les ont précédés dans l'histoire ; car que serait la grandeur d'un patricien ou d'un baron, méprisant l'industrie et consumant la meilleure partie de ses forces dans des opérations destructives, à côté de la grandeur d'un chef industriel livré sans partage à la production ? Mais grands aussi seront ses devoirs : travail, éducation, femme restant à la maison, enfants soustraits aux labeurs abrutissants ; voilà, en retour, ce qu'il devra assurer au prolétaire. Et ici chacun touche du doigt comment les mesures immédiates ne sont pas efficaces ; comment les mesures efficaces ne peuvent pas être immédiates ; comment, en un mot, la réforme temporelle dépend de la réforme spirituelle ; comment enfin un dogme nouveau est nécessaire pour un nouveau régime.

Quiconque a suivi avec quelque attention l'enchaînement des idées, aperçoit dès à présent la lacune qui reste à remplir. Avec le dogme, avec le régime ainsi renouvelés, est-ce que l'idéal, est-ce que la poésie ne serait pas renouvelée aussi? et, tandis que nos idées seraient réglées par le dogme et notre activité par le régime, serait-il possible que notre imagination, notre amour inné du beau, nos sentiments de piété et de vénération, nos émotions sublimes ou touchantes restassent inoccupés et livrés au regret de ce passé catholique où tant de ferveur et de charme intime ont captivé les âmes, de ce passé païen où tant de splendeur et de beauté ont captivé les yeux? Non, sans doute; et en effet, le dogme nouveau nous révèle une grande et suprême existence, qui est notre idéal, notre poésie, notre culte : l'Humanité. Nos aïeux les plus reculés ne l'ont pas connue ; et pourtant nous remercions ces humbles adorateurs des fétiches de nous avoir préparé les premiers arts, les premiers outils et les rudiments de la vie. Les païens ne l'ont pas connue, et pourtant nous les remercions d'avoir ébauché les sciences, jeté la poésie à torrents sur la terre, et semé tant de germes excellents du bon et du beau. Les monothéistes ne l'ont pas connue, et pourtant nous les remercions d'avoir profondément amélioré la morale, mis la femme à une plus digne et plus noble place, et empli tout le moyen âge de leur charité pénétrante et de leurs aspirations chevaleresques. Ainsi, l'Humanité, en se révélant à nos yeux, illumine tout son passé et, du même coup, jette un rayon sur l'avenir lointain.

Dès aujourd'hui la porte est ouverte aux grandes entreprises, aux labeurs infinis, aux conceptions qui captivent et absorbent. Une carrière sans bornes s'étend devant nous.

Voilà un dogme, voilà un régime, voilà un culte qu'il s'agit de développer, de propager, de prouver, d'éclaircir! Que de travaux pour la génération qui arrive! que de fécondes occupations! quel remaniement de toutes nos idées, de tous nos sentiments, de toute notre activité! Parmi les ouvriers qui ne manqueront pas, heureux ceux à qui il sera donné de signaler leurs noms et de mériter une reconnaissance pareille à celle que méritèrent les glorieux fondateurs du christianisme!

Paris, 11 novembre 1851.

DE LA

PHILOSOPHIE POSITIVE.

I.

De la question philosophique telle qu'elle peut être posée de notre temps [1].

Les idées philosophiques remplissent un office indispensable dans l'évolution de l'humanité. Ceux qui le nient ne considèrent pas suffisamment les conditions qui ont présidé aux phases successives de cette évolution. Laissant donc de côté, comme absolument dénuée de fondement, cette négation préjudicielle, il reste à noter, à l'égard des idées philosophiques, un état des esprits singulier et spécial à notre époque : les uns, tenant plus aux notions positives qu'aux notions générales, et ne trouvant dans aucune des philosophies actuelles un point stable, abandonnent, de désespoir, un terrain qui leur semble toujours mouvant, et se jettent dans les études particulières; les autres, plus attachés aux notions générales qu'aux notions positives,

[1] *National*, 22 novembre 1844.

font bon marché des difficultés inhérentes aux philosophies actuelles, et tiennent pour suffisant le secours qu'elles leur fournissent. C'est assez de ce seul énoncé d'une situation réelle pour indiquer une lacune dans le système de nos connaissances; les études positives ne sont pas assez générales; les études générales ne sont pas assez positives.

Il ne faut que prêter un moment l'oreille aux échos de la société européenne pour percevoir les discordances qui y éclatent de toutes parts. Les religions (elles sont à un certain point de vue une philosophie véritable, car elles donnent une conception générale de l'ensemble des choses), les religions n'ont point de symbole qui puisse rallier tous les esprits. Le catholicisme, le protestantisme et ses sectes innombrables, le mosaïsme, comptent des hommes très-éclairés, inhabiles cependant à se convaincre réciproquement, et chacune de ces communions a des limites qu'elle s'efforce en vain de franchir. Il en est de même pour la philosophie proprement dite. En France, l'école éclectique a pris un accroissement considérable; mais la doctrine de Condillac n'est nullement éteinte, non plus qu'aucune de celles qu'a enfantées le XVIIIe siècle, et, tout récemment, des hommes éminents ont essayé d'autres voies métaphysiques. En Allemagne, Kant, Fichte, Schelling, Hegel, pour ne nommer que les plus célèbres, se partagent le domaine de la pensée. En Angleterre, ce qu'il y a de philosophie se rattache essentiellement à l'école écossaise. En Italie, la métaphysique a aussi des représentants qui ne sont pas sans renom et qui jettent une diversité de plus au milieu de toutes ces diversités. Tel est donc l'état des choses: religions contre religions, philosophies contre philosophies, et, d'un autre côté, religions et philosophies souvent aux prises les unes avec les autres.

Ce n'est pas tout. Depuis longtemps les écoles théologiques et métaphysiques ont renoncé à placer dans leur domaine les sciences physiques et naturelles. Celles-ci se développent d'une façon tout indépendante et à l'aide de procédés opposés; elles ne traitent que les questions relatives et s'abstiennent des questions absolues; elles s'occupent, non de l'essence, mais des propriétés des choses. De là le caractère positif qui leur est inhérent ; de là l'ascendant qu'elles prennent sur les esprits, et la continuité non interrompue de leurs progrès. Mais cela est justement le contraire des méthodes théologiques et métaphysiques ; une incompatibilité radicale existe entre ces deux manières de procéder, qui de jour en jour deviennent plus étrangères l'une à l'autre.

Ce n'est pas tout encore. Les sciences physiques et naturelles, dont la méthode est si puissante, n'ont, elles, aucune efficacité philosophique. L'unité leur manque ; elles ne forment pas un tout, un ensemble lié par une doctrine commune ; et surtout elles laissent en dehors le phénomène complexe et immense des sociétés humaines. On aurait beau combiner sans fin toutes les notions sur l'espace et le mouvement, sur le système céleste, sur les agents physiques, sur les compositions chimiques, sur l'anatomie et la physiologie, on n'en ferait sortir aucune solution touchant ce sujet, le plus compliqué, le plus difficile, le plus important de tous. Plus on reconnaît nettement la portée des sciences, plus on s'aperçoit que, telles qu'elles sont, il leur est interdit d'aborder un pareil problème.

Voilà donc aujourd'hui le tableau réel des spéculations les plus hautes : idées générales qui, valables sur le terrain social, cessent de l'être sur le terrain scientifique ; idées générales qui, elles-mêmes, sont livrées à des divisions sans terme ; enfin, sciences particulières dont l'impuissance à former une philosophie, dans l'état actuel, est manifeste à tous les yeux. Les faits sociaux se partagent, ou, en d'autres termes, le gouvernement spirituel des sociétés se dispute entre les religions et les métaphysiques. A côté s'élève une série de notions spéculatives dues aux mathématiques, à l'astronomie, à la physique, à la chimie, à la biologie. Ces sciences, sans s'inquiéter des solutions théologiques et métaphysiques, font prévaloir irrésistiblement les démonstrations qu'elles apportent. Ainsi, le domaine spéculatif se trouve partagé en deux compartiments profondément isolés, l'un appartenant aux religions et à la métaphysique, l'autre aux sciences positives. D'une part, les notions religieuses et métaphysiques, qui renferment les idées les plus générales, n'ont plus l'antique force de convergence qui leur avait donné l'empire sur les esprits; et d'autre part, les sciences particulières, qui, elles, conquièrent forcément l'assentiment et amènent la convergence mentale, ne sont pas capables d'arriver, par elles et sans philosophie, à une généralité compréhensive.

Entrons un peu plus avant dans l'examen de la situation historique des deux méthodes entre lesquelles le domaine spéculatif est divisé. Les divergences dont l'Europe moderne est le théâtre ne sont pas fortuites; car elles ont pour cause la rupture de l'unité catholique sous les efforts du protestantisme et de la philosophie critique; tout le sol moderne est semé des débris de ce naufrage. Ce n'est pas non plus par hasard que les doctrines générales de notre temps laissent en dehors de leur influence le domaine des sciences positives. Celles-ci se sont émancipées progressivement et l'une après l'autre de la tutelle primitive et se sont soustraites à une direction incompatible avec leur propre méthode. Le même flot qui a amené successivement les théocraties antiques, le polythéisme gréco-romain, le catholicisme, et, à partir du XVIe siècle, l'ère de révolution, le même flot a successivement aussi amené les sciences avec leur méthode expérimentale, inductive et déductive. Dans leur croissance continue, elles ont envahi toutes les notions du savoir humain, toutes, excepté celles qui touchent aux questions sociales, et elles les ont envahies par l'emploi de leur mode de démonstration, si déterminant pour les esprits. Là, sans doute, est le secret de leur force; mais, incomplètes comme elles sont, à côté est le secret de leur impuissance philosophique. Le fait est que les intelligences modernes appartiennent à un double régime mental. L'un tient, il est vrai, la sommité des choses; mais il est livré à des dissidences irremédiables, car elles sont nées de sa propre dissolution; l'autre n'est pas arrivé au point culminant; mais, par la nature même de sa méthode, il ne comporte aucune dissidence fondamentale. Tous deux ont un vide ; mais le vide de l'un est une lacune, car ce sont les sciences qui lui ont échappé ; le vide de l'autre est un blanc qu'on n'a pas encore essayé de remplir. Des deux parts, insuffisance : l'un n'ayant pas d'efficacité scientifique, l'autre n'ayant pas d'efficacité sociale ; mais l'insuffisance de l'un est un fait sur lequel le passé a prononcé ; l'insuffisance de l'autre est un fait encore réservé et sur lequel il faut que l'avenir prononce.

Les choses sont placées entre une philosophie tant théologique que métaphysique, laquelle n'a pas conservé ses positions, et une philosophie rudimentaire qui n'a encore que des éléments et point de doctrine. Les sciences ont assujetti à leur méthode et à leurs théories l'espace et le mouvement, le système céleste, les actions physiques des corps, les combinaisons élémentaires des substances et les phénomènes des êtres animés. Que leur reste-t-il à faire pour qu'elles embrassent tout? à entrer enfin dans le domaine des faits sociaux, à la limite duquel nous les voyons aujourd'hui parvenues. Eh bien! supposons, par la pensée, cette grande opération terminée, supposons la méthode positive étendue jusque-là. Alors l'incapacité provisoire qui frappait les sciences disparaît ; la digue qui les arrêtait se rompt ; elles s'emparent du domaine spéculatif entier : et, tenant déjà tout ce qui est su du monde inorganique et de la vie, cette adjonction les complète définitivement. Un tel complément est la préparation indispensable, mais suffisante, pour l'élaboration de la doctrine générale. A ce point, il peut émaner des sciences une philosophie qui sera positive comme elles.

La philosophie positive est expérimentale ; car elle provient des sciences, qui n'ont d'autre guide que l'expérience aidée de l'induction et de la déduction. Elle se compose de notions relatives, non absolues ; car elle ne peut élaborer que les questions apportées par les affluents qui l'ont formée. Enfin elle est une philosophie, car elle opère sur l'ensemble des phénomènes ; ensemble qui est complet, du moment qu'aux sciences déjà existantes on ajoute la science sociale. Opérer sur cet ensemble est l'œuvre philosophique; trouver la science sociale est le préliminaire.

On s'étonnera sans doute, au point de vue où l'on est communément placé, que ce préliminaire soit nécessaire; mais c'est la diversité de la méthode qui impose cette nécessité. Une philosophie qui n'emprunte aucune donnée à une intervention surnaturelle, ou aux notions métaphysiques, ne peut exister qu'à la condition de posséder devant elle, et comme matériaux, toutes les sciences particulières. Une philosophie qui ne découle pas de principes posés *a priori*, et qui se forme par une induction générale, a besoin que toutes les sources d'induction aient été découvertes. Tant qu'un ordre de faits reste qui n'a pas été abordé par la méthode positive, la philosophie positive est impossible. Une telle conception est donc nécessairement fille du temps. Il a fallu qu'elle trouvât les différentes sciences déjà constituées; il a fallu qu'elle n'eût plus qu'un degré à franchir; il a fallu qu'elle pût être un simple prolongement d'un système resté jusque-là rudimentaire et incomplet.

Faire de l'histoire une science et créer une philosophie positive, sont deux idées consécutives, mais connexes, et qui, au point où est arrivée l'humanité, ne peuvent être séparées. Faire de l'histoire une science (l'histoire n'est que la société considérée dans le temps), c'est d'une part reconnaître que les phénomènes sociaux se suivent dans une succession qui n'est ni arbitraire ni fortuite, et d'autre part déterminer la loi de cette succession; tant que ce résultat n'est pas obtenu, ou bien les faits, à l'état de simples matériaux, ne sont qu'un objet d'érudition, ou bien ils se prêtent à toutes les explications, quelque vagues qu'elles soient; et c'est la double condition dans laquelle l'histoire est encore aujourd'hui. Créer une philosophie positive, c'est coordonner la totalité du savoir humain de manière à en tenir à la fois tous les fils, remédiant ainsi à la double insuffisance qui, dans l'état actuel, frappe d'une incapacité égale, mais inverse, la méthode positive et la méthode rivale.

Telle est donc l'opération scientifique et philosophique

que M. Comte a voulu accomplir, et que je me propose d'examiner. Dans cet examen, je suivrai l'ordre que je viens d'indiquer, exposant d'abord la théorie sociale, puis la philosophie qui sort de l'ensemble des sciences définitivement complétées.

Pour concevoir la théorie sociale, il faut se familiariser avec l'idée que des causes plus ou moins générales, et placées en dehors de l'action individuelle, agissent dans le sein des sociétés. Ces causes produisent des résultats que le raisonnement aurait été absolument inhabile à prévoir, et qui ne se révèlent que par le temps et l'expérience. Déjà l'histoire commence à être assez prolongée pour en offrir quelques exemples ; et il ne sera peut-être pas sans intérêt de faire passer sous les yeux du lecteur cette sorte de prolégomènes.

L'antiquité a signalé un phénomène curieux : les populations libres, les citoyens des républiques anciennes n'ont jamais pu se maintenir par la reproduction. Les neuf mille Spartiates de Lycurgue étaient réduits à un millier du temps d'Aristote. Le peuple d'Athènes fut obligé de se recruter bien souvent par l'adjonction des étrangers. Celui de Rome, quoique établi sur une base bien plus large, avait subi la même influence, et l'on sait dans quelles inquiétudes la perte des trois légions de Germanie jeta Auguste, à un moment où la population romaine soumise au recrutement avait diminué. En un mot, c'est le défaut de citoyens qui a été une des causes les plus actives de la ruine des républiques antiques.

Les choses n'ont pas marché autrement dans les temps modernes. Toutes les aristocraties, tous les corps fermés, ou ne se réparant que chez eux-mêmes, ont éprouvé des pertes graduelles qui y auraient amené une extrême réduction sans les adjonctions faites de temps en temps. Il n'est pas une seule noblesse en Europe dont la masse remonte à une grande ancienneté. La plupart des vieilles familles ont disparu ; ce sont des anoblis à diverses époques qui ont rempli les vides. Mais, dira-t-on, les populations libres de l'antiquité, les noblesses du moyen âge et des temps modernes ont été sujettes à une cause toute particulière de destruction, à savoir, la guerre. Les unes et les autres étaient essentiellement militaires, et c'est là qu'est la raison de cette extinction graduelle. Sans doute; toutefois il serait facile de montrer que, à côté de cette cause réelle de destruction, il se trouvait des causes nombreuses de conservation, telles que la richesse, le bien-être, l'éloignement des métiers dangereux autres que le métier de la guerre; j'ajouterais que la guerre est loin d'exercer une action destructive sur les populations générales et non fermées; mais j'aime bien mieux présenter un exemple décisif et qui ne laisse aucune place au doute. Si les familles placées dans une position exceptionnelle de bien-être, et ne s'alliant qu'entre elles, étaient capables, soit de se maintenir au complet, soit surtout de se multiplier, les familles royales de l'Europe moderne, qui forment une véritable tribu, devraient avoir marché, depuis six ou sept cents ans qu'elles sont closes, vers une multiplication considérable. Ici la guerre n'a point agi, le nombre des personnes royales tombées sur le champ de bataille est petit; cependant, loin que le développement ait été progressif, on compte plusieurs familles éteintes dans cette tribu, et, de temps en temps, on y voit entrer quelques nouveaux membres. Ainsi, nulle cause de perte, beaucoup de causes de conservation, la richesse, les soins, la médecine toujours présente; néanmoins ces familles privilégiées ne se sont pas multipliées, elles ne font que se soutenir, et il leur faut, à elles aussi, des adjonctions. Les classes fermées, on le voit, n'ont pas la puissance de s'étendre ni, par conséquent, celle de se réparer; et, les destructions accidentelles survenant, la diminution numérique y est inévitable.

Voilà donc un fait considérable qui se produit dans les temps anciens, comme dans les temps modernes, un fait cependant que nul n'aurait jamais imaginé *a priori;* car il semble contraire à toutes les inductions. Si le raisonnement, abandonné à lui-même, eût été privé du secours de l'expérience, sans doute il aurait supposé tout le contraire, et il aurait admis que les familles privilégiées en richesses et en bien-être devaient se multiplier. Ce fait permet de juger toute la politique ancienne. Elle s'était radicalement méprise sur les conditions de durée de ses établissements ; ses hommes d'État entreprenaient, en voulant donner de la permanence à des sociétés fermées, une tâche au-dessus des forces humaines; ou du moins, il aurait fallu instituer en même temps des moyens de réparation successive pour un édifice que des causes naturelles dégradaient incessamment. Mais rien n'avait pu être prévu, puisque rien n'était su ; et les lois ignorées d'une sorte de physiologie sociale ont contribué puissamment à amener la ruine des grandes institutions de l'antiquité, ruine tant déplorée par les hommes d'État qui ne savaient, toutefois, que proposer vainement le retour à un ancien ordre de choses destiné à succomber de nouveau après chaque restauration.

Tandis que la position privilégiée des aristocraties les empêche de se multiplier, la misère, par un effet que le raisonnement *a priori* n'aurait pas non plus soupçonné, tend à faire pulluler, en nombre infini, des existences chétives, il est vrai, et abrégées. L'expérience prouve que, parmi les causes de la multiplication de l'espèce humaine, il faut compter l'état misérable des populations libres. C'est encore là un résultat contre lequel les hommes d'État se débattent vainement, un embarras dont aucune force ne peut triompher. L'exemple le plus frappant est l'Irlande, pays dont le gros de la population a été jeté, par des causes diverses, dans une détresse profonde. Là, le flot du paupérisme est incessamment croissant, et tant que l'extrême misère sera le lot de cette contrée, l'extrême accroissement de la population irlandaise viendra gêner ses gouvernants et compliquer toutes les questions politiques.

La transmission de la civilisation d'un peuple à l'autre doit aussi être citée parmi les cas où l'expérience seule pouvait apprendre le résultat et déterminer la conduite à tenir. A tout homme raisonnant dans son cabinet, il aura semblé qu'il n'était besoin, pour transformer des nations barbares en nations civilisées, que de l'éducation ; une génération devait suffire à cette métamorphose. Or, de tous côtés, l'histoire donne le démenti à cette supposition. Il faut du temps pour qu'une nation sauvage s'assimile les idées d'une nation civilisée, et un temps d'autant plus long que la distance entre les deux est plus grande. Voyez les peuplades du nord de l'Amérique, si sauvages au moment où ce continent fut découvert par les Européens; eh bien! c'est à peine si, de nos jours, quelques germes de civilisation commencent à poindre parmi elles. Trois cents ans ont été nécessaires pour les rendre quelque peu aptes à concevoir ce qui nous semble simple et naturel. Il n'en a pas été autrement dans l'antiquité. C'est, par exemple, suivant l'ordre de la conquête que l'on voit arriver dans la politique et dans les lettres romaines les populations espagnoles, gauloises et bretonnes. Les Espagnols, conquis les premiers, arrivèrent à l'assimilation avant les Gaulois; et les Gaulois, à leur tour, arrivèrent avant les Bretons. Ce phénomène général et constant indique avec combien d'inhabileté les peuples civilisés ont travaillé à la civilisation des peuples barbares; il indique aussi quelle marche il importerait de suivre à l'avenir. Les idées exigent un temps d'évolution comme toutes choses, et demander que ce qui a été le produit de longs siècles pour les populations avancées devienne immédiatement le partage des populations arriérées, c'est vouloir supprimer l'intervalle nécessaire qui sépare l'ensemencement et la moisson.

Ce fait est un des plus importants pour l'histoire de l'humanité et pour la philosophie entière. Là se montre, dans sa réalité, le caractère essentiellement relatif de toutes les conceptions humaines, même de celles qu'on regarde comme étant le plus absolues. S'il était possible de transporter avec leurs idées les hommes des générations passées dans le temps présent, ils y seraient mal à l'aise et ne pourraient se conformer à notre régime mental. Cette hypothèse, que je fais ici, se trouve journellement réalisée dans les contacts des peuples civilisés avec les peuples arriérés : rien, comme l'expérience le prouve, rien n'est plus difficile que de faire entrer dans l'esprit de ceux-ci les notions de ceux-là. Les opinions, les institutions sont donc relatives à la position que les nations occupent dans le temps; et les conceptions humaines sont si loin d'être absolues, qu'il suffit de se déplacer quelque peu, soit dans l'espace historique, soit dans l'espace géographique, pour les trouver inapplicables.

Les statistiques judiciaires, que les gouvernements publient depuis quelque temps, offrent l'exemple d'une remarquable constance dans les faits d'un ordre moral. Qui, avant toute expérience, n'aurait pas cru que les crimes et délits devaient considérablement varier d'une année à l'autre? qui n'aurait pensé qu'en cela plus qu'en tout autre chose, intervenait le libre arbitre, et qu'aux intervalles les plus rapprochés le triste contingent devait offrir de notables fluctuations? Il n'en est rien pourtant; les chiffres inexorables restent les mêmes dans des limites très-étroites, et, les causes ne changeant pas, les effets ne changent pas non plus.

Donc, manifestement, par la simple juxtaposition des hommes dans la société, par les rapports qui s'établissent entre eux, par les tendances qui résultent nécessairement de leurs dispositions primordiales, naissent des influences puissantes qui surmontent, annulent, dénaturent les combinaisons artificielles des hommes d'État. Nulle science sociale n'est possible, tant que des conditions pareilles sont ignorées; elles l'ont été absolument dans l'antiquité, elles l'ont été dans le moyen âge, on ne commence à les entrevoir que de nos jours. Et en effet, dans une telle complication, où les actions les plus effectives étaient continuellement masquées, l'expérience seule des siècles pouvait dégager quelques-unes des inconnues de ce difficile problème. Quand les causes sont peu nombreuses, il suffit de peu d'observations et d'une courte durée pour faire trouver la loi qui les régit; quand elles concourent en grand nombre pour produire un effet donné, l'esprit humain n'a pas assez de force pour les démêler, et il faut que l'évolution successive des choses se charge de lui faciliter cette tâche. Tel est le service que rend l'histoire, et l'antiquité était trop jeune pour soupçonner les principes lointains des événements immédiats qui la transformaient malgré elle de jour en jour.

C'est qu'en effet, quoique composée d'individus en apparence indépendants les uns des autres, la société forme véritablement un corps où tout conspire. Si nous n'étions pas plongés dans ce milieu, et presque aveugles, en raison de l'habitude, pour les phénomènes qui s'y passent, nous étudierions avec la plus pressante curiosité le jeu de tant ressorts. Il s'agit de nourrir, de loger, d'instruire, de défendre la société, d'accroître ses lumières, d'améliorer son industrie; et tout cela se fait par une multitude d'agents qui, en rendant ces services publics, n'obéissent pourtant qu'à leurs goûts, à leur vocation, à leurs intérêts. Le membre le plus humble de cette communauté remplit, aux yeux du philosophe, une fonction sociale; et il arrivera sans doute un temps où la société reconnaîtra cette vérité. Une fois qu'on s'est accoutumé à cette vue, il devient sensible que, dans ce grand corps des sociétés humaines, les individualités s'annulant, il se forme des résultantes qui meuvent les choses.

Le concours spontané qui s'établit entre les individus pour constituer les sociétés, s'établit entre les nations elles-mêmes, et constitue de la sorte des groupes dont les membres sont solidaires les uns des autres. Ces groupes tendent, par leurs extrémités, à s'adjoindre les peuples avec lesquels ils sont en contact. C'est ainsi que dans l'antiquité, le groupe gréco-romain s'adjoignit et s'assimila les populations barbares qui l'environnaient. De là sont sorties les nations modernes, groupe nouveau plus vaste et doué d'une action bien plus puissante en raison et de son étendue supérieure, et de sa civilisation plus avancée. A côté se trouvent le groupe musulman, le groupe indien, le groupe chinois; chacune de ces agglomérations a fait pénétrer au loin son influence. En Amérique, de pareils groupes avaient commencé à se former; l'arrivée des Européens les a anéantis. Aujourd'hui, il est manifeste que ces groupes, qui pendant si longtemps n'avaient eu les uns avec les autres que de faibles contacts, tendent à se pénétrer, à entrer dans une sphère commune;

et l'agent de cette immense assimilation est évidemment la population européenne.

A mesure que s'élargit la base de la civilisation, la stabilité en devient plus grande. Le monde moderne est plus stable que le monde ancien, et il le doit, entre autres causes, à celle que je viens de signaler. Les perturbations inévitables dans le cours des choses deviennent moins dangereuses et moins profondes qu'elles ne l'ont été jadis. Qu'on se représente la civilisation européenne greffée, comme elle l'est déjà, sur toutes les parties du monde, et l'on comprendra combien vastes les ébranlements devraient être pour y porter une atteinte sérieuse. Le débordement de populations qui, au IVe siècle, put renverser l'empire romain et troubler de la façon la plus grave l'ancien ordre de choses, un débordement pareil, dis-je, d'ailleurs impossible, serait absolument impuissant contre l'ordre moderne. L'accroissement de stabilité, en diminuant l'action des perturbations, tend à mettre davantage en dehors la loi de l'évolution des sociétés humaines; annulant les influences contraires, il l'a fait de plus en plus prédominer.

C'est le temps, jusqu'ici seul instructeur en fait de notions historiques et politiques, c'est le temps qui nous a révélé l'extension nécessaire et la stabilité croissante des civilisations supérieures; c'est lui aussi qui s'est chargé de nous démontrer sans retour que science était puissance. Sans doute c'est à la science que les Grecs et les Romains durent l'ascendant qu'ils obtinrent; mais la leur, trop peu avancée, n'était pas de force à établir une barrière définitive entre eux et les barbares. La notion de la puissance scientifique, si elle fut dès lors mise en avant, reçut un trop rude démenti du triomphe des populations germaniques pour exercer de l'influence sur les esprits. Les Goths purent renvoyer la Grèce à ses livres et se féliciter d'être demeurés à l'abri d'une culture énervante. Mais les sauvages accents de la barbarie triomphante n'ont point eu d'écho; et un résultat singulier et inattendu s'est révélé, à savoir que la force ne réside pas là où les premiers hommes l'avait placée, et que du fond d'études spéculatives et de combinaisons abstraites, sortent des puissances bien supérieures à tout l'emportement, à toute la fougue des multitudes. Ce déplacement est un des faits les plus significatifs de l'histoire, et un de ceux qui détermine avec plus de sûreté la direction du développement des sociétés.

Ainsi, impossibilité de constituer une aristocratie permanente, c'est-à-dire une population fermée se réparant par elle-même : toujours les barrières se rompent par le fait seul des extinctions. Ainsi, impossibilité d'empêcher une population libre, profondément misérable, de pulluler outre mesure : certaines circonstances étant données, rien ne peut plus s'opposer à la multiplication des êtres vivants. Ainsi, impossibilité de transporter tout d'un coup, sans l'élément du temps, la civilisation d'un peuple à un autre peuple : toujours cette transmission éprouve une résistance insurmontable dans les premiers moments, et toujours une lente élaboration, d'autant plus longue que la distance de civilisation est plus grande, est nécessaire pour produire des effets durables. Ainsi, impossibilité de changer le contingent des crimes dans une population donnée : toujours le nombre en oscille dans des limites très-étroites, tant que les circonstances au milieu desquelles ils se produisent restent les mêmes. Ainsi, extension inévitable de la civilisation européenne sur toute la face du globe : toujours les populations inférieures en civilisation se montrent inférieures en forces et la modification du plus faible par le plus fort, du moins habile par le plus habile, n'est plus qu'une affaire de temps. Ainsi, introduction définitive dans les affaires humaines de l'intelligence et du savoir comme élément prépondérant de puissance : plus les temps s'avancent, plus la faiblesse de la barbarie se manifeste; et ce qui importe maintenant, c'est que les nations civilisées sachent user avec prudence et habileté de cet ascendant remis entre leurs mains.

Tous ces faits, que je viens de signaler, ont été dévoilés peu à peu par le cours de l'histoire; tous ont été indépendants des volontés humaines; tous se sont produits à l'insu des populations passées qui, tour à tour, ont travaillé pour des buts très-divers; tous enfin tendent à montrer l'apparition de forces, de causes, d'influences propres aux sociétés. Ce n'est pas l'homme considéré en tant qu'individu, ce sont les hommes considérés en tant que formant un corps, c'est-à-dire les sociétés qui font éclore ces grands phénomènes, à la fois irrésistibles et inattendus. Si l'on veut y réfléchir avec attention, si l'on se dégage de préjugés habituels, si l'on sait, à l'exemple de l'astronome, se soustraire par la pensée au milieu qui nous emporte, et le considérer comme si l'on était placé en dehors, on arrivera à cette conclusion : que les événements historiques, c'est-à-dire les phénomènes sociaux, ne peuvent pas être affranchis, plus que le reste des choses, de lois déterminées. Il faut insister sur cette notion, car elle est essentielle. Elle combat les systèmes soit théologiques, soit métaphysiques, qui, supposant la société sans direction propre et indépendante, croient que son mouvement est dû à des interventions surnaturelles ou à des combinaisons purement politiques. Elle combat aussi la pratique des hommes d'État, qui, voués à l'empirisme, n'ont guère la vue que d'un présent circonscrit, sans aucun souci du passé qui a préparé ce présent, et de l'avenir qui l'agite.

C'est cette notion que M. Comte a voulu établir sur des bases positives, scientifiques, dans la partie de son ouvrage consacrée aux phénomènes sociaux. J'essayerai, dans l'article suivant, d'exposer comment l'histoire lui fournit les preuves de la succession nécessaire de ces phénomènes; comment, ces preuves étant trouvées, la loi qui en résulte éclaire à son tour l'histoire, et conduit même à quelques aperçus très-généraux sur le développement des sociétés le plus prochain. Car le propre de toute science, son caractère essentiel, c'est, dans certaines limites, variables suivant les sciences elles-mêmes, c'est de lire à la fois dans le passé et dans l'avenir, c'est-à-dire de suppléer par l'induction à l'observation directe. Ainsi, pour donner l'exemple le plus frappant et le plus complet, exemple que, du reste, aucune autre science ne saurait égaler, l'astronomie peut déterminer quel était l'état du ciel il y a des siècles, et quel il sera dans un temps éloigné.

II.

De la science sociale, ou science de l'histoire[1].

Il a été énoncé que la condition imposée par la nature des choses à la philosophie positive est, avant tout, de faire de l'histoire une science. En d'autres termes, il s'agit de démontrer que les changements auxquels les sociétés sont sujettes suivent une direction réglée, et naissent les uns des autres par une vraie filiation. Ce Deuxième article va être consacré à déduire les données les plus générales de la doctrine de M. Auguste Comte, *fastigia rerum*.

Ce qu'a dit Bossuet des individus se peut dire des peuples : ils vivent assujettis au changement, et c'est la loi qui les régit. Cela, en effet, est incontestable ; la société antique a disparu pour faire place à la société du moyen âge ; et celle-ci, ruinée à son tour, n'a laissé que des débris parmi les sociétés modernes. Ces grandes mutations ont-elles été fortuites ? c'est-à-dire ont-elles pu se succéder dans un ordre tout à fait arbitraire, tellement qu'indifféremment la civilisation moderne eût pu précéder la civilisation antique, et celle-ci dériver de celle-là ? ou bien ces mutations ont-elles été nécessaires, c'est-à-dire sont-elles nées les unes des autres par l'effet de causes générales et tellement enchaînées que, pour en rompre la succession, il aurait fallu d'immenses désordres sur la terre, des cataclysmes, des maladies pestilentielles plus meurtrières qu'aucune de celles qui sont restées dans la mémoire des

[1] *National*, 25 et 26 novembre 1844.

hommes, des irruptions de barbares plus nombreux et plus dévastateurs que les populations germaniques, slaves et tartares, déchaînées sur l'empire romain ? A cette dernière question, M. A. Comte répond de la manière la plus affirmative : la nature de l'homme étant donnée, et les actions destructives n'agissant pas autrement qu'elles n'ont agi dans l'histoire connue, la masse générale des choses est nécessaire; la filiation des opinions humaines et, partant, des formes sociales, n'a pas pu être dans son ensemble autre qu'elle n'a été. Mais ce serait simplement reconnaître un fait, que de signaler ainsi une succession nécessaire; ce ne serait pas avoir résolu le problème. Il faut aller plus loin, il faut indiquer le sens de cette succession, c'est-à-dire la loi qui la détermine. Un simple coup d'œil jeté sur le globe terrestre montre différents groupes de nations arrivées à des états de civilisation très-inégaux, depuis les plus chétives peuplades de la Nouvelle-Hollande jusqu'aux puissantes cités de l'Europe, depuis les essais les plus rudimentaires jusqu'aux résultats les plus complexes de la vie sociale. Ce serait s'égarer dans la recherche que de vouloir comprendre immédiatement sous une même formule tant de conditions si diverses; il faut évidemment laisser de côté les populations retardées par des causes quelconques dont l'examen est réservé, et s'adresser d'abord à la série qui est la plus plus prolongée. C'est ainsi que, dans tout système naturel, il faut étudier d'abord l'état régulier avant d'embrasser les perturbations, et que, dans tout corps vivant, il faut reconnaître l'état de santé avant d'expliquer l'état de maladie. Or, la série la plus prolongée, celle où le développement a parcouru le plus de phases, est la série comprenant les Grecs, avec leurs communications orientales; les Romains, avec leur éducation grecque; le moyen âge, héritier de la religion, de l'administration, de la législation romaine, et, enfin, les peuples modernes, héritiers directs du moyen âge.

Étant établi en fait, par la simple considération de l'histoire, que les sociétés changent et se transforment; M. Comte a trouvé la loi de ce changement, qu'il formule ainsi : Toutes nos conceptions, et par conséquent les conceptions sociales, celles qui dirigent les sociétés, passent par trois états successifs dont l'ordre est déterminé : l'état théologique, l'état métaphysique et l'état positif. Dans l'état théologique, l'homme, transportant l'idée qu'il a de lui-même dans le monde extérieur, suppose les objets mus par des volontés essentiellement analogues à la sienne ; dans l'état métaphysique, l'homme substitue des entités aux conceptions concrètes du système théologique ; dans l'état positif, enfin, l'homme, reconnaissant sa vraie position au sein de l'ordre dont il fait partie, comprend que l'ensemble des phénomèmes est déterminé par les propriétés des choses, d'où résultent des lois immuables. Ainsi l'astronomie, où figurèrent jadis Apollon et son char, et où pénétrèrent les idées pythagoriciennes sur les nombres, sur les harmonies et tant d'autres conceptions métaphysiques, est désormais irrévocablement acquise à la loi de gravitation, à la géométrie et à la dynamique. Ainsi, la physique, où la foudre, par exemple, a été si longtemps expliquée par l'intervention de Jupiter, où la métaphysique avait introduit l'horreur du vide, est devenue l'étude régulière de la pesanteur, de l'électricité, de la lumière, du son et de la chaleur. Ainsi, la biologie ou étude des corps vivants, passant, elle aussi, par toutes les phases susdites, et tantôt livrée à l'intervention des démons, aux possessions, aux actions magiques, tantôt soumise aux explications métaphysiques, a repoussé cet alliage et s'est, pour ainsi dire sous nos yeux, rattachée au système général des connaissances. Enfin la science sociale, dont la place a été tenue, aussi loin que pénètre l'histoire, par les systèmes théologiques, puis par les idées métaphysiques, est amenée à ce point où, de toutes parts surgissent les tentatives pour la constituer, et où la constitution en est effectivement imminente. M. A. Comte pense avoir été assez heureux pour poser les bases de cette grande opération.

L'origine des sociétés, comme toutes les autres origines, est inaccessible aux investigations de l'esprit humain. Mais si on ne peut y atteindre, on peut du moins étudier encore aujourd'hui quelques-uns des degrés inférieurs de l'évolution sociale. Le globe offre, sur divers points, des populations voisines, comme on dit, de l'état de nature, et dont l'étude offre certainement un grand intérêt aux philosophes capables de rattacher ces premiers essais de civilisation aux civilisations les plus avancées. Là, et dans des combinaisons très-diverses, se montrent toujours les caractères suivants : les hommes sont essentiellement chasseurs, livrés aux expéditions guerrières, non avec le but de la conquête, mais pour satisfaire la passion du butin, la vengeance et très-souvent l'anthropophagie. Leur penchant à l'indolence est puissant ; le besoin seul ou les passions violentes les arrachent à l'oisiveté. Les arts sont très-peu développés, les idées très-restreintes, et les notions religieuses bornées à l'adoration de ce qu'on a appelé des fétiches, arbres, fontaines, montagnes, animaux, etc. Il ne faut pas cependant s'y méprendre : dans cet état si peu développé, tout est en germe, et la nature humaine s'y montre dès lors entière. Une morale, rudimentaire sans doute, y préside aux rapports des hommes ; les beaux-arts grossiers certainement, poésie et musique, y ont une place, et les premières combinaisons scientifiques se font voir dans les applications d'une industrie faible encore et dans les conceptions qui s'ébauchent sur la nature des choses environnantes. C'est l'âge que M. A. Comte appelle du fétichisme, et qui n'est pas sans avoir laissé bien des traces dans la civilisation suivante.

Tel est un premier degré de civilisation dont nous trouvons encore aujourd'hui des exemples sur un grand nombre de points du globe. Un second degré est le polythéisme, où les divinités, déjà plus abstraites et cessant d'être l'objet matériel voisin, sont chargées chacune d'un département étendu. Ce qui constitue essentiellement cet âge, c'est le régime des castes, l'établissement régulier de l'esclavage, un développement des sciences plus grand que dans l'âge précédent, mais inférieur à celui du monothéisme, un état de l'industrie fort précaire, un grand éclat des beaux-arts et la domination de l'esprit militaire. Il importe de revenir brièvement sur chacun de ces points. Dans le régime des castes, la caste sacerdotale est prépondérante. Il ne s'agit ici ni de faire le procès à ces anciennes institutions, ni d'en regretter l'inévitable disparition. Elles ont joué dans leur temps un rôle qui ne pouvait être remplacé, et, la nature de l'esprit humain étant telle que nous la connaissons, il était impossible que les premiers progrès ne fussent pas dirigés par le régime théocratique. Or, une caste placée au rang suprême, ayant le dépôt des arts les plus importants et de tout ce qui constituait les connaissances théoriques, jouissant du loisir nécessaire, une telle caste, dis-je, exerça l'influence la plus considérable sur les destinées de l'humanité, et pendant les longs siècles de sa domination se préparèrent les éléments de toutes les choses dont les âges suivants ont hérité. D'un autre côté, indépendamment des obstacles que ces castes opposèrent aux changements ultérieurs, il faut remarquer que la confusion entre le pouvoir spirituel et le pouvoir temporel ne permit jamais à l'antiquité de distinguer ce qui était du ressort des lois et ce qui appartenait aux mœurs et à l'éducation. Sous un tel régime, tout est nécessairement lois et règlements.

L'esclavage, dans l'antiquité, formait un établissement en rapport avec les habitudes et les nécessités de l'état social d'alors. On s'en convaincra en examinant combien il est différent de l'esclavage moderne, monstruosité reléguée dans les colonies, et en contradiction directe avec les habitudes et les nécessités sociales d'aujourd'hui. Ici, un préjugé insurmontable sépare l'esclave du maître ; là, nul préjugé de cette espèce n'existait. L'affranchi entrait sans difficulté dans la société, et les hommes les plus éminents étaient sujets à tomber dans l'esclavage. L'Eumée d'Homère appartenait à une grande famille des îles grecques ; Platon fut vendu comme esclave ; Ventidius, le vainqueur des Parthes, avait été dans la servitude ; les affranchis Pallas, Narcisse, furent les arbitres de l'empire romain. Aussi, une fois que l'état social eut subi une modification profonde, et que l'esclavage, changé en servage, n'eut plus de racines, l'affranchissement des populations put s'opérer. L'esclavage ancien est le fruit de l'adoucissement des mœurs, qui permit d'utiliser le prisonnier de guerre, au lieu de l'égorger ; du dédain que les populations militaires avaient pour les occupations industrielles; du loisir que ces populations d'élite se créaient pour se livrer aux soins de la guerre, du gouvernement et de l'agriculture, leur destination favorite. L'esclavage n'a plus pu exister dès que l'industrie a eu pris faveur, et que, pour les hommes libres, le travail a été une chose demandée, non infligée, une récompense, non une punition.

Il n'est pas besoin d'insister beaucoup pour faire voir que, dans l'antiquité, l'industrie n'eut qu'un rôle extrêmement subordonné. Elle n'avait pas encore créé ses plus grandes merveilles; et, livrée, soit aux castes inférieures, soit aux populations esclaves, elle n'inspirait qu'un médiocre intérêt. Les sciences, de leur côté, considérablement gênées sans doute par les conceptions polythéistiques, firent cependant de notables progrès. Les mathématiques se développèrent; l'astronomie posa ses bases : Archimède ébaucha même certaines notions de physique; Aristote, Érasistrate, Hérophile, Galien, firent des découvertes en biologie. Ainsi se trouvèrent préparés les succès réservés aux âges postérieurs. Les beaux-arts surtout brillèrent d'un vif éclat. A nous tous, hommes des générations modernes, élevés à l'école de l'antiquité, est toujours présent le souvenir de cette splendeur merveilleuse. Le polythéisme, durant tant de siècles, avait mis son empreinte sur les esprits et sur les choses! Il se rencontrait alors cette circonstance qui, depuis, ne s'est jamais rencontrée aussi favorable, à savoir, que l'artiste, puisant dans des idées vivantes et des sentiments communs, était toujours compris et senti, et s'adressait non à la mémoire ou à l'érudition, mais au cœur même et à l'imagination.

La prédominance de l'esprit militaire dans l'antiquité est en relation directe avec l'infériorité de l'industrie. Peu habiles à engager la lutte avec la nature, les hommes l'engageaient plus volontiers avec les hommes; et quand ce grand but manqua aux sociétés antiques, quand, par exemple, la nation militaire par excellence, le peuple romain, eut accompli son œuvre de conquête sans égale dans l'histoire, un affaiblissement inouï se manifesta dans ce vaste corps. Il semblait que, sa tâche achevée, il n'avait plus de raison de vivre; et, en effet, il ne tarda pas à déchoir et à succomber. Les armes étaient alors l'occupation noble par-dessus toutes les autres. Cette opinion fut aussi celle de la noblesse féodale, qui, dans le moyen âge, prit la place des classes gouvernantes de l'antiquité. Et, pour comprendre quelle immense différence sépare les sociétés passées des sociétés modernes, il suffit de comparer en ceci ce que pensaient nos aïeux et ce que nous pensons nous-mêmes.

Dans la phase suivante, quand le monothéisme, succédant au polythéisme, eut prit possession des intelligences, tout changea dans les sociétés directement héritières de la civilisation gréco-romaine. La division fondamentale entre les deux pouvoirs spirituel et temporel s'établit d'une manière définitive. Une atteinte profonde fut portée à l'hérédité des fonctions, régime général de l'antiquité, lorsque le sacerdoce, la classe la plus élevée au moyen âge, se recruta dans tous les rangs de la société. Les habitudes mentales que crée le monothéisme sont bien plus favorables que celles du polythéisme, à la culture des sciences. En effet le premier suppose, bien plus que le second, la régularité et la constance des phénomènes. Aussi, dès que la grande élaboration qui devait fonder le catholicisme, et qui longtemps absorba, par son importance spéciale, les intelligences supérieures, fut terminée, on vit les études scientifiques prendre une grande activité. C'est alors que furent commencés les premiers travaux de la chimie, science capitale, qui forme le lien entre la nature organique et la nature inorganique. La féodalité, née de la destruction de l'ancien pouvoir des Césars, et qui se préparait dès la fin de l'empire romain, était mal organisée pour entreprendre un travail de conquête comme celui que Rome avait poursuivi; essentiellement défensive, son efficacité consista surtout, d'une part à combattre les Musulmans, d'autre part à contenir les populations septentrionales ébranlées. Cette tendance se trouva d'accord avec l'abolition de l'esclavage, la création des communes libres, et l'essor de l'industrie. Dès lors commença la profonde révolution qui sépare le monde moderne du monde ancien. L'industrie prit une place considérable, changea le but des hommes, détourna l'activité militaire, créa des occupations pacifiques, et jeta le poids de ses intérêts dans la balance des sociétés. De cette époque, datent l'application de la boussole à la navigation, celle de la poudre à la guerre, l'invention du papier, la découverte de l'imprimerie. Si l'industrie fut féconde, les beaux-arts ne furent pas stériles; il suffit de citer ici les magnifiques cathédrales dont l'Europe est encore couverte, et les poëmes du Dante. Mais l'art catholique, moins favorisé en ceci, que l'art du polythéisme, atteignait son apogée au moment où l'organisation sociale qui l'avait produit se décomposait, et où les populations devenaient ou hostiles ou indifférentes au symbole qu'il était chargé d'idéaliser.

En effet, approchait la dernière phase, au milieu de laquelle nous sommes encore, celle de la décomposition de la civilisation catholico-féodale. M. A. Comte, par une analyse historique pleine de sagacité, fait voir qu'il faut reporter ce mouvement de décomposition, non, comme on fait ordinairement, au XVIe siècle, mais aux deux siècles précédents. La seule différence qui sépare les deux époques, c'est que, dans les XIVe et XVe siècles, l'élaboration fut spontanée, tandis que, dans les siècles suivants, les hommes surent ce qu'ils faisaient, et travaillèrent sciemment à abattre l'ancien édifice.

La lutte avec le pouvoir temporel dans laquelle le pouvoir spirituel fut vaincu, l'autorité progressive que les légistes acquirent, et qui fut constamment en guerre avec les juridictions ecclésiastiques, les tendances à l'indépendance qui se manifestaient dans le sein des clergés nationaux, et qui menaçaient de rompre l'unité catholique, les hérésies considérables qui éclatèrent et qui, étouffées dans des flots de sang, montrent à quel prix s'achetait dès lors la convergence des esprits; tout cela témoigne que, dans les XIVe et

XVe siècles, des causes actives de destruction avaient miné l'existence de ce grand corps. Mais il restait toujours debout et intact en apparence, lorsque, au commencement du XVIe siècle, le protestantisme lui enleva une notable portion de l'Europe. Dès lors le catholicisme perdit ce qui faisait son caractère essentiel ; il cessa d'être le chef intellectuel de la société, le régulateur des populations les plus avancées, et il y eut en Europe deux têtes, deux directions, deux philosophies. Là est la rupture, manifeste dans les faits, entre la société catholico-féodale et la société des temps modernes. Ce ne fut plus ensuite qu'une série rapide de destruction et de ruine. Le protestantisme essaya en vain de retenir les esprits sur la pente où il les avait mis. Une philosophie ayant de plus en plus conscience de sa mission critique, servant les inclinations des populations et servie par elles, changea les idées, et les idées changèrent la face de la société. Cette ère est marquée par d'immenses progrès dans les sciences ; par d'immenses progrès dans l'industrie ; par la création de la diplomatie, qui succède à l'influence des papes dans le maintien des rapports entre les membres de la république européenne ; par l'ascendant de la classe des philosophes et des littérateurs, qui forment une espèce de pouvoir spirituel incomplet à côté de l'ancien pouvoir spirituel ; par le caractère des guerres, qui, cessant de plus en plus d'être directement conquérantes, deviennent guerres de religion, guerres d'équilibre, guerres de commerce, guerres de politique. Enfin les beaux-arts, quoique moins favorisés encore que dans la période précédente, à cause de l'instabilité plus grande des idées et de la succession rapide des phases sociales, ont cependant prouvé, par d'immortelles compositions, que les facultés esthétiques n'avaient souffert aucune diminution.

Telle est l'esquisse rapide des transformations que l'histoire nous montre parmi les populations avancées, depuis la haute antiquité jusqu'à nos jours. Deux tentatives mémorables, entre toutes, ont été faites pour saisir la raison de ces changements : celle de Bossuet et celle de Condorcet. Toutes deux pèchent radicalement par leur inaptitude à expliquer l'ensemble des phénomènes ; et cette inaptitude a chez les deux écrivains une cause contraire. L'auteur du *Discours sur l'histoire universelle* suit sans difficulté la série des événements dans l'antiquité, tout se préparant pour la venue du Christ, et, après cette venue, tout convergeant pour l'établissement définitif du christianisme. Mais quand arrive le triomphe des hérésies au XVIe siècle, la scission d'une partie de l'Europe, la prolongation du protestantisme jusqu'au socinianisme, alors ce puissant esprit s'arrête ; il ne sait plus comment s'expliquer ce qu'il regarde comme une aberration mentale, et il croit même voir les signes qui annoncent le retour des populations séparées dans l'ancien bercail. Si l'explication de Bossuet était insuffisante dès le XVIIe siècle, elle l'est bien davantage au XIXe. La séparation, loin de cesser, n'a fait, depuis lors, que s'agrandir. Ce qui a empêché Bossuet de tout comprendre, c'est la doctrine théologique qui lui sert de guide ; ce qui a empêché Condorcet, c'est, au contraire, la doctrine anti-théologique du XVIIIe siècle. Condorcet se rend très-bien compte des événements à partir du mouvement de la Réforme ; il juge sainement l'enchaînement de ce grand travail de décomposition ; mais, dans ce qui a précédé, tout lui échappe : les âges théologiques sont pour lui des temps de ténèbres ou de folie, et desquels il est, dès lors, incompréhensible que soit sortie cette philosophie même qui fait son orgueil.

Visiblement, le développement des sciences positives a exercé une influence essentielle sur la direction du développement des sociétés. D'abord les idées théologiques ont à peu près tout embrassé, à peu près tout expliqué ; puis, successivement, les sciences positives ont entamé de différents côtés ce domaine. Le conflit éclatant dont le mouvement de la terre et le système du monde furent l'occasion, montra aussi bien l'instinct du danger chez la classe sacerdotale que la puissance irrésistible de la démonstration scientifique. Mais, dans les phases ainsi parcourues, il faut faire une large part à l'action de la philosophie métaphysique. Discutant incessamment les opinions, soit du polythéisme, soit du monothéisme, suivant les époques, elle a entretenu la liberté mentale et fait pencher la balance du côté des intérêts novateurs et des causes ascendantes.

Pendant que le régime théologique subissait les transformations dont l'histoire témoigne, tandis que le régime métaphysique venait, depuis environ trois siècles, en partage du gouvernement des sociétés, le régime positif s'organisait peu à peu. Aujourd'hui, il domine partout, excepté sur le terrain social. Mais, pour quiconque suivra d'un œil attentif le développement des sciences et les verra chasser de position en position les notions, soit théologiques, soit métaphysiques, il sera évident que la série doit se compléter. L'avénement du régime positif dans toutes les branches des connaissances humaines en amène, de nécessité, l'avénement dans le seul ordre de faits dont il soit encore exclu.

Les anciens n'avaient pas conçu la notion de l'évolution sociale; et, quand ils voyaient s'accomplir sous leurs yeux la décomposition de leurs établissements politiques, ils ne savaient qu'accuser la corruption du temps, et se tournaient vers le passé comme vers le modèle duquel il fallait se rapprocher. Le christianisme apporta, il est vrai, l'idée de la supériorité de la nouvelle loi sur l'ancienne, du monde chrétien sur le monde païen; mais à son tour, miné par le flux perpétuel des choses humaines, il en appelle, comme fit l'antiquité, à son passé. La question ne fut véritablement posée que sous le règne de Louis XIV. Alors, les progrès étant décisifs, éclata la célèbre controverse sur le mérite respectif des anciens et des modernes; et il fut compris que la progression ne pouvait être limitée à une époque particulière, et qu'elle était réellement indéfinie. Ainsi, il ne peut plus être sérieusement question, pour les hommes politiques, soit de rétrograder vers les choses anciennes, soit de rester immuablement dans les choses présentes. Quoi que vous fassiez, le présent se modifie sans cesse, et jamais pour revenir sur ses pas. Ce qui fut longtemps une tendance spontanée est aujourd'hui devenu un but sciemment poursuivi. Les hommes sentent que la société se meut, et qu'ils ont entre les mains le pouvoir d'exercer une influence utile sur ses transformations. Une société naturellement immobile, dans laquelle le mouvement était accidentel, voilà la vue des anciennes philosophies; une société naturellement progressive, dans laquelle le mouvement est nécessaire, voilà la vue de la philosophie positive. Il faut donc qu'ici, comme en toute chose, l'homme connaisse la condition sous laquelle il vit, pour appliquer son intelligence à s'y conformer.

La crise révolutionnaire est, à des degrés divers, commune à toute la république européenne; et les enseignements de l'histoire, les grands et rapides changements auxquels les nations modernes ont assisté, l'impulsion des sciences et de l'industrie, tout a définitivement inculqué l'idée de progrès à côté de celle d'ordre, que les anciens connaissaient seule. Ce sont deux besoins à satisfaire, désormais impérieux également, et cependant aujourd'hui aussi mal satisfaits l'un que l'autre. Deux partis divisent la république européenne : le parti rétrograde ou de l'ordre, le parti révolutionnaire ou du progrès. Dans leurs succès et leurs revers alternatifs, ces deux partis ont voulu se détruire : ils n'y ont pas réussi; et entre eux s'est établi provisoirement le parti conservateur, niant perpétuellement les principes au nom des conséquences, et les conséquences au nom des principes. Mais manifestement, l'ordre qu'il entretient est précaire comme le progrès qu'il favorise. Pour qu'une conciliation s'établisse, il faut que le parti de l'ordre cesse d'être rétrograde, et que le parti du progrès cesse d'être révolutionnaire. Croire que l'ordre est possible par la restauration du passé est un erreur; croire que la lutte indéfinie pour la destruction des anciennes choses suffit aux sociétés est aussi une erreur; mais demander que les mutations nécessaires s'accomplissent sans désordre, ou que la conservation de l'ordre ne s'oppose pas à l'accomplissement des mutations nécessaires, c'est, sous deux formules équivalentes, poser le problème politique dans sa totalité.

Tel est le tableau que déroule l'histoire. Les sciences croissent depuis un germe pour ainsi dire imperceptible jusqu'aux développements actuels que nous connaissons,

jusqu'aux développements à venir qui se laissent entrevoir. L'industrie suit parallèlement la marche des sciences: d'abord indépendante, elle finit de plus en plus par se ranger sous leur direction, et c'est alors que les plus beaux succès lui sont soit acquis, soit promis. Les pouvoirs qui ont régi la société dans la suite des temps, essentiellement théologiques et militaires, ont subi de graves modifications durant ce long trajet, et sont près d'en subir de non moins graves. Enfin, la guerre, perpétuelle dans les premiers âges, puis organisée pour un but vraiment social dans la dernière partie du polythéisme, diminuant notablement sous le règne du monothéisme, présente, à l'approche de la domination des notions positives, une nouvelle et plus grande diminution.

Une manière sommaire d'apprécier les idées principales de M. Comte, c'est de les rapporter au temps présent, qui nous est particulièrement connu. Or, pour prendre tout d'abord le fait qui, en ce moment, frappe le plus les yeux, qui ne voit la tendance des sociétés modernes vers la paix se manifester avec force au milieu de perturbations qui, dans un temps moins pacifique, auraient inévitablement suscité des luttes sanglantes? Aujourd'hui, pour les populations éclairées, conquérir est, pour ainsi dire, un mot vide de sens. A quoi servirait, par exemple, à la France de conquérir l'Allemagne, à l'Allemagne de conquérir la France, puisque, en définitive, entre peuples d'un développement égal, la condition du vainqueur ne peut pas être autre que celle du vaincu? Il n'en était pas ainsi dans l'antiquité : l'activité militaire avait un but parfaitement défini, et, pour une société où l'esclave était exploité par le maître, le vaincu l'était nécessairement par le vainqueur. *Tu regere imperio populos*, qui était la devise du peuple roi, n'a plus de valeur dans les temps modernes, si ce n'est quand il s'agit de populations inférieures en civilisation; alors, la devise ancienne trouve encore à s'appliquer. Ceci ne veut dire aucunement que les facultés guerrières des modernes le cèdent à celles des anciens, et les dernières guerres révolutionnaires ont montré quelle énergie puissante pouvaient exciter dans les âmes de fortes convictions politiques. Seulement il faut comprendre que le but des sociétés, militaire jadis, a cessé de l'être, et que dès lors les causes des conflits à main armée ont diminué. Le résultat naturel a été que les pouvoirs militaires ont perdu de leur prépondérance, et que les pouvoirs civils ont incessamment grandi à leurs dépens.

Au reste, sur ce point, aucune méprise ne doit être commise. L'activité militaire resterait encore prédominante, ou la société demeurerait plongée dans la torpeur, si un autre élément n'avait pas conquis une place de plus en plus considérable. Cet élément, c'est l'industrie prise dans son sens le plus large. Il n'est pas besoin, ici non plus, de beaucoup insister pour montrer la puissance énorme à laquelle les intérêts industriels sont arrivés. Cela encore est un fait manifeste pour tous, et désormais reconnu nécessaire par ceux qui le regrettent comme par ceux qui l'approuvent. On le voit, à mesure que les intérêts militaires ont reculé, les intérêts industriels ont avancé, et cette interversion successive est un caractère qui marque profondément les phases de l'évolution sociale. Faire la guerre pour conquérir est aujourd'hui un but que les hommes se proposent de moins en moins ; travailler à développer les richesses de l'association humaine, pour donner à chacun une part du bien-être, est au contraire un but que les hommes se proposent de plus en plus. Là est la cause des modifications profondes que le pouvoir temporel subit sous nos yeux, modifications qui sont corrélatives avec la tendance à la paix.

Des changements parallèles se montrent dans l'ordre spirituel. Sans remonter aux théocraties orientales et aux temps anciens, dans lesquels les deux pouvoirs étaient confondus, il suffit de considérer la puissance spirituelle dans le moyen âge, où elle est complétement isolée et complétement développée. Alors toutes les fonctions de l'ordre intellectuel et moral lui sont dévolues ; elle intervient comme modératrice entre les nations, pour arrêter leurs conflits ; elle dirige toutes les consciences, depuis le serf jusqu'au roi; elle donne toute l'instruction, depuis la plus humble jusqu'à la plus élevée. Ce grand rôle, qu'est-il devenu? Une part des attributs de la puissance spirituelle a été usurpée par le pouvoir temporel; la diplomatie a pris sa place entre les peuples; une multitude de consciences ont échappé à sa direction; et l'éducation lui est en partie disputée, en partie absolument ôtée. En effet, à côté d'elle s'est formé un nouveau pouvoir spirituel, incomplet, sans doute, mais rival, continuellement grandissant. Les littérateurs, les philosophes, les savants, quoique ne formant point de corporation régulière, n'en ont pas moins trouvé, dans les sympathies des sociétés, les moyens d'enlever à l'ancien pouvoir spirituel une portion notable de ses prérogatives, et de mettre tout le reste en contestation. Ceci révèle la tendance actuelle des choses. Un nouveau pouvoir spirituel se forme aux dépens de l'ancien. La séparation entre le pouvoir spirituel et le temporel, si heureusement établie par le catholicisme, se perpétue et doit être consolidée; car c'est la condition essentielle de la prépondérance que la morale a acquise dans les sociétés modernes, et qui doit lui être conservée par-dessus tous les intérêts. La confusion entre les deux pouvoirs entraîne la subordination de la morale aux considérations politiques.

Le plus difficile problème des temps modernes est évidemment le problème industriel, c'est-à-dire le règlement des conditions du travail. Aujourd'hui tout est en proie : une concurrence effrénée ronge les maîtres et les ouvriers; et, dans l'état donné, le mal paraît sans remède; l'individu, du moins, est frappé d'impuissance. La baisse des prix créée par la concurrence est un agent de dissolution contre lequel on n'a pour le moment aucun préservatif; de là les ruines continuelles et les fraudes qui s'étendent chaque jour. A côté, la condition des ouvriers est pire encore. Victimes déjà de la concurrence des maîtres, ils sont, par surcroît, victimes de la concurrence qu'ils se font entre eux. De là le bas prix des salaires, la misère progressive, le travail forcé des enfants et de funestes altérations dans la santé des populations laborieuses. Évidemment, ce mal est au-dessus des forces des individus qui le subissent, et il est destiné à appeler davantage, de jour en jour, l'attention des véritables hommes d'État. Cependant, au milieu de ces désordres, apparaissent quelques tendances vers une organisation; tendances, il est vrai, spontanées, irrégulières, et, partant, accompagnées de souffrances considérables. Ainsi, de plus en plus, les grandes industries supplantent les petites; c'est la nécessité actuelle des choses, et de cette nécessité sortira un remède.

Il arrivera un temps où ces mutations, qui se sont accomplies et s'accomplissent spontanément et par les forces instinctives du corps social, seront étudiées, favorisées, régularisées par les hommes d'État, afin qu'elles produisent le plus de bien et le moins de mal. L'état intellectuel des sociétés modernes est tel, que les membres qui les composent sont en droit d'exiger d'elles travail et éducation. Plus la distinction entre les fonctions publiques ou privées s'effacera, plus les conditions du travail se régulariseront. D'un autre côté, plus l'éducation deviendra positive, plus il sera possible de la rendre universelle, car elle doit être la même dans son essence, et ne doit varier que dans le développement. Enfin, le but des sociétés étant non plus la guerre, mais le travail, la morale ayant un empire prépondérant, les intérêts industriels s'étant de plus en plus généralisés, les sociétés ne pourront être exploitées en faveur d'aucune caste, et elles seront dirigées vers la recherche de l'avantage commun.

Ainsi, le régime théologique, passant par les phases indiquées plus haut, devient de plus en plus abstrait, se simplifie progressivement, et, à chaque simplification, tient moins de place dans la vie journalière des hommes. Ainsi le régime métaphysique, tantôt subordonné, tantôt en révolte, prend définitivement la direction dans l'ère de révolution qui dure encore. Ainsi, enfin, le régime positif, qui s'est emparé de proche en proche de toutes les sciences, vient aujourd'hui mettre le pied sur le domaine social. Et simultanément s'accomplissent dans les sociétés les changements corrélatifs à chacun de ces ordres d'idées. Tel est le résumé le plus général qui se puisse donner de l'histoire ; telle est la succession des trois régimes, dont le dernier est exclusif des deux premiers et les frappe de désuétude.

On se sert beaucoup, et moi-même je me suis servi du mot progrès ; il s'agit d'examiner de plus près la notion qu'il renferme. La théorie positive de l'évolution des sociétés est complétement indépendante du sens d'amélioration, de perfectionnement. En fait, les sociétés se transforment, et cette transformation n'a rien de fortuit ; elle suit une direction déterminée. Là pourrait s'arrêter la question scientifique ; mais un examen attentif de l'évolution sociale montre qu'elle tend surtout à faire prévaloir le savoir sur l'ignorance, la force intellectuelle sur la force brutale, les idées générales sur les idées particulières, les notions de justice sur celles d'intérêt, la raison sur les passions, en un mot, qu'elle développe les facultés supérieures de l'homme, sans jamais cependant pouvoir obtenir une inversion complète ; car les mobiles puisés dans les passions et les besoins seront toujours plus puissants que les mobiles qui dérivent de l'intelligence. En effet, si, examiné de ce point de vue, le mot *progrès* paraît juste, il ne faut pourtant pas se méprendre sur sa portée. Le progrès est non pas infini, mais indéfini, comme ces quantités mathématiques qui peuvent toujours approcher d'une limite sans y arriver jamais. La limite est posée à l'homme. Sa planète le renferme et ne lui permet d'apercevoir qu'un coin du monde ; cette planète est étroite ; non moins étroite est son intelligence, qui s'arrête et se trouble dès que les problèmes se compliquent. Cet ensemble de conditions immuables constitue une borne immuable également, que l'esprit humain n'atteindra jamais, mais de laquelle il s'approchera sans cesse.

Quand il est reconnu que le progrès est la tendance à faire prédominer de plus en plus les idées générales, on saisit la cause du développement des sociétés, tel que l'histoire nous le montre. C'est ainsi que l'industrie, systématisée de jour en jour, tourne surtout ses efforts vers la satisfaction des besoins du plus grand nombre. C'est ainsi que l'art, longtemps privilége exclusif de quelques classes d'élite, en vient à se faire sentir et apprécier dans des cercles qui s'étendent sans cesse. C'est ainsi que les sciences particulières perdent le caractère de spécialité exclusive, et se fondent dans la grande science de l'humanité. C'est ainsi, enfin, que la morale, admirable dans l'antiquité quant à la personne, incomplète quant à la famille, nulle quant à la politique, embrasse aujourd'hui ces trois ordres de rapports. Tout le progrès est donc compris dans la prépondérance croissante de la généralisation.

L'empire des notions absolues est encore tel que, sans doute, en voyant les choses sociales, jugées jusqu'alors modifiables à l'infini, suivre une loi constante, des esprits sentiront tomber leur intérêt. A côté de ce découragement peut se placer aussi un optimisme trompeur, d'après lequel, l'évolution se faisant d'elle-même, tout est toujours pour le mieux. Ces deux idées seraient aussi fausses l'une que l'autre. L'homme, toutes les fois qu'il s'imagine posséder sur la nature un pouvoir absolu, se trompe, et, dès lors ne connaissant plus les conditions de son action, il s'épuise en efforts superflus : sa puissance réelle ne commence que lorsqu'une analyse rigoureuse lui ayant montré le caractère des forces naturelles auxquelles il a affaire, il sait comment il faut s'y prendre pour en user. Dans les sociétés, on se livre à des tentatives inutiles ou désastreuses toutes les fois qu'on va à l'encontre ou en dehors de la force qui les meut ; l'action ne devient effective et régulière que lorsque, concourant avec la tendance naturelle, elle la favorise ou la modifie. Ceci soit dit pour ceux que découragerait la perte de notions absolues, lesquelles sont chimériques. Quant à la tranquillité d'un optimisme qui en histoire accepterait le fait accompli, et en politique ne saurait que laisser aller les choses, elle est contraire à toute saine notion sur les forces de la nature. Ces forces sont toujours brutes; le mérite et l'effort de l'homme, c'est de les régulariser et de porter au minimum le mal qu'elles entraînent, au maximum les services qu'elles rendent. Cela même, comme le montre l'étude des sciences et des arts, est un champ suffisamment vaste pour toute l'activité, pour toute la sagacité, pour tout le génie du genre humain.

Il est si difficile de se mettre au point de vue d'une loi naturelle réglant les mutations des sociétés ; notre éducation est si étrangère à toute notion de ce genre, que je ne crains pas d'insister de nouveau sur ce point capital. Ce qui effarouche l'esprit, c'est de comprendre que tant d'individus, qui semblent isolés et indépendants, donnent, par leur concours spécial, une résultante déterminée. La complication du phénomène empêche qu'on ne se pose même la question. La raison est impuissante à l'aborder. Seule, la lente expérience des siècles, seul, le spectacle des transformations successives a pu amener nos intelligences rebelles à soupçonner qu'il en était ainsi. Il faut voir, comme nous faisons aujourd'hui, les sociétés déployées sur la longue route du temps parcouru pour confesser que toutes les combinaisons destinées à immobiliser un état social ont été infructueuses, et que toujours une force plus puissante que les puissants de la terre a ruiné les établissements en apparence les plus solides.

Cette action, toute spontanée et aveugle, tantôt servie, tantôt combattue par les efforts des politiques et par les conjonctures des événements, détruit et crée dans le présent comme elle a détruit et créé dans le passé. Elle doit cesser d'être aveugle ; les efforts des politiques ne doivent plus la combattre, ils doivent toujours la servir ; et le problème politique, désormais posé par la philosophie positive, est : utiliser au plus grand profit des sociétés la force naturelle qui leur est inhérente et qui les transforme.

III.

Comparaison des religions et des métaphysiques avec les notions positives [1].

Revenons en peu de mots sur ce qui a été dit dans les deux articles précédents. L'état présent de la république européenne est le résultat des révolutions qui ont brisé l'ancien ordre des choses. L'unité catholique du moyen âge s'est rompue ; de là les innombrables dissidences qui ont surgi de toutes parts, et il n'est plus de symbole religieux qui puisse réunir l'assentiment de tous les hommes. Les doctrines métaphysiques n'ont pas subi un moindre éparpillement, et il n'est pas non plus de symbole métaphysique capable de s'imposer aux intelligences. A côté de ce désordre, désormais irremédiable, sont les sciences positives, qui prennent chaque jour de l'autorité ; et la nature en est telle, qu'elles créent dans les esprits une conviction durable. En effet, elles s'exercent sur des objets toujours accessibles à l'expérience, et se servent de procédés toujours susceptibles de vérification. Mais ces avantages se trouvent provisoirement annulés à cause d'une lacune essentielle : les sciences tiennent le monde inorganique par les mathématiques, par l'astronomie, par la physique et la chimie ; elles tiennent la théorie des êtres vivants par la biologie ; mais les phénomènes sociaux sont complétement en dehors de leur ressort.

Cette lacune, M. Auguste Comte l'a comblée ; il a montré que les opinions humaines qui, en définitive, règlent la forme des sociétés, ont une filiation propre ; que l'ordre n'en est aucunement fortuit, et qu'elles se suivent d'après une loi déterminée. En d'autres termes, les sociétés ont une force intrinsèque qui annule les influences accidentelles et finit

[1] *National*, 29 novembre 1844.

toujours par prédominer. La direction de cette force, une fois découverte dans la société, se vérifie dans toutes les sciences particulières, qui ont passé, elles aussi, par les conceptions théologiques et métaphysiques pour devenir positives. Mais, même après cette extension de la doctrine positive au dernier domaine occupé par les doctrines rivales, les sciences ne constituent pas encore une philosophie. Une telle prétention sera vaine tant qu'elles resteront isolées, tant qu'elles n'auront pas trouvé le moyen de former un système coordonné où chacune n'entre plus que comme partie intégrante. Il faut donc réunir ces fragments séparés les uns des autres, et faire un tout de ce qui n'est jusqu'à présent que des parties. Ce tout sera la philosophie positive. On voit comment il a été nécessaire que la science sociale fût d'abord créée ; autrement l'idée de philosophie positive ne pouvait même se présenter ; on voit comment cette philosophie émane directement des sciences, et comment le caractère qui leur appartient lui est définitivement acquis. Elle est, comme elles, de nature à faire converger les esprits ; elle s'exerce, comme elles, sur des objets toujours accessibles à l'expérience ; et, comme elles enfin, elle se sert de procédés toujours susceptibles de vérification. Filiation, méthode, caractère, tout se trouve indiqué par cet aperçu sommaire.

Ce serait ici le moment d'en commencer l'exposition directe. Toutefois, avant de m'y engager, il me semble utile de déduire d'abord les différences qui la séparent de la philosophie métaphysique. La philosophie métaphysique est celle qui a présidé à l'éducation de la plupart des esprits éclairés ; ceux mêmes qui témoignent (ce qui se voit) du dédain pour cette doctrine sont parfois, à leur insu, gouvernés par elles ; et la philosophie de Condillac est encore au fond le guide philosophique de plus d'un savant qui prétend s'enfermer dans le cercle de ses études spéciales. Cela établi, l'opposition de la doctrine positive avec la doctrine métaphysique sera nettement aperçue et peut-être mieux sentie que si j'énonçais tout d'abord les caractères de la première. Ces différences portent sur la nature des questions dont s'occupent les deux philosophies, sur la méthode qu'elles emploient, et sur le degré de stabilité qui leur est propre respectivement.

Ce qui va être dit est de tout point applicable aux théologies, dont la base, en réalité, n'est pas différente de celle des notions métaphysiques.

La nature générale des questions est opposée entre la philosophie soit théologique, soit métaphysique, et la philosophie positive. L'une s'occupe de l'absolu, l'autre du relatif. Au début de ses recherches dans toutes les sciences, l'esprit humain est surtout animé par l'ambition de pénétrer l'essence des choses, et d'arriver à la notion dernière qui les explique universellement. Il ne se sentirait pas suffisamment stimulé s'il ne se posait des problèmes infinis. Là, dans le domaine de la spéculation, il se trouve à l'aise, il poursuit sans fin ses propres créations, il renouvelle incessamment les combinaisons des données qu'il se fournit lui-même ; et, trompé par les fausses apparences d'un horizon qu'il croit sans bornes, heureux de manier à son gré des éléments dociles, il abandonne le contingent, le fini, le relatif, comme on dit dans le langage de l'école, c'est-à-dire la réalité des choses telle qu'elle se présente. Il ne croit pas même qu'elle puisse fournir une base à la science ; et c'est toujours dans la considération des choses infinies et absolues qu'il cherche son système. Et, en effet, pourrait-il en être autrement? la réalité est alors si mal connue, qu'elle ne peut offrir que peu d'intérêt. Il faut bien du temps avant que les faits particuliers, observés scrupuleusement, analysés, classés, groupés, fournissent à l'esprit d'induction ces vérités générales que l'esprit métaphysique cherche à obtenir d'emblée. Ces notions générales, fournies par l'expérience, participent du caractère de leur origine ; elles sont toujours relatives ; les notions générales déduites par l'autre méthode ont, sans doute, la prétention d'être absolues, mais ne le sont qu'en apparence.

L'absolu est inaccessible à l'esprit humain, non-seulement en philosophie, mais en toute chose. Chaque fois que l'homme a résolu un problème, il trouve derrière la solution un autre problème qui se dresse devant lui; et celui-là, fût-il résolu derechef, ne disparaîtrait que pour faire place à de nouveaux mystères, sans que l'esprit humain puisse concevoir une limite à cette série des questions enchaînées les unes aux autres. On aura beau agrandir la portée des télescopes, on n'atteindra jamais les bornes de l'univers, si l'univers a des bornes. On ne fait qu'étendre le champ de ce que nous connaissons; mais on n'embrasse point tout ce qui est à connaître. Aussi, dans les sciences constituées définitivement, a-t-on cessé toute spéculation sur les notions absolues. L'astronome a rattaché les phénomènes astronomiques à la loi de la gravitation, et, sans s'inquiéter davantage de ce qu'est cette loi en soi, il l'accepte comme le fait dernier de sa science. Évidemment, s'il essayait d'expliquer cette gravitation, il pourrait imaginer mille hypothèses, toutes également gratuites, toutes également indémontrables. Ce que l'astronomie se refuse à faire, ce que toute science abandonne comme étant un exercice désormais inutile, la métaphysique persiste à le tenter; c'est là que s'est réfugiée en dernier lieu cette ambition primordiale de l'esprit humain, qui a tout d'abord entrepris l'impossible.

Les notions absolues ne sont susceptibles ni de démonstration ni de réfutation. L'étude des sciences positives, qui aujourd'hui embrasse un si vaste domaine, crée chez les modernes des habitudes mentales qui deviennent impérieuses, et ne laissent plus d'accès à une autre méthode. Pour les esprits ainsi formés, tout ce qui ne peut être démontré par les procédés scientifiques est une hypothèse hors de portée, et qu'il serait vain de réfuter. Avant de savoir si une chose est dans la catégorie de celles qui se réfutent, il faut savoir si elle est dans la catégorie de celles qui se démontrent. Cette institution des intelligences est l'influence qui contribue le plus à séparer le régime mental des modernes, du régime mental de l'antiquité. Comme jamais les faits ne viennent lui donner de démenti, le crédit qu'elle gagne n'a point de retours. Il se forme dans les esprits une disposition réfractaire qui élimine spontanément les notions en dehors de la méthode positive; et c'est cette différence de disposition qui fait tant varier, suivant les âges de l'humanité, la limite des choses croyables.

Quand l'homme, au-début de la carrière scientifique, se lança dans les recherches sans limites de l'absolu, il n'avait que cette voie ouverte devant lui. Aujourd'hui, une autre voie s'est faite, celle de l'expérience et de l'induction; elle ne peut conduire aux notions absolues, et, quand on les demande à la raison, on lui demande plus qu'elle n'a. Ni l'édifice n'est plus solide que le fondement, a dit Bossuet, ni l'accident attaché à l'être plus réel que l'être même. L'esprit de l'homme n'est ni absolu ni infini, et essayer d'obtenir de lui des solutions qui aient ce caractère, c'est sortir des conditions immuables de la nature humaine. De quelque façon qu'on varie les hypothèses, ce seront toujours des hypothèses d'une vérification impossible; et ce qui ne peut pas être connu ne doit pas être cherché.

Laissant donc de côté une enquête sur les causes premières et finales, la philosophie positive renonce résolument à une ambition incompatible avec la portée de l'esprit humain, et elle se place dans l'ordre des questions qu'il est possible d'aborder et de résoudre. Elle ne fait ici que généraliser le procédé que les sciences particulières ont employé avec tant de succès. Comme ces sciences, elle reconnaît partout quelque fait dernier, limite de l'expérience et de l'induction, fait au delà duquel elle ne cherche rien. Dans l'inexpérience juvénile de ses forces, l'esprit humain a agité des problèmes qui n'étaient susceptibles d'aucune solution. Aujourd'hui, mûri par le long temps, plus puissant aussi dans les choses qu'il peut, il sent les conditions qui règlent et tend de plus en plus à s'y résigner. Se renfermer ainsi dans le cercle de ce que l'école appelle le contingent, le relatif, constitue entre les deux philosophies une différence capitale, dont la moindre réflexion suffit pour faire apprécier toute la portée.

Si les sciences (et qui pourrait le contester sérieusement aujourd'hui?) ont raison d'abandonner toute enquête sur l'essence des choses, la philosophie opposée a tort de persister dans cette voie. Les conceptions générales ne peuvent pas être d'un autre ordre que ne sont les conceptions particulières, et ce qui est bon pour les unes doit être bon aussi pour les autres. L'homogénéité de l'esprit humain est naturellement en révolte contre cette dissidence radicale sur la nature des questions en philosophie et en science. Si, tandis que les notions scientifiques sont uniformément positives, les notions sociales sont encore mi-partie théologiques et métaphysiques, cela tient à la lenteur de l'élaboration générale. En descendant vers nous le cours de l'histoire, on voit l'empiétement graduel des notions positives sur les autres. Toujours il y a eu conflit, et toujours la victoire a été de leur côté. La lutte avec Galilée au sujet du mouvement de la terre n'est, dans ce long drame, qu'une péripétie plus connue que les autres. Entre les notions absolues et les notions relatives, ce qui est décisif, c'est la démonstration toujours impossible dans les premières, à côté de la démonstration toujours présente dans les autres.

Ce caractère, respectivement propre aux notions positives et aux notions absolues, a été saisi et signalé par Voltaire dans son admirable conte de Micromégas. L'habitant de Sirius et celui de Saturne demandent aux savants qui reviennent de mesurer un degré près du pôle, quelle est la taille de Micromégas, quelle est celle de son compagnon, quelle est la pesanteur de l'air, quelle est la distance de la terre à la lune; la réponse ne se fait pas attendre, elle est nette, précise, et ne suscite aucune contestation. Mais, quand on en vient à la nature de l'âme, alors les philosophes, si bien d'accord peu auparavant, sont tous d'une opinion différente. Cette scène si vive et si ingénieuse est la figure de la concordance sur les questions positives, de la discordance sur les questions absolues. Toutes les fois qu'on voit des hommes sincères et suffisamment éclairés être hors d'état de se convaincre réciproquement touchant un point donné, on peut être sûr que la méthode est vicieuse ou que le sujet débattu est inaccessible à la raison.

Non moins que la nature des questions, la méthode est différente. La philosophie métaphysique va de l'homme au monde; la philosophie positive va du monde à l'homme. Une comparaison fera comprendre la grave modification que le renversement de ces rapports apporte dans les conceptions. Prendre l'homme pour point de départ, c'est faire comme les anciens astronomes, c'est prendre la terre pour le centre du monde. Sans doute, il fut inévitable au début que les premiers observateurs regardassent la terre comme immobile et la sphère céleste comme tournant autour d'elle; mais qui ne voit quelles fausses idées durent être engendrées par cette première et nécessaire illusion? Rien ne se présenta plus à l'œil comme il était réellement; et tout, distances, grandeurs, mouvements, fut aperçu sous une apparence trompeuse. Telles et non moins grandes sont les illusions que cause le point de départ placé dans l'esprit humain. Sans doute, là aussi, ce fut une nécessité qui détermina ce point de départ. L'homme dut commencer par ce qu'il connaissait le mieux, par lui-même. Mais cette conception, guide des premières recherches et fonction primordiale que rien ne pouvait remplacer, a jeté une fausse apparence sur le monde philosophique, et n'a pas permis d'apercevoir le rapport entre les questions proposées et la portée réelle de l'esprit qui les examinait.

Il n'y a pas de problèmes plus compliqués que les problèmes philosophiques. Or, toutes les fois que l'homme aborde des questions difficiles par leur complication, il lui est nécessaire, sous peine de ne pas connaître s'il s'est égaré, il lui est nécessaire, dis-je, de confronter le résultat de ses raisonnements avec la réalité. Les sciences offrent la preuve continuelle de ce que j'avance. L'astronomie, malgré la simplicité qui lui est propre et la puissance des moyens mathématiques dont elle dispose, a besoin, dès qu'il s'agit d'une question compliquée, de constater la coïncidence ou la différence de la déduction avec l'observation. A bien plus forte raison cela est-il nécessaire dans la physique. Quand on essaya d'appliquer le calcul à la propagation du son, la différence entre le résultat mathématique et l'expérience fut considérable; l'épreuve montra l'erreur et la nécessité de la confrontation. Je cite là des sciences comparativement simples ; mais que serait la valeur de nos raisonnements dans des sciences plus compliquées, la chimie, la biologie surtout? et qui, là, oserait répondre d'une déduction un peu étendue, où la contre-épreuve avec l'expérience ne serait pas possible? Partout donc il nous faut confronter le raisonnement avec la réalité. Or, justement dans la métaphysique, qui traite les questions les plus complexes, celles où la confrontation serait le plus nécessaire, toute confrontation est interdite, car les objets dont elle s'occupe sont en dehors de l'expérience. Ainsi rien ne garantit pour elle que le résultat qu'elle a obtenu par de laborieux efforts de logique ait de la réalité ; de là le vague qui lui est inhérent, suite inévitable de la position qu'elle a prise.

La subordination véritable entre le monde et l'homme, entre l'objet et le sujet, entre les idées objectives et les idées subjectives, échappe complétement à la métaphysique, séparée qu'elle est désormais des sciences. Les sciences partent du monde extérieur et des objets ; les notions ainsi acquises rectifient les idées théoriques que l'esprit avait d'abord conçues. Il n'y aurait aucun salut pour elles si elles procédaient autrement, et toute la consistance qu'elles ont acquise est due à cette réaction continuelle entre les données de l'expérience et les données spontanées de l'esprit. Ce procédé, suivi d'abord instinctivement, puis réduit en système, et enfin pleinement confirmé par l'analyse judicieuse des facultés mentales, a produit et continue à produire les résultats les plus heureux. La métaphysique, au contraire, ne se préoccupe que de l'homme, que du sujet, que des idées subjectives, et par là même, n'étant jamais tenue de faire, pour ainsi dire, la preuve de ses déductions logiques, elle reste toujours frappée d'un doute général, dont rien ne peut la relever. Ainsi va s'agrandissant l'intervalle qui la sépare des sciences ; et elle demeure renfermée dans sa méthode, désormais stérile, tandis que les autres cultivent la leur, désormais de plus en plus féconde. C'est là que doit intervenir une philosophie qui fasse également acception du monde et de l'homme, et qui soumette l'ensemble des idées subjectives à l'ensemble des idées objectives, ôtant à celles-là le caractère absolu qui leur est inhérent, et à celles-ci l'incohérence qui résulte de leur isolement. Toutes les conceptions ainsi confrontées avec la réalité constituent la philosophie telle que la comporte aujourd'hui une méthode sévère. En poursuivant, comme fait la philosophie métaphysique, les idées subjectives, on arrive, il est vrai, à des idées générales, mais en dehors des notions positives et de plus en plus inacceptables pour les esprits pliés à un autre mode de démonstration. En poursuivant, comme font les sciences, des objets toujours particuliers, on arrive, il est vrai, à des notions positives, mais frappées d'impuissance par leur spécialité restreinte. C'est donc dans la combinaison des deux points de vue que l'on obtient le général et le positif, c'est-à-dire la réunion de ce qui appartient séparément à la métaphysique et aux sciences. Or, cette combinaison se fait de soi-même quand toutes les notions acquises par les sciences sont ramenées vers l'homme, pour corriger sous le contrôle de la réalité ce que les conceptions purement subjectives ont d'absolu, d'illimité, d'indémontrable.

Cette voie, inverse de la direction primordiale, a été longtemps inaccessible ; et, comme je l'ai dit, l'homme eut besoin, par une hypothèse instinctive et nécessaire, de faire tout à son image, et d'importer ses idées dans les choses, en attendant que, par une lente réaction, l'expérience importât les choses dans ses idées. Ramener le monde vers l'homme, retourner l'objet vers le sujet, confronter les idées subjectives aux idées objectives, n'a pas toujours été possible. Aujourd'hui cela se peut ; aujourd'hui cela se fait; et cette révolution mentale, commencée il y a tant de siècles par les premiers travaux mathématiques, poursuivie à travers la création successive des sciences, devient voisine de son accomplissement. Là aussi, si l'on veut y réfléchir, se manifestent l'enchaînement des opinions humaines et la filiation du présent avec le passé. Quand la terre est mise en son rang parmi les planètes, l'homme à sa place dans la série des êtres vivants, la société sous l'influence d'un mouvement qui lui est propre, alors les racines des notions absolues, soit théologiques, soit métaphysiques, se dessèchent, et la confiance dans les conceptions de ce genre va décroissant chez les intelligences formées à l'école des notions positives.

Aussi beaucoup d'hommes éclairés ne manquent-ils pas d'objecter que, depuis plus de deux mille ans, la métaphysique agite incessamment les mêmes questions, sans avoir obtenu aucune solution permanente. C'est qu'en effet les doctrines métaphysiques sont marquées du caractère de l'instabilité. Rien, dans cette étude, ne demeure fixe; rien ne peut jamais être considéré comme définitivement acquis; rien ne persiste dans ces systèmes qui se succèdent, excepté la tentative toujours renouvelée d'aborder des questions toujours insolubles. Qu'est-il besoin de rappeler ici au lecteur des faits si bien connus? L'antiquité a vu, pour ne citer ici que les systèmes principaux, les luttes de l'Académie, du péripatétisme, de l'épicuréisme, du stoïcisme, du scepticisme; et quand ces grandes conceptions, qui avaient longtemps occupé les intelligences les plus élevées, commencèrent à tarir, le néoplatonisme reprit momentanément de l'ascendant sur les esprits. Mais la philosophie antique devait disparaître avec la société antique; la métaphysique païenne avec la religion païenne: aussi le néoplatonisme meurt au moment de l'intronisation définitive du christianisme. Alors commence une métaphysique chrétienne à côté de la religion chrétienne; les problèmes agités par les philosophes de l'antiquité sont repris par les philosophes des temps qui suivent. Le moyen âge en discute d'analogues sous les noms de nominalisme, de réalisme, de conceptualisme. Puis surgissent les doctrines de Descartes, celles de Spinosa, celles de Locke et de Condillac, la critique de Kant, les spéculations de Fichte, de Schelling, de Hegel; ce qui nous mène jusqu'à nos jours. Tous ces systèmes (ce sont les plus grands, et combien n'ai-je pas omis de modifications partielles!), tous ces systèmes sont en lutte sur les bases mêmes de leurs conceptions. Ce n'est jamais un édifice qui se continue; c'est toujours une construction nouvelle, élevée sur les ruines de l'ancienne. Ce tableau du passé est aussi celui du présent; car des symptômes manifestes indiquent que les grands systèmes de Condillac en France, de Hegel et de Schelling en Allemagne, s'épuisent et laissent de la place pour de nouvelles tentatives métaphysiques.

Donc, l'histoire révèle l'instabilité essentielle des doctrines métaphysiques. C'est là une expérience décisive par sa prolongation. En fait, et indépendamment de tout raisonnement théorique, les notions absolues sont instables et n'ont rien en elles-mêmes qui puisse maintenir une conviction prolongée; en fait, elles se remplacent continuellement les unes les autres; en fait, elles n'ont point encore de principe établi sur lequel toute contestation soit levée. A chaque grande époque métaphysique, on fait table rase; d'autres esprits reprennent les questions fondamentales sur d'autres données; et tout le travail ancien est perdu, si ce n'est comme exercice et éducation de la raison humaine. L'histoire du monde, a dit Schiller, est le jugement du monde, et des variations perpétuées incessamment pendant plus de vingt siècles sont le jugement de la métaphysique.

Un tout autre spectacle est présenté par les sciences qui s'appuient sur un autre principe. Là, la marche est continue; ce qui est acquis une fois l'est pour toujours, et le moindre coup d'œil jeté sur les diverses sciences suffit pour montrer que l'état présent est supérieur à l'état passé. De même qu'en fait la métaphysique est livrée à des agitations perpétuelles et à des révolutions sans terme, de même, en fait, les sciences sont assujetties à une ascension continue. De même qu'en fait la métaphysique voit à chaque nouveau système ses bases mêmes attaquées et remaniées, de même, en fait, les sciences, quand elles ont touché une fois le vrai, ne le perdent plus et bâtissent avec confiance sur ce fondement solide. Le résultat est là, frappant tous les yeux. Rien de plus instructif que ce contraste fourni par l'histoire, maintenant suffisamment étendue pour que l'expérience soit concluante. Le temps laisse sourdre peu à peu ses enseignements comme autant de minces filets d'eau qui sillonnent à peine le sol; mais à la longue ces filets réunis forment un courant qui entraîne les intelligences.

Ce qui distingue la métaphysique et la science positive, c'est que l'une ne débat jamais que ses principes, et que l'autre ne débat jamais que ses conséquences ; situation inverse qui rend compte des résultats opposés. Dans les sciences, la contestation roule sur les choses nouvelles et sur les inductions qui en sortent ; dans la métaphysique, elle roule sur les choses primordiales ; sur celles qui ont occupé les plus anciens philosophes. Constatons encore une différence non moins profonde. Les sciences ont un caractère fixe et déterminé comme les objets qu'elles étudient ; elle ne varient pas plus que les lois naturelles, et, ces lois étant toujours et partout les mêmes, il en résulte une série de notions à l'abri de l'influence des lieux et des temps. Une vérité astronomique trouvée en Grèce n'a ni patrie ni date, et elle est valable pour les modernes comme pour les anciens. Autre est le cas de la métaphysique : comme elle repose sur des principes *a priori*, sur des notions absolues puisées directement dans l'esprit humain, elle varie comme cet esprit lui-même, elle reflète les opinions des civilisations successives, et elle est grecque ou orientale, païenne ou chrétienne. Les systèmes métaphysiques se tiennent moins par une liaison intrinsèque et naturelle que par les circonstances extrinsèques. La métaphysique païenne meurt avec l'avénement du christianisme, tandis que la géométrie païenne ou l'astronomie païenne ne souffrent pas une pareille interruption.

C'est qu'en effet la métaphysique a un rôle essentiellement critique, par conséquent toujours lié à des données qui ne lui sont pas exclusives : ce sont les données théologiques. La métaphysique s'occupe des mêmes objets que la théologie, mais elle s'en occupe d'une manière différente. Dès lors s'établit entre l'une et l'autre un rapport qui détermine inévitablement le caractère de la métaphysique : aussi la voit-on constamment en conflit avec les pouvoirs religieux, dont elle compromet les conditions d'existence. C'est ainsi que la métaphysique païenne a miné par une longue élaboration les bases mentales du polythéisme et préparé les voies à l'avénement du monothéisme dans le monde gréco-romain.

C'est ainsi que la métaphysique chrétienne, mère de tant d'hérésies, a amené le protestantisme, la désorganisation de l'établissement catholique, et finalement les phases révolutionnaires dont le monde moderne a été témoin.

La prétention de traiter d'une façon indépendante les questions que les théologies résolvent n'a jamais été acceptée par les pouvoirs religieux; mais, d'un autre côté, la prétention de limiter dans un certain cercle les discussions sur les notions absolues communes aux théologies et à la métaphysique n'a jamais été acceptée par celle-ci. De là le rôle social des théologies et des métaphysiques. Dans l'histoire des populations les plus avancées, ces deux puissances ont été invincibles l'une pour l'autre; elles se sont partagé le domaine commun par des limites continuellement variables entre la foi et le raisonnement. La métaphysique est toujours ou auxiliaire ou adversaire : dangereux auxiliaire à cause de son indépendance, dangereux adversaire à cause de la compétence qu'elle accorde à tous les esprits. Ce jeu alternatif se perpétue jusqu'à la venue des notions positives, qui les supplantent toutes deux; partout, en effet, elles ont éliminé les explications soit théologiques, soit métaphysiques.

Telle est, dans l'histoire du développement de l'humanité, la position de la métaphysique, toute corrélative et critique. Les besoins logiques sont impérieux pour l'esprit humain, et la métaphysique a satisfait pendant longtemps à un de ces besoins. Il faut à l'esprit toujours quelque moyen général de coordonner ses conceptions, quelque système qui les embrasse, quelques notions compréhensives qui lui servent de théorie et de guide. C'est là ce que la métaphysique a fourni aux générations du passé. Elle est un intermédiaire (en tout l'esprit humain a besoin d'intermédiaires) entre les théologies, que sa discussion ébranle, et les notions positives, dont, par cette discussion même, elle prépare l'avénement. Par un accord que l'on constate continuellement dans l'histoire, et qui est le résultat inévitable des conditions mentales de l'humanité, cette généralité, qui alors ne pouvait être autre, était suffisante, car l'ensemble du savoir humain n'était pas capable de donner de graves contradictions aux explications absolues et d'en limiter l'étendue. Depuis et peu à peu elle est devenue insuffisante. Les compartiments demeurés vides dans les connaissances se sont remplis ; ce qui est accessible à l'intelligence a été embrassé, et le départ s'est fait entre les notions absolues vainement cherchées et les notions relatives, seul objet réel de nos spéculations. Les siècles se sont chargés de ce double travail, montrant d'une part l'inanité des tentatives du Sisyphe métaphysique, et de l'autre les progrès constants et continus des notions positives. A ce point, et c'est celui où nous sommes aujourd'hui, le concours entre les sciences et la philosophie devient manifeste ; les sciences se transforment en philosophie, ou, si on l'aime mieux, la philosophie absorbe les sciences.

IV.

De la philosophie positive [1].

La distinction entre la philosophie et les sciences est essentiellement transitoire; la philosophie n'est qu'une science générale ; chaque science spéciale n'est qu'une philosophie particulière ; tout est évidemment commun, le but et les procédés. Lorsque, il y a vingt-cinq siècles, Socrate sépara la philosophie des sciences, qui jusque-là y étaient confondues, comme on le voit par les travaux des anciens philosophes, Anaxagore, Xénophane, Parménide, etc. ; quand, dis-je, Socrate opéra cette séparation, il obéit instinctivement à une nécessité qui ne fit que devenir plus pressante dans les siècles suivants. Les phénomènes moraux et sociaux échappaient tellement aux vaines explications physiques des sciences contemporaines, que l'esprit ferme et net de Socrate en fut frappé; et, d'un autre côté, les

[1] *National*, du 3 et 4 décembre 1844.

sciences positives commençaient à avoir assez de consistance pour ne plus accepter que difficilement les procédés qui étaient propres aux conceptions théologiqnes et métaphysiques. La tendance à la scission était donc réciproque ; et les sciences se seraient elles-mêmes disjointes du système philosophique, si Socrate, prenant les devants, n'eût fait la part de la philosophie. Ne sait-on pas que l'antiquité attribua à Hippocrate d'avoir séparé de la philosophie la médecine, qui, à titre de biologie, était englobée dans les spéculations générales ?

Donc, la double impossibilité, soit de soumettre les phénomènes moraux et sociaux aux explications scientifiques, soit de soumettre les phénomènes de la nature physique aux explications théologiques ou métaphysiques, cette double impossibilité se fit impérieusement sentir en Grèce vers le temps de Périclès ; et c'est certainement là un des grands événements dans l'histoire de l'esprit humain. Dès lors les sciences positives continuèrent pas à pas leur lente élaboration, s'affranchissant progressivement, suivant les degrés de leurs complications, des langes théologiques et métaphysiques qui les avaient protégées à leur naissance ; et leur indépendance, d'abord précaire, alla s'affermissant de plus en plus. D'un autre côté, le monde moral et social fut régi par les notions théologiques et métaphysiques. On voit, à ce grave moment, l'antique unité théologique, dont le type le mieux connu nous est offert par l'Égypte, se briser en deux irremédiablement dans les esprits. Des deux fragments, l'un continue à se mouvoir dans l'ancienne orbite des notions absolues, c'est-à-dire théologiques ou métaphysiques ; l'autre est jeté dans la voie nouvelle de l'expérience ; de l'expérience, qui jusqu'alors, sans doute, n'avait fourni que des éléments aux arts, sans jamais prendre rang dans les conceptions scientifiques. C'est là aussi ce qui imprime le caractère à toute la science et à toute la philosophie jusqu'à nos jours : la science devient de plus en plus étrangère à la philosophie ; la philosophie devient de plus en plus étrangère à la science.

L'avenir de ces deux grandes méthodes était alors incertain. Pour que le rapport récemment établi par la scission se maintînt, il fallait que la métaphysique réussît à asseoir d'une manière solide ses principes propres, ou bien il fallait que les sciences positives fussent incapables d'aborder jamais les problèmes exclusivement réservés d'abord à leur rivale. Ni l'une ni l'autre de ces deux conditions ne s'est réalisée. Il ne fut pas donné à l'esprit métaphysique de s'arrêter dans ses révolutions incessantes; et l'expérience montra une propriété qu'on ne lui soupçonnait pas, celle de fournir, à l'aide de l'induction et de la déduction, des notions pleinement scientifiques. Pendant que la métaphysique tournait inévitablement dans un cercle où elle ne trouvait pas de repos, les sciences s'approchaient peu à peu du domaine qui lui était resté exclusivement dévolu. De la sorte, la question s'est trouvée posée, mais en sens inverse, comme au temps de Socrate : alors, par les progrès des idées, la scission entre la philosophie et les sciences était inévitable; aujourd'hui, par le même progrès, la réunion devient inévitable à son tour.

Ainsi ont marché les choses. Une hypothèse théologique, puis métaphysique, a présidé aux débuts de l'humanité, a soutenu ses pas et favorisé son premier développement. En dehors s'est placée l'étude des lois réelles, étude faible d'abord, lente et mal assurée dans sa marche, puis, une fois les premières difficultés vaincues, grandissant avec rapidité. La confrontation fut inévitable; et, s'opérant d'elle-même, successivement, elle fit reculer l'hypothèse primordiale. Mais, dans les temps passés, la confrontation n'était que partielle; aujourd'hui, elle est générale et porte sur tout le savoir humain.

Arrivées à posséder cet ensemble, les sciences, pour se transformer en philosophie, n'ont plus qu'une chose à faire : c'est de s'ordonner elles-mêmes en système. Cette élaboration accomplie, elles satisferont à toutes les conditions d'une philosophie, c'est-à-dire qu'elles fourniront les premiers principes de toutes nos notions rangées dans l'ordre vraiment naturel. C'est ce dernier travail que M. Comte a exécuté dans son ouvrage.

Il faut d'abord reconnaître avec précision la véritable étendue du domaine spéculatif, c'est-à-dire déterminer quel est le nombre des sciences pures, de celles qui correspondent à des lois distinctes et qui ne s'appliquent pas à un objet naturel particulier. Je m'explique par des exemples qui feront comprendre la chose sans aucune ambiguïté. L'astronomie est une science pure ou spéculative, car elle étudie les lois géométriques et dynamiques qui régissent les corps célestes; la chimie est une science pure ou spéculative, car elle étudie les lois qui régissent les compositions et les décompositions des corps. Mais la géologie n'est pas une science pure, car elle s'occupe d'un objet naturel particulier, du globe terrestre, et emprunte tous ses moyens d'attaquer les difficiles problèmes qui lui sont soumis aux sciences pures, par exemple à l'astronomie, à la physique, à la chimie, etc.

Telle est la distinction importante qu'il faut faire entre les sciences spéculatives et les sciences concrètes. La philosophie, chose éminemment spéculative, ne peut, cela est manifeste de soi, s'incorporer que les sciences spéculatives. Il faut donc les énumérer pour établir tout d'abord le vrai domaine de la philosophie positive.

M. Comte distingue six sciences pures : les mathématiques, l'astronomie, la physique, la chimie, la biologie, la science sociale. Des mathématiques relèvent les lois de l'étendue et du mouvement. A l'astronomie appartiennent la distance, la grosseur, la forme du soleil et des corps planétaires, les orbites qu'ils parcourent, et les forces qui les meuvent. La physique étudie tous les phénomènes dus à la pesanteur, à l'électricité, au magnétisme, au calorique, à la lumière, aux vibrations sonores. La chimie pénètre dans la constitution moléculaire des substances, reconnaît les éléments indécomposables ou, du moins, indécomposés, et détermine les conditions qui président aux combinaisons définies. La biologie recherche toutes les formes que revêt la vie depuis le dernier végétal jusqu'à l'homme, embrasse la hiérarchie de ces êtres de plus en plus compliqués et élevés, se familiarise avec les modes qui règlent la manifestation des phénomènes vitaux, travaille à préciser le rapport constant qui existe entre la structure anatomique et la fonction, constate des facultés de plus en plus hautes dans les animaux supérieurs, et, combinant la considération de l'organe et des facultés, elle dispute l'étude de l'homme intellectuel et moral à la métaphysique. Enfin, la science sociale suit l'évolution des sociétés, en distingue les phases nécessaires et assigne la loi de ces changements ; plus générale et plus vraie que la doctrine de Bossuet ou celle de Condorcet, elle rend compte du fétichisme, du polythéisme, du monothéisme et de l'ère de révolution, démontre l'instabilité nécessaire de ces états transitoires, et prévoit dès lors l'avénement complet des idées positives. Ce résumé succinct comprend l'ensemble du savoir humain. Rien n'est omis, rien si ce n'est ce qui est inaccessible à l'esprit de l'homme, la recherche des causes premières et des causes finales.

Ici se montre visiblement le caractère qui appartient à la philosophie positive et qui la distingue profondément des conceptions rivales. Chaque série de phénomènes apparaît gouvernée par des lois immuables. Toujours la terre et les planètes, ses sœurs, vont de l'occident à l'orient, retombant sans cesse dans le sillon d'hier. Toujours l'électricité, éclatant dans les nues, trouble la tranquillité de notre atmosphère. Toujours un secret effort dirige l'aiguille aimantée vers les pôles de notre globe. Toujours des forces intimes sollicitent la combinaison des éléments et composent avec deux gaz subtils les mers orageuses, qui ébranlent leurs barrières de rochers. Toujours la vie, par une transformation singulière, change en muscles, en os, en nerfs, les éléments grossiers disséminés dans les airs, sur la terre et les eaux. Là sont les conditions nécessaires des choses telles que nous les connaissons; elles forment l'horizon de l'esprit humain, au delà duquel l'œil de l'intelligence est incapable de rien voir, que le vide infini. C'est ainsi que la vue physique a vainement déployés devant elle les espaces immenses et le bleu sans limites des profondeurs célestes; l'étendue est un obstacle suffisant, et l'œil n'a point de portée qui atteigne à ces distances lointaines.

Ces lois qui régissent les choses, il est impossible d'aller au delà; mais il est possible d'y arriver. Toute recherche qui prétend les dépasser se perd dans le vague; toute recherche qui les étudie dans leur action et leurs combinaisons est fixe, déterminée, et, partant, positive. Du moment qu'on a éliminé ce qui doit être éliminé désormais, on ne voit rien qui se trouve en dehors des six sciences énumérées. Quelque effort de pensée qu'on fasse, on arrive toujours, en définitive, à l'une d'elles; sinon, l'on sort, ou plutôt on croit sortir des limites de l'esprit humain, et, au lieu de traiter les questions réelles, on agite des conceptions mentales, destinées, comme l'histoire des théologies et des philosophies le prouve, à perdre peu à peu l'assentiment des intelligences. Tout ce que nous pouvons savoir est évidemment renfermé dans les notions géométriques de l'étendue et du mouvement; dans la connaissance du système céleste auquel nous appartenons; dans le jeu des agents qui gouvernent toute chose sur notre terre; dans les combinaisons des éléments chimiques; dans l'étude de la série des êtres vivants, au sommet de laquelle l'homme est placé; et enfin, dans les conditions sous lesquelles les sociétés se développent. Au delà de cet ensemble on ne peut plus imaginer que des spéculations sur l'essence des choses et sur les causes dernières; mais essence des choses, causes dernières, questions théologiques et métaphysiques, tout cela est en dehors de l'expérience. L'esprit humain, de quelque manière qu'il s'ingénie, n'a aucun moyen pour y atteindre; et, produit lui-même des causes qui produisent tout, n'ayant vue que sur un coin d'univers, ne pouvant combiner les idées complexes que dans une limite très-restreinte, quand il entasserait Ossa sur Pélion, il n'en serait pas plus près du but inaccessible qu'il s'est si longtemps proposé.

Donc la philosophie est dans l'ensemble des sciences qui donnent la connaissance de l'ensemble des choses. Mais, à ce point, ce ne sont encore là, à vrai dire, que des matériaux; et, pour que la construction s'achève, il faut un double travail, savoir, une classification systématique et l'exposition des principes les plus généraux que renferme chaque science.

Les six sciences ont été classées par M. Auguste Comte dans l'ordre suivant: mathématiques, astronomie, physique, chimie, biologie et science sociale. Voici les raisons qui l'ont conduit à cette classification, et qui n'en permettent pas d'autre. Au premier rang sont placées les mathématiques, à cause de la simplicité plus grande qui leur appartient; à l'aide d'un très-petit nombre d'axiomes suggérés immédiatement par l'expérience, elles arrivent, par la voie de la déduction, à des développements prodigieux. De toutes les sciences, c'est celle qui emprunte le moins aux données expérimentales; c'est celle dans laquelle le travail interne de l'esprit humain intervient le plus. Il est merveilleux de voir comment quelques vérités d'une extrême simplicité mènent à des résultats importants et à des formules fécondes. Les mathématiques marchent sans le secours des sciences subséquentes, elles sont plus générales qu'aucune autre; car qu'y a-t-il de plus général que les notions de l'étendue et du mouvement? C'est cette double considération qui leur assigne la première place dans la hiérarchie scientifique.

La seconde est dévolue à l'astronomie par la même raison. L'astronomie, elle, doit bien plus que les mathématiques à l'expérience, à l'observation. Tous les résultats qu'elle a obtenus sont le prix de l'étude patiente et minutieuse des apparences célestes, et, à ce titre, elle est notablement plus compliquée que les mathématiques. Mais sans celles-ci elle ne peut rien: la géométrie et la mécanique lui donnent les moyens de spéculer sur les observations qui lui sont propres, et d'en tirer la forme des orbites et la loi des mouvements.

Quittant les spéculations de l'étendue et du mouvement, quittant la contemplation des corps célestes, un nouveau pas nous amène aux phénomènes déjà moins généraux dont s'occupe la physique. A celle-ci donc est assigné le troisième rang. Le secours des mathématiques lui est indispensable; grâce à elles seules, l'esprit pénètre profondément dans la règle des choses; sans ce guide, qui tantôt rectifie l'expérience et tantôt la devance, les théories seraient bien moins sûres et bien moins compréhensives. Quant à sa liaison avec l'astronomie, elle est évidente dans l'étude de la pesanteur, la plus parfaite des théories physiques, mais aussi qui n'est qu'un cas particulier de la gravitation céleste. Malgré les puissantes ressources que lui offrent les mathématiques, malgré la possibilité de varier sans fin ses expérimentations, combien néanmoins la physique est loin de la régularité et de la perfection qui sont le lot des mathématiques et de l'astronomie ! C'est que là les données de l'expérience interviennent en bien plus grand nombre et compliquent immensément les recherches. Le phénomène réel, tel qu'il se produit, ne peut que rarement, et dans des circonstances heureuses, passer sous l'élaboration directe de l'instrument mathématique. Au reste, l'histoire même des sciences témoigne de cette subordination de la physique à l'égard des mathématiques et de l'astronomie : déjà parmi les Grecs la géométrie avait fait de brillantes découvertes, déjà de précieuses acquisitions étaient entrées dans le domaine de l'astronomie, quand la physique en était à peine à quelques ébauches primitives.

En arrivant à des phénonomènes encore plus particuliers, on rencontre la science qui étudie les éléments dans leurs actions moléculaires. La chimie, évidemment, doit être placée après la physique, source de connaissances dont elle ne peut se passer. Le calorique, la lumière, l'électricité, jouent un trop grand rôle dans les phénomènes chimiques, pour que le rang de la chimie ne soit pas fixé dans la hiérarchie scientifique. Cette subordination, donnée, comme on le voit, par la nature des choses, est donnée aussi par l'histoire : la chimie est une science récente ; le berceau en est près de nous. Avant les admirables découvertes du siècle dernier, il y avait des alchimistes, ouvriers infatigables à entretenir les fourneaux allumés, à remuer les substances, et faisant çà et là de précieuses découvertes tout en poursuivant de chimériques recherches ; il y avait les chimistes, leurs successeurs, qui recueillirent nombre de faits ; mais la chimie scientifique n'existait pas encore. Au reste, ici vient expirer l'influence mathématique, absolue dans l'astronomie, grande encore dans la physique, à peu près nulle dans la chimie. Aussi les théories, dépourvues de ce puissant secours, sont-elles bien plus restreintes dans leur portée et dans leur prévision, caractère qui va se marquer de plus en plus dans les sciences subséquentes.

La grande science des êtres vivants, la biologie, succède à la chimie. De la chimie seule elle apprend que les tissus organisés sont composés des éléments inorganiques disséminés dans le reste de la nature ; que les matériaux s'échangent incessamment entre eux dans le sein des corps animés, et que la nutrition, qui est, avec la reproduction, la vie entière dans le végétal et la base de tout le reste dans l'animal, n'est, à vrai dire, qu'un immense travail de composition et de décomposition chimiques. La biologie est tellement liée à la chimie, qu'aujourd'hui ces deux sciences sont vicieusement enchevêtrées dans ce qu'on nomme chimie organique, et le domaine respectif de chacune n'est pas même déterminé. Ici, il faut signaler un point essentiel dans l'histoire : la biologie, malgré sa subordination hiérarchique à la chimie, n'est point une science de tout point récente ; Aristote, Hérophile, Érasistrate, Galien, ont exécuté des travaux véritablement positifs. C'est que la biologie a pu être directement attaquée par l'anatomie, et on a tout d'abord étudié les fonctions des organes. Mais, pour l'antiquité, la nutrition est restée lettre close : la nutrition, fondement de toute vitalité ; un abîme séparait le monde organique du monde inorganique ; et, en l'absence d'une science qui n'existait pas, on ne pouvait se faire aucune idée positive de l'élaboration par laquelle les tissus vivants se formaient aux dépens des matériaux bruts. La chimie a comblé cet abîme, et il est constant que la biologie, fragment isolé jusqu'alors, n'a été introduite dans la science générale qu'après la création de la chimie. C'est là le vrai point de vue de l'histoire scientifique et l'explication d'une anomalie apparente.

Enfin, au sixième rang vient la science sociale. Il est à peine besoin d'indiquer le rapport de subordination dans lequel elle est à l'égard de la biologie. L'étude de l'homme en société a pour fondement nécessaire l'étude de l'homme en tant qu'individu ; elle a besoin aussi, pour donner de la consistance à ses théories, de connaître les conditions générales sous lesquelles la vie se manifeste. Les conditions de la vie dans tout son ensemble sont un terme auquel doivent être incessamment confrontées les théories sociales ; c'en est la pierre de touche nécessaire. En un mot, la biologie fournit à la science sociale le terrain, comme la chimie le fournit à la biologie elle-même. Il n'est pas besoin non plus d'insister pour faire voir que la science sociale est, dans l'histoire, comme dans la hiérarchie, postérieure aux autres sciences. C'est au moment où les unes ont grandi et se sont coordonnées, que les tentatives pour déterminer l'autre sont devenues de plus en plus fréquentes, de plus en plus intéressantes.

Telle est la coordination systématique des sciences pures ou spéculatives. Elle est fondée sur l'indépendance de la science supérieure à l'égard de l'inférieure, sur la dépendance de celle-ci à l'égard de celle-là ; sur les objets de moins en moins généraux dont elles s'occupent respectivement : l'étendue et le mouvement, le système céleste, les agents physiques, les phénomènes chimiques, la vie, la société ; enfin, sur le développement historique lui-même, qui n'a laissé éclore les sciences que une à une, et au fur et à mesure de leur complication. Cet arrangement porte avec soi sa démonstration, et dès lors on peut voir les diverses catégories de phénomènes, chacune asservie à la loi qui la régit, produire par leurs combinaisons le spectacle de notre monde ; les phénomènes et les lois, qui sont seuls du domaine de l'esprit humain. Ainsi, on arrive au plus haut point qu'il soit permis d'atteindre, et de là on embrasse tout ce qui est su : véritable position philosophique, où rien n'échappe et où les choses sont vues dans leurs relations réelles, assez élevée pour dominer, assez judicieusement choisie pour ne donner aucun vertige.

La philosophie de chaque science en particulier est éclairée continuellement par la coordination systématique qui place ainsi à leur rang successif les mathématiques, l'astronomie, la physique, la chimie, la biologie et la science sociale. Rien ne prépare mieux l'esprit à concevoir les méthodes et les résultats qu'un arrangement dans lequel les sciences sont entre elles dans le rapport le plus direct, et qui montre tout d'abord les réactions multipliées des unes sur les autres. Un premier coup d'œil signale le caractère des méthodes employées par chaque science; à mesure qu'on passe de l'une à l'autre, on voit le procédé suivi instinctivement par l'esprit humain changer et se modifier selon le sujet à traiter. C'est là que la logique élémentaire, si bien établie par Aristote, devient logique spéculative, et, par la combinaison des méthodes particulières, constitue la méthode générale de l'esprit humain. Dans les mathématiques, où l'induction est presque nulle et se réduit à une sorte d'intuition, règne avec ses développements les plus étendus et les plus admirables la déduction, qui de quelques axiomes tire une multitude infinie de propositions enchaînées. L'induction qui, elle, au contraire, fait sortir de faits particuliers une loi générale, prend une place toujours de plus en plus grande dans les sciences subséquentes. La méthode spécialement cultivée par l'astronomie est l'observation : l'astronomie n'a qu'un seul sens, la vue, pour étudier les phénomènes dont elle s'occupe; ces phénomènes s'accomplissent sans qu'elle puisse en rien les modifier ; et c'est là que devra étudier les règles et la puissance de l'observation quiconque voudra s'en faire une véritable idée. Autre est la méthode de la physique et de la chimie : là, les agents sont sous notre main ; le nombre en est limité ; on peut, n'en modifiant qu'un seul, laisser subsister tous les autres : c'est l'expérimentation ; ces sciences en offrent le plus parfait modèle. Quiconque veut savoir ce que c'est que l'art d'expérimenter, d'instituer convenablement une expérience, et d'en tirer de justes conclusions, doit aller à l'école de la physique et de la chimie. Ce n'est qu'après avoir été formé par ces institutrices rigoureuses qu'on pourra, dans les autres sciences, où l'expérimentation est moins pure, apprécier convenablement les résultats qu'elle fournit. Comme la chimie est entre le monde inorganique et le monde organique, et forme le pont qui mène à la biologie, elle participe pour la méthode de ce caractère intermédiaire; et, si elle a l'expérimentation comme la physique, elle a, comme la biologie, la classification. Former la vraie nomenclature des choses et leur imposer un nom systématique qui en indique la nature, est un des attributs de la logique spéculative; et, bien qu'il appartienne aussi à la biologie, c'est néanmoins dans la chimie que cet attribut trouve à s'exercer de la manière la plus complète. Là, une bonne nomenclature est le résumé de toute la science; le nom systématique de chaque corps doit en faire connaître directement la composition, et contenir en quelque sorte un précis de son histoire. Par sa nature même, plus la chimie avancera, et plus cette double propriété se développera. Aussi les pères mêmes de la science avaient-ils fondé une nomenclature admirable, quoique devenue insuffisante; les nomenclatures systématiques en botanique, en zoologie, en anatomie, en pathologie, ne peuvent atteindre à un aussi haut degré de perfection. La chimie se trouve placée dans la hiérarchie scientifique à un point où la nomenclature, devenant utile, n'est pas cependant assez difficile pour ne pas rallier toutes les considérations au caractère suprême de la science, à une seule notion prépondérante, à celle de la composition des corps.

Dans la biologie apparaît une autre face des choses, et cette science comporte aussi une autre méthode générale; là tous les êtres, depuis la plante jusqu'à l'homme, forment un système présentant partout analogies et différences. Pour chaque être, les âges, depuis la conception dans la graine végétale ou dans l'ovule animal, jusqu'à la décadence sénile, offrent des variations successives enchaînées les unes aux autres. Enfin, dans le même être, les influences du milieu ambiant et de la nutrition produisent des modifications profondes, sujet fécond en rapprochements. De là ressort la méthode qui appartient en propre à la biologie, et dont nulle science ne fait un usage aussi constant, aussi profitable, à savoir, la méthode analogique ou comparative. Ce qui ne fait que poindre dans la biologie arrive à son plein dans la théorie des sociétés. La doctrine des âges, en effet, n'est que le rudiment de la méthode historique, privilége spécial de la science sociale. Ici l'investigation procède, non plus par simple comparaison, mais par filiation graduelle. L'individu, dans sa courte évolution, ne peut suggérer la méthode historique, laquelle, au contraire, surgit directement de la contemplation des phases successives de l'humanité. Telles sont les méthodes particulières dont l'ensemble constitue, suivant l'heureuse expression de M. Auguste Comte, le pouvoir général de l'esprit humain.

Voilà pour la méthode ; voici pour le résultat. Embrasser dans un aperçu commun tous les phénomènes sans exception, et en saisir l'enchaînement, cela donne nécessairement la conviction que les choses sont soumises à des lois fixes, c'est-à-dire au jeu régulier de leurs propriétés. Tels agents étant en présence, tels effets en sortiront toujours. Le voyage que la philosophie positive fait faire dans le domaine mental ressemble assez aux premières circumnavigations, qui révélèrent à l'homme les dimensions du globe terrestre. Tant qu'il n'avait pas fait le tour de sa demeure, il pouvait lui supposer des dimensions démesurées, et rien ne lui apprenait les limites réelles dans lesquelles il était renfermé. De même le domaine mental a pu longtemps paraître infini ; mais du moment que la circumnavigation est achevée, du moment que partout les limites ont été touchées, il faut rentrer dans la réalité. Ces limites, ce sont les lois qui régissent toutes les catégories de phénomènes à nous connues.

L'immutabilité des lois naturelles, à l'encontre des théologies, qui introduisent des interventions surnaturelles ; le monde spéculatif limité, à l'encontre de la métaphysique, qui poursuit l'infini et l'absolu : telle est la double base sur laquelle repose la philosophie positive. Rattachant chaque ordre de faits à un ordre de propriétés naturelles, elle met hors de cause les théologies, qui, sous la forme de fétichisme, de polythéisme et de monothéisme, supposent une action surnaturelle, et les métaphysiques, qui vont chercher, par delà les phénomènes, leur point d'appui dans des hypothèses. L'esprit positif a successivement fermé toutes les issues à l'esprit théologique et métaphysique, en dévoilant successivement la condition d'existence de tous les phénomènes accessibles et l'impossibilité de rien atteindre au delà.

Tenant de la sorte les méthodes et les résultats généraux, la philosophie tient les fils de toutes les sciences ; et c'est là le rôle qui lui appartient, mais qui depuis longtemps lui a échappé, sans qu'il fût jamais possible qu'elle le reprît en persistant dans la voie métaphysique. Les procédés scientifiques et métaphysiques sont trop radicalement distincts pour que les derniers exercent désormais de l'influence sur les premiers ; et à cette dissidence profonde il faut attribuer la répugnance que témoignent pour la métaphysique de bons esprits scientifiquement cultivés. La science positive ne peut devenir métaphysique : son travail a été justement de se dépouiller successivement de ce vêtement étranger, et chaque jour elle repousse quelques lambeaux de ce genre que le temps n'avait pas encore emportés. De ce côté, rien ne peut être changé. Mais cette fin de non-recevoir n'est, à vrai dire, qu'un refus en désespoir de cause : il n'est aucun esprit qui ne se trouvât heureux d'avoir une philosophie, de mieux comprendre les principes généraux de sa propre science à l'aide de la comparaison, et de se former une idée juste du savoir humain, en en saisissant la coordination, la portée et les limites. La philosophie est le véritable remède à l'action dispersive des spécialités ; mais pour cela il faut qu'elle soit homogène avec les notions positives, qu'à aucun prix l'esprit humain ne peut plus sacrifier : autrement l'efficacité en est nulle. On en a surabondamment la preuve aujourd'hui : jamais la philosophie n'a exercé moins d'empire sur les sciences, parce que jamais, à aucune époque, les deux méthodes positive et métaphysique n'ont été séparées l'une de l'autre par un plus grand intervalle. Désormais la fusion de la philosophie et des sciences est également nécessaire à toutes deux, et il n'est pas moins important, dans l'état actuel des esprits, de soumettre les sciences à la philosophie, que la philosophie à la méthode scientifique.

Arrivée là, la philosophie change complétement de manière d'être. Les modifications qui lui sont destinées ne portent plus sur ses bases; elles ne portent que sur son sommet. Appuyée sur le terrain solide des sciences, elle garde, comme elles, les premières assises; mais, comme chez elles aussi, les constructions dernières sont continuellement en rénovation et en accroissement. Il n'est point d'acquisition dans une science quelconque qui ne tourne au profit de la philosophie; il lui appartient de s'enrichir successivement de toutes les richesses, et, partant, de se modifier dans ses développements, obéissant dès lors sciemment aux leçons de l'histoire, qui montre la variation inévitable des opinions humaines, la filiation qu'elles suivent, le rapport constant entre l'état mental des peuples et leur état social, et le caractère toujours relatif des idées philosophiques.

Et en effet, il y a une réaction nécessaire entre la science sociale et toute les autres sciences, réaction manifeste en fait dans l'histoire, mais dont la nature se révèle à la philosophie dès que celle-ci est en état de la comprendre. Si, dans la hiérarchie, la science subséquente dépend, par une liaison nécessaire, de la science antécédente, il est vrai aussi que la science antécédente subit une utile réaction de la part des sciences subséquentes. Elle en reçoit de nombreuses clartés, elle leur emprunte des méthodes utiles et s'en sert soit pour rectifier son propre point de vue, soit pour l'agrandir, soit pour se créer des ressources nouvelles. Cela étant, et le plus simple examen montrera la vérité de cette proposition, cela étant, dis-je, on conçoit quelle influence considérable doit exercer la science sociale sur l'ensemble scientifique ; car, placée au dernier rang, et venant après toutes les autres, si elle reçoit d'elles toutes des secours nécessaires, elle donne à toutes de fécondes indications et l'appui le plus ferme. Ainsi se trouve établie la réaction réciproque de toutes les parties ; et, semblable au circuit électrique, le circuit philosophique est complété. La première science dépend de la dernière ; la dernière dépend de la première ; et toutes ensemble renferment dans leur circonscription le domaine réel ouvert aux investigations humaines. Là cesse toute distinction entre la science et la philosophie ; la science sociale est le terme où aboutissent toutes les autres et d'où partent les directions. Mais cette consommation finale n'est possible que pour la philosophie positive, laquelle s'est incorporé les méthodes et les résultats des sciences particulières.

Puisque toutes les sciences aboutissent à la science sociale ; puisque à son tour la science sociale réagit sur toutes les autres, il n'y a donc véritablement qu'une seule et grande science, celle de l'humanité, qui comprend tout et résume tout. Là est la philosophie entière, et rien ne reste en dehors. Au vrai point de vue, philosophie et science de l'humanité, c'est tout un, et il n'est aucune séparation à établir entre le savant et le philosophe. Ces deux classes, aujourd'hui distinctes, doivent se réunir, ou dans une science plus générale, ou dans une philosophie plus positive, quelle que soit la formule dont on veuille se servir. Au reste, cet aperçu tout spéculatif est intéressant à suivre rétrospectivement dans l'histoire. Là gît la cause théorique de ce que la pratique montre réalisé dans tous les temps, à savoir, la prédominance directrice qui a appartenu jusqu'à présent à la philosophie, soit théologique, soit métaphysique. Si, au sens véritable, toute philosophie est science de l'humanité, il a bien fallu que cette science, la plus générale de toutes, présidât toujours à la direction des sociétés : aussi, par sa nature même, quelque forme qu'elle revêtît, s'est-elle trouvée placée au sommet ; elle n'a jamais cessé d'être la régulatrice ; et, dans sa transformation en philosophie positive, elle conserve encore ce caractère, qui lui est essentiel. Dès l'abord, et en l'absence de notions positives sur les choses, une hypothèse instinctive sur les causes des phénomènes lui donne la position qu'elle doit occuper ; maîtresse de tous les enseignements dans les grandes théocraties de l'antiquité, maîtresse encore de l'homme et des sociétés après la scission opérée par Socrate, elle tient le gouvernail ; et pendant ce temps l'hypothèse qui lui sert de fondement est soumise au jugement des générations qui s'écoulent et des sciences particulières qui grandissent. En effet, et ceci est à remarquer dans l'histoire, il n'est point de progrès dans les sciences qui n'aille se faire sentir dans les idées ; elles ne peuvent croître sans modifier considérablement les opinions, soit théologiques, soit métaphysiques. Or, cela s'explique pour quiconque aperçoit que, la philosophie étant la science de l'humanité, les sciences particulières en sont les affluents.

Le mécanisme de l'histoire, si je puis m'exprimer ainsi, au moins dans la partie spéculative, apparaît dès lors tout entier à nos yeux. Le procédé par lequel les opinions humaines se sont graduellement modifiées se manifeste ; et cette modification successive, autrement dit l'histoire, est due à la réaction des parties sur le tout, et du tout sur les parties, la philosophie sociale ne pouvant faire un pas sans rendre plus facile le développement des sciences particulières, et les sciences particulières ne pouvant faire un pas à leur tour sans modifier la philosophie sociale. Certes, ce n'est pas sans intérêt qu'on jette le regard dans ces profondeurs de l'histoire et qu'on voit surgir, au milieu du tourbillonnement des phénomènes sociaux si compliqués, au milieu de l'action des individus si indépendants, au milieu du conflit des masses nationales si diverses, au milieu de la succession des générations si isolées déjà de leurs ancêtres à une courte distance, qu'on voit surgir, dis-je, la condition secrète qui détermine la marche générale du système.

Le rôle primordial et nécessaire de l'imagination et de l'hypothèse tend de plus en plus à diminuer et à disparaître. Désormais, une seule chose est capable de déterminer la convergence des esprits, c'est la démonstration, dont le type est fourni par les sciences. Rien ne peut suppléer, dans l'état mental des populations modernes, cet indispensable office. A quelque mobile qu'on s'adresse, le nombre grossit incessamment de ceux dont la conviction se forme à une seule condition, l'assentiment spontané et involontaire qui est le fait de la démonstration. Tout le reste est inefficace. L'esprit humain, en vertu de sa propre constitution, n'est pas libre dans son assentiment; et, quand il a saisi la preuve, il lui est impossible de ne pas l'accepter. De là vient, dans toutes les sciences, parmi les hommes les plus éloignés et les plus divers, l'accord uniforme et constant sur les notions définitivement établies. Là aucune hérésie ne peut éclater, et, mieux que toute autorité, l'assentiment, nécessaire parce qu'il est involontaire, entretient la convergence continue des esprits. Tel est le caractère qu'aujourd'hui doit avoir toute philosophie : il faut qu'elle place, comme les sciences, ses principes dans une région où ils soient toujours et à chaque instant démontrables, et, par conséquent, toujours et à chaque instant acceptés.

Quelles que soient les critiques qu'on puisse faire du livre de M. Auguste Comte, tant pour les détails que pour la forme, il est convenable de les laisser complétement de côté ; car, ce qui importe ici, c'est de faire connaître les points capitaux de ce grand ouvrage ; le reste est secondaire. On peut présenter ainsi ces points essentiels de son œuvre philosophique : la détermination de la loi qui régit les sociétés passant par l'état théologique et l'état métaphysique pour arriver à l'état positif; la nature des questions, qui doivent cesser d'être absolues pour devenir relatives ; la méthode qui marche du monde vers l'homme, et non pas de l'homme vers le monde; la coordination hiérarchique des sciences, qui en indique les rapports et les réactions réciproques; l'incorporation des sciences dans la philosophie, et par là, enfin, l'homogénéité établie entre toutes nos conceptions. Ce sont là les bases de la nouvelle élaboration philosophique ; c'est ce qui en fait le caractère, et c'est aussi ce qui a dû tout d'abord être soumis à l'appréciation du lecteur. Dans la marche continue de l'humanité, les peuples sont arrivés aujourd'hui au point de partage des idées philosophiques. L'histoire montre, dans tout son développement, le versant et le long cours des idées théologiques et métaphysiques; mais déjà commence un autre versant, et la source des idées positives s'épanche à son tour, abandonnée désormais au lit qu'elle se creuse et à la pente qui l'entraîne.

APPLICATION

DE LA

PHILOSOPHIE POSITIVE

AU GOUVERNEMENT DES SOCIÉTÉS

ET EN PARTICULIER À LA CRISE ACTUELLE.

I.

Prévision [1].

M. Auguste Comte, six ans avant la chute de Louis-Philippe, disait en son livre capital de la *Philosophie positive* : « Dans les douloureuses collisions que nous prépare nécessairement *l'anarchie actuelle*, les vrais philosophes, qui les auront prévues, seront déjà préparés à y faire convenablement ressortir les grandes leçons sociales qu'elles doivent offrir à tous, en montrant ainsi aux uns et aux autres l'insuffisance inévitable des mesures purement politiques pour la juste destination qu'ils ont respectivement en vue, les uns quant au progrès, les autres quant à l'ordre. » (T. VI, p 613.)

[1] *National*, 16 juillet 1849.

Ainsi, pendant que de prétendus politiques croyaient à la stabilité de la quasi-légitimité, un philosophe solitaire, ne se méprenant pas sur les contradictions essentielles et les incompatibilités flagrantes de la situation, qualifiait d'*anarchie* un pareil régime, et prévoyait formellement les collisions futures. Lequel s'est trompé, lequel a eu raison, ou celui qui a pris pour de l'ordre une anarchie réelle, ou celui qui, d'un ferme regard, a vu l'anarchie sous un ordre apparent? Où pouvait mener la politique qui se trompait si grossièrement, sinon à des commotions? Elle y a conduit, en effet; et une politique qui compterait, comme son aînée, sur les mesures rétrogrades, sur la répression et sur des lois de septembre, préparerait au *vrai philosophe* de nouvelles confirmations de ses prévisions, et de nouvelles leçons au public, qui en profitera un jour ou l'autre pour remettre en de meilleures mains le soin des destinées communes.

La royauté de Louis-Philippe, alors dans tout son éclat (en 1842), n'a fait aucune illusion à M. Comte. « Le mouvement rétrograde, dont Napoléon se fit le chef, était incompatible avec les plus intimes dispositions populaires, qui par leur énergique antipathie, obligèrent à prendre tant de longs et pénibles circuits pour restaurer, sous un vain déguisement impérial, une monarchie qu'une seule rapide secousse avait d'abord suffi à renverser entièrement : si tant est même qu'une stricte exactitude historique permette maintenant d'envisager comme vraiment réablie une royauté qui n'a jamais pu encore passer avec sécurité de ses divers possesseurs à leurs successeurs domestiques. Et pourtant une telle transmission héréditaire constitue certainement le principal caractère de la royauté. » (T. VI, p. 383.)

Ce jugement si clairvoyant porté sur la royauté reçut, six ans plus tard, une nouvelle confirmation, par le détrônement de Louis-Philippe. Au vrai, la royauté, depuis qu'elle fut solennellement abolie par notre immortelle Convention, n'a jamais pu être rétablie. L'empereur, le roi légitime et le roi quasi-légitime n'ont jamais été que des présidents d'une République, avec des révolutions au lieu des changements réguliers qu'aurait comportés l'ordre républicain, s'il n'eût été si déloyalement et, disons-le en vue du résultat et de Sainte-Hélène, si stupidement violé par Napoléon. Et réellement, cette vieille monarchie, glorieuse et bienfaisante dans le passé, parasite et malfaisante dans le présent, serait-elle tombée au premier choc, si tous les appuis moraux ne lui eussent été dès longtemps retirés, si elle n'eût été en l'air au milieu d'une société qui se régénérait, si elle n'eût cessé d'avoir une véritable raison d'être? Le même changement d'idées qui s'était produit en France, se produisant aujourd'hui dans l'Europe, toutes les monarchies sont ébranlées, et toutes disparaîtront devant les incompatibilités insurmontables qui croissent constamment entre la monarchie et l'esprit moderne.

Car il ne faut pas regarder comme appartenant à l'esprit moderne le régime constitutionnel qu'on a essayé d'introduire chez nous. Ce régime est un cas tout particulier de la grande rénovation occidentale; il est spécial à l'Angleterre; c'est une halte entre l'éruption protestante au XVIe siècle, et la révolution bien plus décisive de la fin du XVIIIe. Aussi n'a-t-il eu une véritable consistance et de la stabilité que dans son pays natal. Partout ailleurs, il a été incapable de marcher; court en France, il sera encore plus court dans le reste du continent. Aussi, en plein régime constitutionnel, et au fort de la quasi-légitimité, M. Comte a-t-il écrit : « La stérile obstination de la réaction rétrograde tendit toujours à reproduire, autant que le permettait l'état général des esprits, une aveugle imitation de la Constitution anglaise; imitation caractérisée par une chimérique pondération des diverses fractions du pouvoir temporel. C'est dans ce type que d'irrationnelles conceptions ne cessaient de montrer la réorganisation finale, malgré l'expérience du peu de stabilité que pouvait avoir en France l'importation d'une telle anomalie politique. » (T. VI, p. 383.)

Pour qui jugeait la situation avec tant de sûreté, la révolution de février était un fait prévu et rentrant dans la succession de nos phases révolutionnaires. Mais cette évolution même a été l'occasion d'événements prodigieux qui ont surpris les esprits les plus préparés. La propagation de l'ébranlement à Vienne et à Berlin, à Milan et à Rome a été un phénomène inattendu, et les plus confiants dans le progrès ne pensaient pas que l'idée rénovatrice eût déjà pénétré si loin. M. Comte avait, il y a longtemps, reconnu cette inévitable extension et déterminé la solidarité intime qui unit les membres de la République européenne. On lit dans son ouvrage : « Les résultats effectifs de la période extrême (*restauration et commencement de Louis-Philippe*) ont surtout consisté jusqu'ici dans l'inévitable extension de la crise fondamentale à l'ensemble de la grande République européenne, dont la France devait être seulement l'avant-garde. Cette propagation naturelle ne pouvait, sans doute, acquérir une importance vraiment décisive tant que la crise générale avait dû sembler dissipée dans son foyer principal. C'est donc seulement depuis qu'une dernière commotion (*la révolution de juillet*) a pleinement démontré l'inanité d'une telle illusion, que cette extension nécessaire a pu suffisamment s'accomplir. » (T. VI, p. 413.)

Savoir, c'est prévoir. Le critérium de toute véritable science est la prévision. Certes, on n'y a jamais mieux satisfait qu'ici; et, entre les mains de M. Comte, la science historique s'est montrée aussi prévoyante qu'il est possible. Les crises révolutionnaires, l'incapacité de la royauté à se maintenir, enfin la solidarité révolutionnaire de l'Europe, tout cela est déterminé et prédit plusieurs années à l'avance. Si quelqu'un de ceux qu'on a nommés hommes d'État durant cette période et qui, ne sachant rien, ne prévoyant rien, ne méritent que le nom de teneurs de portefeuilles; si, dis-je, quelqu'un de ces faux hommes d'État eût eu cette clairvoyance, il aurait fait, apercevant l'écueil, éviter le choc. Mais dans ce qu'on est convenu d'appeler les hautes régions de la politique, et ce que Paul-Louis Courier appelait déjà si sagement les basses régions, il n'y a plus, depuis longtemps, que confusion, désarroi et aveuglement.

Qu'on se reporte aux années où cela s'écrivait, et qu'on

se rappelle ce qui préoccupait alors les politiques de profession. L'un proposait des dotations princières que repoussait une assemblée assez inconséquente pour vouloir une royauté sans les conditions de la royauté. Un second, brouillant tout, levait de nombreux soldats et projetait une campagne en Allemagne pour se venger de ce que l'Angleterre l'avait fâché. Un troisième, louable du moins en ceci, rengaînait cette étrange fantasmagorie militaire, mais, se perdant en des maximes toujours changeantes et en des combinaisons infiniment petites, se croyait solide parce que son collègue lui avait arrangé une majorité. Un quatrième, se proclamant dynastique, contrariait partout la dynastie, et, triste exemple de l'absence de toute vraie conviction, était destiné à servir de cause occasionnelle au renversement de la monarchie en soutenant les banquets, et de chef à la réaction en mutilant le droit de réunion.

Voilà à qui appartenait la direction! et qu'on s'étonne, si l'on veut, du résultat! Lynx pour des futilités sans nom, mais taupes pour tout ce qui était réel et imminent, ils ne voyaient pas la royauté vacillante, l'Italie prête à se soulever, l'Allemagne profondément irritée contre ses souverains, l'Autriche même compromise dans ses conditions d'existence. Aussi, tout ce travail de fourmis a-t-il disparu au premier coup de vent, et, de février 1848 à mars de la même année, il a été fait mille fois plus pour la cause commune des peuples qu'il n'avait été fait contre elle en dix-huit ans à force de petits moyens, et que la réaction n'en déferait en dix-huit autres années, si un tel laps de temps lui était encore accordé pour le gaspiller, et si les phases ne devaient pas se presser maintenant bien davantage. Que de toiles d'araignée ont été dispersées en un instant!

La prévision ne serait qu'une stérile divination, sans antécédent ni conséquent, si elle ne reposait sur des règles fixes et si elle n'était régulièrement transmissible aux esprits suffisamment préparés. Toute science comporte (et c'en est un des caractères fondamentaux) des prévisions d'autant plus assurées et lointaines qu'elle est plus simple, et, partant, plus perfectionnée. Ainsi l'astronomie possède, à cet égard, plus de puissance que la physique, qui en possède plus que la chimie, qui en possède plus que la biologie; et celle-ci, à son tour, est supérieure à la sociologie. Mais cela n'empêche pas que la sociologie, ou histoire, ou science sociale, comme on voudra l'appeler, ne soit déjà, grâce aux lumineuses conceptions de M. Auguste Comte, douée d'une prévision très-notable. J'en viens de donner une preuve empirique, en rapportant avec quelle sûreté M. Comte a déterminé les cas principaux de notre évolution la plus prochaine. La preuve par le raisonnement n'est pas moins concluante.

Toute science suppose que les phénomènes qu'elle étudie sont soustraits à des volontés quelconques et obéissent uniquement à des conditions d'existence que nous nommons des lois. Tant que cela n'est pas nettement aperçu, il y a lieu aux conceptions théologiques et métaphysiques, il n'y a pas lieu aux conceptions scientifiques. Mais dès que ce pas est franchi, la science se constitue et la prévision commence. Ainsi est-il arrivé de l'astronomie, de la physique, de la chimie et de la biologie, dans l'ordre où je viens de les énumérer; ainsi arrive-t-il de la sociologie, qui dut être la dernière de toutes en date, attendu que là aussi est une filiation, et que la science sociale ne put pas plus venir au monde avant la biologie que l'astronomie avant les mathématiques. Les phénomènes sociaux sont des phénomènes naturels qui sont soumis à un ordre; mais quel est cet ordre? Aristote, un des esprits les plus puissants dont l'humanité s'honore, combinant la courte expérience historique qu'il avait derrière lui, représenta, dans un livre immortel, cet ordre comme immobile. Erreur que le plus prochain avenir devait manifester. Longtemps après, l'histoire s'étant prolongée, on imagina un ordre circulaire; autre erreur que la grande démolition, commencée en 89, a mise dans tout son jour. Enfin a surgi l'idée de progrès; mais dans quel sens? C'est ce qui a été déterminé par M. Comte dans la formule: Toutes nos conceptions sont, nécessairement, d'abord théologiques, puis métaphysiques, et finalement positives.

Ainsi l'ordre social est mobile, et il l'est suivant une progression qui, pour le vrai, s'écarte incessamment de l'imagination vers la raison ; qui, pour le bon, fait prévaloir l'humanité sur l'animalité ; qui, pour le beau, approprie des idéalisations de plus en plus complètes à un public de plus en plus nombreux ; qui, pour l'utile, exploite avec une perfection croissante le domaine terrestre. A l'aide de la formule de M. Comte, on explique le passé (j'allais dire : on le prédit, tant une saine théorie jette de lumière sur ce qui, sans elle, n'est qu'un chaos) ; et l'on prévoit l'avenir, du moins dans ses caractères essentiels. Tous les temps historiques apparaissent comme un long enchaînement de causes et d'effets : et la même théorie qui les fait comprendre permet à la fois de plonger le regard et au delà en arrière et au delà en avant, construisant dans leurs linéaments essentiels et un certain passé que nous ne voyons plus et un certain avenir que nous ne voyons pas encore. La contemplation de cette vaste humanité est une des satisfactions les plus salutaires et les plus splendides que l'esprit puisse se procurer.

C'est du déchirement entre les croyances anciennes, cohérentes il est vrai, mais tombant en désuétude, et les nouvelles croyances, croissant il est vrai, mais encore incohérentes, qu'est né l'état révolutionnaire qui embrasse aujourd'hui toute l'Europe. « Le cours général des événements propres au dernier demi-siècle, disait M. Comte en 1842, démontre que les conditions de l'ordre, autant que celles du progrès, ne peuvent désormais obtenir une réalisation suffisante que par l'essor direct d'une véritable réorganisation. Jusqu'à cet indispensable avénement, l'ensemble de la situation politique flottera nécessairement entre la tendance plus ou moins rétrograde d'un pouvoir qui ne peut concevoir l'ordre que dans le type ancien, et l'instinct plus ou moins anarchique d'une société qui n'imagine encore qu'un progrès purement négatif. » (T. VI, p. 516.)

Depuis lors, la révolution de février et l'avénement de la République ont fait faire un pas vers la solution finale, pas que M. Comte caractérise ainsi, dans un ouvrage subséquent : « En écartant à jamais le mensonge officiel par lequel la monarchie constitutionnelle prétendait s'ériger en dénoûment final de la grande révolution, notre République ne peut proclamer comme irrévocable que son seul principe moral, l'entière prépondérance du sentiment social, vouant directement au bien commun toutes les forces réelles. Telle est aujourd'hui l'unique maxime vraiment définitive, sans qu'on ait aucun besoin de l'imposer parce qu'elle résulte spontanément des tendances universelles, qui ne permettent à personne de la contester, depuis que tous les préjugés contraires sont radicalement détruits. Mais quant aux doctrines, et, par suite, aux institutions, propres à organiser ce règne direct de la sociabilité universelle, notre République reste essentiellement indéterminée, et comporte beaucoup de régimes différents. Il n'y a de politiquement irrévocable que l'entière abolition de la royauté, qui, sous une forme quelconque, constituait depuis longtemps en France et même, à de moindres degrés, dans tout l'Occident, le symbole de la rétrogradation. » (*Discours sur l'ensemble du positivisme*, 1848, p. 114.)

Cet amendement moral de la société française, dû au triomphe du principe républicain, vaudrait à lui seul la crise qu'il nous a coûté ; car, on ne doit cesser de le répéter, les améliorations morales priment tout. Mais reste toujours le grand problème de la rénovation totale et définitive qui doit clore la révolution. Quiconque examinera les conditions de stabilité des sociétés à une époque donnée se convaincra que cette stabilité dépend nécessairement d'une communauté de croyances fondamentales entre les hommes, et, réciproquement, que la révolution commence quand, par le progrès spontané des sciences et des notions qui en dérivent, cette communauté se dissout. Ainsi fut stable le polythéisme, et ainsi il devint instable. Ainsi fut stable le catholicisme, et ainsi il est devenu instable à son tour. Supposons que rien n'eût changé dans nos croyances, il n'y aurait dans l'Occident pas plus de révolutions sociales qu'il n'y en a eu dans l'Inde depuis l'établissement du polythéisme brahmanique. Si là est la cause de la révolution présente, comme là fut la cause de la révolution passée qui mit à bas le paganisme, évidemment la stabilité ne sera rétablie qu'avec la convergence des esprits. Le passé a épuisé toutes les combinaisons théologiques ; il est à peine besoin de faire mention des combinaisons métaphysiques trop peu consistantes et trop passagères pour avoir aujourd'hui une véritable importance politique. Il ne reste donc plus que les combinaisons positives ; et ce sont celles que j'examinerai dans l'article prochain.

II.

Des bases scientifiques du nouvel ordre social [1].

Tout ordre social suppose et a en effet, ainsi qu'en témoigne l'histoire universelle, une certaine base intellectuelle ; faute de quoi, la convergence des esprits n'existant pas à un degré suffisant, il y aurait des familles isolées et des hordes, mais point de société véritable. Le fétichisme, le polythéisme, le monothéisme, ont successivement fourni une telle base nécessaire. Mais ces conceptions préliminaires, suggérées au début des choses par la nature même de l'esprit humain, ont disparu ou disparaissent ; et au fur et à mesure de cette disparition ont grandi les conceptions positives ou sciences, qui, enfin, de nos jours, réduites en une seule science ou philosophie par M. Auguste Comte, remplacent ce qui s'en va, suppléent à ce qui s'écroule ; et sont destinées à clore l'ère de la révolution moderne.

Sans doute, au premier abord, on s'étonnera qu'une telle et si laborieuse construction soit nécessaire pour arriver à la conception de l'ordre social tel qu'il doit émaner du passé historique. D'ordinaire on s'imagine en être quitte à meilleur marché ; et tout autre est le point de vue où le public

[1] *National*, 23 juillet 1849.

est placé. En quoi la politique peut-elle dépendre de l'astronomie, de la physique, de la chimie ou de la biologie? Les savants de profession ne sont-ils pas communément étrangers aux notions politiques? Et, réciproquement, les politiques de profession ne sont-ils pas fournis par les littérateurs et les avocats étrangers communément aux notions scientifiques? Tout cela est vrai; mais il n'est pas moins vrai que les sciences positives ont progressivement modifié l'ordre social, et amené, par leur intervention spontanée, l'état révolutionnaire où nous sommes, et qu'il leur appartient de poser la base solide de notre réorganisation. Elles seules peuvent, par les convictions fermes et stables qu'elles inspirent, terminer la longue insurrection de l'esprit, qui, à chaque pas qu'il faisait dans la découverte du monde réel, reconnaissant la fausseté des conceptions primitives ou théologiques, se soulevait contre l'établissement contemporain et le ruinait peu à peu; elles seules, en lui donnant la juste satisfaction qu'il réclame, peuvent l'incorporer dans le système social, le subordonner définitivement aux besoins de la sociabilité, et, de la sorte, sans compromettre l'ordre, assurer le progrès.

L'ordre social se modèlera inévitablement sur la philosophie positive ou système général de la science; car toujours il s'est modelé sur une conception quelconque du monde et des choses. Parcourons la suite des temps en partant de l'époque présente. Ce n'est pas seulement la France, c'est l'Europe entière qui se trouve partagée entre trois écoles politiques : l'école rétrograde, l'école révolutionnaire et l'école stationnaire ou conservatrice. Tout est rangé sous l'un de ces trois drapeaux, et chacun ou s'attache aux institutions du passé, ou en poursuit la destruction, ou cherche un équilibre impossible, un arrêt, dans le conflit des deux forces opposées. L'école stationnaire n'a pas, à proprement parler, une doctrine. Elle procède en acceptant les principes de la révolution, dont elle repousse les conséquences, et en acceptant les conséquences de l'école rétrograde, dont elle repousse les principes. C'est, non pas un système, mais un expédient né de l'impuissance où les deux autres se sont plus d'une fois réduites. Cela est tellement vrai que, par un brusque revirement, sous l'influence de la peur, elle vient de disparaître tout entière dans l'école rétrograde. On peut donc sans injustice, au point de vue purement scientifique, lui appliquer le sévère langage de Dante :

Non ragioniam di lor, ma guarda e passa.

L'école rétrograde, elle, a, ou du moins croit avoir une doctrine. Je dis *croit avoir*. En effet, ses organes les plus éclairés et les plus consciencieux ont perdu le sentiment intime des conditions qui élevèrent et maintinrent le régime catholico-féodal, et leur esprit est, en dépit d'eux-mêmes, tellement imprégné d'idées modernes, que leur prétendue doctrine n'est plus qu'un perpétuel compromis. Mais, laissant tout examen de ce genre, il suffit, pour la discussion présente, d'en appeler à l'empirisme. Or, l'empirisme, depuis plus de trois siècles, dépose contre elle avec une redoutable continuité. Ni elle n'a relevé la convergence religieuse, brisée par le protestantisme ; ni elle n'a rendu sa force au vieux pouvoir spirituel ; ni elle n'a maintenu la position de son clergé ; ni elle n'a sauvé sa féodalité ; ni elle n'a gardé sa royauté, qui, longtemps appuyée par elle, l'appuyait à son tour dans cette décadence; ni enfin, ce qui, au fond, était le tout, elle n'a pu reconstituer sur un seul point cette conception théologique du monde que la science moderne a irrévocablement dissipée.

Autre, il n'est pas besoin de le dire, est la situation de l'école révolutionnaire ou progressive. Sans doute, il faut une analyse éclairée et déjà guidée par la théorie positive de l'évolution des sociétés pour reconnaître, au milieu des ruines amoncelées, ce qui s'est reconstruit sous son influence ; mais, pour reconnaître ce qu'elle a détruit, il suffit d'ouvrir les yeux. Sa première explosion décisive fut le protestantisme, alors qu'elle rompit l'unité catholique. Depuis, ses conquêtes furent continues. Elle ne cessa, dans l'ordre intellectuel, de miner les étais du régime catholico-féodal. A chaque succès de ce travail souterrain, un de ces étais manquait, et tout ce qu'il suportait venait joncher le sol de débris. Clergé, noblesse, royauté, tout s'ébranle, tout s'amoindrit, tout s'écroule en France et hors de France. A ces mutations, saluées par l'enthousiasme des uns, par la stupéfaction des autres, mais sur lesquelles nul ne se méprend, à ces mutations si profondes dira-t-on que ne correspond aucun changement dans la conception générale que l'on se fait du monde? L'homme moderne a-t-il, de ce monde, la même idée que l'homme du moyen âge? Poser la question, c'est la résoudre. Depuis que le système social de cette grande époque marche vers son déclin, le système scientifique s'est renouvelé presque en entier. La terre reconnue par la circumnavigation, la position de la planète assignée dans l'espace, la physique et la chimie créées, la biologie rattachée par la chimie à la série des sciences, l'histoire éclairée et étendue par la critique, l'étude des langues devenue par la comparaison une source de lumières, voilà, en bien peu de mots, comment s'explique la ruine de ce qui tombe, et le progrès de ce qui s'avance. Que pouvaient faire, au milieu de notions si positives et si nouvelles, les vieilles et incohérentes notions qui avaient eu leur âge de grandeur et de fortune, alors qu'elles satisfaisaient à toutes les exigences de l'intelligence humaine? Il faut leur dire ce que, dans sa célèbre Oraison, Bossuet dit aux morts qu'il suppose revenus sur terre : Hâtez-vous de rentrer dans vos tombeaux pour ne voir pas ce que vos héritiers ont fait de vous et de vos projets. En effet elles y rentrent sans relâche et sans retour; et simultanément tombent les institutions qu'elles entretenaient.

Ce catholicisme, aujourd'hui complétement rétrograde, et perdant de plus en plus les sympathies des populations, à tel point qu'il n'a fallu rien moins que les baïonnettes, les canons et les mortiers d'une armée d'ailleurs fort peu dévote, pour le réinstaller dans sa capitale; ce catholicisme, dis-je, eut, en plein moyen âge, son règne incontesté; et plus la saine philosophie historique, qui le condamne pour le présent et pour l'avenir, ira se propageant, plus la reconnaissance de l'humanité croîtra pour cette phase d'un progrès si décisif entre le monde ancien et le monde moderne. Alors le monothéisme, pour lequel avait travaillé la philosophie de l'antiquité, emplissait les intelligences; alors le pouvoir spirituel, dans cette mémorable ébauche, se montrait tutélaire; alors la loi nouvelle était, aux yeux de tous, supérieure à l'ancienne; et, dans ce monde rajeuni, le chevalier et le moine, le roi et le serf, soumis à même morale, acceptaient sans conteste leur destination sociale.

Bien plus, ce catholicisme que nous voyons dans sa ruine, que nos aïeux ont vu dans sa prospérité, faisons un pas de plus, et nous allons le voir révolutionnaire. Une vieille et immense société, le paganisme, était entrée en décadence sptonanément et par le jeu de ses propres éléments; exactement comme le catholicisme entra en décadence longtemps après. Du sein de cette décomposition, sortait une doctrine nouvelle qui entreprenait une grande et salutaire réformation. Elle attaquait révolutionnairement et était traitée comme le sont les révolutionnaires qui ont raison, c'est-à-dire par la calomnie, l'outrage et la persécution. Les réactionnaires du temps lui reprochaient de détruire la société, d'anéantir la morale, et d'amener le règne des barbares. Nos réactionnaires d'aujourd'hui n'ont rien inventé. Ah! les vrais barbares sont ceux qui n'ont que la répression et la compression pour combattre les doctrines, entendent perpétuer la misère mentale et matérielle, répandent le sang pour un caprice rétrograde, et voient le salut de l'Europe dans le triomphe du Cosaque, comme les barbares étaient ceux qui défendaient Jupiter, tenaient pour l'esclavage, et repoussaient une inévitable réorganisation. Il est curieux de voir, dans les documents du temps, combien la polémique des premiers siècles contre le paganisme ressemble à la polémique du XVIIIe siècle contre le catholicisme. L'argumentation, qui, des deux parts, est souvent sophistique et superficielle, ne cesse jamais d'être victorieuse, parce que le parti novateur a non-seulement pour lui la raison au fond, mais encore l'opportunité et l'irrésistible courant de l'opinion.

Justement tombé, le polythéisme n'en eut pas moins, en son temps, sa juste prédominance et n'en a pas moins droit à la reconnaissance et à l'admiration de la postérité. Pendant des milliers d'années il a régi d'innombrables populations dans une sage et puissante stabilité, régularisant l'esclavage, préparant l'industrie, jetant un éclat immortel dans les beaux-arts, ébauchant les sciences, donnant à la guerre et à la conquête un caractère d'assimilation et de civilisation qu'elle n'a jamais eu depuis, et semant les germes de ce que nous récoltons. Vu à sa place dans l'histoire, le polythéisme est un ordre social plein de vigueur, qui protége et facilite tous les développements; vu plus tard, c'est une dissolution, une ruine, un chaos, où les instincts aveugles et rétrogrades s'efforcent vainement d'étouffer la jeune société; vu plus tôt, c'est une révolution, un progrès qui efface et remplace le fétichisme primitif; révolution, progrès dont on jugera la difficulté si l'on songe à la faiblesse initiale de l'esprit humain, et dont il reste quelques traces, quelques figures dans les vagues traditions sur la chute et le remplacement des dieux et des titans.

Remontons de cette profonde antiquité, et sur notre chemin nous allons rencontrer, d'espace en espace, tous les éléments dont le concours détermine aujourd'hui l'immense et orageuse transition appelée révolution. Tout cela fut spontané, indépendant d'une volonté quelconque, aussi bien chez ceux qui en étaient les promoteurs, que ceux qui devaient, dans le cours des choses, en être blessés; aussi tout cela n'en témoigne-t-il que plus péremptoirement pour la régularité irrésistible de la loi historique. Le plus ancien de ces éléments (le plus ancien parce qu'il est le plus simple) est la mathématique. Les nombres et les figures ont fourni un exercice salutaire qui, attirant l'esprit par d'ingénieuses combinaisons, le fortifia graduellement, et bientôt servit de marche-pied à une science nouvelle et plus compliquée, l'astronomie. Quoique dans l'antiquité l'astronomie n'ait pas dépassé les conditions statiques ou géométriques, et qu'il faille arriver jusqu'aux temps modernes pour trouver la connaissance des conditions dynamiques, toutefois elle eut une influence décisive sur la ruine intellectuelle du polythéisme. Il faut voir chez les hommes éminents d'alors de quel mépris, appuyés sur l'*interprétation de la nature*, ils traitent les fables mythologiques. Elle s'accorda aussi parfaitement, dans cet état rudimentaire, avec tout le régime du moyen âge, contre lequel elle ne soulevait encore aucun grave dissentiment. Mais l'antiquité par les mains d'Archimède, le moyen âge par les mains des alchimistes, avaient ébauché l'une la physique, l'autre la chimie; et ces deux sciences, qui pénètrent si avant dans la connaissance des phénomènes et qui étendent si loin le domaine positif, venant l'une après l'autre, coïncidèrent avec l'ébranlement politique dont elles furent un des auxiliaires essentiels. Enfin, ce fut au milieu de la commotion la plus décisive que la biologie, connue seulement jusqu'alors dans ses conditions statiques ou anatomiques, commença, principalement par les immortelles découvertes de Bichat, à passer à sa période dynamique.

Le génie de M. Comte (pourquoi ne me servirais-je pas de cette expression, même à l'égard d'un contemporain, s'il est vrai que la simplicité et la fécondité sont les marques des conceptions du génie?) a saisi l'enchaînement et la subordination de ces sciences. Il est évident que l'astronomie dépend de la mathématique, que la physique dépend de l'astronomie, que la chimie dépend de la physique, et que la biologie dépend de la chimie; notion tellement simple que, quand on l'a entendue, on y donne aussitôt son assentiment, et qu'on croirait avoir pu la découvrir sans effort; mais, en même temps, tellement transcendante que les esprits les plus éminents avaient jusqu'alors échoué à établir une hiérarchie supportable des sciences; et tellement féconde qu'elle fournit à l'esprit qui s'en empare le moyen de renouveler à la fois la philosophie et l'enseignement.

On voit, sans que j'entre dans aucun détail, la série naturelle et la gradation de ces sciences; d'abord les nombres et les figures géométriques; puis le système céleste; puis les phénomènes de pesanteur, d'électricité, de chaleur, de magnétisme, de lumière et de son ; puis les combinaisons moléculaires ; puis enfin les conditions de la vie tant végétale qu'animale; vaste ensemble véritablement philosophique, où l'esprit, pleinement satisfait, et abandonnant sans retour toutes les hypothèses ou théologiques ou métaphysiques, monte de degré en degré et de complication en complication. Mais du même coup on voit la lacune essentielle que présente cette coordination; une classe de phénomènes, celle des phénomènes sociaux, reste en dehors; et, tant qu'elle échappe, l'œuvre est inachevée: on peut continuer à considérer la société soit comme régie par des volontés surnaturelles, par une providence quelconque, soit comme livrée aux chances du hasard ou aux expériences arbitraires des législateurs. Cette lacune, c'est encore M. Comte qui l'a comblée. *A priori*, les phénomènes sociaux ne doivent pas être moins réglés que les autres; tout le reste est gouverné par des lois naturelles; l'homme lui-même, dans sa vie et dans son intelligence, est soumis aux conditions biologiques. Tout cela étant, comment les sociétés ne tomberaient-elles pas dans la commune catégorie? Au reste, la découverte de la loi sociologique ne pouvait tarder beaucoup après la constitution de la biologie; et quiconque a étudié l'histoire des sciences sait qu'il vient toujours un moment où une notion capitale ne peut plus échapper. M. Comte a lui-même signalé cette circonstance : « La vraie science sociale et la vraie philosophie ne pouvaient surgir que quand une jeune intelligence, imbue de l'ardeur révolutionnaire, pourrait s'approprier l'explication historique de l'ensemble du moyen âge. C'est seulement alors qu'a pu naître le véritable esprit de l'histoire, l'instinct général de la continuité humaine, auparavant inconnu même à mon principal précurseur, l'illustre et malheureux Condorcet. A la même époque, le génie de Gall complétait la récente ébauche de la biologie, en créant l'étude scientifique des fonctions intérieures du cerveau, autant du moins que l'évolution purement individuelle permet de les apprécier. On achève ainsi de comprendre l'ensemble de conditions sociales et mentales qui dut placer la découverte des lois sociologiques, et, par suite, la fondation du positivisme, au temps précis où je commençai à philosopher (en 1822), une génération après la dictature progressive de la Convention, ou presque dès la chute de la tyrannie rétrograde de Bonaparte. » (*Ib.* p. 63.)

A ce point la philosophie nouvelle est complète, elle embrasse tous les phénomènes dont l'homme peut avoir connaissance. Les sciences particulières, vues de la sorte, sont des affluents qui viennent former la grande science de l'humanité, la véritable science universelle. Dans son état préliminaire, et encore plus dans son état définitif, cette philosophie remplit un double office, l'un négatif, l'autre positif : négatif, en démolissant l'édifice ancien, *en faisant la révolution*, et en rendant impossible toute rétrogradation essentielle, car elle crée des habitudes intellectuelles absolument incompatibles avec les idées et les institutions du passé ; positif, en fournissant la base solide où le ralliement des esprits doit s'opérer. C'est l'ordre de l'univers connu et dès lors accepté dans toutes ses parties. Quoique cet ordre ait été longtemps ignoré, son inévitable empire n'en a pas moins tendu toujours à régler, à notre insu, toute notre existence. A mesure que nous l'avons mieux connu, nos conceptions sont devenues moins vagues, nos inclinations moins capricieuses, et notre conduite moins arbitraire. La science, ainsi généralisée et régénérée, ainsi réduite en une philosophie, est l'aboutissant inévitable de la révolution, le point de départ de toute saine spéculation politique, le fondement de tout véritable enseignement populaire.

III.

Progrès parallèle de la société et de la science, et destination sociale du positivisme [1].

Le peuple est directement intéressé au triomphe de la philosophie positive, ou, pour mieux dire, ce triomphe et le sien c'est tout un. Ce qui fait que nous sommes en révolution, c'est le progrès des sciences positives détruisant peu à peu toutes les bases de la conception monothéistique du monde. Ce qui fit jadis la longue révolution chargée de préparer et d'établir le christianisme, ce fut le progrès des mêmes notions minant la conception polythéistique, qui avait longtemps rallié les intelligences. Ce qui transforma en polythéisme le fétichisme primitif, ce fut un développement analogue. Enfin, ce qui doit, toutes les combinaisons théologiques étant épuisées, remplacer l'antique lien aujourd'hui définitivement usé, c'est encore le système des mêmes notions positives, assurant l'ordre et le progrès; et il les assure en montrant, dans la vie des sociétés, dans la vie des individus, dans les combinaisons chimiques, dans les phénomènes physiques, dans l'arrangement des corps célestes, dans les conditions numériques et géométriques, des lois régulatrices où l'intervention humaine a d'autant moins de prise, que ces lois sont plus simples, d'autant plus de puissance, que ces lois sont plus compliquées. Cette considération, pour le dire en passant, écarte à la fois le fatalisme et l'optimisme.

Ainsi, l'histoire témoigne qu'au fur et à mesure de la croissance des notions positives, la base intellectuelle de la société s'est modifiée. Il importe de voir si, parallèlement à cette modification, la condition sociale n'a pas aussi

[1] *National*, 13 août 1849.

changé. Les choses sociologiques sont tellement compliquées, et la théorie en est si nouvelle et par conséquent si peu avancée, qu'on a toujours besoin des vérifications empiriques. A beaucoup d'esprits, il paraîtra possible que le progrès scientifique eût coïncidé avec l'asservissement de plus en plus dur, l'exploitation de plus en plus rigoureuse des classes populaires. A ces esprits, il est bon de représenter la progression réelle, la liaison inévitable, et de leur faire voir dans l'histoire du passé l'histoire de l'avenir. La réaction actuelle, comme toutes les réactions antécédentes, n'est rien, rien qu'une dégradation intellectuelle ou morale pour ceux qui renient leurs précédents et donnent un démenti à leur vie, déclarant par là ou une radicale incapacité qui leur a permis de se méprendre si gravement et si longtemps, ou le faux et mensonger semblant dont ils s'étaient couverts en vue de leur ambition. Mais ces moments, si courts et d'un effet si illusoire dans la série historique, sont longs pour les générations qui les traversent, et, dans les anxiétés journalières qui nous assaillent, nous ressemblons assez à un médecin qui, assis au chevet de son malade, noterait, seconde par seconde, les changements du mal, perdant ainsi, dans une contemplation trop assidue, la notion de l'ensemble et de la terminaison. Aussi, tout en conservant un indomptable attachement à notre grande cause, et la ferme résolution de la servir, au prix de tous les sacrifices, dans chacune des péripéties qui se présenteront, il est bon de se plonger dans les eaux vivifiantes du fleuve historique. Rien n'est meilleur pour l'affermissement de l'esprit et pour l'amendement du cœur que de se sentir, par l'intermédiaire de l'humanité de tous les âges, en communication et avec les hommes qui furent nos pères et avec les hommes qui seront nos enfants.

C'est une illusion née de la manière anti-scientifique dont on a jusqu'ici traité l'histoire, c'est une illusion de croire qu'il soit impossible de se représenter les temps qui ont précédé le polythéisme et qui appartiennent au fétichisme le plus reculé. Sans doute la série directe des populations les plus avancées va du monde moderne au moyen âge, de là à l'antiquité romaine et grecque, de là aux Juifs, aux Phéniciens, aux Assyriens, de là aux Égyptiens, et s'arrête à ce terme, sans qu'on ait aucune notion authentique sur les aïeux de ceux-ci. Mais le globe terrestre est, en Afrique, en Amérique, dans l'Océanie, parsemé de nombreuses peuplades fétichiques qui nous offrent l'image de ces aïeux perdus dans les ténèbres séculaires, et une étude exacte de telles peuplades, de leurs mœurs, de leurs arts, de leur gradation, doit fournir dès à présent le préambule indispensable de toute histoire positive. Or, en cet état social, que voyons-nous, à des degrés divers et suivant que l'on s'approche davantage de la phase subséquente? Des populations chasseresses vivant misérablement, la guerre purement destructive et ne servant qu'à alimenter le cannibalisme; le fétiche et son prêtre, ébauche du pouvoir spirituel; la tribu et ses chefs, ébauche du pouvoir temporel; quelques constructions, armes et outils, ébauche de l'industrie; quelques chants et quelques danses, ébauche de l'art futur; enfin, une morale d'instinct qui n'oppose que de faibles barrières aux passions soudaines et changeantes. L'homme est alors aussi près que sa nature le comporte, de l'animal. Tous les rudiments de la civilisation la plus développée sont, là, présents. Mais ces faibles sociétés, en guerre avec les grands animaux, en guerre avec une puissante nature, en guerre les unes contre les autres, ne sont qu'une étape dont l'histoire a hâte de sortir, comme, de fait, en sortirent les populations nos aïeules. Des notions très-bornées sur le monde et l'homme coïncident, on le voit, avec la condition la plus précaire et la plus chétive.

Peu à peu ces notions s'agrandissent, et un nouvel âge commence. C'est l'âge des castes sacerdotales, c'est l'âge des castes guerrières, fondant les unes et les autres leur droit social sur les rapports surnaturels qui les lient aux êtres célestes; c'est l'âge de la guerre conquérante et civilisatrice; c'est l'âge de l'esclavage, alors que, les castes supérieures se livrant aux armes et à la politique, les castes inférieures font, sous cette discipline, l'apprentissage du travail ; le travail si antipathique au vagabondage et à la fainéantise des peuplades sauvages ; le travail, fondement de toute notre civilisation ; le travail, récompense et orgueil de l'homme moderne. Autant l'esclavage importé aux colonies est odieux dans son principe et malfaisant pour le noir et pour le blanc, autant l'esclavage antique fut nécessaire comme chaînon intermédiaire entre la barbarie sans frein et l'émancipation commune. Profitant aux maîtres et aux esclaves, il permit le développement politique des uns, le développement industriel des autres. C'est une déclamation vaine et sophistique que de reporter aux temps antiques la juste réprobation qui flétrit la servitude moderne. Quand on considère le terme de départ (la barbarie) et le terme actuel d'arrivée (notre civilisation laborieuse), conçoit-on que l'apprentissage intermédiaire ait pu se faire autrement? La métaphysique, qui, en l'absence de toute conception positive, a nécessairement eu l'emploi de traiter de l'organisation sociale, est l'auteur de ces idées anti-scientifiques touchant l'explication du passé. Ainsi que, dans l'ignorance de la loi de pesanteur, elle imagina l'horreur du vide pour rendre raison de l'ascension de l'eau dans les pompes, de même, méconnaissant la loi historique de la filiation, elle importe à tort et à travers le présent dans le passé, le passé dans le présent. Aussi n'y a-t-il rien à en attendre dans la solution des questions actuelles.

Toute théorie incapable d'expliquer la série historique est frappée d'impuissance, l'avenir social ne pouvant être que le prolongement du passé. L'école catholique, qui condamne à la fois le paganisme et la révolution, et qui n'a d'autre interprétation de ce qui la précède et de ce qui la suit qu'une vague incrimination de la nature humaine se précipitant, par de mystiques raisons, jadis dans l'idolâtrie, aujourd'hui dans l'impiété, l'école catholique, dis-je, est pour cela seul mise hors de cause par la science comme elle l'est incessamment par la succession des faits. De son côté, l'école révolutionnaire, qui, pleine de haine et de dédain pour le moyen âge, rejette son admiration sur l'antiquité gréco-romaine, ne peut sortir de son état négatif qu'en honorant, comme il convient, la période catholico-féodale, et elle n'en sort, en effet, que dans la philosophie positive inaugurée par M. Comte.

La tradition historique est le remède aussi bien contre l'utopie anarchique que contre la non moins anarchique conservation. La société obéit à deux tendances aussi impérieuses l'une que l'autre : l'ordre et le progrès. On est anarchique quand on trouble le progrès tout comme quand on trouble l'ordre ; et nos prétendus conservateurs ne sont pas moins pernicieux à la paix commune que les fauteurs des doctrines les plus désordonnées. A quoi ont servi depuis soixante ans, en France et hors de France, les efforts conservateurs, si ce n'est à préparer des révolutions et des ruines? Les sociétés ne sont point une cire molle qu'un gouvernement façonne à son gré. Les tentatives échouent également soit à faire passer prématurément un peuple sous une civilisation trop avancée, soit à le repousser intempestivement vers une civilisation abandonnée ; et comme, dans toute catégorie de phénomènes (et la société en son ordre et en son progrès est un phénomène naturel), l'intervention humaine n'est efficace que sous la condition de connaître la loi, il n'y a de gouvernement véritablement puissant que celui qui satisfait à l'ordre et au progrès ; tous les autres, comme des chevaux tournant dans un manége, s'agitent sans avancer. L'histoire nous offre trois personnages rétrogrades dont le pouvoir a été immense, Julien l'apostat, Philippe II et Napoléon. L'un, si brillant d'ailleurs, disparut comme un météore, sans avoir enrayé l'avénement du christianisme. L'autre consuma une longue vie, les trésors du Nouveau-Monde, les forces de l'Espagne, alors prépondérante, à exterminer le protestantisme ; échouant, comme cela devait être, il laissa l'Espagne dans une décadence qui se prolongea loin derrière lui. Enfin, le troisième, qui est incontestablement le plus coupable, alla périr sur une île lointaine : juste châtiment de la vie la plus mal employée, mais châtiment qui, par une solidarité fatale, entraîna l'envahissement et la désolation de la France.

On ne donnera jamais le titre d'homme de génie au physicien qui s'obstinerait à construire ses appareils en contrariété des lois de la pesanteur ou du calorique, quelque ingénieuses que fussent ses combinaisons. Une saine appréciation de l'histoire ne permettra pas non plus d'attribuer le nom de grand à des politiques qui se sont fourvoyés du tout au tout, et le réservera pour ceux qui ont noblement servi le développement de l'humanité. C'est de la sorte que tous ceux qui, hommes d'État ou penseurs, contribuèrent à la fondation du catholicisme, méritèrent l'admiration de la postérité. Le résultat, décisif dans l'ordre intellectuel, ne le fut pas moins dans l'ordre social. L'esclavage antique, frappé de réprobation par la nouvelle morale, disparut de l'Occident. Mais, comme rien, dans des phénomènes assujettis à la loi de la filiation, ne peut procéder que par voie de progression, il fut remplacé par le servage. Il faut voir, dans les livres des érudits, combien cette grande opération, qui coïncide avec la fin de notre première race royale et l'avénement de la seconde, améliora la condition des travailleurs, consolida l'établissement des individus sur le sol cultivé par eux, et perfectionna la famille populaire. L'antiquité avait vigoureusement fondé la morale individuelle; le moyen âge fonda non moins vigoureusement la morale domestique, et, par sa séparation du pouvoir spirituel et du pouvoir temporel, ébaucha la morale sociale, qui consiste à vouer sciemment au bien commun toutes les forces réelles de la société.

Pour quiconque a conçu l'idée de la série historique, il devient évident que la progression, partie du vagabondage primitif, et passant par l'esclavage et puis par le servage, doit aboutir à l'émancipation générale. Mais une telle révolution sociale ne pouvait se consolider qu'autant que la doctrine qui avait fondé et maintenu l'ordre catholico-féodal s'en irait en dissolution. C'est ce qui arriva sous le progrès continu des sciences positives; et progressivement aussi sur la plus grande portion de l'Europe, les prolétaires sortirent du servage comme l'insecte accompli sort de la chrysalide.

C'est là le point où l'évolution humaine est parvenue. On a dit (et cela est vrai) qu'un mathématicien qui connaîtrait la loi de la gravitation, ne sachant rien autre chose de notre planète sinon que le pendule y bat plus lentement à l'équateur, en conclurait toutes les conditions essentielles de la terre. De même un philosophe, qui connaîtrait la loi sociologique de l'humanité, et à qui on dirait les phases de sauvagerie, d'esclavage, de servage et de prolétariat, en conclurait tout le développement scientifique qui s'est opéré; ou réciproquement, connaissant le développement scientifique, en conclurait les phases successives de la condition sociale. Les esprits accoutumés à la métaphysique du jour concernant les choses sociales, trouveront étrange qu'il y ait une correspondance nécessaire entre l'état des croyances ou des notions (c'est au fond une même chose) et l'état politique. Mais la vraie théorie de l'histoire enseigne que, dans une civilisation donnée, toutes les conceptions se tiennent et que le présent y est toujours déterminé par le passé immédiatement précédent. Supposez que, dans le prolétariat moderne, tout ce qui est acquis s'efface, et que, perdant en un moment l'héritage de milliers d'années, nous nous retrouvions avec les croyances ou les notions des populations fétichiques; et aussitôt la civilisation actuelle s'abîmera; une véritable révolution rétrograde s'accomplira, et les hommes retourneront à leur point de départ. Supposez encore, pour autrement représenter l'enchaînement réel, que les esclaves conduits par Spartacus aient triomphé; croyez-vous qu'il y aurait eu quelque chose de changé essentiellement? Pas le moins du monde. Les esclaves se seraient installés à la place des maîtres; ils auraient possédé des esclaves à leur tour. C'eût été une substitution de personnes; or, ce qui importe à la civilisation commune, c'est non pas une substitution de personnes, mais une substitution de doctrines.

Le prolétaire moderne, outre la jouissance infinie attachée à la possession complète de soi et de sa famille, a gagné la ferme conscience qu'il a droit à l'éducation commune quelque élevée qu'elle puisse être, et que tout, dans la société dont il fait la plus nombreuse partie, doit être voué au bien-être général. C'est là ce qu'il faut entendre quand on parle de l'avénement de la démocratie. Oui, la démocratie arrive, mais elle arrive pour consolider et perfectionner les fonctions du grand corps de l'humanité, ne supprimant que ce que le temps a rendu parasite, royautés, noblesses et clergés, et effaçant à tout jamais les nécessités sociales qui voulurent que l'évolution universelle se fît par l'ascension graduelle des masses prolétaires. Le juste respect de toutes les supériorités, soit temporelles, soit spirituelles, non-seulement se concilie avec les deux conditions ci-dessus énoncées, mais encore, si l'on veut bien réfléchir à l'état actuel des esprits, on verra qu'il ne peut désormais être obtenu qu'à ce prix.

Le résultat naturel de l'extension révolutionnaire après la rupture de l'unité catholique a été l'extension progressive de cet immense prolétariat moderne. Plus la situation s'est nettement dessinée, plus se sont prononcées les tendances prolétaires à sortir de l'ancien système. Partout elles ébranlent les institutions du passé; partout ce travail de rénovation devient plus manifeste et plus actif. Et rien ne peut dorénavant faire renoncer les prolétaires à l'instinct qui les pousse. Leur soumission d'autrefois dépendait de leur acquiescement à l'ordre établi, c'est-à-dire de la complète acceptation que leur intelligence et leur cœur faisaient de la foi religieuse. Or, la révolution a justement consisté dans l'ébranlement progressif et la destruction de ces croyances. De jour en jour l'émancipation théologique s'étend davantage; le bombardement catholique de Rome montre où cette émancipation en est dans l'Italie elle-même et au chef-lieu de la papauté. Ajoutez qu'à la vue de l'incapacité, radicale et chaque fois attestée par de désastreuses expériences, de ceux qui entreprennent de nous gouverner, les prolétaires ne peuvent plus croire à la supériorité politique des classes qui sont dans l'habitude de fournir ces tristes gouvernants. Ajoutez encore qu'ils commencent à ne pas moins sentir leur supériorité morale;

indépendamment de ces misérables palinodies atteignant tour à tour les prétendus hommes d'État et témoignant que toute conviction est éteinte dans leurs cœurs, il est un contraste qui frappe les yeux; depuis la terrible bataille de 93, où le peuple ne ménagea pas des classes qui ne l'avaient pas ménagé, où, comme dit Byron, il sentit sa force et la fit sentir (*mankind have felt their strength and made it felt*), depuis lors, dis-je, les révolutions ont été clémentes et magnanimes; mais les contres-révolutions n'ont pas encore cessé d'êtres sanguinaires.

A la vue de l'armée populaire, toujours croissante et toujours plus déterminée, les classes dites supérieures, se sont écriées : Voilà les barbares ! et volontiers, dans leur effroi rétrograde, elles invoqueraient le secours des vrais barbares, des serfs septentrionaux ; ce que, du reste, en Autriche, elles n'ont pas manqué de faire. Mais les Cosaques sont loin, et l'armée populaire est partout présente. L'inévitable problème reste toujours le même : rétablir entre les esprits une convergence analogue à celle qui, jadis, assura la durée des institutions passées. Comment y réussira-t-on, si ce n'est par une doctrine commune, librement discutée et librement acceptée ?

IV.

Socialisme [1].

Le socialisme a surgi peu d'années avant la fin de la Restauration. Trop vague pour exprimer une doctrine, assez significatif pour caractériser une tendance, un sentiment, une situation, il sert de drapeau, et ne peut pas, pour le moment, servir à autre chose. Tous ceux qui veulent que la révolution s'arrête ou recule sont contraires au

[1] *National*, 20 août 1849.

socialisme, tous ceux qui veulent que la révolution arrive à son terme lui sont favorables.

Quand la grande révolution de 89 éclata, les rapides démolitions montrèrent combien l'ancienne institution était profondément ruinée dans les esprits, mais elles montrèrent aussi que l'efficacité négative des nouvelles idées était, dans cette première phase, bien plus grande que leur efficacité positive. Le renversement procédait avec une facilité et une sûreté sans exemple; mais rien n'était prêt pour la reconstruction. Aussi ne sut-on alors qu'importer chez nous une imitation du régime anglais. A la vérité, tout d'abord, ce mécanisme, véritablement arriéré pour la France et même pour le reste du continent, refusa de fonctionner; et la Convention dans le sens progressif, Napoléon dans le sens rétrograde, gouvernèrent dictatorialement. A peine encore peut-on compter à ce régime la Restauration avec sa Charte octroyée et ses ordonnances de juillet pour commentaire. Mais, dès ce moment, la paix si éminemment favorable au progrès des idées révolutionnaires, fit comprendre que la grande rénovation de 89 n'était encore qu'à sa première moitié, à sa moitié la plus facile, celle où il s'était agi de se débarrasser d'un passé devenu oppresseur; et alors surgit le socialisme, se donnant pour tâche de déterminer les conditions organiques du régime futur. La période vraiment constitutionnelle fut celle de la quasi-légitimité, où l'on s'efforça de reprendre en sous-œuvre le fragile édifice à l'aide d'une espèce de bourgeoisie privilégiée; mais la chute spontanée qui ne tarda pas beaucoup, confirma l'impuissance de telles institutions et les aspirations du socialisme.

Par une autre voie encore, le socialisme pénétra dans les mœurs. Le progrès des sciences et le changement intellectuel qui s'en était suivi; en d'autres termes, la révolution avait eu pour effet nécessaire l'affranchissement des classes inférieures et leur avénement à une vie de plus en plus complète. A mesure que ce phénomène social s'opérait parrallèlement au phénomène mental, ces classes prenaient à la fois conscience de leur misère intellectuelle et matérielle et de leur importance dans l'État. Il devenait peu à peu évident que les priviléges, qui jadis avaient servi à l'évolution de l'humanité, ne pouvaient subsister davantage, et qu'il n'y avait plus aucune raison pour ne pas consacrer au service de tous les forces de tous. Ce fut donc la prépondérance croissante des classes inférieures qui donna une tendance morale à la politique et amena, par une nécessité manifeste, les idées socialistes. Je laisse de côté l'examen de ce qu'elles valent scientifiquement et comme solution positive; je constate que le sentiment qui les suscite non-seulement est le prolongement direct de la révolution inaugurée par nos pères, mais aussi est, comme cela devait être, l'expression des besoins populaires, et inspiré par une morale supérieure à la morale des temps passés.

Mon intention n'est pas de faire ici la revue des divers systèmes qui ont pris naissance; j'aime mieux exposer comment un esprit a été conduit à se ranger sous la discipline de la philosophie positive. Cette histoire, tout individuelle qu'elle paraît, n'en est pas moins d'une application générale, étant l'histoire du groupe déjà consistant qui adhère à la nouvelle doctrine et de ceux qui y adhéreront dans l'avenir. Quoique des assentiments isolés puissent émaner de toutes les écoles qui se partagent la politique, néanmoins il est vrai que, présentement, la meilleure préparation est la préparation révolutionnaire. Il importe qu'on ait pensé comme les philosophes du XVIIIe siècle sur l'affranchissement mental, comme l'Assemblée constituante sur l'affranchissement des classes, comme la Convention sur l'héroïque défense du territoire et de la dictature progressive. A la vérité, une telle disposition crée de graves préjugés dont il faudra se dépouiller en passant à la philosophie positive; mais, tout compensé, elle est, du moins en France, incomparablement la plus favorable.

C'était la mienne. L'étude des sciences m'avait montré l'incompatibilité absolue de la conception du monde telle qu'elle résulte des faits observés, avec la conception théologique. En outre l'avénement manifeste de l'immense prolétariat ne permettait plus d'accepter pour l'homme moderne les conditions sociales qui avaient été suffisantes pour l'homme du moyen âge ou pour celui de l'antiquité. De la sorte, l'esprit et le cœur s'accordaient pleinement pour sanctionner la marche révolutionnaire des choses et se ranger sans réserve parmi le grand parti qui travaillait avec ardeur et travailla avec succès à empêcher toute rétrogradation essentielle. Mais à ce point le terrain manque et l'on perd la route qui doit conduire plus avant. La révolution n'est pas finie, la chose est bien évidente, soit que l'on consulte l'empirisme et les faits, soit que l'on consulte la raison. L'empirisme nous déroule incessamment sous les yeux les agitations de la France, qui fut le foyer primitif, et la propagation de l'ébranlement à toute la communauté européenne. La raison enseigne que la révolution ne sera close qu'à la condition d'établir un ordre analogue mais supérieur à l'ordre contre lequel les populations modernes s'insurgent depuis tantôt trois cents ans. Laissons de côté, comme de juste, les tentatives de l'école rétrograde proposant, à chaque occasion, des restaurations plus anarchiques que tout ce qui peut s'imaginer. Laissons de côté aussi le régime constitutionnel, jugé insuffisant et par les fruits qu'il porte en Angleterre, son pays natal, et par son insuccès sur le continent. Alors on reconnaît que la révolution apporte comme éléments de réorganisation la liberté de la presse, la liberté de conscience, la libre concurrence, la souveraineté populaire, le suffrage universel, le droit d'association et de club; conditions dont les unes sont déjà ou seront définitivement incorporées à la sociabilité moderne, dont les autres sont destinées à subir des modifications, et qui, toutes, ont pour efficacité d'ôter les obstacles devant les tendances naturelles de la société, mais qui, par conséquent, ne peuvent prétendre à être ces tendances mêmes. Prendre ces très-importantes garanties pour la solution, c'est prendre le moyen pour le but.

Cette situation, qui, dans l'ordre général, avait amené la naissance du socialisme, devait, dans l'ordre particulier, déterminer un esprit isolé à consulter ce même socialisme. Mais, ici encore, la difficulté fondamentale se représentait sous une autre forme. Les systèmes socialistes sont divers; comment opter? Et, n'y en eût-il eu qu'un seul, à quel signe reconnaître qu'il avait la vérité pour soi? L'opinion commune est que les phénomènes sociaux ne sont pas soumis à une loi naturelle qui en détermine tout le cours. Dès lors, ceux qui étudient ces phénomènes se trouvent placés à peu près dans la situation des physiciens de l'antiquité étudiant les phénomènes physiques; ils établissent *a priori* des principes, et, d'après ces principes, ils donnent la solution du problème pendant. Accepter un principe ainsi trouvé ou choisir entre les principes divers qu'une pareille méthode devait nécessairement fournir, est chose impossible; car une telle détermination serait arbitraire, et, par conséquent, il n'y aurait aucune chance de la rendre communicable et générale. La froide raison serait toujours autorisée à s'abstenir. A la vérité, le sentiment, dont plus haut j'ai apprécié la justesse et la force, vient en aide, mais c'est à tort, et ici son rôle est interverti: le sentiment donne de la chaleur et de la vie à ce que la raison a trouvé, mais il ne peut jamais fonder les théories scientifiques. Il faut franchir le pas entre les croyances surnaturelles qui s'épuisent et les croyances naturelles qui vont croissant. Celles-ci, qui embrassent déjà un si grand domaine, seront complètes quand, prouvant que la société a une évolution propre et indépendante de tout arbitraire humain, elles auront définitivement soustrait l'ensemble des choses aussi bien à la métaphysique qu'à la théologie. Ainsi, la science seule, ou déjà trouvée ou à trouver, est l'arme par laquelle le socialisme s'intronisera dans le monde moderne.

Entre les divers systèmes auxquels ce nom est dû, il en est un qui satisfait pleinement à la condition voulue. La philosophie positive commence par placer les sciences dans leur rapport de subordination et montrer comment elles tiennent l'une à l'autre. J'avouerai même que c'est cette lumineuse conception qui, s'imposant de prime abord à ma conviction, a frayé le chemin à tout le reste. Puis, ce qui n'est pas plus contestable, elle enseigne que la théorie de la société est étroitement dépendante de la biologie ou connaissance des êtres vivants ; et, comme la biologie, à son tour, dépend de toutes les sciences antécédentes, il en résulte que la sociologie a pour base le système déjà inébranlable de la biologie, de la chimie, de la physique, de l'astronomie et de la mathématique. Restait à trouver la loi de la sociologie elle-même ; soit qu'elle ait été suggérée par la hiérarchie des sciences, soit qu'au contraire elle l'ait suggérée, toujours est-il qu'elle se met sous cette formule : toutes nos conceptions sont d'abord théologiques, puis métaphysiques, enfin positives. Si l'on veut une expression moins abstraite, on peut se la représenter comme une morale de plus en plus universelle et pure, fondée sur une science de plus en plus exacte et étendue. Qu'on analyse cette expression, et l'on reconnaîtra qu'elle répond à toutes les phases de l'histoire. La découverte de la loi sociologique sera comptée par la postérité comme une des plus difficiles et des plus grandes qui aient signalé la force de l'esprit humain.

Avoir assujetti les phénomènes sociaux au régime scientifique est capital. Car, maintenant, dans la décadence de toute théologie et de toute métaphysique, c'est l'unique condition du ralliement des intelligences. Quiconque voudra suivre la route, laborieuse sans doute, que j'ai indiquée, quiconque voudra ne passer aux conceptions les plus compliquées qu'après avoir fortifié sa raison par l'étude des plus simples, quiconque prétendra ne parvenir aux choses sociales qu'après s'être abreuvé aux sources élémentaires du savoir, sera inévitablement saisi par la conviction scientifique, par cet acquiescement, absolument involontaire, de l'esprit aux vérités démontrées ; et quiconque aussi, se représentant le désordre actuel des intelligences, comprend qu'il n'y a d'anarchie dans les faits que parce qu'il y en a dans les idées, appréciera le bienfait d'une doctrine toujours et partout démontrable.

Reconnaissable à la sérieuse préparation qu'elle exige, la philosophie positive ne l'est pas moins à la manière dont elle conçoit la fin de la révolution. Le problème économique, en d'autres termes l'organisation du travail, est ce qui a particulièrement appelé les préoccupations du public dans ces derniers temps. Ce problème d'une si grande importance, en effet, pour les prolétaires qui forment la plus grande masse des travailleurs, la philosophie positive le déclare insoluble par la méthode directe ; mais elle le résout indirectement. Elle enseigne que la réformation, si elle veut n'être ni anarchique ni illusoire, doit commencer par être intellectuelle et morale. En un mot prétendant qu'on n'arrivera à rien dans l'ordre temporel qu'après avoir renouvelé l'ordre spirituel, à rien dans les institutions sans avoir réglé les mœurs, elle indique comme l'objet prépondérant l'éducation, dont le reste découlera.

En ceci c'est l'histoire même qui la guide. Quand il se fait un changement dans les conditions matérielles de la société, sans changement préalable dans les idées, il en résulte des substitutions quelconques, mais jamais une révolution. Or, que nous importeraient des substitutions? C'est d'une révolution, et d'une révolution profonde, qu'il s'agit aujourd'hui pour l'humanité. Au déclin du paganisme et avant l'avénement du christianisme, la position du problème social était la même qu'aujourd'hui. Si l'on eût essayé de réaliser par la voie économique, par la voie temporelle, les grands bienfaits que devait apporter la doctrine chrétienne, on n'aurait certainement réussi à rien. Les tentatives eussent été profondément anarchiques, à cause que personne ne pouvait alors se figurer les institutions qui conviendraient à la nouvelle sociabilité ; et cela seul eût suffi pour susciter d'insurmontables résistances. Tous les intérêts lésés par ce qui allait former le futur ordre social auraient été intraitables, n'ayant été préalablement disciplinés par aucune morale qui les fit entrer paisiblement et sans murmure dans les combinaisons nécessaires. Au lieu de cette méthode directe et impraticable pour la solution du problème, le progrès spontané de l'évolution humaine employa la méthode indirecte et réussit. Sous la convergence mentale inspirée par une doctrine commune, sous la meilleure morale qui en était le fruit, on vit tomber les chaînes serviles, et le seigneur féodal tenu à des obligations envers le serf prendre la place du maître romain sans obligation envers l'esclave.

Autre exemple : la suite des événements montre qu'à la sortie du moyen âge devait s'établir l'égalité civile et politique des citoyens, ce qui est la situation de l'âge moderne; et cela, afin que, le grand nombre étant devenu prépondérant, la nouvelle morale puisse s'installer. Eh bien! admettons que l'égalité civile et politique, idée qui ne fut aucunement étrangère à la hardie assemblée siégeant à Paris dans le milieu du XIVe siècle et au soulèvement des Jacques, admettons, dis-je, que cette idée eût voulu s'établir alors dans la société et faire table rase comme elle fit en 1789. Des résistances infinies auraient accueilli une telle tentative. Aussi n'est-ce pas ainsi que procéda la logique cachée mais irrésistible de l'histoire. Le problème fut encore tourné et attaqué par le côté qui seul en permettait la solution, par le côté intellectuel et moral. Les sciences, dans leur progrès continu, ruinèrent l'ordre théologique, base de l'ordre politique; à mesure que les croyances se dissipaient, les institutions devenaient vacillantes; et à la fin, quand le travail intellectuel eut été suffisamment prolongé ce fut assez du décret d'une assemblée pour faire passer dans le gouvernement ce qui était déjà dans les esprits et dans les cœurs.

Tel est l'enseignement empirique de l'histoire. L'enseignement théorique n'est pas autre. En effet, ce qui décide le développement de l'humanité, c'est le développement de la science. L'une serait éternellement immobile si l'autre était éternellement rudimentaire. De même que la hauteur de la colonne de mercure détermine exactement la pesanteur de la colonne atmosphérique correspondante, de même le baromètre scientifique indique très-précisément l'élévation de la civilisation commune. Ce n'est pas l'état social qui fait marcher la science, c'est la science qui fait marcher l'état social. Cette subordination est irréfragable. Aussi, ceux du parti révolutionnaire qui prétendent promouvoir les réformes sociales tout en conservant les croyances théologiques sont impliqués dans une entreprise contradictoire. Les réformes sociales ne peuvent être obtenues que par l'extinction des croyances théologiques, devenues incompatibles avec tout le système scientifique. N'espérez donc pas, avant d'avoir perfectionné ce régime et de l'avoir fait pénétrer dans les intelligences, n'espérez pas réaliser dans les faits les améliorations que vous poursuivez. La philosophie positive, qui est un immense perfectionnement de la science, signale en même temps l'emploi qu'il faut faire de ce perfectionnement pour passer, comme il ne peut être autrement, de la réforme des esprits à celle des institutions.

Le même raisonnement s'applique sans restriction à la morale, dont l'évolution, dépendant étroitement de l'évolution scientifique, réagit ensuite directement sur la société. Les institutions et la condition d'un peuple sont toujours l'application de la morale qui y est dominante. Il faut être aussi profondément plongé que l'est l'époque actuelle dans l'erreur qui confond les attributions du pouvoir spirituel et du pouvoir temporel, pour croire à l'efficacité de prescriptions légales, de mesures politiques qui ne sont pas en accord avec les mœurs. Changez les mœurs, et ce que vous ne pouvez obtenir à force de règlements et de pénalités s'obtiendra de soi-même. Pris en général, les hommes ne violent ni n'éludent les conditions acceptées par leur conscience.

A ce point de vue, la philosophie positive paraîtra plus révolutionnaire qu'aucune autre doctrine; elle l'est en effet. Réformant l'intérieur de l'homme, son esprit et son cœur, elle modifie de fond en comble le régime social. Mais en même temps elle n'a rien de perturbateur, car elle commence par faire acquiescer les parties intéressées. En un mot, elle satisfait pleinement à sa devise caractéristique : *Ordre et progrès.*

Cette longue discussion, je la résume par une citation du *Discours* de M. Comte: « Toutes les écoles rénovatrices s'accordent aujourd'hui à s'occuper surtout du peuple, pour l'incorporer dignement à la société moderne, qui, depuis la fin du moyen âge, prépare sa constitution finale. Elles coïncident aussi, quant à la nature des grands besoins sociaux propres aux prolétaires, d'une part, l'éducation normale; de l'autre, le travail régulier, également dignes de systématisation. Voilà tout ce que le positivisme offre de vraiment commun avec nos diverses doctrines progressives. Mais il se distingue profondément de toutes par sa manière de concevoir et d'accomplir cette double organisation. Il regarde la seconde systématisation comme nécessairement fondée sur la première, tandis que jusqu'ici on les suppose simultanées, ou plutôt, on s'efforce de régler le travail avant de constituer l'éducation. Quoique cette différence d'ordre semble d'abord peu décisive, elle suffit pour changer radicalement le caractère et la marche de notre régénération. Car le mode qui prévaut encore revient, au fond, à tenter la réorganisation temporelle indépendamment de la spirituelle; c'est-à-dire, à construire l'édifice social sans bases intellectuelles et morales. De là résulte, pour satisfaire aux justes exigences populaires, la préférence stérile et subversive accordée aux mesures politiques, dont l'efficacité semble immédiate. Au contraire, le positivisme est pareillement conduit à faire prévaloir l'influence paisible et certaine, mais indirecte ou graduelle, du sentiment et de la raison. En un mot, la double solution du commun problème social sera toujours empirique et révolutionnaire, de manière à rester purement nationale, ou elle deviendra rationnelle et pacifique, avec un vrai caractère européen, selon que l'organisation du travail précédera ou suivra celle de l'éducation. » (P. 163.)

V.

Éducation et séparation du pouvoir spirituel d'avec le pouvoir temporel [1].

Étant établi dans les articles précédents que la science, depuis ses plus humbles origines, a incessamment tendu à substituer les notions positives aux notions théologiques ou métaphysiques ; étant établi que le progrès continu des sociétés a été subordonné au progrès continu des sciences ; étant établi qu'il n'y a réformation radicale dans l'ordre matériel qu'après une réformation radicale dans l'ordre intellectuel et moral, il faut indiquer quelles sont les bases de l'éducation future d'où dépendent les deux réformations subordonnées l'une à l'autre.

L'éducation actuelle se divise en deux parties profondément séparées et même attribuées chacune à deux corporations différentes, l'éducation proprement dite et l'instruction. L'éducation appartient à la corporation ecclésiastique, et l'instruction à la corporation universitaire. A la vérité, le clergé a souvent essayé et essaye encore de rentrer dans la possession de l'instruction ; quand il était maître du gouvernement, sous la restauration, c'était à l'aide du monopole, et alors les libéraux réclamaient la liberté ; quand il eut perdu cette position par la révolution de juillet, il réclama la liberté, et les libéraux se remparèrent derrière le monopole. En ceci, comme dans tout le reste, les classes qui gouvernent la France n'ont plus aucun principe ; tout est expédient pour elles ; et les rapides changements de la situation politique permettent de voir, à peu de distance, les mêmes personnages soutenir ce qu'ils avaient combattu, combattre ce qu'ils avaient soutenu. Rien ne profite plus

[1] *National*, 27 août 1849.

que le spectacle de cette profonde immoralité aux classes populaires, qui jugent avec une sévérité croissante leurs prétendus supérieurs.

En tout cas, l'impuissance des deux corporations à se supplanter a été complète. L'Université n'a jamais eu de prétentions bien nettes à donner l'éducation; et d'ailleurs le pays n'aurait pas voulu charger de l'enseignement de la morale une métaphysique bien plus propre à compromettre les plus saines notions par ses subtilités et son caractère éminemment subjectif, qu'à les graver dans les âmes et les développer. D'autre part, le clergé a toujours laissé hors de ses plus ambitieuses prétentions les établissements scientifiques. Un tel antagonisme, qui résulte nécessairement de tout notre passé historique, se prolongera jusqu'à ce qu'une doctrine, réunissant ce qui, de sa nature, est inséparable et n'a été séparé que par le travail révolutionnaire des trois cents dernières années, donne une meilleure instruction que la corporation laïque et une meilleure éducation que la corporation ecclésiastique.

La philosophie positive m'a trop bien appris à vénérer la morale du moyen âge, pour que je n'y voie pas un immense progrès sur celle de l'antiquité, et le fondement inattaquable de la morale qui doit prévaloir. Mais aujourd'hui, après l'élaboration scientifique et sociale qui a caractérisé l'époque moderne, elle est devenue tout à fait insuffisante: insuffisante comme simple conservation du point obtenu; insuffisante surtout comme développement ultérieur. Pour le premier chef, la morale du moyen âge, étant adhérente à des croyances théologiques, souffre de la décadence progressive de ces croyances; on a beau les inculquer aux enfants, il arrive un moment où, respirant l'atmosphère moderne, la plupart deviennent, comme on le voit partout aujourd'hui en Europe, indifférents ou hostiles. On conçoit que, dans ce déchirement, les règles morales les plus précieuses sont souvent compromises par le ruineux appui que l'ancienne doctrine leur donne; et, sans parler ici des égarements privés, il suffit, dans l'ordre public, de signaler les aberrations métaphysiques touchant la famille, le mariage, la prétendue émancipation des femmes, la sanctification des passions et le reste.

Quant au second chef, l'inefficacité est encore plus notoire; et depuis longtemps déjà la morale du moyen âge a produit tout ce qu'elle pouvait produire. Une saine analyse des choses découvre la raison de ce fait historique. D'abord une telle éducation est dépourvue de toute culture intellectuelle un peu étendue; elle consiste en une série de prescriptions dont la sanction repose sur une autorité surnaturelle. A la vérité, dira-t-on, il est toujours loisible d'ajouter à cette éducation l'instruction qui sera jugée nécessaire; mais là se représente la grande difficulté moderne: la science étant inconciliable avec la théologie, on ne peut jamais fortifier un côté sans affaiblir l'autre: ou plus d'instruction et moins de foi, ou plus de foi et moins d'instruction, voilà le dilemme inextricable où l'on se débat depuis que le monde catholico-féodal penche vers son déclin. En second lieu, destinée à des populations opprimées, et ayant essentiellement eu pour office social de faire disparaître l'esclavage, une telle éducation n'est plus en rapport avec les tendances d'un milieu où le plus humble individu est émancipé. Suivant la remarque de M. Comte, dans l'ordre ancien elle eût été subversive, dans l'ordre moderne elle serait servile et insuffisante; on ne peut mieux faire comprendre le caractère de cette éducation, intermédiaire, comme le temps où elle régna, aux besoins de l'antiquité et à ceux de l'ère moderne. Excellente pour maintenir une société dont elle était en effet la clef de voûte, elle n'avait, au delà de ce point, à recommander que la résignation chez les uns, et l'aumône chez les autres, l'aumône sous toutes les formes, et parfois sous les formes les plus touchantes. Il suffit d'indiquer cette inévitable issue pour montrer en quoi est insuffisant le régime dont il est ici question. Vainement on prétendrait agrandir son domaine et lui frayer une voie ultérieure: qui ne voit maintenant la solidarité des choses? qui ne voit que, pour donner l'extension sociale que réclament les exigences nouvelles, il faut s'adresser à d'autres conditions que celles-là mêmes qui tombent au fur et à mesure de cette extension ? Si c'est pendant qu'elle s'établissait que l'esclave est sorti de ses chaînes pour être recueilli par le servage, c'est pendant qu'elle s'écroulait que le serf a été émancipé pour arriver au prolétariat. Il y a donc là une limite naturelle mise à son efficacité. En effet (et c'est le troisième côté par où il faut la considérer), au-dessus de la morale antique essentiellement individuelle, elle est, elle, essentiellement domestique, et c'est pour cela qu'elle a si heureusement influé sur le sort de l'esclave ancien ; mais elle n'est pas directement sociale. Plaçant en dehors de toute vie sociale le but de chaque existence, elle renferme chacun dans le soin d'un égoïsme qu'elle flatte par des espérances chimériques, il est vrai, mais indéfinies, et elle a pu mettre l'ascétisme solitaire et inutile de l'anachorète au-dessus de l'activité féconde du citoyen. On conçoit comment une pareille direction est contraire à l'élaboration qui préoccupe les sociétés actuelles.

Ajoutez une condition sans doute accessoire, mais qui pèse grandement dans la balance de l'histoire, et qui n'a pas peu contribué à faire monter ce plateau qui, suivant le vieil Homère, s'élève quand une destinée finit. Il a toujours été fort difficile, dans le monothéisme, de maintenir la convergence intellectuelle sur un *credo*, incessamment sujet à toutes les objections de la métaphysique ; et cependant cela était d'une importance capitale, car, indépendamment des intérêts imaginaires qui y étaient attachés, il y en avait de très-réels et de très-respectables, à savoir l'ordre public, lequel, comme les événements révolutionnaires des trois cents dernières années l'ont fait assez voir, dépendait de l'assentiment donné. Aussi eut-on recours, pour contenir les divergences, à des moyens violents, à des sévérités effroyables, à l'inquisition. Ces répressions, tant que la conscience religieuse ne fut pas ébranlée chez les peuples, ne passèrent que pour des nécessités cruelles ; mais quand elle fut ébranlée, tout parut odieux à la fois, les moyens et le but ; et les persécutions d'un pouvoir devenu rétrograde, ne firent plus que hâter sa décadence.

J'ai longuement insisté sur cette insuffisance, qui est, en

effet, un point capital dans toute notre révolution moderne. J'aurais pu aussi bien, prenant la question par un autre côté et invoquant le fait au lieu de la théorie, signaler dans l'Europe deux pays où le régime catholique, indûment prolongé, a exercé une funeste influence; ces deux pays sont les États pontificaux et l'Espagne. Là, bien évidemment, tout est resté stationnaire et arriéré, et les choses n'y reprennent leur cours régulier que par l'introduction toute récente des principes révolutionnaires. Pourquoi ce retard malfaisant ? Pourquoi cette introduction bienfaisante ? Pourquoi ?... Parce qu'il y avait insuffisance mentale dans le régime qui avait réussi à se perpétuer grâce à la compression.

Par une concordance inévitable, mais qui n'a rien de compensateur, l'insuffisance est analogue dans l'instruction que donne le régime universitaire. Cette instruction est au fond celle qu'à l'origine recevaient les prêtres, et qui se réduisait surtout à l'étude de leur langue sacrée, plus la culture dialectique nécessaire à la défense de leurs dogmes. Il n'entra jamais dans l'esprit de la philosophie positive de nier l'efficacité relative des institutions qui ont eu leur durée; cette instruction littéraire et métaphysique a servi l'évolution moderne : littéraire, elle a favorisé accessoirement le développement esthétique; métaphysique, elle a aidé à la dissolution des croyances théologiques. Mais, pour en caractériser l'insuffisance et l'irrationnalité, il suffit de remarquer que ce système prétendu universel n'a jamais embrassé les prolétaires; et, toutes les fois que l'ascension des classes nouvelles a fait sentir la nécessité de le modifier, ou bien on a songé à des instructions professionnelles, ou bien on l'a surchargé de suppléments scientifiques sans coordination, soit entre eux, soit avec le système originaire. Je n'appuierai pas davantage là-dessus; il est bien évident que, si, par impossible, on étendait ce système aux prolétaires, on leur donnerait seulement des moyens d'expression et de critique. Or, des moyens de critique sont devenus passablement inutiles, du moins en France, où la dissolution de l'ordre ancien est tellement avancée; et des moyens d'expression, sans conception correspondante, ne sont propres qu'à faire prévaloir l'imagination sur la raison et à troubler la rectitude du sens; trouble aujourd'hui si manifeste parmi nos classes lettrées.

Telle est la situation réciproque de l'éducation et de l'instruction. Elles se tiennent en échec. Dans le sentiment confus de son double besoin, la société ne permet ni à la théologie de s'emparer de l'instruction, ni à la métaphysique de s'emparer de l'éducation. Quelles que soient les oscillations politiques et les espérances contradictoires qu'elles suscitent, rien ne peut trancher l'insoluble imbroglio. Décrépitude et impuissance ! Ce triste débat n'est, dans les termes où il est posé, susceptible d'aucune fin.

Quittons cette agitation stérile pour venir à des conditions meilleures, où l'éducation et l'instruction, cessant d'être hostiles l'une à l'autre, seront distribuées par un même pouvoir, appliquées à un même service, et où le cœur et l'esprit trouveront une satisfaction commune. En voici le plan : « La marche générale de l'éducation systématique, dit M. Comte, page 170, est tracée, sans aucune incertitude, par la loi encyclopédique qui détermine la hiérarchie des sciences. Car les études scientifiques du prolétaire doivent se rapporter, comme celles du philosophe, d'abord à notre condition inorganique, ensuite à notre propre nature, personnelle et sociale, pour constituer la double base rationnelle de notre conduite réelle. On sait que la première classe comprend deux couples de sciences préliminaires, l'un mathématico-astronomique, l'autre physico-chimique. A chacun d'eux, l'initiation positive consacrera deux années. Mais l'extension supérieure et la prépondérance logique du premier obligeront alors à deux leçons hebdomadaires, tandis qu'une seule suffira réellement pour tout le reste de l'éducation prolétaire. Les exigences beaucoup moindres de l'apprentissage industriel, à ce début, permettront naturellement ce surcroît initial d'occupations spéculatives. A cette préparation inorganique succédera l'étude biologique, aisément susceptible alors d'être condensée en une cinquième année, dans un cours de quarante leçons vraiment philosophiques et populaires. D'après tout ce préambule indispensable, une sixième année, de même durée didactique, systématisera définitivement toutes les spéculations réelles par l'étude directe de la sociologie, qui rendra familières les vraies notions sur la structure et le mouvement des sociétés humaines, surtout modernes. Un tel fondement permettra à la dernière de ces sept années du noviciat positif de diriger immédiatement l'ensemble de cette éducation vers sa principale destination sociale, par l'exposition méthodique de la morale, dont chaque démonstration essentielle deviendra alors pleinement appréciable, suivant la saine théorie du monde, de la vie et de l'humanité. Pendant tout ce cours d'études, le trimestre libre de chaque année sera partiellement consacré aux examens publics destinés à constater l'assimilation de toutes les connaissances antérieures. Les exercices esthétiques de la première éducation se prolongeront volontairement au milieu des travaux scientifiques de la seconde, pour peu que les goûts naturels s'y trouvent sagement encouragés. Ils feront naître accessoirement, dans les deux dernières années de l'initiation philosophique, l'étude de nos deux principales langues anciennes, à titre de complément poétique, lié d'ailleurs aux théories historiques et morales dont le prolétaire sera alors préoccupé. Si l'habitude du grec intéresse surtout nos origines esthétiques, celle du latin est encore plus utile au plein sentiment de notre filiation sociale. »

Tels sont les linéaments généraux de l'éducation populaire, absolument universelle et comprenant aussi les femmes, sauf les modifications que comporte la nature des choses. Elle est pleinement historique, car elle résume tout notre passé; elle est pleinement philosophique, car elle systématise tout ce qui n'est et n'a pu être jusqu'à présent que fragmentaire; elle est pleinement satisfaisante, car l'esprit, qui depuis la fin du moyen âge est en insurrection contre l'enseignement religieux, n'a rien là qu'il ne sanctionne; elle est pleinement morale, car, après avoir donné à l'esprit la satisfaction scientifique qu'on ne peut lui refuser sans compromettre l'ordre social, elle le subordonne au cœur, comme le veut la saine théorie de la nature humaine : elle est pleinement rationnelle, car, sans rien sacrifier, elle accorde la prépondérance à la culture de la raison sur celle de l'imagination; elle est pleinement progressive, car elle suit le grand courant de la science, et, différente en cela des conceptions théologiques, elle n'a rien à craindre des découvertes les plus lointaines; elle est pleinement conservatrice, car, soumettant toutes les intelligences aux conditions du monde inorganique, de la vie et des sociétés, et tous les cœurs aux besoins de la sociabilité, elle écarte les tendances anarchiques, d'autant plus menaçantes que les conditions du monde inorganique, de la vie et des sociétés sont moins connues.

Une telle éducation dépassant infiniment celle qui est aujourd'hui le partage des plus instruits, ne se trouvant encore que chez le petit nombre de ceux qui ont eu le courage de refaire leurs études sur le plan de la philosophie positive, et néanmoins étant destinée au plus humble prolétaire, une telle éducation, dis-je, soulèvera, comme impossible, la clameur du préjugé. Je laisse de côté l'irrationalité de notre enseignement actuel, où tout se fait en vue des détails, rien en vue de l'ensemble; où le temps se gaspille sans profit, et où il n'y a pas moins d'amendement à introduire pour la forme que pour le fond; ce qui revient à dire qu'il faut changer les savants en philosophes. Je laisse de côté aussi l'état présent du prolétaire, où l'exploitation de l'enfant, de la femme et de l'homme est poussée à des limites contre lesquelles le sentiment a souvent réclamé et a parfois suscité des mesures législatives : c'est en examinant le gouvernement temporel, que j'indiquerai comment, sans compromettre ni l'apprentissage ni le travail, il est possible de créer des loisirs suffisants. Je viens sur-le-champ à l'idée principale d'une telle éducation, c'est-à-dire à l'institution d'un pouvoir éducateur, ou philosophique, ou spirituel. Cette dernière dénomination, consacrée par la tradition historique, est la meilleure. Il faut, dans toute légitime organisation de la société, depuis l'admirable ébauche inaugurée par le catholicisme, il faut un pouvoir uniquement consacré à distribuer l'éducation populaire, complétement indépendant, en ses fonctions, de l'autorité temporelle, et ayant auprès de la conscience de chacun à faire valoir le droit de la morale commune. La confusion des deux pouvoirs élémentaires est un effet de la situation révolutionnaire; leur séparation seule y mettra fin. L'État n'a empiété sur l'ancien pouvoir spirituel que parce que celui-ci était devenu rétrograde; il rentrera dans ses attributions devant un pouvoir spirituel devenu progressif. La morale, comme l'a très-bien vu le catholicisme, doit tout primer : or, elle ne le peut qu'à la condition d'avoir dans la société un organe uniquement chargé de cette auguste fonction. Et, finalement, qui ne reconnaît qu'ici la morale et l'éducation se confondent?

On doit de plus remarquer que séparer le pouvoir spirituel d'avec le pouvoir temporel, c'est, en d'autres termes, séparer la théorie d'avec la pratique. Or, personne ne conteste plus, dans tous les départements de la connaissance humaine, que cette séparation est indispensable et aussi favorable à la pratique qu'à la théorie. Comment en serait-il autrement pour les spéculations les plus compliquées et les plus difficiles, à savoir les spéculations sociales? Comment, ici, ne conviendrait-il pas plus encore, s'il est possible, qu'en tout autre cas, de distinguer entre l'art et la science, entre la pratique et la théorie, et de remettre l'une et l'autre en des mains différentes? Au reste, en ceci, on constate une application de la grande loi historique découverte par M. Comte : plus une science est compliquée, et par conséquent a tardé à se constituer, plus l'art correspondant y est resté longtemps adhérent. Ainsi la biologie, l'une des sciences les plus compliquées, les plus tardives, ne fait que de se dégager de l'art médical; et la sociologie, encore plus compliquée et plus tardive, n'est pas sortie de sa confusion avec l'art politique.

A l'impossibilité alléguée d'un côté, peut-être répondra-t-on d'un autre côté en alléguant l'inefficacité. Quoi! dira-t-on, c'est quand de toute part on réclame des améliorations matérielles que vous proposez des améliorations mentales! relisez donc la fable du *Milan* et du *Rossignol*. Je réponds d'abord : Les mesures immédiates ne peuvent pas être radicales, les mesures radicales ne peuvent pas être immédiates; je recommande à chacun la méditation de cette proposition, et je passe outre. La réforme mentale aura pour conséquence la réforme matérielle; j'ai montré, dans l'article précédent, l'histoire à la main, qu'il en avait toujours été ainsi. Cependant il n'est pas inutile, par une hypothèse, de signaler la puissance qui lui est inhérente. Je prends le pays de l'Europe où certainement le prolétaire est le plus malheureux, l'Irlande. Eh bien! supposez qu'en un jour s'opère la réforme qui ne peut être obtenue que par des années, et que chacun s'y trouve tout d'un coup élevé suivant le programme ci-dessus indiqué. Croyez-vous, rien autre cependant n'étant changé, croyez-vous que par cela seul tout ne serait pas changé? Croyez-vous que riches et pauvres n'auraient pas immédiatement d'autres rapports, et qu'une formidable opinion publique ne surgirait pas à l'instant même pour tout réformer?

Mais le temps seul peut propager l'éducation positive, qui sera la clôture de la révolution, et j'aurai lieu d'indiquer quelles sont les conditions qui, dans notre état révolutionnaire, doivent la faciliter davantage. Seulement, je demande, dans la perturbation croissante où se trouve l'Europe, je demande aux politiques ce qu'ils comptent faire. Prétendent-ils nous inculquer de nouveau la foi aux clergés, le dévouement aux royautés, l'humilité devant les noblesses? Soit; mais alors ils savent fort bien qu'ils entreprennent une longue guerre contre l'esprit moderne. Dans tous les cas, comment ce qui, dans sa splendeur, n'a pu se maintenir pourrait-il, dans sa décadence, se rasseoir et se restaurer? N'ont-ils, au contraire, aucune de ces prétentions, et veulent-ils seulement laisser aller les choses? Soit encore; mais alors ils abdiquent toute puissance réelle dans le présent et toute gloire dans l'avenir. Mais si cette lutte rétrograde les effraye, ou si cette nullité les humilie, qu'ils considèrent avec attention la direction du grand courant moderne, et qu'ils essayent de trouver autre chose que la réforme mentale proposée par la philosophie positive.

Depuis que ces dernières lignes ont été écrites, le cours public et gratuit que M. Comte faisait au Palais-National a été fermé par l'autorité supérieure, et cela sans aucun prétexte apparent : le professeur en appelait toujours à la raison, à la science, à la philosophie, et jamais aux passions orageuses. Il est aisé de fermer la porte d'une salle ; mais il ne l'est pas d'arrêter une doctrine [1].

VI.

Organisation temporelle [2].

De même que l'organisation spirituelle a un avénement nécessaire qui résulte de l'ensemble de notre passé et de la loi d'évolution présidant aux destinées de l'humanité, de même il est une organisation temporelle qui surgit suivant le point et la conjonction des choses. Tout est ici déterminé ; rien n'est fortuit et arbitraire. C'est cette vue d'une nécessité qui a engagé plus d'un penseur dans l'optimisme historique. En effet, il y a un certain optimisme en ce sens que, l'évolution du genre humain étant un phénomène naturel et tout à fait soustrait aux volontés individuelles, ce qui doit, en gros, arriver, arrive en effet, et arrive spontanément. Ajoutons une remarque profonde de M. Comte : en tant que dus à des êtres intelligents, qui tendent toujours à corriger les imperfections de leur économie collective, les phénomènes sociaux doivent offrir un ordre moins imparfait que si, avec une égale complication, les agents en pouvaient être aveugles. Voilà tout ce qu'il y a de vrai dans l'optimisme historique, émanation arriérée de l'optimisme

[1] En 1850 et 1851, M. Comte a été autorisé à faire et a fait librement son cours.

[2] *National*, 3 septembre 1849.

théologique, qui, attribuant l'origine et la direction des sociétés à une providence toute bonne et toute-puissante, chercha par diverses imaginations à concilier cette prémisse purement subjective avec la réalité et les faits.

La première restriction à cet optimisme, c'est que toutes les populations sont loin d'être arrivées au même degré de civilisation. Ainsi que, dans une génération, tous les individus ne parviennent pas à l'âge adulte et à la croissance voulue, les uns meurent prématurément, les autres restent contrefaits et au-dessous de la stature commune ; de même, parmi les populations ou membres individuels du genre humain, les uns ont disparu sans héritiers, et les autres sont encore à l'état d'avorton, d'enfant ou à peine d'adolescent. Ce que le grand poëte placé à l'aurore de la civilisation a dit des familles humaines s'applique aussi aux nations ; elles sont comme les feuilles, dont les unes se dispersent au souffle des vents, et les autres renaissent à la saison nouvelle. La raison qui fait que l'état social s'arrête chez un peuple est certainement l'arrêt du développement scientifique. Mais pourquoi la science n'est-elle pas née ici, et pourquoi, là, ne s'est-elle pas élevée au-dessus de tel ou tel niveau ? Ceci est un digne objet de recherche pour l'érudition, qui, systématisée comme tout le reste par la philosophie positive, et mise au service de la véritable histoire, ne se perdra point en d'aveugles travaux, en de stériles minuties. Quels que soient les résultats des investigations futures, on en sait assez déjà pour constater que toutes les populations ont suivi une marche identique, ne différant que par le degré où elles sont parvenues ; notion fondamentale qui fournira aux populations les plus avancées le moyen de procurer le développement des plus arriérées sans carnage ni extermination, et par une intervention mieux entendue que celle où l'on essaye de faire passer, sans intermédiaire, des peuples fétichiques au monothéisme chrétien.

La seconde restriction à l'optimisme, c'est que l'économie spontanée des sociétés est bien au-dessous de ce que peut la faire le judicieux emploi de l'intelligence humaine. De même que l'activité médicale, soit par l'hygiène, soit par la thérapeutique, prévient ou guérit, sans pouvoir rien changer aux conditions statiques et dynamiques de la vie, une foule de désordres et de maux, de même l'activité politique, sans pouvoir rien changer aux conditions statiques et dynamiques de la société, est destinée à une puissance encore plus grande pour le bien des États. En effet, notre puissance effective est d'autant plus étendue que les phénomènes dont il s'agit sont plus compliqués; nulle quant aux phénomènes célestes, dont la combinaison est la plus simple, elle croît à mesure qu'on passe aux phénomènes de la physique, de la chimie, de la vie et de la société. Aussi rien n'est plus propre que la saine théorie de l'histoire à susciter dans les cœurs le ferme et noble désir de travailler à l'amélioration commune. Ne comptant sur aucune providence pour la santé sociale pas plus qu'il n'y compte pour la santé individuelle, et reconnaissant que, si la seconde dépend jusqu'à un certain point de sa science et de sa sagesse, la première en dépend encore davantage, l'homme, sous cette double notion, se sentira énergiquement sollicité à intervenir dans sa propre destinée.

Ainsi, par ce côté encore se dégage la science sociale. Il y aurait optimisme ou fatalisme, comme on voudrait, suivant l'hypothèse, théïstique ou athée, qu'on se ferait du monde, si les phénomènes sociaux n'étaient pas plus modifiables à l'homme que ne le sont les phénomènes célestes. Il y aurait vanité complète de nos efforts et renoncement définitif à toute intervention, s'ils n'étaient gouvernés par aucune règle naturelle et demeuraient incessamment le jouet d'un hasard toujours prêt à défaire le lendemain l'œuvre de la veille. Point de science, si le phénomène n'a pas une loi; point de puissance, s'il n'est pas assez compliqué pour nous offrir des prises justement proportionnées à sa complication. J'insiste, sous toutes les formes, sur cette conception capitale due à M. Comte, que la société est un phénomène naturel, d'une part soumis à une loi suprême, de l'autre comportant des modifications étendues. Le premier terme est la garantie contre l'anarchie, en persuadant aux hommes que, dans la structure et le développement des sociétés, il est des conditions que rien ne peut ni supprimer ni intervertir ; le second terme est la garantie contre l'inerte routine et la honteuse rétrogradation en dirigeant l'attention des hommes sur les moyens réguliers d'améliorer l'économie collective.

Après ces prémisses, recherchons quelle est l'organisation temporelle où nous conduit le courant historique ; étant ainsi à l'avance avertis de la combinaison sociale dont nous devons, entre toutes celles qui présentement s'agitent, favoriser l'avénement.

D'aussi grands changements que ceux qui se préparent dans la société moderne ont des causes profondes, qu'il faut chercher dans la société antique. Celle-ci fut essentiellement guerrière. Sans remonter aux vastes empires de l'Asie, il suffit de considérer la Grèce et Rome pour se représenter avec une suffisante exactitude les habitudes et le caractère des classes gouvernantes. Faire la guerre était, sinon l'occupation constante, du moins la constante préoccupation. La Grèce, par des raisons qu'il serait trop long de déduire, mais qui sont parfaitement assignables, faillit à la destinée qui l'appelait, et ne sut pas donner à cette activité violente un but déterminé d'assimilation et de conquête. Mais ce grand rôle échut à Rome, dont la main puissante fit, par la guerre, une œuvre sociale et constitua d'une manière définitive le vaste corps de la république occidentale.

Sans doute, sous le régime catholico-féodal, qui suivit, la guerre resta encore la fonction privilégiée de la noblesse. La principale gloire fut celle des armes. Cependant une notable différence se laisse apercevoir ; et celui qui comparera la guerre du moyen âge avec celle de l'antiquité, comprendra bien, quelles que soient ses idées sur la valeur relative des deux civilisations, que quelque chose de considérable a été changé dans le monde. Les chrétiens guerroient entre eux à peu près comme en Grèce on faisait de cité à cité. Mais la grande affaire est de repousser et de contenir les invasions musulmanes. On ne voit plus (les croisades elles-mêmes ne sont que des opérations défensives), on ne voit plus de ces vastes et persévérantes conquêtes qui signalèrent la période antique. La chrétienté, comme la Grèce contre les Perses, sauve son indépendance, gage de l'évolution future, mais elle n'entreprend pas de franchir ses limites et de s'étendre par les armes. Évidemment l'impulsion militaire est affaiblie : d'autres mœurs, d'autres tendances ont prévalu.

Pour s'assurer que cette décroissance est bien réelle et ne dépend pas de quelque circonstance fortuite, il faut que l'histoire se prolonge, et fournisse de nouveaux termes de comparaison. La décadence du régime catholico-féodal survient, c'est-à-dire la révolution moderne commence. La guerre ne s'éteint pas, il est vrai ; mais, évidemment encore, quelque chose de considérable a été changé dans le monde. En effet, elle devient religieuse, commerciale, révolutionnaire ; mais la guerre pour la guerre et pour la conquête cesse graduellement, du moins parmi les populations européennes les plus avancées, d'être un mobile qui détermine les hommes à sacrifier leur vie et leur avoir.

Enfin, de nos jours, voilà trente-six ans d'une paix européenne non interrompue ; et cela au milieu de commotions intestines dont la gravité est extrême. La France a chassé deux fois ses rois ; l'Espagne et le Portugal ont eu leurs révolutions ; l'Italie s'agite sans cesse sous le joug qui l'accable ; Milan, Vienne, Berlin ont vu la royauté s'humilier. Au spectacle de tant d'ébranlements, au souvenir de la facilité avec laquelle les rois prenaient naguère encore les armes, combien de politiques se sont dit qu'une conflagration était imminente ! Chaque fois l'événement est venu contredire ces prévisions. Sans doute ce n'est, si je puis ainsi parler, qu'une paix négative ; mais plus elle dure, plus les éléments de la paix positive se fortifient, et dans peu d'années ils seront assez puissants pour écarter définitivement toute crainte sérieuse. Le seul danger réel vient des demi-barbares du Nord, des serfs enrégimentés qu'un despote fait marcher à son gré. Mais la moindre intelligence entre la France, l'Allemagne et l'Italie annulera l'influence malfaisante du septentrion sauvage ; et cette intelligence, qui faillit se réaliser à la révolution dernière, va se préparer sous l'active propagande que permettra la paix négative conservée après février comme avant, et elle passera dans les faits à la première ascension populaire.

Cette décroissance et extinction finale de la guerre serait tout à fait précaire ou, pour mieux dire, n'ayant eu aucune raison d'être, ne se serait pas manifestée si l'activité humaine ne se fût frayé une autre voie. Cette voie est l'industrie ou exploitation progressive et systématique du domaine terrestre. Depuis les premiers rudiments, qui ne manquent jamais, et que l'on rencontre dans la vie sauvage même la plus dépourvue, une arme, un outil quelconque, un abri contre les intempéries, depuis ces premiers rudiments, l'industrie passe par le régime païen où, surbordonnée à la suprême besogne du temps, la guerre et la conquête, elle est exploitée par l'intermédiaire des esclaves; elle se développe bien autrement dans le moyen âge, il n'est besoin, pour le reconnaître, que de se rappeler les grandes communes de cette époque, et particulièrement les cités italiennes et flamandes; enfin, dans la phase révolutionnaire, son ascendant devient tout à fait décisif, et c'est, en effet, alors que la guerre, détournée définitivement du but antique, du seul but qui pût lui être raisonnablement assigné, ne sert plus, entre les populations européennes, que des causes politiques. Les peuples secouent leurs rois; les rois, à chaque fois amoindris, s'imposent à leurs peuples. Quand ces conflits auront cessé par l'extension républicaine, il n'y aura plus de guerre en Europe, d'autant plus certainement que, même en l'état précaire où nous sommes, rien ne peut rallumer les grands incendies.

Telle est la substitution fondamentale survenue par le progrès des choses dans la destination de notre activité temporelle. Au lieu d'user leurs forces en des luttes qui n'ont eu qu'à un moment donné une utilité civilisatrice, et qui aujourd'hui seraient non-seulement stériles, mais encore profondément perturbatrices, les sociétés, devenant petit à petit plus humaines et meilleures, s'appliquent constamment davantage, et un jour s'appliqueront uniquement à lutter contre la nature. L'activité militaire et l'activité industrielle sont comme deux courants dont l'un va toujours tarissant et l'autre toujours grossissant, jusqu'à ce que le premier disparaisse dans le sein de l'industrie, comme ces fleuves de l'Afrique qui, partis écumeux et grondants du sommet des montagnes, se perdent peu à peu sous un ciel embrasé et dans une terre absorbante, sans avoir atteint l'Océan.

Et voyez comment les choses sont étroitement liées par leurs rapports ; voyez comment un certain état intellectuel et moral a toujours pour corrélatif un certain état social. La science croît, la théologie et la métaphysique déclinent ; la guerre s'éteint, l'industrie se développe ; les anciens pouvoirs privilégiés s'annulent, et les classes laborieuses arrivent à une vie meilleure. Dans cette filiation ininterrompue, vous ne pourriez pas déplacer un terme sans rendre tout inintelligible et impossible ; ni le règne de la théologie n'est compatible avec le règne de l'industrie, ni le progrès systématique de la science avec le privilége des castes, ni l'activité militaire avec l'ascension graduelle et le perfectionnement des prolétaires. Ce sont là autant de phases historiques qui se succèdent par une dérivation nécessaire. Ces nécessités de l'histoire, ces phénomènes enchaînés l'un à l'autre, ces solidarités insurmontables sont les bases mêmes de la sociologie et celles sur lesquelles il faut le plus appeler l'attention du lecteur ; car ce sont les points où l'instruction commune est le plus en défaut. C'est l'équivalent, en biologie, de la notion de la hiérarchie organique, du rapport entre l'organe et la fonction, et de l'influence des milieux. L'humanité est véritablement un grand corps collectif, ayant sa croissance régulière, et pourvu, comme tout corps individuel, d'organes temporaires qui s'atrophient, se flétrissent et disparaissent faute d'emploi et de nutrition. Les institutions provisoires du passé, dont la postérité la plus reculée admirera toujours et honorera la création et la splendeur, sont de tels organes ; elles s'atrophient et s'éteignent, la vie se portant ailleurs, à mesure que l'humanité grandit et approche de son âge adulte.

C'est donc la tradition historique elle-même qui, sans

aucun arbitraire et sans rien de fortuit ni de passager, nous amène au règne de l'industrie. Devant l'industrie, tout le passé tombe et s'évanouit successivement. Pour l'homme moderne, il ne peut plus y avoir d'autre occupation temporelle, d'autre activité pratique que l'occupation, que l'activité industrielle. Ainsi, l'issue de la longue révolution qui survint au déclin du régime catholico-féodal est clairement indiquée; elle aboutit non pas à des remaniements, je ne sais lesquels, dans les institutions, non pas à l'établissement du régime constitutionnel, elle aboutit à un changement dans les mœurs, dans les habitudes, dans les intérêts, à une rénovation totale, au remplacement définitif d'un ordre social qui finit par un ordre social qui arrive à son plein.

Si l'avénement du régime industriel est inévitable, il est inévitable aussi que les chefs de l'industrie soient nos chefs temporels. Nous n'avons pas besoin de patriciens ni de gentilshommes qui nous mènent aux guerres et aux conquêtes; nous n'avons pas besoin de Césars ni de rois qui concentrent en leurs mains le pouvoir du glaive. Ces fonctions, jadis prééminentes, deviennent sans emploi. Mais nous avons besoin de directeurs qui sachent conduire les travaux pacifiques de l'industrie avec fermeté et intelligence, travaux où certes ne manquent ni la complication, ni la difficulté, ni la grandeur. C'est donc là que doit aboutir tout le pouvoir temporel. Dire que les bras et les capitaux employés pour la guerre deviendront disponibles, c'est dire ce qu'il y a de moindre dans la question; ce qui est décisif, c'est que la principauté tombe, et avec elle le glaive et la gloire du glaive. Ce qui était grand et glorieux, c'était de gagner des batailles et de soumettre des nations; ce qui sera grand et glorieux, sera de remporter des avantages sur la nature et de la subjuguer. Autre fonction, autre pouvoir. Là on touche du doigt la rénovation radicale qu'amène la révolution moderne; et quand, dans l'ordre spirituel, on met les notions de la philosophie positive en regard des notions théologiques et métaphysiques, on a le tableau complet aussi bien que précis de l'ordre social futur, qui déjà se fait jour de toute part à travers les décombres du régime ancien.

J'ai conduit assez avant le lecteur dans les déductions historiques pour qu'il puisse concevoir maintenant sans difficulté quelle profonde illusion il y eut à prendre le système constitutionnel pour la solution et la clôture de l'état révolutionnaire. Ce n'est point par des circonstances accidentelles que ce système ne trouve pas à se consolider sur le continent; c'est, on le voit, par la nécessité même des choses. Il ne faut point se laisser égarer par le cas de l'Angleterre, anomalie qui ne peut plus se représenter. La demi-révolution de l'Angleterre fut pour ce pays une avance et un bienfait qui aujourd'hui l'arrière et lui nuit singulièrement. Pendant cette halte le continent a marché; et quand l'heure des révolutions y sonna, il était bien plus dégagé des entraves du moyen âge que l'Angleterre au moment de sa rénovation prématurée et imparfaite. Dans l'empire britannique le système constitutionnel est encore tout théologique, tout féodal, tout monarchique. A la vérité, sur le continent, et notamment en France, il fut beaucoup moins thélogique, féodal, monarchique. Mais que sont ces atténuations? le régime passé est absolument condamné à périr, le système constitutionnel, ne faisant que le modifier, n'est qu'une transition plus longue en Angleterre, plus courte sur le continent. Les exigences spirituelles et temporelles de l'avenir ne comportent rien de pareil. Amoindrir n'est pas renouveler. En raison de cette instabilité du système constitutionnel parmi nous, le maniement en a été généralement remis à des avocats, à des littérateurs, à des rhéteurs, à des sophistes. Il fallait que la situation fût bien peu rationnelle pour avoir des organes aussi peu consistants. Sans doute, il y eut un moment où cette fonction leur échut légitimement; mais peut-être la postérité s'étonnera-t-elle qu'une telle confiance ait été prolongée tant au delà de l'intervalle où elle était justifiable.

Entre le temps présent et celui où les chefs industriels arriveront au pouvoir est un interrègne inévitable; car, ni l'obstacle qui les en sépare n'est encore suffisamment aplani, ni eux-mêmes n'ont subi la préparation intellectuelle et morale qui doit les en rendre dignes. Cet interrègne, j'en signalerai dans un des articles subséquents les conditions. Mais, indépendamment de cette objection ainsi écartée, peut-être quelqu'un craindra-t-il que, le pouvoir étant remis aux industriels, on ne tombe dans un matérialisme dégradant. On y tomberait certainement, et le soin des plus grossiers intérêts menacerait d'absorber l'existence, si l'ordre nouveau ne renfermait pas le vrai correctif, à savoir un pouvoir spirituel distinct, une éducation populaire, la culture scientifique et la culture esthétique.

Les chefs industriels, ayant ainsi reçu le pouvoir, et par conséquent, la richesse, auront en retour un grand labeur, une grande charge. Il leur faudra administrer l'industrie de manière que le prolétaire ait le travail assuré, que l'enfant du prolétaire ne soit assujetti qu'à l'apprentissage, et que la femme du prolétaire puisse rester dans son ménage. Plus ils s'approcheront de ces conditions, plus leur gouvernement sera respecté et aimé; plus ils s'en écarteront, plus les remontrances du pouvoir spirituel et l'opinion populaire s'élèveront pour les redresser.

En résumé, sous le régime païen, le prolétaire est esclave; sous le régime catholico-féodal, il est serf; sous le régime révolutionnaire, il est affranchi, mais sans culture intellectuelle et sans sécurité matérielle; sous le régime positif, il a l'éducation complète et le travail garanti.

VII.

Idéal ou religion [1].

Les deux mots réunis dans le titre de ce chapitre l'ont été afin de prémunir dès l'abord le lecteur contre toute méprise, et ne pas lui laisser croire un instant qu'il pourrait s'agir de la restauration ténébreuse d'idées surnaturelles. L'un est ancien; il appartient au peuple de l'antiquité qui eut au plus haut degré le sentiment de la cohésion sociale; et, tandis que le mot grec correspondant n'exprime que l'adoration des dieux, le mot latin exprime la liaison des hommes autour d'un centre commun. L'autre est moderne; il signifie la conception abstraite de la grandeur et de la beauté collectives, mais réelles, et, à ce titre, détermine une religion qui ne peut plus s'adresser aux êtres surnaturels supposés par les hommes passés, et vainement cherchés par les hommes modernes.

En effet, tout le travail de la science a eu pour résultat de démontrer que nulle part il n'y a place pour l'intervention des dieux d'aucune théologie. A la vérité, les histoires rapportent un grand nombre de faits merveilleux où la puissance divine prend un corps, agit directement et se manifeste. Mais la critique historique a frappé d'un doute général toutes ces relations, en montrant que les unes n'avaient aucune authenticité, et que celles qui étaient authentiques ne devaient leur caractère surnaturel qu'aux croyances des hommes d'alors. De la sorte, le miracle s'est trouvé en déchéance complète; impossible à montrer dans le présent, impossible à démontrer dans le passé, il n'a plus empêché de voir le monde tel qu'il est, c'est-à-dire

[1] *National*, 10 septembre 1849.

une trame impénétrable de causes et d'effets, à laquelle l'esprit ne peut concevoir ni commencement ni fin. Or, qui ne comprend que le miracle est la seule preuve positive de l'existence des êtres surnaturels, et que les preuves dites métaphysiques ne peuvent, à cet égard, valoir le moindre témoignage? C'est de la sorte que la racine des croyances théologiques s'est desséchée et se dessèche de plus en plus dans la conscience moderne.

Il en est de même de l'opinion concernant la perpétuité des individus après la mort. Cette opinion, quels que soient les préjugés ordinaires là-dessus, ne fait point partie intégrante de l'idée religieuse. Il suffit de rappeler qu'une foule de peuples sauvages n'ont aucune notion sur l'immortalité des âmes; qu'avant l'ère chrétienne une partie des Juifs rejetait positivement cette doctrine, et qu'aujourd'hui encore l'immense religion du bouddhisme en est dépourvue. Cette croyance, qui pouvait être vraie, ne s'est pas trouvée telle; la science n'a pu constater un fait quelconque de vie après la mort; et aussi, comme un étang qui n'est plus alimenté, l'opinion de la perpétuité individuelle baisse progressivement.

Tel est le résultat de la longue critique que la science a exercée, dès l'origine, sur le théologisme, résultat ni cherché, ni prévu, ni voulu, et qui, se réalisant ainsi, est le jugement même de l'histoire. Mais, à son tour, la critique, si elle veut être du dix-neuvième siècle et non plus du dix-huitième, ne doit pas être négative. En d'autres termes, la révolution (car c'est toujours de la révolution qu'il s'agit) doit, ici comme ailleurs, passer à une action positive, si elle entend résoudre le problème social qui est posé. La longue anarchie qui signala en Grèce et à Rome la décadence de l'ordre antique, ne se termina, malgré de stériles efforts de restauration, que quand une doctrine meilleure, le christianisme, se mit à la place de ce qui s'en allait. Autrement, la dissolution du paganisme aurait indéfiniment duré; et dans la crainte que le toit ne s'effondrât sur les habitants du logis, on aurait incessamment étayé et entretenu la ruine.

Reprenons donc, sur ce terrain encore, la méthode historique, la méthode de filiation, la seule qui inspire une pleine confiance quand il s'agit de choses sociologiques. C'est elle qui nous a fourni la hiérarchie des sciences et leur systématisation en une seule grande science ou philosophie positive; c'est elle qui nous a indiqué la création du pouvoir spirituel moderne; c'est elle qui nous a tracé les linéaments de l'éducation populaire; c'est elle qui nous a signalé les conditions auxquelles les prolétaires devront leur ascension; c'est elle qui nous a montré la guerre s'éloignant, l'industrie prépondérante et la nature du nouveau pouvoir temporel; c'est elle aussi qui nous éclairera sur l'idéal qui doit réunir les hommes en une communion aujourd'hui virtuellement détruite, soit que l'on considère les sectes qui se partagent l'ancienne et vénérable doctrine, soit que l'on songe aux inextinguibles révoltes de l'esprit scientifique contre toute doctrine théologique. Voltaire a dit selon la véritable pensée de son temps, et en faussant, de la façon la plus singulière, mais la plus naturelle au dix-huitième siècle, le caractère de Mahomet ;

> Il faut un nouveau culte, il faut de nouveaux fers,
> Il faut un nouveau Dieu pour l'aveugle univers.

L'univers alors n'était pas aveugle; car, à la notion d'une multitude incohérente de dieux, il préféra la notion relativement bien plus rationnelle d'un Dieu unique. Aujourd'hui l'univers est encore moins aveugle; et il ne se laissera toucher que par une réalité idéale, en qui viennent se concilier les doutes, les inquiétudes, les déchirements, les rébellions suscitées par le progrès incessant des notions positives en des consciences théologiques.

Tout au contraire du vers célèbre et si naïvement métaphysique de Voltaire [1], il faut dire : si cette réalité idéale n'existait pas, on ne pourrait l'inventer. En effet, elle est

[1] Si Dieu n'existait pas, il faudrait l'inventer.

au fond de toutes les conceptions religieuses, depuis les plus rudimentaires jusqu'aux plus compliquées. Au début, lors de l'établissement spontanée du fétichisme, l'homme supposa, dans tous les êtres qu'il adorait, des volontés semblables à la sienne. Son intelligence était alors trop dénuée pour qu'il imaginât autre chose. Les notions abstraites lui étaient étrangères; et s'il ne pouvait mettre l'humanité nulle part, du moins il mit l'homme en tout et partout. Ce fut encore l'homme qui peupla toutes les localités célestes quand, du fétichisme, on passa au polythéisme; mais le progrès accompli ne permettait plus d'insérer grossièrement des volontés humaines dans tous les êtres naturels; l'abstraction avait commencé à naître en l'esprit humain, et, avec elle, l'idéal. Aussi, les dieux des différentes mythologies allèrent se dépouillant davantage du fétichisme monstrueux et d'un naturalisme plus ou moins raffiné, jusqu'aux images splendides que créa le génie des Grecs. Si, ce qui est impossible, le fétichisme ou le polythéisme, ayant duré, se trouvait en présence de la science qui se serait néanmoins développée, ou, ce qui est équivalent, si on voulait apprécier les fétichismes ou les polythéismes encore existants chez diverses populations, une critique absolue, comme fut celle du dix-huitième siècle à l'égard du christianisme, ferait remarquer les absurdités inhérentes à de telles conceptions, et condamnerait tout d'un même arrêt; mais une critique relative, comme est celle de la philosophie positive à l'égard de toutes les religions, indiquera, sans aucune concession pour l'erreur, le noyau de réalité que renferment de telles conceptions, et l'efficacité sociale qu'elles comportèrent.

Les théocraties antiques furent, à une époque où certainement pointèrent des germes de décadence, agitées par une élaboration métaphysique que nous ne connaissons que par ses effets, et qui se manifesta par l'œuvre de Moïse en Égypte, de Zoroastre en Perse, de Bouddha dans l'Inde. Il ne doit ici être question que de celle de Moïse. Nul ne méconnaîtra la prééminence de cette création religieuse sur le régime précédent; nul ne méconnaîtra, non plus, les caractères anthropomorphiques qui y sont de toute part empreints. Mais Jéhovah est un dieu qui sort des entrailles du polythéisme, il lui manque ce qui, dans le langage théologique d'un temps postérieur, a été, avec tant de justesse, nommé médiation. Ses adorateurs n'ont pas encore conscience de tout ce qu'il y a d'humanité dans l'objet de leur culte.

Cette vue est bien plus précise dans la religion immédiatement subséquente. Les besoins intellectuels et moraux du milieu où elle se développait complétèrent l'antique conception de Moïse. Ici la divinité revêt la nature humaine, de sorte que cette communication fait partie essentielle de la foi nouvelle. La critique du dix-huitième siècle, frappée uniquement des traits mythologiques et légendaires, réprouva le tout; mais la critique du dix-neuvième siècle ne manqua pas de faire le triage et de relever ce qu'il y avait d'éternellement vrai dans ce fond traditionnel. « Placées dans un individu, dans un dieu-homme, dit Strauss en sa *Vie de Jésus* (t. II, p. 762), les propriétés et les fonctions que l'Église attribue au Christ, se contredisent; elles concordent dans l'idée de l'espèce. L'humanité est la réunion des deux natures, le Dieu fait homme, c'est-à-dire l'esprit infini qui s'est aliéné lui-même jusqu'à la nature finie, et l'esprit fini qui se souvient de son infinité. Elle est l'enfant de la mère visible et du père invisible, de l'esprit et de la nature. Elle est celui qui fait des miracles; car dans le cours de l'histoire humaine, l'esprit maîtrise de plus en plus complétement la nature au dehors de l'homme, et celle-ci, en face de lui, descend au rôle de matière inerte sur laquelle son activité s'exerce. Elle est l'impeccable, car la marche de son développement est irréprochable; la souillure ne s'attache jamais qu'à l'individu, et n'atteint ni l'espèce ni son histoire. Elle est celui qui meurt, ressuscite et monte au ciel; car pour elle, du rejet de sa naturalité procède une vie spirituelle de plus en plus haute, et du rejet du fini qui la borne comme esprit individuel, national et planétaire, procède son unité avec l'esprit infini du ciel. »

Malgré sa teinte métaphysique et panthéistique, ce morceau détermine exactement combien la religion primitive s'était perfectionnée et quel progrès y avait fait l'idée de l'humanité. Ainsi sont allées les choses : l'homme a commencé par prêter ce qu'il sentait en lui, intelligence et volonté, aux êtres de la nature; puis il a idéalisé l'homme; enfin l'humanité elle-même est entrée dans la conception religieuse. Et comment en aurait-il pu être autrement? Les êtres surnaturels, que la science a si longtemps cherchés vainement, ne se sont pas offerts davantage aux mortels des premiers âges. Mais ce qui s'est constamment offert à eux, c'est le sentiment de leur propre nature. Là ils ont puisé; et à mesure que ce sentiment se généralisait et s'épurait, des types religieux plus parfaits apparaissaient dans le monde. Les religions sont la mesure du progrès des choses.

Conduits de la sorte jusqu'au temps présent par la filiation historique, il ne nous reste plus qu'à faire sciemment ce qui a été insciemment fait par nos aïeux, à retirer les derniers voiles, et à prendre déterminément l'humanité pour idéal de nos pensées, pour centre de nos affections; pour but de notre activité et de nos services, pour objet de nos fêtes. Et ici un contraste se présente : le travail métaphysique moderne aboutit sous nos yeux, soit au panthéisme, soit au déisme, soit à l'athéisme. Le panthéisme, s'il pouvait jamais acquérir quelque consistance et sortir du vague où il n'a rien de réel, tomberait dans une sorte de fétichisme, sans aucune des compensations qui appartenaient à ce régime antique. Le déisme recule vers Jéhovah ou vers Allah, et cela sans prophète, sans culte, sans rien en un mot de ce qui fit le rôle social de ces religions. Enfin l'athéisme, qui spécule sur la nature, sur les atomes, sur les causes et l'origine du monde, n'est qu'une forme de théologisme, moins rationnelle que l'ancienne, puisqu'il prétend traiter les mêmes problèmes, sans y appliquer le seul mode que ces problèmes comportent, à savoir la supposition de volontés et d'intelligences analogues à la volonté et à l'intelligence humaine. Le plus ferme précepte de la philosophie positive est d'abandonner toute recherche sur le commencement et la fin des choses, recherche oiseuse puisque impossible, et qui, bonne pour l'enfance du genre humain, est indigne de son âge adulte.

A cet âge, les voiles et les symboles ne conviennent pas. Or, il n'y a qu'une existence à la fois réelle et idéale comme l'humanité, qui, sans voile et sans symbole, puisse cependant toucher les cœurs, illuminer les esprits et commander tous les services. Sans doute c'est par la voie rationaliste que commence cette nouvelle création, non pas théologique, mais religieuse. Bien loin d'y voir un empêchement, on doit y voir une condition essentielle de succès, une condition sans laquelle rien ne pourrait se faire. Penser le contraire, c'est se laisser tromper par l'état actuel des religions, qui, en effet, se soutiennent aujourd'hui par le côté affectif. Mais, pour connaître ce qu'il en est, quittons la décadence présente, et remontons aux causes primitives qui les firent réussir. Ce fut le rationalisme qui fraya la voie au christianisme dans le monde païen. Autrement, quelle prise aurait eue la nouvelle foi sur les hommes? Le paganisme avait ses êtres surnaturels, ses âmes qui survivaient après la mort, son paradis et son enfer. Bien plus, ce dut être une rude épreuve et un déchirement bien douloureux pour la conscience païenne, de quitter cette croyance, qui lui offrait des cieux partout présents, qui peuplait le ciel, les airs, les bois, les montagnes et jusqu'au foyer domestique de divinités familières, et mettait incessamment l'homme en contact avec les objets de son adoration. Mais le côté rationaliste l'emporta : le polythéisme était discrédité dans toutes les intelligences; et comme, ainsi que je l'ai dit, il n'y a pas de progrès intellectuel qui ne s'accompagne en définitive d'un progrès moral, le christianisme ne pouvant pas être supérieur au paganisme intellectuellement, sans l'être moralement, les grands bienfaits qu'il apportait aux hommes achevèrent sa consolidation définitive.

Toujours donc le rationalisme précède et fonde. Lui seul subjugue l'esprit, dont l'insurrection formidable brisa le paganisme et brise présentement le christianisme. Or, devant l'idéal nouveau qui se forme, il n'est plus d'insurrection pareille à redouter; car le connaître est le but suprême de toute la science. Cet idéal, perpétuellement modifiable et mobile, obéit à des lois mathématiques, astronomiques, physiques, chimiques, biologiques, sociologiques. Pour le comprendre, il faut explorer le milieu où l'homme est placé et l'homme lui-même. Il faut étudier les nombres et les formes. Il faut plonger le regard dans l'immensité et se représenter la terre, frêle esquif, naviguant dans les espaces infinis sous la conduite de son soleil, lui-même lancé dans une course sans fin. Il faut déterminer ces forces immanentes à la matière qui la rendent pesante, chaude, lumineuse, électrique, magnétique, sonore. Il faut suivre d'un œil patient l'échange moléculaire qui compose et décompose sans relâche les agrégats naturels. Il faut, de la chimie inanimée, passer à la chimie animée, et tracer les conditions de structure et de développement de la vie individuelle. Enfin, arrivant, pour couronnement de toutes nos spéculations réelles, à la vie collective, il faut suivre dans la longue durée des siècles la croissance des sociétés, leur civilisation graduelle et la formation de l'idée suprême d'humanité à mesure que tout s'améliore autour de nous et au dedans de nous. Ce seul tableau suffit pour constater combien l'idéal nouveau l'emporte sur l'ancien. Que l'on compare la stérilité des notions vagues et contradictoires que suggèrent les êtres théologiques avec la fécondité des notions positives que suggère l'humanité, et l'on aura mesuré exactement l'intervalle qui sépare le régime théologique du régime positif

A une si profonde satisfaction intellectuelle est liée une non moins profonde satisfaction du cœur. Ce n'est pas en vain que dans les hommes qui sont rentrés dans les ombres éternelles nous voyons des aïeux et des pères ; ce n'est pas en vain que dans les hommes qui jouissent avec nous de notre commun soleil nous voyons des frères et des compagnons de labeur ; ce n'est pas en vain que dans les hommes qui naissent et naîtront nous voyons nos enfants et la plus chère partie de nous-mêmes. Plus l'homme vit au dehors de son égoïsme, plus il se sent amélioré et heureux. C'est un indicible bonheur que d'avoir de ces affections idéales et désintéressées. Si la patrie a inspiré tant et de si touchants dévouements, que ne fera pas l'humanité, patrie universelle?

Et, à vrai dire, qu'ai-je besoin de mettre au futur, et de renvoyer à l'avenir ce qui déjà éclate de toute part sous nos yeux? Qu'est-ce, aujourd'hui, dans toute l'Europe, que le dévouement à la République, sinon le dévouement à l'humanité? Et où manquent les persécutions pour éprouver la foi nouvelle? Ces nobles jeunes gens de la légion de Vienne, pour qui sont-ils morts? Ces braves Allemands que leurs princes fusillent de sang-froid, pour qui reçoivent-ils ces balles royales? Ces généreux Italiens qui tombent sous le plomb autrichien, pour qui s'exposent-ils aux coups des bourreaux; pour qui, en tout lieu, brave-t-on la prison, l'exil et la perte des biens? N'est-ce pas pour que la République triomphe en Occident? Et sous ce mot de République, que se cache-t-il, sinon un perfectionnement de l'humanité devenant plus libre, plus morale, plus grande, plus heureuse? N'est-ce pas la servir énergiquement? Et, pour la servir ainsi, ne faut-il pas que le cœur soit profondément touché?

Là où le sentiment a déjà tant d'activité et de puissance; là où la raison scientifique a commencé par jeter tant de lumière; là, sous ce concours à la fois spontané et indispensable, il ne manquera pas de se former des habitudes sociales qui consacreront ce qui est déjà consacré par l'esprit et par le cœur.

VIII.

Culture morale, scientifique, esthétique et industrielle [1].

Avant d'exposer les conséquences que comporte l'extension, aujourd'hui manifeste, de la crise révolutionnaire à toute l'Europe, et les mesures transitoires que suggère la claire aperception du but final, retournons-nous un moment pour considérer l'ensemble du régime futur ou positif, et apprécier les influences qui lui appartiennent.

La morale, dans son ascension historique, doit sa culture individuelle au paganisme, sa culture domestique au christianisme ; elle devra sa culture sociale à la philosophie positive. Je me plais à mettre en évidence les nécessités les moins apparentes qui déterminent le développement général; mais, de fait, un tel et si précieux attribut n'est inhérent à la philosophie positive qu'en vertu même du jugement qu'elle porte sur tout le passé. Si, comme le christianisme, elle damnait les idolâtres; si, comme la philosophie critique, elle répudiait le christianisme pour contracter je ne sais quelle alliance avec le paganisme, elle deviendrait, ainsi que toutes ces sectes, particulière et exclusive, et la morale ne pourrait pas faire, au delà du point chrétien, un progrès qui la fonde et l'organise. Mais, comme la philosophie positive réconcilie toutes ces discordances religieuses, philosophiques, politiques, la notion de l'humanité sort pleine, entière, efficace, et, avec elle, une morale irrévocablement dirigée vers le grand idéal que nous perfectionnons à mesure qu'il nous perfectionne.

L'agent essentiel de la rénovation est l'éducation positive telle qu'elle a été définie. Là est la meilleure égalité; et, en

[1] *National*, 17 septembre 1849.

même temps qu'elle est la meilleure, elle est aussi la seule qu'il soit possible d'atteindre et de fonder. On se trompe quand on recherche l'égalité matérielle : celle-ci est en contradiction insurmontable avec les inégalités naturelles des individus. On ne se trompe pas quand on recherche l'égalité d'éducation ; celle-ci est en concordance avec les besoins essentiels du monde moderne et l'unique moyen d'y satisfaire. Les chrétiens avaient pleinement raison en théorie, comme ils l'ont eu en fait contre les Juifs, quand, au lieu d'un messie temporel et conquérant les royaumes, ils ont cru un messie spirituel et réformant les cœurs. L'éducation positive, abreuvant chacun aux mêmes sources, établit entre les supérieurs et les inférieurs temporels une inestimable égalité.

C'est la plus démocratique des conditions sociales, et, partant, la plus morale. Il est difficile aujourd'hui de se faire une idée suffisante de la puissance que prendra l'opinion publique quand elle sera ainsi appuyée sur une éducation commune. Les tendances convergentes d'une telle opinion, le nombre immense des échos qu'elle trouvera, les délinquants eux-mêmes rendant en leur for intérieur un secret hommage aux règles sous lesquelles ils auront été élevés, tout agira avec intensité pour comprimer les rébellions de l'intérêt individuel et rendre prévalente la légitimité de l'intérêt général. Moins que dans tout autre régime les égarements seront à craindre, soit en raison de la supériorité des notions qui constituent l'éducation positive, soit en raison de la prépondérance donnée par le régime positif à l'élément populaire. Le *peuple*, au sens restreint que comporte l'ambiguïté, heureuse en ceci, du mot français, est le plus sûr gardien des sentiments désintéressés au sein du *peuple* pris dans le sens général. Où, dans les grandes crises, trouve-t-on ces entraînements irrésistibles, sinon dans les multitudes qui vont de gaieté de cœur et sans arrière-pensée là où la religion, la patrie, la République les appellent ? Quiconque voudra réfléchir à la situation des classes populaires comprendra comment le dévouement et la générosité y surgissent plus naturellement que partout ailleurs, et, du même coup, verra comment l'éducation positive, les améliorant à la fois et les disciplinant, fera de leur tribunal un tribunal redouté par tous les justiciables de l'opinion. Les lumières et le nombre! Que l'on calcule les effets de cette combinaison! La morale est ainsi remise en garde à ceux-là mêmes qui ont la plus naturelle volonté comme l'intérêt le plus direct à ce qu'elle soit soigneusement et conservée et développée.

De même nature est la rénovation qu'éprouve l'autre élément de la force morale, l'élément féminin. La connexion est nécessaire, et déjà des historiens sagaces ont reconnu que la condition des femmes est, chez les diverses populations humaines, la mesure du progrès social. Ici, une éducation meilleure, et surtout une éducation dont les bases sont communes avec celle des hommes, de sorte qu'on ne verra plus ce dissentiment si ordinaire aujourd'hui et si pernicieux, l'homme méprisant ce que la femme adore; le côté affectif mis au-dessus du côté intellectuel, le cœur au-dessus de l'esprit, la sociabilité au-dessus de la personnalité, ce qui est si pleinement et si heureusement conforme à la nature féminine; l'affection devenant la grande affaire d'une société où l'humanité est l'idéal, et tendant toujours à subordonner comme des serviteurs l'intelligence qui construit les théories et l'activité pratique qui les applique; les élégances délicates, si précieuses à la vie féminine, pénétrant de toutes parts dans le prolétariat; des habitudes de sociabilité charmante, qui n'ont jusqu'à présent été qu'une exception, s'étendant aux plus humbles conditions et y apportant une chaleur et une lumière qui n'y avaient jamais paru: telles sont les légitimes conséquences qu'entraîne avec soi l'établissement du régime positif.

Sous cette influence, il se formera, si je puis ainsi parler, une opinion publique féminine; c'est-à-dire que, sans sortir de la vie de la famille et tout en restant fidèles à leur vocation, les femmes auront une part considérable dans la direction des sentiments et des mœurs. Aujourd'hui toute la machine sociale est en dissolution: les femmes, par le côté affectif, sont retenues aux institutions du passé; les hommes, par le côté intellectuel, sont entraînés vers les entreprises révolutionnaires. Mais quand le cœur et l'esprit seront réconciliés, les femmes reprendront, au nom de la sociabilité nouvelle, un empire si amoindri par l'anarchie actuelle ; et avec plus de généralité, partant, avec plus de force, on verra refleurir ces sentiments de tendresse et de vénération qui, dans l'âge chevaleresque, ne furent jamais l'apanage que d'une classe très-restreinte.

Ainsi, sous l'ordre positif, la morale, premier besoin des sociétés, aura pour gardiens et pour organes ce qu'il y a de plus généreux et de plus désintéressé et ce qu'il y a de plus tendre et de plus affectif. Devenir meilleur par l'humanité, et remettre à nos descendants une humanité meilleure, c'est l'éternel va-et-vient de notre développement moral.

Faire ressortir ce que le régime positif vaudra pour la science, paraîtra peu nécessaire, puisqu'on aurait pu, à l'avance, craindre qu'elle n'y prît une trop grande place, si tout d'abord sa subordination légitime au point de vue social, n'eût été fortement établie. Mais ce premier aperçu, il faut le préciser. Demandez à un géomètre, même éminent, quel est l'aboutissant de la science qu'il cultive : il ne saura que répondre ; pour lui elle est isolée ; et si, par la nature de son esprit, il porte quelque peu le regard au delà de l'horizon étroit qui le borne, il essayera d'introduire dans les sciences supérieures la méthode de la sienne ; ce qui conduira aux plus incroyables conséquences. Au lieu du géomètre, considérez le biologiste ; celui-ci, à la vérité, est, par sa science même, placé à un point de vue plus large et plus compréhensif ; mais, d'une part, il manque de la base mathématique, astronomique, physique, chimique, qui soutient tout notre savoir positif, et, d'autre part, comme le géomètre, il est naturellement disposé à importer dans la science supérieure ou sociologie, les méthodes qui lui réussissent dans la sienne. C'est cette perpétuelle usurpation des sciences inférieures sur les supérieures, que M. Comte, avec sa profondeur ordinaire, a nettement caractérisée, quand il a voulu se rendre compte de ce qu'impliquait le reproche de matérialisme adressé communément et justement à la culture actuelle des sciences. Au reste, l'incohérence et le rétrécissement que je signale sous cette forme se retrouvent clairement accusés dans la constitution même des corps scientifiques. L'Académie des sciences est composée d'éléments absolument hétérogènes ; les biologistes sont étrangers à la géométrie ; les géomètres à la biologie. En un mot, les sciences inorganiques et les sciences organiques s'y regardent sans se comprendre et s'y parlent sans s'écouter. Bien plus, dans l'ignorance nécessaire où l'on était de la vraie hiérarchie, ignorance du reste qui commence à cesser d'être excusable, on est allé placer dans une autre académie les sciences historiques et sociales ; comme s'il était possible de connaître les lois de la vie collective sans connaître les lois de la vie individuelle, et celles-ci à leur tour sans connaître les lois du monde inorganique. Aussi là, dans leur isolement métaphysique, elles s'agitent stérilement. L'Académie des sciences n'a point de tête ; l'Académie des sciences politiques n'a point de corps.

Le premier service que rend le régime positif est d'établir la cohésion là où domine l'incohérence. Cette tête qui manque à l'Académie des sciences et à laquelle toutes les sciences inférieures doivent aboutir est la sociologie. Ce corps qui manque à l'autre Académie est le système des cinq sciences inférieures (mathématique, astronomie, physique, chimie, biologie), système sans lequel la science politique ne peut être qu'un vain exercice de métaphysique ou une érudition sans guide et sans lumière, amassant des matériaux dont elle ne sait ni la valeur ni l'emploi. Mais quand la grande et définitive conception de la philosophie positive est accomplie, alors un jour nouveau se lève ; les enchaînements naturels se montrent évidents ; la sociologie ne peut se passer des sciences qui la précèdent et qui ne sont que des échelons ; et si quelques-uns veulent s'arrêter, comme on a fait jusqu'à ce jour par nécessité, à l'un des degrés inférieurs, il faut laisser à des esprits enfants une occupation qui fut en effet celle de l'enfance des sociétés. La vérité est que, grâce au régime positif, il n'y a qu'une science et qu'une éducation.

Le second service, c'est de créer l'histoire scientifique. Jusque-là, qu'ont pu être les prétendues histoires des sciences, sinon une collection laborieuse de faits, qui maintenant attend la véritable critique? Mais du moment que l'on aperçoit la science comme un grand fleuve dont les sciences particulières sont les affluents, on tient toute la liaison des choses et des idées. On comprend pourquoi, en biologie, les anciens ne sont jamais allés au delà des notions statiques ou anatomiques, demeurant toujours incapables de passer aux notions dynamiques; c'est qu'il leur manquait une science intermédiaire, la chimie. On comprend pourquoi la sociologie ne devait surgir que vers notre temps; car ce fut seulement alors que la biologie prit une constitution définitive. La philosophie positive est un sommet élevé d'où l'on découvre tout le pays parcouru, les accidents du terrain, le tracé des routes, la voie des cours d'eau. Mieux que personne peut-être j'ai pu me rendre compte du service rendu, quand, m'étant approprié cette philosophie, et l'appliquant à des études qui m'avaient occupé tant d'années, je les vis prendre, sous cette lumière nouvelle, une lucidité qui leur manquait, et, partant, susciter en mon esprit un bien plus vif intérêt.

Enfin, le troisième service, c'est, en créant un système, de donner un but. Aujourd'hui que l'esprit de détail, qui a si heureusement fondé les sciences particulières, s'est épuisé et devient même rétrograde, on n'a plus aucun moyen de diriger ni de juger les travaux. Les plus futiles vont de pair avec les plus importants; et si un tel état, purement préliminaire et préparatoire, pouvait s'installer, on ne tarderait pas à voir le régime scientifique, tomber en une déchéance analogue à celle du régime théologique, et les sciences devenir une sorte d'arcane exploité par les adeptes et justement suspect aux bons esprits. A une époque toute récente on a fait *de l'art pour l'art;* avec quel profit? le résultat est là pour en témoigner. Aujourd'hui on fait de la science pour la science, stérile exercice, dont le public, favorablement prévenu par de glorieux et récents services, et d'ailleurs juge encore peu compétent, appréciera bientôt sévèrement la vanité. La science, si elle était condamnée à n'avoir que cette destination que j'appellerai égoïste, s'affaisserait sur elle-même, ne recrutant pour la servir que des intelligences subalternes. Si, dans les temps précédents et sous son régime préliminaire, elle a eu de si glorieux adorateurs, c'est que, instinctivement, les génies éminents qui s'y dévouaient sentaient la grandeur sociale de leur mission. Aujourd'hui cette mission expire si elle n'est renouvelée. Mais, par un progrès qui ne pouvait pas longtemps manquer, la philosophie positive, organisant l'anarchie scientifique, donne un ralliement à tout ce qui se dispersait, une tête et un cœur à tout ce qui n'en avait plus, une vie à tout ce qui se mourait. Ici, comme dans le reste, se vérifie cet axiome profond de la nouvelle philosophie : l'ensemble seul est réel; les parties, à vrai dire, ne le sont pas. Il suffit, pour tout rectifier et pour tout animer, de concevoir que les sciences particulières concourent en une seule science, et que cette science elle-même a pour objet l'humanité. Elle seule nous apprend les conditions du monde, de la vie et de la société, les fatalités rigoureuses qui, par ce triple endroit, pèsent sur nous, et les moyens que la complication même de ces fatalités nous fournit pour les modifier en notre faveur. Connaître l'humanité grâce aux travaux de nos aïeux, et transmettre à nos descendants une humanité mieux connue, c'est le but désormais déterminé de la science.

Pour l'art aussi, la philosophie positive est un terrain où il doit fleurir plus abondant et plus beau : elle lui fournit un objet et un public. L'art païen reste toujours le modèle le plus complet que nous ayons du développement esthétique; c'est qu'en effet, jusqu'à présent, nul ordre social n'a eu une telle stabilité et n'avait jeté de si profondes racines dans le cœur et dans l'esprit des populations. L'art chrétien, à cet égard, ne lui est pas comparable; à peine avait-il commencé à charmer le monde par d'admirables créations, que le régime catholico-féodal, qui le portait, en proie à une décomposition intestine, perdit graduellement son ascendant, et que la révolution moderne s'infiltra dans les esprits. Au reste, nous avons eu sous les yeux une miniature de ce qui s'est passé plus lentement dans ces longues phases sociales. Quand, après les premières violences, la Restauration se fut consolidée et que, à une appréciation superficielle, la légitimité et la Charte parurent concilier l'inconciliable débat entre l'ordre du passé et l'ordre de l'avenir, on vit (tant il faut peu de terre et de soleil!) on vit la restauration de l'art entreprise par des hommes jeunes alors et pleins du feu le plus beau et des plus heureux talents. Pour quelque chose d'aussi artificiel, peu d'années devaient suffire, et, en effet, peu d'années furent accordées. Le coup de juillet vint tout bouleverser, et il fallut passer de la serre chaude au plein vent et aux frimas. Chacun se rappelle les doléances éclatant de tout côté sur l'art qui finissait, sur le désarroi et la confusion universels. Je n'oserai dire que, sous la quasi-légitimité, aucune direction nouvelle ait été essayée; en tout cas, un coup plus grave vint de nouveau dissoudre ce qui avait pu se rallier d'aspirations communes. On a là, comme en raccourci, la représentation de ce qui s'est lentement développé en la succession des phases sociales. L'art païen périt quand le christianisme lui enleva son but et son public; l'art chrétien périt quand la révolution lui fit éprouver le même sort. La devise de *l'art pour l'art* est l'expression désespérée de natures artistes qui n'entendent plus l'écho leur répondre.

Tout change sous le régime positif, qui apporte à la fois un but et un public, deux choses liées indissolublement. De la nouvelle situation des cœurs et des esprits naît un idéal splendide, l'humanité, dont la conception est due à la science, mais dont la création esthétique est réservée à l'imagination. Poésie, musique, peinture, sculpture, architecture puiseront à cette source commune. De même que ces divinités droites et immobiles du style égyptien n'ont pris un charme ineffable que transformées et animées par le ciseau grec, de même le type immobile et sévère que fournit la philosophie doit recevoir des mains de l'art ces caractères de grandeur sublime et de beauté infinie dont l'action est si puissante pour toucher les hommes et les élever. Les œuvres iront devant des populations toutes préparées par leur éducation et leurs habitudes à dignement les sentir; de la sorte s'établira cette réaction salutaire des artistes sur le public, du public sur les artistes, qui est à la fois récompense et jouissance. Idéaliser l'humanité, afin que, cet idéal embellissant notre existence, des types plus parfaits et plus expressifs en surgissent pour l'âge suivant, telle est l'œuvre inépuisable de l'art.

L'industrie ne prospère pas moins sous le régime positif. Séparation définitive des ingénieurs et des savants, aujourd'hui si vicieusement confondus; extinction définitive du régime militaire; application de toutes les forces actives à l'exploitation du domaine terrestre; systématisation régulière des différentes branches de cette exploitation: telles sont les conditions qui assurent le progrès indéfini des ressources communes et de l'ordre temporel.

Ainsi l'homme, prenant pour objet de toutes ses activités morale, scientifique, esthétique, industrielle, l'humanité, améliore indéfiniment cet idéal, et en est indéfiniment amélioré à son tour. Les générations passent; l'humanité dure; et déjà il est permis à la pensée de s'unir au plus lointain passé, au plus lointain avenir de cette immense existence, et de confondre avec pleine satisfaction une vie individuelle et passagère dans cette vie collective et permanente.

IX.

République occidentale [1].

Le régime positif ne porte en soi aucun particularisme qui le fasse l'apanage de quelques situations privilégiées. Il a une destination pleinement universelle, et doit s'étendre

[1] *National*, 24 septembre 1849.

progressivement à toutes les populations du globe terrestre. Si quelques-unes en sont présentement plus voisines que les autres, ce n'est qu'une avance, véritable droit d'aînesse qui, bien compris et bien senti, imposera, envers les populations arriérées, des devoirs et suggérera des procédés tout différents de la politique suivie jusqu'à présent par la civilisation à l'égard de la barbarie ou demi-barbarie.

En ceci comme dans tout le reste, le développement instinctif de l'histoire a préparé les éléments, et déjà se sont formés, entre les populations disséminées sur la terre, des groupes plus ou moins étendus, qui justement ont été incapables d'atteindre à l'universalité, parce que tous ils ont appartenu ou appartiennent encore à des régimes trop peu rationnels. Le plus puissant de ces groupes est celui de l'Europe, avec les vastes ramifications qu'il a jetées en Amérique, en Australie et même en Afrique. Il se compose essentiellement de l'Italie, de la Péninsule ibérique, des îles britanniques, de la France et de l'Allemagne, qui comprend dans son orbite la Hollande, le Danemark et la Suède. Sur un plan inférieur se trouvent les peuples slaves avec leur christianisme grec, et ils seraient moins voisins sans le chaînon formé par le peuple polonais, qui expie, par la lâche complicité de l'Europe, le tort d'être le premier entre les siens. Au troisième rang viennent les nations mulsumanes, à qui Mahomet donna dans le monde une si haute place et une si puissante action. Le quatrième échelon est occupé par les innombrables polythéistes de la Haute-Asie, habiles, comme le furent les polythéistes des théocraties primitives, dans une foule d'arts industriels et de métiers, mais inhabiles à franchir, comme les Grecs le franchirent, le seuil des théories scientifiques. Enfin les fétichistes, dont la plupart sont aujourd'hui confinés dans l'Afrique, nous représentent, quoiqu'à des degrés déjà très-divers, l'état mental et les conceptions rudimentaires de notre enfance sociale. En ce tableau on a l'indicaiion des étapes que parcourront, bien plus rapidement il est vrai, les populations arriérées pour se mettre au niveau des plus avancées; et c'est suivant l'ordre ainsi tracé que, dans le cours des deux ou trois siècles qui vont suivre, se feront les adjonctions successives. On peut estimer par là comment la civilisation que j'appellerai spontanée, par opposition à la civilisation systématique, qui est l'œuvre de la philosophie positive, a établi tous les degrés de l'ascension commune, et comment, partout, il y a seulement à suivre une évolution partout et semblablement commencée.

S'il faut reporter aux Grecs les éléments scientifiques et esthétiques de notre civilisation, c'est aux Romains qu'il faut reporter l'organisation politique du vaste agrégat européen ou occidental. *Tu regere imperio populos*, a dit le poëte latin, contemplant la grandeur de sa nation et le service qu'elle rendait aux populations. La Grèce, par des victoires qui font encore battre les cœurs, et dont se souviendra la plus lointaine postérité, défendit notre avenir contre l'invasion des théocraties asiatiques. Mais si même, malgré la pointe heureuse d'Alexandre, elle eût eu en même temps à lutter contre les nations barbares qui occupaient une partie de l'Italie, la Gaule, la Bretagne et la Germanie, la stabilité du centre civilisateur restait livrée aux chances les plus périlleuses. Rome se chargea de cet office; et, par le plus admirable système de conquête dont l'histoire fasse mention, et qui d'ailleurs ne peut plus avoir d'analogue, soumettant l'Espagne, la Gaule et la Bretagne, elle mit sur le bord du Rhin la frontière du monde civilisé, laquelle était naguère sur la mer Adriatique. L'empreinte de l'organisation fut telle, que, même après l'inévitable dissolution, les provinces restèrent romaines d'esprit, et firent passer, au grand profit de l'Occident, les envahisseurs dans le giron de la mère commune.

Mais, malgré le succès définitif de cette absorption, la catastrophe qui amena les barbares au cœur de l'empire, et la longue maladie qui s'ensuivit pour le corps social, prouvaient que l'œuvre romaine s'était arrêtée trop tôt, et qu'il était fâcheux que quelque César n'eût pas fait pour la Germanie ce que l'ancien avait fait pour la Gaule. On voit bien maintenant quel était le danger, quand on se représente le succès des incursions des Normands. Qu'eût-ce été si elles avaient été secondées, comme quelques siècles auparavant, par l'ébranlement de la Germanie? Un grand roi reprit la tâche imparfaite là où Rome l'avait laissée. Placé dans la Gaule, qui était devenue et qui est restée le centre normal de l'Occident, Charlemagne entreprit d'en finir avec la barbarie d'outre-Rhin. Cette fois, le succès fut complet et sans retour; non-seulement les invasions agressives des Germains cessèrent, mais eux-mêmes, acquis définitivement à la cause commune de la civilisation, opposèrent un boulevard inexpugnable à une plus lointaine et plus sauvage barbarie. Charles romanisa les vastes pays de l'Allemagne autant que l'exigeait leur adjonction au mouvement européen, et dès lors le corps social, incomparablement le plus puissant qu'il y ait eu en aucun temps, se trouva constitué. Ce qu'avait de précaire l'établissement grec entre les barbares de l'Occident et les théocraties de l'Asie, ce qu'avait de précaire même l'empire romain en face des profondeurs inexplorées du septentrion, disparut, et un ascendant insurmontable fut assuré aux populations de l'Europe ou issues de l'Europe. Tel est le résultat de la politique romaine, menée à son terme par Charlemagne.

Pendant que l'assimilation s'opérait par les armes, par l'administration, par la législation, par les lettres, une autre assimilation plus profonde encore et plus puissante procédait parallèlement. Aux connexions peu étroites du polythéisme, le catholicisme avait substitué l'unité religieuse; et un chef, représentant de cette unité, siégeait dans l'antique cité de Romulus, devenue la capitale du monde spirituel. Toute la milice sacerdotale prenait là sa règle et sa discipline. Directrice uniforme des consciences, on comprend combien, sous ce régime prolongé pendant des siècles, les liens se resserrèrent entre les peuples occidentaux et les discordances diminuèrent. Sans doute ce n'est là qu'une préparation et une figure d'un régime où une plus intime et plus sûre association unira ces nations. La concordance mentale ne portait que sur la base étroite d'une foi théologique; cette foi, toujours menacée, laissait en dehors la science, l'art et l'industrie.

Aussi l'union fut-elle souvent troublée par des discordes intestines; mais elle dura toujours, et l'ébauche catholique reste, aux yeux de la postérité, une admirable et féconde conception, une création sociale, qui suffirait seule à mettre le moyen âge au-dessus de l'antiquité. Et, dans cet intervalle, que de manifestations témoignèrent du progrès qu'avaient fait les mœurs communes! Les croisades, vaste entreprise militaire qui mit fin aux invasions musulmanes; l'industrie se développant simultanément sur les points les plus divers; l'art couvrant l'Europe de cathédrales et chantant les hauts faits des chevaliers et l'amour des dames en des compositions que répétaient toutes les langues européennes; la métaphysique arrivant par la scolastique à battre en brèche le réalisme et à donner la victoire au nominalisme, avant-coureur nécessaire de la philosophie positive; la science s'appropriant des découvertes capitales telles que la boussole et la poudre, cultivant les mathématiques, travaillant l'optique et se lançant avec une ardeur fiévreuse dans l'alchimie, préparation de la chimie: telle est l'évolution collective de l'Europe catholico-féodale.

Cette même évolution collective, minant, par son progrès, la noble mais incomplète construction, amenait peu à peu à la surface les éléments révolutionnaires qui éclatèrent d'abord par le protestantisme. Dès la première explosion, le coup le plus décisif fut porté: l'unité catholique se trouva rompue. Tout ce qui s'ensuivit n'est qu'une conséquence de cette rupture: le cœur même avait été frappé. Une telle dissolution aurait eu les plus graves conséquences pour l'ordre et la civilisation et annoncé un retour vers la barbarie, si la révolution, qui commençait, n'eût aussitôt fourni aux populations un nouveau ralliement et captivé de moment à moment davantage l'intelligence, les sentiments, les intérêts du groupe européen. Chacun se rappelle comment l'ébranlement protestant, devenant de plus en plus radical, amena la révolution de Hollande et celle d'Angleterre, et comment, se transformant en philosophie critique au XVIIIe siècle, il eut pour dernière explication l'immense révolution de 89, qui rompit définitivement avec tout le régime du passé. D'ardentes sympathies éclatèrent à ce moment dans toute l'Europe ; un instant troublées et suspendues par les sanglantes folies de l'impérialisme, elles ont repris leur cours régulier sous l'influence d'une paix longue et bienfaisante. Et comme en même temps les habitudes, les sentiments, les littératures, les arts, les intérêts se sont liés de plus en plus, il en résulte une cohésion très-étroite, même en l'absence de toute unité politique ou philosophique. Aujourd'hui l'Europe entière est partagée en deux grands partis, et partout se poursuit le débat entre la révolution et la contre-révolution, entre le régime du passé et le régime de l'avenir. La moindre attention suffit pour montrer d'année en année le progrès et la pénétration des idées modernes dans des couches plus profondes et plus lointaines. Les choses mûrissent rapidement pour un nouveau pouvoir spirituel qui rétablira l'unité morale et intellectuelle ; pour un nouveau pouvoir temporel qui, appuyé sur cette base meilleure et plus solide, constituera une véritable fédération européenne.

Tous les efforts de la démocratie occidentale doivent être dirigés vers ce but, qui, enveloppé encore de nuages, en est dégagé par la philosophie positive. Avec une pareille indication on ne verra plus se reproduire les fautes qui se sont produites en Europe après la Révolution de février. On ne verra plus les délégués de l'Allemagne, plus préoccupés de questions de nationalité que de questions générales, poursuivre une guerre acharnée contre le Danemark et menacer l'Italie parce que, dans sa timide défense, elle envoyait quelques vaisseaux observer Trieste. On ne verra plus l'Italie elle-même, s'isolant dans son succès d'un moment, hésiter à réclamer un appui nécessaire et prétendre faire à elle seule ce qui évidemment ne peut être fait qu'en commun. Cette salutaire et certaine indication n'était pas aperçue avant février : maintenant elle doit présider à la politique du parti démocratique en Occident. Tout ce qui tend à isoler les peuples et à entretenir entre eux des hostilités est contre-révolutionnaire ; tout ce qui tend à bien faire voir qu'ils sont membres d'une patrie commune en voie de formation est progressif. Il ne faudra pas un long temps pour qu'une telle tendance soit suivie des plus heureux effets; car, dans l'art politique, la puissance, comme la sagesse, consiste à se mettre du côté des éléments dont l'avénement est dans la loi de l'histoire.

La paix est le grand agent comme le grand but de la rénovation; le grand agent, les trente-quatre années pacifiques qui viennent de s'écouler le prouvent aux plus incrédules; le grand but, car son objet déterminé est d'unir tout l'Occident en une fédération où disparaîtront les derniers germes de la guerre. Aujourd'hui que la commotion de février a produit ce qu'elle avait momentanément à produire, et qu'un arrêt se fait sentir au moins dans la propagation matérielle, on peut se rendre compte de ce qui a été obtenu: la France en république, la Prusse en monarchie constitutionnelle, l'Autriche elle-même avec une révolution derrière elle, sinon avec une charte, et l'Italie, non assez vaincue pour que le silence s'y fasse, et désormais (ce qui est capital) entrée, presque autant que la France elle-même, dans l'émancipation théologique. Le triomphe des rétrogrades n'a pu aller plus loin. Présentement, les armes se taisent et la discussion commence, la discussion active, inexorable, et contre laquelle nos adversaires se trouvent si faibles que leur rêve est toujours de l'interdire, et, ne le pouvant, leur consolation d'y mettre des entraves. A l'œuvre donc, démocrates de toute l'Europe! et que le danger des persécutions soit un stimulant de plus!

Éteindre jusqu'aux dernières étincelles des hostilités internationales est au premier rang de leurs devoirs et le plus utile des services qu'ils peuvent rendre. Cet apaisement général, qui a déjà fait tant de progrès en Europe, n'en a fait nulle part autant que parmi les prolétaires français, et surtout les prolétaires parisiens, ici, comme en tout le reste, placés, par leurs sentiments, si fort au-dessus des classes qui sont supérieures par la richesse. Il ne faut jamais (cela s'est vu trop souvent sous le règne de Louis-Philippe), il ne faut jamais, dans l'intérêt d'une opposition momentanée, réveiller des préjugés qui s'effacent, attiser des haines qui disparaissent, et pousser à des collisions que la force de la situation a toujours empêchées, et qui, avortant, donnent aux instigateurs le double tort de s'être trompés et d'avoir fait appel à de mauvaises et dangereuses passions. Il faut (on n'a que trop abusé de ce triste moyen contre la Restauration et la quasi-Restauration), il faut renoncer à réhabiliter la mémoire de l'empereur Napoléon, justement condamné et par le résultat immédiat et par le résultat lointain. Je sais que l'imagination populaire est encore fortement saisie par ces souvenirs; mais il y a au fond une méprise qui, signalée, explique beaucoup de choses: malheureusement, lors de la catastrophe finale, l'intérêt de la tyrannie rétrograde et celui de la défense nationale se trouvèrent confondus. Toutefois, dans le nouveau milieu qui se forme, on rectifiera promptement une opinion qui tend d'elle-même à se rectifier: l'odieux système d'oppression à l'intérieur et de spoliation à l'extérieur qui caractérisa les sept à huit dernières années de l'Empire ne peut rester longtemps encore populaire. L'impression laissée par cette époque funeste compte parmi les causes qui ont le plus entravé au dehors le mouvement de février et empêché une juste confiance dans le peuple français.

Le sentiment de la fraternité européenne grandit à mesure que la révolution se propage et que la cause démocratique fait de nouveaux prosélytes. Les contre-révolutionnaires le sentent bien, qui élèvent, tant qu'ils peuvent, des obstacles entre les peuples, se barricadent chez eux, et prennent les plus inutiles des précautions contre la plus inévitable des propagandes. Quand une armée française, en 1831, vint s'interposer entre les Hollandais et les Belges, et mettre ceux-ci à l'abri de la victoire de ceux-là, des soldats, on se le rappelle, voulurent détruire le monument de Waterloo. C'était une juste susceptibilité, mais, par cela même qu'elle est juste chez nous, elle est juste aussi chez les autres. Aux yeux de la démocratie européenne, les guerres dernières ont été de véritables guerres civiles; et, de même que nous n'attristons pas nos villes et nos campagnes par la vue de trophées érigées en l'honneur d'une défaite des Vendéens, de même nous devons bannir les trophées qui humilient les uns sans profit pour les autres. Le monument de Waterloo sera détruit par les mains de ceux qui l'ont élevé; mais auparavant, un tel exemple, essentiellement démocratique, sera donné par la France et suivi par le reste de l'Occident. On effacera, chez nous, les marques des victoires de l'Empire ; et, chez les autres, on effacera les marques des victoires sur l'Empire, jusqu'à ce qu'enfin un drapeau dont on conviendra réunisse sous ses plis toute la famille européenne, sans effacer les drapeaux nationaux. Car le régime positif, nécessairement historique, loin d'annuler les nationalités, rendra aux provinces mêmes une place légitime.

Le cœur saigne, en ce moment où l'anarchie est si grande et où cependant les sentiments commencent à se faire jour, le cœur saigne quand on voit l'Italie en proie aux plus brutales violences. L'Autrichien y règne en maître; il fusille, il pend ceux qui lui sont suspects de patriotisme, il bâtonne les hommes, il fustige les femmes, infligeant ainsi tour à tour la mort et la honte, plus cruelle que la mort. Et c'est cette Italie à qui l'Europe doit Dante et d'admirables poésies, des peintures qui rivalisent avec les plus splendides créations de l'antiquité, une musique dont le charme pénètre partout, des découvertes scientifiques qui comptent, pour une part notable, dans le commun héritage! Certes la royauté, flanquée des serfs septentrionaux, doit être oublieuse de tant et de si grands services rendus à l'Occident. Mais la démocratie n'arrive que pour mettre fin à de telles monstruosités; devant ses yeux, l'oppression systématique d'un membre de la famille serait un véritable fratricide. Une profonde reconnaissance est due à chacun. Qui pourrait concevoir l'histoire de l'Occident, le progrès de nos sciences, la perfection de nos beaux-arts, l'éclat de nos littératures, le développement de notre industrie, si l'on y supprimait quelqu'un des grands organes, Italie, Espagne, France, Angleterre, Allemagne?

Jusqu'à présent les démocrates se sont renfermés dans

les limites de leurs patries respectives, se contentant d'accorder de sincères sympathies à leurs frères de tous les pays. Aujourd'hui il importe de donner à ces sympathies une direction plus déterminée. C'est une profonde illusion de croire que l'Europe puisse demeurer en l'état où elle est. Toutes les conditions de l'ancienne organisation ont disparu ou disparaissent. Les commotions prennent une gravité et une généralité qui ne laissent plus de doute sur la voie et sur l'issue. C'est donc un thème de propagande aussi noble qu'opportun de préparer partout les esprits à la fusion démocratique qui doit s'opérer. Il est temps que des comités internationaux s'organisent. Voilà leur besogne nettement déterminée !

Ceux qui étudient avec quelque soin les connexions sociales, comprendront comment la philosophie positive, qui signale l'aboutissement nécessaire de notre grande révolution, est aussi celle qui trace la modification des rapports internationaux. Par son histoire, par ses sentiments, par ses intérêts, l'Occident est poussé vers une confédération républicaine.

X.

Révision de la Constitution [1].

L'Assemblée constituante a sagement introduit dans la Constitution une clause qui en permet la révision. En effet, sauf l'élimination définitive de la royauté, notre République actuelle est essentiellement indéterminée ; celui-là seul s'en étonnerait qui pourrait oublier combien de préjugés, saisis tous vivants par la révolution, ont été, sans intermédiaire, transportés de l'ordre monarchique dans l'ordre républicain. Mais il est une cause plus profonde et plus permanente

[1] *National*, 1er octobre 1849.

dont, avant la philosophie positive, il était impossible qu'on fût averti : c'est que, l'aboutissement de notre grande révolution étant la réorganisation des opinions et des mœurs, en d'autres termes étant la création d'un nouveau pouvoir spirituel et d'un nouveau pouvoir temporel, tout ce qui précède, tout ce qui passe sous nos yeux n'est qu'une phase, une transition, une étape. Rien ne s'arrête, rien ne demeure; seulement tout va se déterminant davantage; et la stabilité réelle et durable n'est qu'au bout et au prix de l'élaboration sociale que nous traversons. C'est le gouvernement le plus convenable à une pareille situation qu'il s'agit d'examiner; examen auquel la Constitution qui nous régit offre une pleine latitude; et le nivellement de tous les obstacles, grâce à l'abolition de la royauté, une pleine efficacité. Quelques points (et ceci m'oblige à une courte explication), quelques points entre ceux que je vais développer frapperont par leur ressemblance avec certaines parties de la discussion d'un journal de Paris. Un débat de priorité, non pas pour moi qui suis ici sans prétentions, mais même pour M. Comte, est loin de ma pensée. Si les idées en question, parvenues au journal par voie directe ou indirecte, y ont été accueillies, tant mieux; c'est une preuve qu'examinées, elles ont été trouvées bonnes par une personne pleinement désintéressée dans leur élaboration; si, au contraire, elles y ont surgi spontanément, tant mieux encore; c'est une garantie de plus pour leur justesse et leur utilité qu'elles soient nées simultanément en des esprits sans communication les uns avec les autres. Mais, pour rendre manifeste l'une ou l'autre alternative, je dirai qu'elles ont été publiées au mois d'août 1848 dans une brochure rédigée en commun par M. Lafitte, professeur de mathématiques, M. Magnin, ouvrier menuisier, et moi [1]; et qu'un mois auparavant, en juillet 1848, elles avaient été indiquées par M. Comte lui-même dans ce *Discours* qui me sert de texte présentement.

[1] Rapport à la Société positiviste par la commission chargée d'examiner la nature et le plan du nouveau gouvernement révolutionnaire de la République française, août 1848. Mathias, quai Malaquais, 15.

Je reviens. Besoin n'est pas de rappeler que la révolution date non pas seulement, comme sans doute quelques esprits se le figurent, du 24 février 1848, non pas du 29 juillet 1830, non pas de la chute de l'Empire, causée par l'alliance momentanée des rois et des peuples, mais de l'explosion décisive qui, en 89, commença de transporter dans l'ordre politique la mutation déjà opérée dans les intelligences. Besoin n'est pas de rappeler que la République elle-même, quelque bienfaisante que soit déjà son action sociale, n'a de définitif encore que son côté négatif; à savoir la suppression de la monarchie. Besoin n'est pas, non plus, quand on a vu quel a été le sort du gouvernement constitutionnel en France, de longuement s'appesantir pour faire comprendre ce qu'il sera, dans un délai plus ou moins court, en Italie, en Allemagne, en Autriche. Nous sommes donc partout en face d'un provisoire, nulle part plus apparent que dans notre propre pays, où les dernières illusions viennent de s'envoler. Le socialisme, sentiment aujourd'hui implanté d'un bout de l'Europe à l'autre, annonce le but ultérieur où nous tendons, et la philosophie positive le définit et le signale avec précision.

Ce provisoire n'a rien qui doive nous effrayer; loin de là, il importe à la sûreté commune, qu'il soit évident et manifeste à tous les yeux. Cette vue nette d'un état réel n'est autre chose que le fanal qui guide le navigateur atterrissant. Éteindre ou masquer les feux nocturnes de la tour ne contribuerait certes en rien à diminuer les dangers de la navigation. Or, n'est-ce pas ce que l'on faisait lorsqu'à des pouvoirs que l'épreuve de l'expérience a montrés si transitoires, on attribuait un caractère définitif et permanent? Un tel caractère, si complétement en désaccord (le fait le prouve comme la théorie) avec la situation véritable de la société, a indubitablement concouru, pour une grande part, à la catastrophe qui les a tous précipités. Ces pouvoirs déchus, au fond révolutionnaires par leur origine, mais se méprenant sur la condition du milieu, et voulant se faire perpétuels, ont utilisé à cette fin ce qu'il y avait de praticable pour eux dans le système rétrograde; et, par là, se sont inévitablement perdus. Ce qui, depuis l'ère moderne, renverse un gouvernement, ce n'est pas la révolution ascendante, c'est la réaction descendante. La révolution s'accommode de tout gouvernement progressif; mais aucun peuple ne s'accommode présentement d'une rétrogradation quelque peu prolongée.

La Convention, le seul gouvernement vraiment progressif que nous ayons eu depuis soixante ans et qui, à défaut de théorie, était guidée par des instincts si sûrs, n'y fut pas trompée. « Seule, dit M. Comte, p. 107, elle sut éviter l'orgueilleuse illusion de bâtir directement pour l'éternité sans attendre aucune fondation intellectuelle et morale. Par cela même que ses grandes mesures furent ouvertement provisoires, sans excepter celles qui concernaient plutôt l'avenir que le présent, elles se trouvèrent en harmonie avec le milieu qu'elles devaient modifier. Tout vrai philosophe éprouvera toujours une respectueuse admiration pour cette sagesse instinctive, qui non-seulement n'était secondée par aucune théorie réelle, mais avait à combattre sans cesse la métaphysique décevante à travers laquelle devaient penser les seuls hommes d'État vraiment éminents dont l'Occident puisse s'honorer depuis la mort du grand Frédéric. Cette supériorité serait d'ailleurs inexplicable si les impérieuses nécessités qui l'exigèrent n'en avaient aussi secondé beaucoup l'essor, soit en manifestant mieux l'impossibilité actuelle d'aucun régime définitif, soit en contenant les anarchiques illusions de la doctrine officielle par l'énergique concentration qui pouvait seule empêcher une invasion rétrograde. Quand ce besoin salutaire cessa de prévaloir, la grande assemblée subit à son tour, quoique beaucoup moins que sa devancière, le vulgaire entraînement métaphysique vers la constitution abstraite et totale d'un prétendu état final, dont la durée ne s'étendit même pas jusqu'à la première paix. »

On peut affirmer (et cette assertion cessera de paraître paradoxale à ceux qui réfléchiront), on peut affirmer que, dans la situation présente de l'Europe, tout gouvernement qui prétend à être définitif est par cela même rétrograde et menacé d'une ruine plus ou moins prochaine. Se croire définitif, c'est s'imaginer que le terme de la grande révolution est atteint ; et, comme, en fait, il ne l'est pas, non-seulement on ne travaillera en aucune façon à y parvenir, mais encore on emploiera, pour se maintenir, tous les débris du régime passé, auxquels on donnera tant bien que mal une vie factice et une résurrection menteuse. Car, en l'absence des doctrines positives qui doivent présider au régime de l'avenir, où prendre un appui si ce n'est dans les doctrines rétrogrades, qui ont été aussi propres à gouverner les âges antérieurs qu'elles sont impropres à gouverner l'âge actuel ? Des trois monarchies tombées, dont les héritiers s'allient aujourd'hui (jusqu'où et jusques à quand ?) contre la République, considérez chacune l'une après l'autre dans leur ordre chronologique. L'impérialisme, créant une noblesse et des majorats, inaugura la guerre et déchaîna la conquête au milieu des nations déjà si fraternelles de l'Europe et à la lumière déjà si éclatante du XIXe siècle ; mais imaginez, si vous pouvez, l'empereur Napoléon entamant, sans la guerre, sa guerre contre la révolution et n'absorbant pas toute l'attention publique en des triomphes chèrement achetés, en des périls chaque jour plus menaçants ; ceci dura environ dix ans. La Restauration se mit à chercher parmi la France nouvelle les restes de ses soutiens naturels, droit légitime, noblesse, clergé ; mais que faire avec de telles prétentions, devant une opinion hostile, avec une presse mal bâillonnée, et sans ce qui porta tout le moyen âge, la foi théologique et l'ordre féodal, c'est-à-dire l'ordre spirituel et l'ordre temporel, tous deux déchus et gisant dans la poudre ? Ceci dura quinze ans. La quasi-Restauration, se modelant nécessairement sur l'Angleterre, essaya de la haute bourgeoisie, tâta du clergé ; mais elle n'avait ni une révolution protestante, gage d'une certaine foi théologique, ni un corps ecclésiastique héritier incomplet, sans doute, mais enfin héritier des grandes prérogatives du moyen âge, ni une chambre haute encore toute féodale. Ceci dura dix-huit ans. Ainsi ce qui se crut définitif fut rétrograde ; ce qui se prétendait permanent fut singulièrement transitoire.

Donc, un provisoire nettement reconnu et franchement accepté tel que je le détermine, est ce qui convient le mieux tant que durera l'interrègne intellectuel et moral. Dans les circonstances incessamment changeantes où nous vivons, il n'y a qu'un gouvernement de circonstance qui puisse avoir la stabilité et inspirer la confiance. Dans le mouvement rapide qui nous entraîne vers la clôture finale de la révolution, il n'y a qu'un gouvernement véritablement approprié à la marche des choses, qui puisse éviter les violents soubresauts dont tous les autres nous ont rendus victimes. Pour une parfaite intelligence du sujet, il y a lieu de partager le temps écoulé depuis 89 jusqu'à l'époque, non-extrêmement éloignée, où les opinions et les mœurs commenceront à être suffisamment réorganisées, en deux périodes. La première arrive jusqu'au temps actuel, et, sauf le notable essai de la Convention, comprend des pouvoirs toujours rétrogrades au fond, toujours définitifs en apparence, toujours éphémères en réalité. La seconde commence avec les indications lumineuses de la philosophie nouvelle. En d'autres termes, la première clôt la partie négative, la seconde inaugure la partie positive du régime transitoire propre à la révolution occidentale. Les quatre caractères essentiels de cette partie positive sont: la pleine liberté d'exposition et de discussion, afin que la véritable opinion publique se forme et soit mise réellement en demeure de choisir entre le passé et l'avenir; la prépondérance continue du pouvoir central, afin que les tendances progressives soient clairement manifestées et que l'ordre matériel soit vigoureusement maintenu; la stricte limitation du pouvoir local ou parlementaire à l'examen du budget, afin que la richesse publique soit soigneusement administrée, sans distraction en de vains conflits d'autorité, sans immixtion incompétente en la fabrication des lois et l'administration: enfin, la remise du pouvoir entre les mains d'éminents prolétaires, afin que les classes supérieures, si évidemment incapables de conduire les choses en la transition révolutionnaire, soient, dans l'intérêt de tous, déchargées de leur fardeau, et que la généralité des vues et la générosité des sentiments trouvent enfin de dignes organes.

M. Comte appelle pouvoir local la chambre des députés. En effet, chaque député élu par un département est plus ou moins sous l'influence de l'esprit, des tendances et des intérêts de ce département. C'est de la sorte que la chambre des députés est véritablement un pouvoir local, toujours plus ou moins étranger aux tendances générales qui doivent diriger le pays dans son ensemble. Il y a longtemps qu'on a signalé l'impossibilité où est un tel corps de faire de bonnes lois, attendu les amendements qui se croisent et l'esprit du projet qui se perd au milieu de ces divagations. Il y a longtemps qu'on a signalé le désordre que porte dans l'administration la nécessité où est un ministère de faire des concessions ou perturbatrices, ou contradictoires, pour s'assurer une majorité. Ajoutez que, dans le système parlementaire, la prépondérance politique est attribuée à l'habileté de la parole, et la capacité de conception subordonnée au talent d'élocution; c'est en vertu de cette très-mauvaise disposition, non réprimée, comme en Angleterre, par un système aristocratique, que le pouvoir se trouve dévolu aux avocats, aux rhéteurs, aux professeurs, aux journalistes, aux hommes de lettres. En restreignant la chambre des députés au vote de l'impôt, on détruit le théâtre où les acteurs viennent gagner une notoriété et un crédit qui les conduisent à la direction des affaires. Mais tout ceci, quelle qu'en soit l'importance, est accessoire; la raison fondamentale reste que, dans un grand pays comme la France, l'élaboration progressive est moins rapide à la circonférence qu'au centre. Or, dans le régime transitoire que nous traversons, rien n'est plus dangereux que des retards ou des tendances rétrogrades.

En conséquence, la chambre des députés doit être considérablement réduite en nombre et avoir pour unique attribution le contrôle et le vote des recettes et des dépenses. Nommée au suffrage universel, ses fonctions seront gratuites, afin qu'elles arrivent surtout aux mains d'hommes riches, cette classe d'hommes étant particulièrement apte à régler de la manière la plus exacte et la plus utile les matières financières.

M. Comte nomme pouvoir central celui qui est chargé non-seulement, comme l'ancien pouvoir exécutif, de diriger les affaires générales du pays, mais encore, d'après la modification susdite de la chambre des députés, de faire les lois. Mais cette extension d'attribution serait insuffisante pour lui donner un caractère vraiment nouveau si son origine n'était pas différente. Pour quiconque a saisi la cause des ébranlements révolutionnaires qui viennent si fréquemment déranger un ordre visiblement précaire, il est clair qu'ils sont provoqués par les tendances rétrogrades des gouvernements. C'est donc contre ces tendances qu'il faut se mettre en garde. Or, on n'y parviendra qu'en chargeant de la nomination du pouvoir central le corps électoral le plus ouvert à l'esprit progressif. Par cette condition essentielle, une telle nomination revient au peuple de Paris. On se récriera certainement contre une pareille disposition, surtout dans un moment où tout ce qui n'a pas vu de bon œil l'établissement de la République s'insurge avec violence contre l'usurpation prétendue de la capitale. Cependant ce n'est pas autre chose que reconnaître un fait. Depuis que nous sommes en révolution, Paris a toujours défait et refait les gouvernements; et tant que la France restera la France, il en sera ainsi; Paris n'est point une ville particulière qui ait sa population à soi : il reçoit ses habitants de tous les points du territoire; et, à tous ces nouveaux venus, il inspire cet esprit de généralité, de sage impartialité, d'énergique résolution qui est le privilége de la glorieuse capitale de la France. La force des choses lui a constamment attribué, dans nos péripéties révolutionnaires, la nomination ou la sanction des chefs qui ont gouverné. Qu'y a-t-il à faire pour la politique positive, sinon de reconnaître cette inévitable attribution, et de la régulariser? Paris doit nommer sciemment nos chefs, au lieu de prêter insciemment sa force à ceux que le hasard lui offre. Pour mettre toutes les fausses prétentions à néant, remarquez que l'électorat est une fonction, et que toute fonction doit être confiée à celui qui est capable de la mieux remplir. Or, il est incontestable que Paris est le plus apte à nommer le pouvoir central, comme il est incontestable que les départements doivent avoir la haute main sur le budget. Au reste, on ne changerait pas notablement l'esprit de l'élection si au peuple de Paris on adjoignait celui des cinq ou six plus grandes villes de la France. Les derniers événements ont montré que ces centres d'activité étaient à l'unisson de Paris.

Soit que l'on s'en tienne à Paris, soit qu'on étende l'élection aux grandes villes, l'essentiel est que l'origine du pouvoir central soit dans le foyer même des sentiments et des idées qui meuvent le monde moderne. Continuellement rééligible en tout ou en partie, il sera composé de trois hommes; cela est indiqué par une division naturelle des affaires : l'extérieur avec l'armée et la marine; l'intérieur, et enfin les finances; trois grandes fonctions, trois fonctionnaires. Par un tel gouvernement, c'est revenir, dans la donnée et sous les conditions d'une société démocratique, à ce qui se pratiquait dans l'ancienne monarchie, et reprendre notre tradition un moment interrompue par le régime constitutionnel. Les états généraux n'étaient appelés que pour le budget; ils arrivaient, il est vrai, avec leurs cahiers et faisaient des remontrances; mais le pouvoir central gardait la plénitude de ses attributions. Comme, à ce moment, le pouvoir central était dans sa période ascendante et favorisait les véritables intérêts populaires, il avait pour lui les sympathies générales; les tentatives aristocratiques n'aboutirent qu'à le fortifier. Rendre au pouvoir central son action, et au pouvoir local sa fonction, c'est continuer, avec des formes nouvelles, un système qui a dignement préparé la France à être le chef de la grande rénovation moderne.

En face d'un pouvoir central ainsi organisé, il faut organiser une puissante opinion publique. Pour y atteindre, la première condition est l'entière liberté des clubs : l'établissement régulier de pareils centres de surveillance et de discussion est le complément de toute institution démocratique. La seconde est la complète liberté de la presse, c'est-à-dire la suppression des cautionnements, l'écartement de la fiction du gérant, et l'abolition de la clause immorale qui protége la vie privée de l'homme public ; la vie privée est la première garantie de la vie publique. La troisième est la pleine liberté de l'éducation. De la sorte, le gouvernement est à la fois surveillé avec vigilance et réduit à une action purement temporelle. Ce dernier point est capital en un temps où tout dépend d'une réorganisation spirituelle.

La conséquence à peu près inévitable du système ici proposé est de faire arriver le pouvoir central aux mains des prolétaires. Chaque classe, dans le monde moderne, a été révolutionnaire à son tour ; en d'autres termes, a servi l'évolution qui se prépare et le passage du régime théologique au régime positif. Les rois ont été longtemps les agents de ce mouvement. Puis est venu le tour des bourgeois, qui se firent les exécuteurs des restes de la féodalité et sapèrent les bases de la royauté. Suffisants à mener à bien cette partie négative de notre régime transitoire, ils ne le sont pas pour la partie positive. Celle-ci échoit aux prolétaires ; comme elle est voisine de la clôture de la révolution, elle exige un sentiment de la sociabilité ne se trouvant aujourd'hui que chez ceux que leur nombre, leur pauvreté et leur dégagement de la plupart des préjugés métaphysiques appellent à ce rôle. Les prolétaires montent comme un flot grossissant. Les autres classes n'ont plus que des peurs et des regrets ; eux seuls ont des aspirations et la fermeté du cœur. Les choses, en changeant, changent d'organes. Ceux qui ont entamé la révolution ne peuvent la finir. Cette tâche est dévolue aux prolétaires.

Ainsi, la philosophie positive indique, comme propre à nous faire traverser la fin de l'état révolutionnaire, un gouvernement où la gestion financière sera remise aux départements, la conduite de la politique générale à Paris, et où les forces spirituelles seront continuellement livrées à leurs propres tendances. C'est dans ce sens qu'elle conseille la révision légale de la Constitution.

XI.

Mesures à prendre les plus prochaines [1].

Le gouvernement caractérisé par la limitation du pouvoir parlementaire et l'extension du pouvoir central, par l'influence des départements sur le budget, et des grandes villes (soit Paris seul, soit Paris et les autres) sur la direction générale, par la remise spontanée des affaires financières entre les mains de gens aisés et des affaires politiques entre les mains de prolétaires; ce gouvernement, dis-je, vers lequel doit tendre la révision légale de la Constitution, aura d'importantes mesures à prendre immédiatement. Ce n'est pas pour le jeu stérile d'un mécanisme quelconque, c'est pour une action prompte et décisive que la politique appelle de nouveaux organes.

La première de ces mesures est une immense réduction de l'armée. Elle aurait dû tout d'abord occuper le gouvernement républicain après le 24 février; loin de là, on ne songea qu'à augmenter l'état militaire. Avec quel profit pour la France ou pour l'Europe? L'événement s'est chargé de le dire: poids insupportable pour les contribuables; danger pour nos finances, et néanmoins, au dehors, nullité complète, aussi profonde dans l'attaque d'une ville isolée, qu'on savait bien hors d'état de se défendre, que dans l'humble rétablissement du pape et de l'inquisition. Et qu'on ne prétende pas qu'une meilleure politique aurait autrement utilisé une brave et belle armée de cinq cent mille hommes. Il n'y a plus de place en Europe pour l'action de pareilles forces. Lors de la dernière commotion européenne, les esprits n'étaient pas assez préparés pour comprendre la solidarité intime de chaque nation et la

[1] *National*, 15 octobre 1849.

nécessité d'une coopération commune; de là, en toute hypothèse, l'inutilité de notre immense armée. Lors de la prochaine rénovation européenne, les démocraties occidentales se sentiront tellement sœurs, et si bien assurées de leur mutuel appui, que derechef et pour un autre motif, les grandes armées et, partant, les grandes guerres n'auront aucun emploi.

En attendant, il faut, nous, savoir nous délivrer d'un fardeau écrasant. En cet endroit, le gouvernement tire, qu'on me permette de citer le proverbe, d'un même sac deux moutures. Lui demande-t-on la diminution de l'armée, il invoque, pour repousser une telle demande, l'état menaçant de l'Europe et les conflits possibles. Lui reproche-t-on la chute des insurrections populaires et la possibilité d'une coalition contre nous, il répond qu'aucune hostilité n'est à craindre de la part des grandes puissances, arguant ainsi d'une seule et même situation pour justifier tantôt sa politique extérieure, tantôt son budget militaire. Le fait est que la seconde alternative est la seule véritable; la paix est assurée, et les grandes puissances, aussi bien que les petites, ont trop à faire avec leurs sujets pour songer à l'immense et périlleuse entreprise d'une guerre contre la République française. Nul roi d'Europe ne se sent, en présence de l'hostilité sourde ou déclarée de ses sujets, la velléité de venir provoquer sur leur propre territoire ces millions de paysans, d'ouvriers, de bourgeois, à qui la fumée de la poudre ne cause aucune peur. Je n'irai pas refaire ici l'admirable page de P.-L. Courrier, gravée dans tous les souvenirs, et exprimant, en traits acérés comme la pointe d'une épée, et quasi le lendemain de Waterloo, que la France, sans roi ni empereur, sans noblesse ancienne ou nouvelle, sans garde impériale ou royale, saurait bien se défendre contre toutes les coalitions, si sa ferme résolution de poursuivre son œuvre rénovatrice rencontrait quelque *veto* en Europe. Cet éminent révolutionnaire (pourquoi ne rappellerais-je pas qu'il fut aussi un habile helléniste, et merveilleusement versé dans la connaissance de notre vieille langue du XVIe siècle, unissant la plus curieuse érudition et les plus vives tendances démocratiques), cet éminent révolutionnaire ne vécut pas assez pour voir le principe rétrograde frappé d'immobilité en 1830, vigoureusement attaqué en 1848 dans l'Italie, dans l'Allemagne, dans la Hongrie, et, aux deux époques, incapable de rien entreprendre contre la démocratie française.

Il faut bien le dire : de même que l'Autriche entretient une armée énorme, non pas pour combattre la Russie, mais pour comprimer l'Italie, la Bohême, la Hongrie ; de même que la Prusse se tient sur le pied de guerre, non pas pour guerroyer contre le Nord ou le Midi, mais pour contenir ses démocrates, écraser l'insurrection badoise, prêter main-forte contre les insurgés saxons ; de même le gouvernement français ne garde quatre ou cinq cent mille hommes sous les armes pour aucune crainte qu'il ait d'une agression étrangère, mais il les garde contre l'intérieur. On voit combien il importe que le nouveau gouvernement qui devra sa naissance à la révision de la Constitution, soit soustrait à la nécessité de ne vivre qu'entouré de sabres, de canons et de baïonnettes, et, réciproquement, combien ce nouveau gouvernement devra se hâter de soulager le pays d'un fardeau fiscal sous lequel tout languit, et qui expose incessamment nos finances aux plus graves embarras. Un gouvernement progressif remis entre les mains de prolétaires, peut seul dorénavant nous procurer cette économie tutélaire, cet immense bienfait.

Sans entrer ici dans aucun détail sur l'effectif à fixer, on arrivera certainement à le réduire de façon que la conscription, ce dur et inégal tribut, cesse de peser sur les populations. C'est à regret que les familles voient partir leurs enfants ; c'est à regret que les jeunes gens eux-mêmes quittent la charrue ou l'atelier pour aller au régiment. Il n'y a plus de service volontaire que chez les officiers et chez un certain nombre d'hommes que leur goût amène sous le drapeau. Ce nombre sera suffisant, ou peu s'en faudra, pour alimenter l'armée que réclame la fin de notre régime transitoire. Et dès lors quel allégement pour chacun ! quelle satisfaction pour les familles de voir arriver sans inquiétude l'âge où il faudrait tirer au sort! quelle diminution dans nos dépenses! que de bras vigoureux restitués à la production! quelle garantie donnée à la paix européenne! quel exemple de confiance en nos forces! quelle preuve de renoncement à toute ambition violente et perturbatrice! quel champ ouvert à notre influence morale! quel gage de fraternité envers toutes les démocraties d'Europe! Je n'ai pas besoin d'ajouter que la marine éprouvera une réduction semblable. On n'en doit garder que ce qu'il faut pour protéger nos possessions lointaines et prendre notre part de la police des mers. Mais tout ce qui tend à constituer une marine agressive doit être retranché.

De telles et si grandes économies agiront de la façon la plus favorable sur la fortune publique. Comme un bateau trop chargé qui s'enfonce, et duquel on retire un poids encombrant, les finances de l'État se relèveront par cet immense allégement, et, avec elles, les finances privées, qui en dépendent par tant de liens. En même temps, le gouvernement aura à sa disposition des ressources considérables pour entreprendre de vastes travaux d'utilité. Dès lors on pourra commencer à envisager le territoire de la France comme un grand domaine qu'il s'agit d'améliorer systématiquement. Extension des chemins de fer et des routes; agrandissement de la viabilité cantonale; cours d'eau mieux utilisés, soit pour la navigation, soit pour l'arrosement; reboisement; desséchement des lieux inondés; mise en culture de ce qui en vaut la peine; abandon des localités décidément insalubres aux bois et aux bêtes; assainissement des habitations urbaines et rurales: tel est le programme pour lequel il faut beaucoup d'argent, et pour lequel on en manquera toujours si l'on s'obstine à dépenser improductivement de si grosses sommes. Mais on s'y obstinera (qui ne voit la liaison d'une fausse politique et d'un vaste état militaire?), on s'y obstinera (qui ne voit la liaison d'une fausse politique et des classes auxquelles est remis présentement, mais provisoirement, le pouvoir?), on s'y obstinera tant que le mouvement moderne n'aura pas trouvé ses vrais organes. Sans doute aussi, le nouveau gouvernement aura lieu de songer à instituer quelques fêtes populaires. Quoique les véritables fêtes de l'humanité ne puissent commencer que sous le régime pleinement positif, et après la réorganisation des opinions et des mœurs, toutefois, en choisissant des anniversaires chers à la nation ou quelques grandes mémoires vénérées du public occidental, il ne sera pas impossible de susciter des sympathies générales qui seules font le charme et la puissance de ces solennités. Alors il faudra se souvenir, sauf accommodation à notre temps, des magnifiques fêtes que donnait la Grèce à Olympie, à l'isthme de Corinthe, dans la ville d'Athènes, fêtes qui n'ont été qu'imparfaitement reproduites par les tournois et les trouvères, et qui sont définitivement tombées en désuétude au fur et à mesure que la vieille organisation sociale tombait en décadence. Exercices corporels, musique et poésie, sauront encore captiver les yeux et les oreilles d'une foule attentive. Telle est la féconde propriété du régime positif, qu'il va redemander de bonnes choses oubliées aux civilisations perdues, même aux plus lointaines, même à l'humble fétichisme, qui doit nous enseigner à mieux traiter, tout en tenant compte des inexorables exigence de notre organisation, les animaux qui vivent avec nous.

Ce n'est encore, on peut l'affirmer, que le gouvernement issu des entrailles mêmes de la démocratie qui prendra une autre mesure, provisoire aussi mais non moins essentielle à la terminaison de notre révolution, à savoir la suppression du budget des cultes et du budget de l'Université. Comme tout autre gouvernement sera conservateur, c'est-à-dire disposé à emprunter au passé les moyens de maintenir l'ordre, il ne voudra jamais se priver de l'influence sacerdotale, qu'il croit utile, attendu qu'elle a régi jadis les populations, ni de l'influence métaphysique, qui fournit l'aliment intellectuel aux classes actuellement dirigeantes. Tout se tient : la révolution, comme un cheval de manége, ne fera que piétiner tant qu'on n'aura pas franchi résolument ce double pas. On ira de réaction rétrograde en commotion progressive, d'oscillation vers un côté en oscillation vers un autre, tant que le dernier fil qui tient encore réunies les doctrines du passé n'aura pas été coupé. Ni l'éducation que donne la théologie, ni l'instruction que donne la métaphysique ne sont désormais capables de prévenir les explosions, elles ne le sont pas non plus de rien organiser, engagées qu'elles se trouvent en un conflit insoluble, se haïssant et toutefois étant la condition l'une de l'autre. La métaphysique ne vit aujourd'hui que parce qu'elle semble une protestation et une indépendance contre la théologie; la théologie ne vit que parce qu'elle semble une garantie et une utilité contre les divagations interminables et les suggestions individuelles de l'esprit métaphysique. C'est, dans l'ordre spirituel, la véritable et vive image de ce qu'était, dans l'ordre temporel, le régime constitutionnel. La métaphysique représente le pouvoir parlementaire, tracassier, divagateur, anarchique, mais maintenu parce que la royauté avait cessé d'inspirer aucune confiance. La théologie représente le pouvoir royal, rétrograde, stérile, déclassé, mais maintenu parce qu'il semblait remplir le rôle, négatif sans doute, de défenseur de l'ordre. Ce n'était qu'un semblant; trois chutes pesantes en un bref intervalle l'ont démontré, et la République a fait justice du fantôme. De même que, dans l'ordre temporel, il était absolument indispensable pour le progrès ultérieur qu'elle nivelât la royauté, cet obstacle toujours debout, ce mensonge de stabilité toujours trompeur, de même, dans l'ordre spirituel, il est indispensable qu'elle abandonne ce couple inséparable, théologie et métaphysique, qui déçoit les esprits en laissant croire qu'il existe encore une organisation intellectuelle et morale de la société. La suppression des budgets théologique et métaphysique est le corollaire de la suppression de la royauté.

Il va sans dire que le gouvernement, non-seulement conservera, mais encore développera l'instruction primaire. Il va sans dire qu'il maintiendra ses écoles spéciales, et même il en est une nouvelle dont je vais bientôt indiquer le plan et conseiller la création. Mais tout ce qui prétend à donner l'éducation complète de l'homme, tout ce qui, partant de la théologie et de la morale, essaye d'arriver à la science et ne le peut à cause d'une incompatibilité radicale entre les deux points de vue, tout ce qui, partant de la science et de de la métaphysique, essaye d'arriver à la morale et à la société, et ne le peut faute d'un système réel sur l'histoire et sur la connaissance de l'humanité, tout cela, dis-je, doit cesser d'être alimenté par l'État. Dès que cet appui faillira, il sera manifeste combien caduc est déjà devenu le régime actuel. Plus on ira, plus on comprendra qu'on est en présence d'un dilemme inexorable : ou conserver l'éducation actuelle, mi-théologique, mi-métaphysique, par conséquent les opinions et les mœurs, par conséquent l'instabilité de notre société, l'anarchie matérielle n'étant que l'effet de l'anarchie spirituelle, ou abandonner décidément cette prétendue ancre de salut qui ne sauve plus rien, et permettre une franche et libre compétition entre le régime théologique, le régime métaphysique, et le régime positif. Donc, avant tout, il importe de réduire le gouvernement à ses attributions pratiques, dégagées de toute vaine prétention à retenir une prépondérance théorique qu'il dut provisoirement usurper lors de la décomposition nécessaire du régime catholico-féodal. L'avénement politique du peuple suscitera les seuls gouverneurs qui veuillent aujourd'hui renoncer à toute domination spirituelle. L'État ne peut donner la liberté d'enseignement sans cesser de payer le budget ecclésiastique ; il ne peut non plus cesser de payer le budget ecclésiastique sans donner la liberté d'enseignement. Au reste, une telle transition se fera en respectant scrupuleusement les intérêts des personnes ecclésiastiques et universitaires. Il n'est pas permis de briser des carrières où les particuliers se sont engagés sur la foi publique. Le régime positif non-seulement n'ébranle pas les propriétaires ; mais il tend à consolider les fonctionnaires.

De même que la Convention, guidée par son merveilleux pressentiment social, fit une tentative caractéristique, mais insuffisante, en créant l'École polytechnique, où l'esprit scientifique, quoique très-incomplet, aspirait, pour la première fois, à se dégager ouvertement de tout alliage théologique ou métaphysique, de même le gouvernement qu'amènera le progrès démocratique aura à s'honorer d'une fondation qui résume l'élaboration accomplie depuis 93. Bornée aux études mathématiques et inorganiques, seules alors systématisables, l'École de la Convention ne pouvait aucunement réaliser les intentions philosophiques de ses éminents fondateurs; la méthode positive, surtout inductive, y est à peine entrevue, puisque la saine appréciation de cette méthode exige l'ensemble hiérarchique de ses diverses applications; on n'y cultive sérieusement que la partie préliminaire de la logique déductive, limitée aux sujets assez simples pour que la combinaison des signes paraisse dispenser de l'élaboration des idées ; le vide y est encore plus sensible quant à la doctrine, où ne pénètre aucune conception directement relative à la vie, même individuelle. La nouvelle école positive, héritière de la première, et émanée comme la première, d'un pouvoir progressif, reposera sur la coordination définitive des diverses sciences fondamentales, selon leurs relations nécessaires : mathématique, astronomie, physique, chimie, biologie, sociologie. Si c'était ici le lieu (peut-être un jour reprendrai-je un si beau sujet), je ferais ressortir quels immenses progrès se sont effectués sous l'impulsion révolutionnaire. Seulement, je ne puis m'empêcher de signaler, à si peu de distance dans le temps, toute la distance dans l'état scientifique entre l'école de la Convention et l'école positive ici proposée. L'une va jusqu'à la chimie, et s'arrête là, hésitant sur le chemin ultérieur; l'autre embrasse jusqu'à la sociologie, et systématise tout, science, histoire, morale, humanité. Quel vaste développement contenu entre ces deux termes !

En la nouvelle école, qui réalisera provisoirement pour un but spécial et des services publics ce qui doit être l'éducation populaire sous le régime positif, et ce que j'ai exposé dans le cinquième de ces articles; en la nouvelle école, le véritable esprit philosophique dominera toujours. Trois années de hautes études, successivement relatives aux six ordres de conceptions abstraites, aboutiront enfin à une inébranlable systématisation de la morale, dès lors garantie contre les sophismes corrupteurs. Une active culture esthétique préservera d'ailleurs ce grand noviciat de la sécheresse inhérente aux méditations trop scientifiques. Une telle école s'adresse d'abord aux médecins. Depuis que la pathologie se subordonne profondément à la biologie, on ne conteste plus la nécessité préalable des études inorganiques d'après leur base mathématique. Quoique le besoin de compléter la biologie par la sociologie soit aujourd'hui beaucoup moins senti, une intime connexité conduira bientôt les penseurs médicaux à clore ainsi leur initiation théorique, qui sans cela manque à la fois de but et de lien. L'étude des maladies mentales et morales fournit d'ailleurs de puissants motifs pour reconnaître spécialement que toutes les spéculations sur l'homme individuel sont insuffisantes et même précaires, quand elles ne s'étendent pas jusqu'à la vie sociale, seule pleinement réelle. Outre ses médecins, le gouvernement pourra recruter, dans cette école, des sujets pour les chaires scientifiques, même spéciales, surtout quand le public aura sanctionné la règle positiviste qui fait successsivement passer chaque professeur par les six degrés essentiels de l'enseignement abstrait. Des motifs encore plus puissants conduiraient aussi à tirer de l'école positive quelques juges préservés du dangereux noviciat que procure maintenant le barreau. Les grands magistrats ont toujours senti qu'un office directement lié à la connaissance réelle de la nature humaine, à la fois individuelle et collective, exige la plus forte préparation propre à chaque époque. Une équivalente conclusion s'applique encore à la classe administrative proprement dite, partout négligée jusqu'ici, et qui ne saurait aujourd'hui se mieux relever que d'après une semblable éducation. Cette profession, loin de décroître, doit naturellement grandir pour régulariser les fonctions secondaires du pouvoir temporel, qui exigent à la fois une préparation spéciale et une consécration exclusive [1].

Ici s'arrête la tâche que je m'étais donnée et que j'ai pu

[1] Voyez de plus amples détails, sur l'école positive, dans une brochure publiée par MM. les docteurs Segond, de Montègre et Charles Robin, sous le titre *Rapport à la société positiviste, par la commission chargée d'examiner la nature et le plan de l'école positive, destinée surtout à régénérer les médecins*, mars 1849, chez Mathias, quai Malaquais, 15.

terminer sans obstacle et sans interruption, grâce à l'hospitalité déjà bien vieille qu'on m'accorde dans la dernière page de ce journal [1]. La révolution a commencé vers la fin du moyen âge aux premières lueurs de l'esprit moderne sentant son incompatibilité avec l'ordre catholico-féodal. Une éruption violente, deux siècles plus tard, en manifesta la propagation dans les intelligences par le protestantisme. Près de trois cents ans furent employés à tirer les conséquences ; et à la fin du dix-huitième siècle, la France donna le signal d'une rénovation bien plus radicale. Les soixante années qui viennent de s'écouler ont montré d'une part, que les essais qu'on croyait définitifs n'avaient aucune vertu, et, d'autre part, que les anciennes doctrines étaient absolument impuissantes soit à rien conserver, soit à rien restaurer. Dans cet intervalle, l'élaboration continue des sciences, achevant la biologie, a permis de concevoir la sociologie ; et dès lors, un penseur éminent (au défaut de M. Comte, c'eût été plus tôt ou plus tard un autre), a fait voir que l'état révolutionnaire n'avait de solution que par l'organisation d'un nouvel ordre social, qui consacrerait : la séparation du pouvoir temporel d'avec le pouvoir spirituel ; un pouvoir temporel administrant l'industrie ; un pouvoir spirituel distribuant l'éducation ; une éducation scientifique, morale et esthétique donnée au peuple ; et l'humanité devenant l'idée religieuse et le culte des hommes. En un mot, tout ce qui avait fait l'efficacité du régime catholico-féodal se trouve, sur un niveau plus élevé et en pleine conformité avec les exigences de l'esprit moderne, reproduit dans le régime positif.

Indépendamment des joies et des douleurs qui accompagnent le triomphe ou la défaite, indépendamment des fluctuations de l'intelligence et des défaillances du cœur dont nous voyons tant et de si déplorables exemples, ce qu'il y a de plus pénible en ce temps-ci, c'est, dans le for intérieur du même homme, le heurt des principes les plus

[1] *Le National.*

opposés, le choc de la théologie et de la science, de l'autorité et de la liberté, du passé et de l'avenir. Mais ce qu'il y de souverainement satisfaisant et de suprême dans la philosophie positive, c'est qu'elle réconcilie ces discordances intimes, porte la clarté dans l'esprit et la foi dans le cœur, et précipite l'homme tout entier dans la plénitude de la lumière et dans l'infinie volupté du dévouement.

A un tel enseignement les prolétaires apprennent que leur digne incorporation à la société moderne est le but de la révolution, but qui n'est ni une chimère ni une Ithaque toujours fuyant devant eux. A un tel enseignement ils apprennent qu'entre l'état présent et l'état définitif est une transition qui comporte certaines mesures, afin qu'on ne voie pas reparaître les stériles hésitations de Février sur la marche à suivre. Ils ont le nombre; que leur manque-t-il pour gagner la direction des affaires? s'entendre. Mais qu'ils en soient bien sûrs: ils ne s'entendront pas sur des intérêts: ils ne s'entendront que sur des sentiments et des idées. Ce sentiment, cette idée, c'est la religion de l'humanité.

DES PROGRÈS DU SOCIALISME.

I.

Préambule [1].

L'avénement du socialisme au sein des masses populaires est le fait le plus décisif et en même temps le plus salutaire qui, depuis 1789, soit arrivé dans l'Occident.

Le fait le plus décisif, car tout dépend du parti que prend *la vile multitude*. C'est *la vile multitude* qui, dans les pays aujourd'hui protestants, a imposé le protestantisme ; c'est *la vile multitude* qui, à l'encontre des puissants et des sages, du sénat et du prétoire, a fait le monde chrétien ; c'est elle encore qui, devenue complétement socialiste, formera, comme toujours, ses chefs à son image. Pour savoir ce qui doit arriver, pour juger de l'efficacité réelle des mesures, il faut voir ce qui se passe non dans les *hautes régions*, mais dans les *basses*. Dans les *hautes régions*, depuis longtemps, on n'est occupé qu'à réglementer tant bien que mal la situation que les *basses* ont créée. Les *basses régions* ont inauguré la grande révolution de 89 ; les *hautes* ont eu fort à

[1] *National*, 24 juin 1850.

faire pour comprendre et accepter. En 1830, nouveau thème donné par les *basses*; et les *hautes* étaient encore à méditer là-dessus quand, une plus efficace élaboration s'étant opérée dans les *basses*, voilà maintenant les *hautes* qui n'ont plus d'autre affaire. Ainsi, tout se décide en bas. On peut prendre en haut telles mesures qu'on voudra; tant qu'elles n'agissent que matériellement, tant qu'elles n'ont aucune efficacité intellectuelle et morale, tant qu'elles ne sont que des règlements de police se bornant à gêner les actes, la propagande irrésistible des esprits se joue de pareilles entraves.

Le fait le plus salutaire : pour quiconque sait regarder dans l'histoire de nos soixante dernières années, il est évident que cette histoire se partage en deux périodes, l'une négative, l'autre positive. A la première appartient la révolution proprement dite; c'est alors que les intelligences et les cœurs étaient en pleine révolte contre l'ordre ancien. Tout le passé fut l'objet d'une haine excessive et d'un mépris souverain. De tels sentiments, nécessaires pour la lutte et la destruction, ne pourraient jamais conduire à aucune reconstruction de la société. Il faut qu'ils se transforment, sous peine d'un avortement comme on en vit un sous Napoléon, comme on en vit un sous Louis-Philippe, comme on en voit un depuis deux ans. A la seconde appartient le socialisme; il vient pour clore l'ère de la négation et de la destruction. En lui et par lui, les masses populaires sentent que la révolution n'est *ni un jeu de la force et du hasard*, ni une pure et simple insurrection de l'esprit contre les incompatibilités théologiques, mais qu'elle a pour aboutissant nécessaire une régénération radicale qui, changeant toutes les conditions mentales, changera parallèlement toutes les conditions matérielles. S'il était possible d'arrêter le développement du socialisme, comme cependant il est impossible de rétablir les bases théologiques qui ont porté l'ancienne société, on n'obtiendrait par cette malfaisante influence, qu'une halte éternelle dans l'anarchie et le désordre. Toujours les succès réactionnaires finiraient par compromettre l'ordre et frayer la voie à de nouvelles commotions; toujours les succès révolutionnaires finiraient par compromettre le progrès et frayer la voie à de nouvelles réactions. Ces oscillations, inévitables tant que le sentiment de la fin de la révolution ne s'est pas fait jour dans les masses, le socialisme intervient pour en diminuer l'amplitude et pour les arrêter irrévocablement. Si le socialisme eût pu peser dès lors dans la balance, les détestables folies de l'impérialisme n'auraient pas eu lieu, l'Europe n'aurait pas été ravagée ni la France envahie, et, par conséquent, ni la secousse de 1830 ni celle de 1848 n'auraient été nécessaires.

Clore la révolution occidentale est le but du socialisme et ne se peut que par lui. La stabilité sociale ne s'obtient qu'au prix d'une doctrine commune. Or, une doctrine commune (je me sers du terme le plus général) ne se trouve, pour le passé laissé derrière nous, que dans le catholicisme ou, plus loin encore, dans le polythéisme. Je ne perdrai pas mon temps ni celui de mes lecteurs à montrer qu'il est également impossible de restaurer les bases soit de l'un, soit de l'autre. La conception du monde que les sciences ont faite aux modernes ne s'accommode plus d'aucune théologie. Tous les compromis qu'on essaye ne servent qu'à augmenter le désordre des esprits et, subséquemment, le désordre matériel. Et cela ne peut être autrement, car, plus on transige avec les anciens principes qui ont régi la société et qui ne peuvent plus la régir, plus s'en perdent le sens et les connexions. C'est ainsi que M. Odilon Barrot et ses amis, excellents dynastiques et peu soucieux (la suite l'a témoigné) d'aucune sorte de liberté, ont, sans le savoir ni le vouloir, été l'occasion d'une des chutes monarchiques. Ajoutons, pour l'édification commune, que MM. Thiers et Guizot n'avaient pas été moins maladroits à l'égard de l'autre monarchie. Ce qu'il faudrait pour qu'une monarchie restât debout, ils ne le savent; aussi sont-ils toujours occupés à combiner des conditions toujours incompatibles.

Ces compromis, qui deviennent de plus en plus inconséquents et arbitraires, pervertissent profondément les partis et les hommes qui y prennent part. Nous avons vu le parti légitimiste arborer scandaleusement, pour faire la guerre à Louis-Philippe, les principes révolutionnaires et les quitter après Février, dans l'intérêt d'une autre tactique; nous avons vu les libéraux de la légitimité se renier sous Louis-Philippe, comme ceux de la quasi-légitimité sous la République. Ces mutations subites, ces revirements, attestent une anarchie profonde et l'aggravent. Quoi de stable, quoi de sûr dans des intelligences ainsi tourmentées, et tellement mal à l'aise avec elles-mêmes? Aussi sent-on dans les pouvoirs quelque chose de déraisonnable et de violent, qui, allant à l'aventure, essaye de résoudre, par la police et par la force, des difficultés purement morales. Qui aurait pu prédire à nos légitimistes et à nos libéraux ce qu'ils devaient être pendant la monarchie quasi-légitimiste? Qui aurait pu prédire ce qu'ils allaient être après elle? Qui pourrait prédire ce que sera tout le monde officiel d'aujourd'hui dans les éventualités que comporte l'état présent? Il n'y a aucune garantie dans une telle instabilité, qui va toujours croissant, et qui serait véritablement effrayante si là-contre ne s'élevait au fur et à mesure la digue solide du socialisme.

Tout est là, en effet. Un gouvernement sage n'entraverait pas la presse, ne supprimerait pas les réunions, ne restreindrait pas le suffrage universel, ne livrerait pas l'enseignement au clergé, ne destituerait pas à outrance. Mais laissons passer ces emportements. Malgré de telles mesures, le socialisme fait-il des progrès? S'il en fait, la situation est bonne; les choses marchent plus vite, moins vite, qui le sait? qui peut supputer ce que donne de crédit la persécution? Les choses marchent, et, tout en combattant, autant qu'il est en chacun de nous, les fausses mesures auxquelles se laisse aller le gouvernement, il faut savoir en juger la portée et en tirer la grande utilité qu'elles nous offrent. Les choses marchent; et si l'on prend contre nous les positions officielles, en revanche nous prenons, nous, les positions réelles, à savoir les convictions, les sentiments, les consciences.

On a parlé d'expédition de Rome à l'intérieur. Sans doute, là-bas, on a démoli des bastions, renversé des murailles et rétabli de force un pouvoir spirituel. Un pouvoir spirituel rétabli par la force! quel accouplement de mots et quel accouplement de choses! Supposez que nous, socialistes, ayant une armée à notre disposition, nous imposions par force le socialisme à des populations non préparées, et dites ce que nous aurons gagné par de telles violences. J'expliquerai, dans un prochain article quel est, pour l'Italie, le résultat immédiat de l'intervention des canons en faveur du catholicisme. Ici on braque des lois, on dresse des circulaires, on macadamise même les boulevards. Il serait vraiment impossible de dire lequel, d'une loi, d'une circulaire ou d'un macadamisage, est le plus impuissant contre la propagation d'une doctrine. Ces choses-là et une doctrine ne se rencontrent pas; et, semblable au sénateur aveugle qui se tournait à gauche pour louer le turbot de Domitien, tandis que le merveilleux poisson était à droite, ces choses-là vont d'un côté, la doctrine va d'un autre.

Or, que le socialisme fasse des progrès, qui en doute, amis ou ennemis? Ce ne sont certes pas les ennemis qui en doutent. Qu'est-ce autre, la loi restrictive du suffrage universel, qu'est-ce autre, sinon un aveu de la rapide propagation du socialisme, tellement rapide, d'après leur propre estime, qu'en 1852, si on laissait fonctionner ce qui a donné la chambre actuelle, on aurait une chambre animée d'un tout autre esprit? Ainsi, par la simple marche des choses, par la sûre élaboration des sentiments et des idées, et malgré les intimidations et les clameurs, le même corps électoral, dans la prévision que prochainement il ne parlera pas comme il a parlé, est mutilé par ceux qu'il a investis de sa confiance. Un an et demi a suffi pour donner cette conviction aux chefs actuels du pouvoir; que ne fera pas l'an et demi qui reste à parcourir? Ce ne sont pas non plus les amis qui en doutent. Ils ont vu, sans en être aucunement effrayés, le suffrage universel se tourner contre eux dans un premier essai, ayant, eux, justement la même conviction que les adversaires, à savoir que le socialisme ferait sans relâche de nombreux prosélytes. On peut être assuré qu'un point sur lequel sont ainsi d'accord amis et ennemis, est un point irréfragable. Il ne faut pas contester l'urgence qui a commandé la restriction du suffrage universel ; la chose pressait, en effet ; si l'on eût attendu dix-huit mois, on était débordé. Quel plus éclatant succès peut désirer le socialisme, que de gagner, avec une aussi prodigieuse rapidité, des esprits et des cœurs ? Il peut patiemment laisser faire des lois.

Il y a eu, sous la Restauration, une situation tout à fait analogue. Quand on se fut remis de la terreur de 1815, et que la charte octroyée commença de fonctionner, il ne tarda pas à devenir évident que la majorité de la chambre (la chambre se renouvelait alors par cinquième) allait échapper aux royalistes. Les libéraux arrivaient en masse ; encore un cinquième ou deux, et l'assemblée cessait d'appartenir au parti conservateur. Il fallut à tout prix prévenir ce qui était regardé comme le plus grand des dangers. Non moins clairvoyants que les gens d'aujourd'hui, les gens d'alors restreignirent le droit de suffrage qui tournait contre eux. Les riches eurent un double vote, l'un dans des colléges qui n'étaient formés que par les riches, et l'autre dans les petits colléges composés d'électeurs qui payaient trois cents francs d'impositions et qui étaient alors *la vile multitude*. Par ces mesures, on empêcha, il est vrai (pour un temps seulement), la majorité de se déplacer ; mais empêcha-t-on par là la propagation des idées qui luttaient contre la restauration cléricoféodale si inconséquemment tentée ? La loi fit ce que fait une loi, les idées firent ce que font des idées. Le libéralisme (l'événement l'a prouvé) pouvait être patient. Et pourtant, qu'est-ce que le prosélytisme libéral au sein d'un corps électoral très-restreint, à côté du prosélytisme socialiste, qui s'exerce sur la masse immense de la nation ?

Les dernières élections, tout à fait insignifiantes s'il se fût agi de modifier en quoi que ce soit la majorité de l'assemblée, ont eu au contraire une immense signification, étant considérées comme un indice du progrès de l'opinion socialiste. Elles ont été des revues où l'on a pu faire l'appel individuel et constater lequel des deux partis s'était grossi, lequel avait diminué. Pour Paris, le résultat a dépassé toutes les espérances ; non-seulement la majorité s'est déplacée une première fois; mais encore appelée à se prononcer de nouveau après un court intervalle, elle a montré qu'il n'y avait eu de sa part ni caprice ni erreur, et qu'elle était fermement attachée à ce qu'elle avait fait. Et cependant l'opinion qui a triomphé n'avait ni place à donner, ni destitution à infliger, ni persécution à exercer, ni Afrique où déporter.

Ce qui se passe à Paris, se passe aussi dans les départements, et le mouvement s'y propage. En tout lieu, ou la majorité a changé, ou la minorité s'est notablement accrue. Les préventions contre Paris suivent le même déclin que les préventions contre le socialisme. A mesure que celles-ci s'en vont, celles-là s'évanouissent. Non, moins que jamais une scission n'est à craindre entre la sage et énergique capitale et la ferme et vigoureuse nation dont elle est la tête. On peut déplacer, si l'on veut ou si l'on peut, le gouvernement, on ne déplacera pas les influences réelles et la puissance effective. Toute la question est toujours de savoir si l'on pense dans les départements comme à Paris. Or, comment en pourrait-il être autrement, Paris se recrutant pour ainsi dire uniquement dans la province?

Par la condition nécessaire des choses, la propagande diminue de rapidité quand elle va de Paris aux départements, et des villes aux campagnes. Mais, pour être plus lente, elle n'est pas moins sûre. Des indices certains montrent que le socialisme a pénétré chez les paysans. Indépendamment des votes qui, en différents lieux, ont permis de le constater, on a pour cela un critérium infaillible : c'est la décadence croissante du bonapartisme parmi eux. L'*humble toit*, comme a dit Béranger, qui n'est plus électeur, sans doute, pour avoir fait cette chanson, l'*humble toit* conserva longtemps cette superstition, grâce à la funeste connexion entre les malheurs de la patrie et les fautes d'un homme. Mais il s'en dépouille rapidement; et tout ce qui y est perdu pour le bonapartisme y est gagné pour le socialisme.

Et de fait, on a une idée de la mutation morale qui s'opère parmi les paysans, en observant celle qui s'opère parallèlement parmi les soldats. Les soldats viennent pour la plupart des campagnes : ils les regrettent, ils désirent y retourner;

peu se rengagent, et, sentant instinctivement que le socialisme, qui n'aura pas besoin de grandes armées, les y renverra, ils ont, en grand nombre, voté pour lui. La rigidité de la discipline et les surveillances ombrageuses n'ont pu empêcher ce qui, en effet, ne peut s'empêcher, que bourgeois, ouvriers, paysans et soldats n'eussent beaucoup d'idées communes.

Tout satisfaisants que sont les progrès du socialisme, ils seraient insuffisants si la France en était seul le théâtre. La théorie sociologique enseigne que la mutation qui s'opère actuellement est aussi inévitable et aussi salutaire que celle qui, dans les époques antérieures, substitua le polythéisme au fétichisme, et le monothéisme au polythéisme. Aussi, est-ce une de ses meilleures garanties, quand elle peut montrer que la crise actuelle n'est pas bornée à un pays, mais qu'elle est commune aux populations les plus avancées, à celles qui ont reçu l'héritage gréco-romain, et qui ont été soumises, durant tout le moyen âge, à l'unité catholique. Par là, tout ce qu'il y a de local et de contingent est éliminé; il ne reste plus que ce qu'il y a de nécessaire. Et cette nécessité est évidente pour le socialisme, qui se répand sur tout l'Occident. Je ne rappellerai pas les prosélytes qu'il a conquis en Allemagne et en Autriche; cela est au su et au vu de tout le monde. Ce qui est frappant, c'est son extension en Italie, qui lui était restée longtemps fermée. Mais, la lutte impuissante de ce noble pays pour son indépendance, l'oppression étrangère et la tyrannie cléricale ont ouvert au socialisme les esprits et les cœurs. C'est l'Espagne et l'Angleterre où il est le moins développé : la première, parce que la compression théologique, indûment prolongée, y a retardé l'évolution ; la seconde, parce que la combinaison du protestantisme avec la révolution de 1688 y a donné une demi-satisfaction aux tendances modernes vers une rénovation radicale. Toutefois, le socialisme y a ses représentants chez les progressistes et les chartistes.

De même que la République est la garantie du socialisme, de même le socialisme est la garantie de la République. Au premier établissement républicain, alors que les sentiments populaires et les instincts révolutionnaires étaient purement négatifs, il fut possible, dans les oscillations inévitables des grands événements, à un chef rétrograde d'égarer ces sentiments et ces instincts. Rien n'est moins sûr de soi que ce qui est négatif. Mais, aujourd'hui, quelque chose de positif a pris possession de la conscience des masses; elles ont une tendance déterminée ; tout ce qui contrarie cette tendance leur devient de plus en plus antipathique. Le socialisme est le lest qui empêche de chavirer.

A un point de vue encore plus général, le socialisme est l'espérance et la foi de ceux qui veulent que l'anarchie et le trouble qui agitent l'Occident depuis soixante ans aient une fin, et la révolution une issue. Ne pas y adhérer, comme le régime catholico-féodal, qui fut stable en son temps, n'est pas susceptible de restauration, c'est entretenir l'anarchie et le trouble, et prolonger la révolution. Je ne crains pas de dire que les conservateurs mêmes, ceux du moins qui aiment l'ordre pour lui-même, et non pour des intérêts de personne ou de caste, doivent ne pas contrarier un avénement qui, seul, leur donnera ce qui leur paraît inestimable et ce qui l'est en effet, si, ne scindant pas ce qui ne peut être scindé, on dit avec la philosophie positive : *Ordre et Progrès*.

II.

Côté négatif. — Expédition de Rome [1].

L'histoire de la marche ascendante du socialisme, depuis deux ans, se compose aussi bien des mesures que l'on a prises pour l'arrêter, que des efforts qu'il a faits lui-même pour se constituer : ces deux parts, dont j'appelle l'une

[1] *National*, 1er juillet 1850.

côté négatif et l'autre *côté positif*, forment la division naturelle de mon travail.

Au premier rang des mesures dirigées contre le socialisme se place l'expédition de Rome. Je n'ai aucunement à examiner si cette expédition était constitutionnelle ou inconstitutionnelle, et si les Romains avaient donné le moindre prétexte à l'envahissement de leur territoire et au bombardement de leur ville. Ceci touche la moralité de l'acte, et ne regarde point le sujet qui m'occupe. C'est maintenant un fait pleinement accompli ; et, sans se laisser troubler par aucun souvenir, il faut en étudier les conséquences permanentes pour l'Italie. Sans doute, le cœur saigne quand on voit, dans ces funestes péripéties, de nobles existences perdues, les uns morts, les autres en fuite et dispersés, et la noire et odieuse persécution s'étendant sur le reste. Mais écartons stoïquement ces images, pour contempler, comme ferait l'histoire elle-même, le résultat.

La révolution occidentale, préparée dès les quatorzième et quinzième siècles par le progrès des sciences et de l'industrie, par l'extension du pouvoir royal aux dépens du pouvoir papal, par l'affranchissement des communes aux dépens de la féodalité, la révolution occidentale se révéla par la scission protestante. C'était dire tout d'abord que le régime catholico-féodal reposait sur la foi ; et en effet ce régime, à mesure que les croyances qui en étaient la base, perdaient de leur force, se décomposa davantage, jusqu'à l'état de dissolution où nous le voyons maintenant par toute l'Europe. On le restaurerait si on restaurait les croyances ; il disparaîtra sans autre vestige qu'un souvenir historique et la juste gratitude qu'on lui doit, comme au polythéisme et au fétichisme, pour avoir eu sa part dans l'éducation de l'humanité, il disparaîtra si les croyances disparaissent. La révolution est mentale, spirituelle dans son essence ; et les mutations matérielles ne sont que des conséquences et des effets. Elle tient le plateau d'une balance, dont l'autre est occupé par les croyances théologiques ; quand le sien s'élève, l'autre baisse ; ou plutôt, le sien s'élève et l'autre baisse continuellement; car, depuis la grande scission du seizième siècle, il n'y a pas eu de va-et-vient dans ce mouvement, et il ne peut y en avoir.

Notre époque est pleinement comparable à celle où s'établit le christianisme. Les siècles comptés depuis le protestantisme, représentent ces temps de décomposition où les savants, les philosophes et les sophistes de l'antiquité démolissaient concurremment le régime polythéistique, et où, en proportion de la décadence des croyances théologiques, tombaient les institutions politiques. La vieille société se mourait, mais son agonie se serait indéfiniment prolongée, si une nouvelle doctrine sociale, appropriée aux nouvelles conditions de l'esprit humain, n'avait surgi pour le salut de tous. Le christianisme fut le socialisme d'alors, comme le socialisme est le christianisme d'à présent, c'est-à-dire la bonne nouvelle répandue par le monde, à savoir que la destruction s'arrête, que le trouble des esprits va cesser, et que les générations vont enfin trouver cette vie commune en des croyances affermies qui est la suprême satifaction des hommes en société. Les deux époques sont tellement analogues qu'on peut également écrire l'histoire de l'époque chrétienne en se servant des mots que le socialisme a importés, ou celle de l'époque contemporaine en se servant des mots chrétiens.

Donc, l'évolution actuelle exige la décomposition concomitante des croyances monothéistiques, comme l'évolution chrétienne exigea, dans son temps, la décomposition concomitante des croyances polythéistiques. Par des circonstances qui sont appréciées de tout le monde, l'organisation cléricale ayant été moins ébranlée en Italie qu'ailleurs, l'émancipation théologique y est moins profonde et moins complète. Or, plus la révolution approche de son issue, plus il importe que les populations qui y prennent part procèdent d'un pas à peu près égal, et qu'il n'y en ait aucune ni beaucoup en avance ni beaucoup en arrière. Cette simultanéité a fait de grands progrès depuis l'ouverture de l'ère de 1789, alors que, la France ayant pris sa glorieuse initiative, les autres nations ne se trouvèrent pas assez préparées pour empêcher les armées royales de marcher. Depuis, le niveau s'étant fait, elles ont, en 1830, prévenu toute intervention agressive, et, en 1848, mis elles-mêmes la main à l'œuvre. Ainsi, il est capital pour la cause européenne (car le débat est manifestement européen, et non point national), que les nations se suivent de près, et, pour cela, que l'émancipation théologique y soit équivalente.

Voyons donc si les croyances théologiques ont gagné ou perdu, en Italie, par la restauration violente du pape à Rome. Si elles y ont perdu, on peut affirmer que l'expédition a tourné contre le but, et qu'elle a directement blessé le parti conservateur dans ce qu'il veut sauver, et servi le parti socialiste dans ce qu'il veut remplacer, en un mot, mis l'Italie plus près de la rénovation radicale qu'elle n'était avant cette expédition, dissipé les folles illusions qui rêvaient la compatibilité du monde moderne avec le pouvoir théocratique, chassé à tout jamais un juste-milieu impuissant et entravant, et laissé aux populations italiennes le choix unique entre le servage le plus antipathique aux consciences et le socialisme.

Quand le duc d'Angoulême fit, lui aussi, son expédition de Rome et rendit le pouvoir absolu au roi Ferdinand, ce ne fut que pour un temps. Quelques années après, toute trace de cette vaine restauration avait disparu, et l'Espagne n'en était pas moins entrée dans cet état qu'on nomme régime constitutionnel, station intermédiaire que traversent tous les peuples d'Europe, dont la France est sortie la première, et dont les autres sortiront à leur tour. Et chacun, pour le dire en passant, comprend combien cette ascension de l'Espagne a été bonne à la cause commune, et combien il aurait été fâcheux que ce puissant pays se fût trouvé absolutiste au moment où la France devenait république. La solidarité des populations européennes n'a pas permis cette dissonance. Mais la question qu'a posée l'expédition dirigée par le gouvernement français d'aujourd'hui étant plus compréhensible, est encore plus décisive, car cette expédition est là pour témoigner si l'ancien pouvoir spirituel a conservé suffisamment de crédit pour s'imposer aux populations sans le concours de baïonnettes françaises et autrichiennes, et si, restauré, il est en état, je ne dis point de satisfaire à leur tendances actuelles, mais encore de ne pas les heurter directement.

Et remarquez dans quelle impasse la nécessité des conditions sociales place constamment le parti conservateur. La restauration papale fût-elle ce qu'elle n'est pas pour l'Italie, une papauté amoindrie, il est vrai, mais acceptée, comme dans les XVIIe et XVIIIe siècles, qu'aurait-il gagné vers une solution quelconque des difficultés qui sont inhérentes à notre époque? Aurait-il atténué en quoi que ce soit la pleine émancipation thélogique dont jouit la France? Aurait-il éteint le protestantisme à Berlin et à Londres? Et cependant le protestantisme n'est-il pas le premier chaînon, l'émancipation théologique le second, de cette longue insurrection mentale qui aboutit partout, sous nos yeux, à une rénovation de la société? Qu'a-t-on fait, en rétablissant le pape à Rome, pour l'ordre réel et la stabilité, si son pouvoir spirituel demeure toujours un stérile diminutif de ce qu'il était dans le moyen âge pour le profit général? Comme il est parfaitement notoire que toute restauration de ce genre est absolument impossible, le seul effet qui résulte de ces replâtrages misérables, c'est de prolonger la crise et de faire durer la révolution, tandis qu'on l'abrégerait en laissant tomber ce qui tombe et s'élever ce qui s'élève.

Le premier grief des Italiens contre la papauté est sa complicité avec les Autrichiens. Le joug étranger est toujours difficilement supporté; mais ici il s'aggrave de l'oppression politique. Non-seulement ce sont des étrangers qui tiennent l'Italie, mais ce sont des étrangers rétrogrades, employant leur puissance à gêner le libre développement du peuple soumis. La dernière lutte n'a pas allégé le poids de l'oppression et la somme des rancunes. Telle a été la facilité et la rapidité de l'expulsion du gouvernement autrichien hors de l'Italie par un mouvement populaire, que ce gouvernement sent bien qu'il ne tient plus à rien; et les violences odieuses de la victoire ont amassé chez les vaincus des ressentiments immortels. Voilà l'allié du pouvoir spirituel, que dis-je, le soutien et le protecteur, celui sans lequel ce pouvoir disparaîtrait de l'Italie. Les Italiens ne sépareront plus ce que les événements ont si étroitement uni.

L'Italie est, aujourd'hui comme jadis, une terre favorisée, où l'esprit humain a eu d'admirables développements. Sciences, lettres, beaux-arts, tout y a fleuri et y fleurit encore; et tandis que l'Espagne, après de merveilleuses productions, s'était alentie sous la compression théologique, l'Italie, grâce à quelques conditions spéciales, n'avait pas subi un pareil engourdissement. Aussi éprouve-t-elle au plus haut degré ce besoin de la libre pensée qui caractérise l'homme moderne. Et, en effet, au moment même où les anciennes conceptions cosmiques qui enchaînaient l'esprit s'effacent et se dissipent, à ce moment les sciences ouvrent un horizon infini de solutions, de recherches et de travaux. Au moment même où les anciennes conceptions sociales, qui se subordonnaient nécessairement à la théologie, ont fini leur office et expirent, à ce moment la sociologie, démontrant que les sociétés ont leur loi comme tout autre phénomène, révèle un monde nouveau et augmente l'attrait si vif de savoir, par l'intérêt infini de ces grandes questions où ce que nous avons de plus cher et de plus précieux se trouve impliqué. Aussi, rien ne peut-il prévaloir contre le torrent de la libre pensée; et, pour combattre ces tendances non moins impérieuses en Italie qu'ailleurs, la papauté restaurée s'arme de tout l'arbitraire que des baïonnettes étrangères lui ont remis. Elle étouffe, autant qu'en ce siècle la censure, les douanes et les persécutions peuvent étouffer, elle étouffe les manifestations; mais, n'étant plus, pour ceux qu'elle opprime ainsi, un pouvoir spirituel que de nom, elle s'arrête au seuil des intelligences, en qui le travail d'émancipation se poursuit. Janus à un seul front, elle demeure obstinément tournée vers le passé, et emploie le bras séculier, n'étant plus capable de convaincre, à retenir l'Italie.

Mais l'Italie ne peut être retenue. Quand le soleil de la civilisation moderne, éclipsant pour jamais celui de la civilisation passée, se lève si splendide sur l'Europe, est-il clôture tellement hermétique, qu'elle empêche ses rayons de pénétrer? En toute chose éclate la discordance entre les Italiens et la papauté restaurée. Rien de ce qu'elle veut leur persuader ne va ni à leur cœur ni à leur intelligence; rien de ce qu'ils désirent le plus vivement ne lui est supportable. Ils repoussent avec dédain ce qu'elle offre; elle foule aux pieds avec colère ce qu'ils honorent. Indépendance nationale, liberté politique, réformes sociales, idéal brillant qui entraîne les Italiens, tout cela est invention diabolique et damnable suggestion, contre quoi pourtant des armes étrangères valent mieux que des bulles. Autrefois, les bulles valaient mieux que des armes; mais alors... Et c'est là ce qu'on appelle de nos jours un pouvoir spirituel, sans autre force que la force matérielle, et, sur tous les points, en dissentiment complet avec ceux qu'il prétend diriger : ombre et décrépitude de ce grand pouvoir spirituel qui, ayant gouverné noblement et salutairement le moyen âge, s'agite tristement dans un monde qui n'est plus fait pour lui!

Aussi, quelle féconde et active hostilité, en Piémont, là où seulement on peut la suivre de l'œil, contre l'autorité cléricale! On dirait vraiment ce temps de notre Restauration où une société profondément blessée par les tentatives théologiques, employait, vu les circonstances, un langage contenu pour repousser ce dont elle ne voulait pas. On sait ce qu'il y avait au fond des âmes : Juillet 1830 en a témoigné.

Un tel état des esprits italiens, un si profond mécontentement contre l'autorité spirituelle, une si réelle impossibilité de l'accepter comme directrice auraient, dans le seizième siècle, amené le protestantisme; en plein dix-neuvième siècle, c'est à l'émancipation théologique que tout cela conduit. L'Italie, il n'y a rien à craindre de ce côté, ne passera pas au protestantisme : je m'explique ainsi, parce que le protestantisme, qui fut la première négation formulée par l'esprit révolutionnaire, est maintenant trop vieux de trois cents ans pour exciter les sympathies et plaire aux intelligences. La dissolution révolutionnaire a procédé par deux voies distinctes chez les peuples occidentaux ; les uns ont rompu avec le catholicisme, et, après cette première satisfaction, ayant fait pour ainsi dire un nouveau bail avec les croyances théologiques, ils ont marché moins rapidement dans l'élaboration commune; c'est le cas de l'Angleterre, de la Hollande et de l'Allemagne. Les autres, étant restés catholiques, ont fait l'expérience complète et arrivent, sans intermédiaire, les uns un peu plus tôt, les autres un peu plus tard, à la pleine émancipation : c'est le cas de la France, de l'Espagne, de l'Autriche, de l'Italie.

L'Italie, la plus engagée dans ces liens, servira spécialement par cela même, outre l'indispensable concours de cette sœur en tout le reste, la république occidentale. La nécessité la plus urgente, en l'état où nous sommes, est la reconstitution d'un nouveau pouvoir spirituel. Les difficultés qui pèsent sur nous sont de l'ordre moral et intellectuel ; elles ne sont matérielles que secondairement. On restaurera vainement la papauté à Rome ; vainement encore on fera la fusion des deux branches bourboniennes et l'on soumettra les cadets aux aînés ou les aînés aux cadets; ailleurs est le nœud de l'affaire. Mais justement les pays où l'émancipation théologique est la plus étendue sont ceux où la désuétude du pouvoir spirituel est la plus profonde. Or, l'Italie n'a pas senti cette désuétude ; et son influence sera favorable à l'organisation d'un pouvoir spirituel qui, étant d'accord avec les conceptions et les tendances modernes, fera plus que tout le reste pour l'apaisement des esprits et la consolidation de l'ordre.

Fata viam invenient, a dit le poëte. Puisqu'en fait la civilisation est arrivée au point où nous la voyons, puisque le christianisme a réussi à supplanter le paganisme, et qu'à son tour le système catholico-féodal est en pleine dissolution, de sorte que le régime théologique, qui fut le régime initial de l'humanité, touche à sa fin ; puisque toutes ces mutations se sont opérées par le concours inscient des générations, il faut bien que toujours les *destins aient fini par trouver la voie*. Mais ce procédé spontané et aveugle est souvent le plus long, souvent accompagné de souffrances et de malheurs évitables. Ce sont encore les forces instinctives de la société qui agissent seules, en attendant que la science (la science sociale, création de la philosophie positive) régularise et améliore, ici comme ailleurs, l'ordre naturel. Ainsi arrive-t-il de l'expédition de Rome; c'est un conflit que *les destins sociaux* ont suscité, ouvrant à l'Italie, par ce choc, une voie dure et sanglante mais sûre à l'émancipation théologique.

III.

Côté négatif. — Loi sur l'enseignement [1].

La loi qui vient d'être votée a eu pour destination de mettre l'*enseignement*, qui est réglé par un pouvoir laïque et donné en bonne partie par des laïques, assez en accord avec l'*éducation*, qui est donnée par des ecclésiastiques, pour que les hommes qui auront été ainsi élevés soient des hommes d'ordre.

En me servant de cette expression, je n'ai dans l'esprit aucune ironie, car, parmi les conservateurs, il n'est personne qui soit attaché à l'ordre d'une façon plus sincère et plus désintéressée que moi. Seulement, comme je sais que l'ordre a des conditions sans lesquelles on le cherche vainement, l'étiquette du sac ne me cause aucune illusion; et, l'enseignement étant ce qui exige souverainement une doctrine, un système, sans quoi il n'apporte aux esprits que des moyens d'argumentation et une sophistique dangereuse, je ne vais pas m'imaginer qu'une loi d'enseignement faite avec des vues partie théologiques, partie métaphysiques, partie politiques, faite par des catholiques, des protestants, des juifs et des voltairiens, faite par des orléanistes, des lé-

[1] *National*, 8 juillet 1850.

gitimistes et des bonapartistes, soit une loi capable de consolider l'ordre en quoi que ce soit.

On n'a point touché au fond des choses, et on n'a introduit que de simples modifications au régime qui prévaut depuis longtemps. Je n'aurai besoin que de quelques souvenirs historiques présents à l'esprit de chacun pour montrer qu'un tel régime ne peut produire que ce qu'il a produit toujours, à savoir, des esprits éminemment négatifs et révolutionnaires, et qui persisteraient indéfiniment dans cette voie, si fort heureusement, en dehors de l'enseignement officiel, il n'y avait pas la situation même, le socialisme naissant, les idées positives qui commencent à neutraliser une influence aussi dissolvante. Mais ce qui frappe tout d'abord, du moment qu'on a l'œil ouvert sur les conditions à remplir, ce qui frappe d'un véritable étonnement, c'est la nullité absolue, l'irremédiable impuissance des conceptions puisées à une telle source. Rien ne démontre mieux l'incompétence radicale des hommes qui présentement se prétendent les directeurs de la société. Il semble voir d'antiques physiciens essayer de faire monter dans une pompe l'eau au delà de trente-deux pieds, et, ne concevant pas pourquoi le liquide s'obstine à ne pas dépasser cette hauteur, en accuser l'horreur que la nature a pour le vide.

Que fera un enseignement, le même en son essence que celui qui, depuis la fin du moyen âge, règne dans nos écoles? Exactement ce qu'il a toujours fait. Il faut être aussi aveuglé qu'on l'est en ces matières par les préjugés et la routine, ou plutôt aussi à bout de conceptions positives et de solutions rationnelles, pour en attendre autre chose. Le moyen âge avait un système d'enseignement pleinement d'accord avec sa constitution sociale, mais qui ne devait durer en son intégrité qu'un temps, à cause de l'incompatibilité implicite de la foi monothéistique avec les sciences qui allaient se développer; et l'on parviendrait, ce qui est absolument chimérique, à remettre les choses où alors elles étaient, que la dissolution viendrait de nouveau comme elle est venue. Après avoir mené directement au protestantisme et à l'agitation religieuse, il produisit, prolongé et modifié durant le XVIIe siècle, il produisit les philosophes, les sceptiques, ceux qui faisaient *table rase*, dans la confiance de tout rebâtir. Prolongé et modifié dans le XVIIIe, il produisit les libres penseurs, les vulgarisateurs, et finalement la révolution française, début de la révolution occidentale. Enfin, prolongé et modifié dans le XIXe siècle, il continua de manifester ses vertus négatives tant en France que hors de France. Il a été jusqu'à présent impossible d'en tirer autre chose. Pense-t-on que, les causes restant les mêmes, les effets puissent varier, et que *les deux immortelles sœurs*, dont la coopération a été jusqu'ici uniquement dissolvante, deviennent, par la simple volonté d'une assemblée législative, utiles à la conservation et à l'ordre ?

Un tel enseignement, très peu efficace depuis bien longtemps, puisqu'il engendra, il y a trois cents ans, le protestantisme, perd journellement de sa conséquence et de sa cohésion. Aussi était-il moins impuissant au XVIIe siècle qu'au XVIIIe, et moins impuissant au XVIIIe qu'au XIXe. Considérez les sources qui l'alimentent. D'abord il puise à la théologie, dont le principe est surnaturel ; puis à la métaphysique, qui conteste le principe surnaturel et veut traiter les mêmes questions que la théologie par la raison, non par la foi ; enfin, à la science moderne, qui repousse également le surnaturel de la théologie et le procédé subjectif de la métaphysique. Et toutes ces contradictions sont, en l'état présent, indissolublement liées l'une à l'autre ; la théologie ne peut se soustraire à la métaphysique, ni la métaphysique à la science. Or, pour peu que vous vouliez réfléchir, appréciez quel chaos doit, pour chaque intelligence, résulter des inconséquences et des incompatibilités auxquelles on la soumet. A ne juger que par là, l'instabilité des esprits (que d'exemples n'en avons-nous pas constamment sous les yeux !), l'instabilité des esprits, et conséquemment celle des choses, devrait être excessive, et elle le serait en effet si, comme la sociologie nous le montre, il ne se faisait, à côté de la démolition spontanée, une reconstruction spontanée aussi. La moindre lueur de l'esprit politique ferait voir à nos gouvernants que c'est cette reconstruction qu'il faut aider. Loin de là, on la ralentit tant qu'on peut, et, quand on a, tant bien que mal, agencé quelques débris qui appartiennent à l'ancien édifice et qui roulèrent sur le sol, on s'abrite sous cette ruine tremblante ; suprême effort des habiles et des sages de ce temps-ci !

L'enseignement mi-clérical et mi-universitaire, ou, en d'autres termes, mi-théologique et mi-métaphysique, ne peut former (le fait le prouve, la théorie sociologique le démontre) que des esprits négatifs. Sous la Restauration, c'était la portion théologique qui avait la prépondérance. Aussi alors, la métaphysique était dans l'opposition. Facile opposition ! car la métaphysique, sentant bien son étroite connexion avec la théologie, modérait ses attaques, choisissait ses arguments, et voulait seulement avoir la haute main, sans abattre un tronc dont elle est née et dont la chute entraînera la sienne propre. D'ailleurs, une telle victoire eût-elle été poursuivie, n'aurait pas été possible : l'opinion publique s'y serait opposée, comme elle s'est constamment opposée au triomphe complet de la théologie. La métaphysique est trop dissolvante et trop instable, la théologie est trop rétrograde et trop incompatible avec l'état moderne, pour que, en l'absence d'une doctrine qui fasse mieux l'office qu'elles remplissent, l'opinion permette autre chose que des oscillations.

Après juillet, l'oscillation alla vers la métaphysique, et la théologie entra dans l'opposition. Les dix-sept années et demie écoulées sous ce régime sont curieuses à considérer rétrospectivement. Voilà une doctrine (que mes lecteurs me pardonnent un mot aussi significatif pour une chose dès lors aussi futile), voilà une doctrine qui tient le sceptre des idées générales pendant les trois quarts d'une génération : et qu'en sort-il ? Une scolastique, non pas la grande scolastique du moyen âge, qui fit triompher Aristote et le nominalisme, et prépara Descartes, mais une scolastique de décadence, un équivalent du néoplatonisme, où la stérile observation du moi vaut bien les conceptions gnostiques des derniers défenseurs du paganisme.

La théologie combattit avec une grande colère, mais avec

une impuissance non moins grande, sa rivale, qui, tout en gardant le poste supérieur, se confondait en déférences et en protestations. Et cette impuissance serait toujours restée la même; car, aujourd'hui, dans la situation des esprits, comment décideriez-vous l'opinion publique à se passionner soit pour l'observation du moi, soit pour l'observation du surnaturel? Le coup vint d'ailleurs. La métaphysique, à pied, est devenue humble. Sans aucune grimace intempestive, elle a accepté une transaction qui lui donne du dessous, et qui la met à peu près dans la position qu'elle avait sous la restauration; seulement, elle n'est plus dans l'opposition; et, sachant faire des sacrifices, elle a le courage, comme elle dit, de condamner ceux qui pensent encore de la théologie ce qu'elle en a jadis pensé. C'est devant le socialisme qu'elle a pris ainsi peur et renoncé à être quelque chose par elle-même. Grand service du socialisme qui, en ceci comme dans le reste, tend à nous délivrer du négatif!

Les résultats se chargeront, comme ils ont fait jusqu'à présent, de mettre à nu la stérilité et la vanité de pareilles combinaisons. On veut avoir une nouvelle expérience, quoique les anciennes soient amplement suffisantes. Soit; mais, quand il aura été encore une fois démontré que cette voie est une impasse, si les hommes d'État renoncent à s'y engager de nouveau, il faudra accepter l'utilité d'un dernier essai, qui, dans le fait, ne peut en avoir d'autre. A ce propos il est bon de remarquer combien les idées mûrissent à mesure que la révolution occidentale approche de sa solution. Au XVIe siècle, lors de la Réforme, personne, protestant ou catholique, ne soupçonna qu'on était au début d'une rénovation plus complète que la substitution du christianisme au paganisme. Dans le XVIIe, lorsque la France évitait la demi-révolution où l'Angleterre entrait, les plus éclairés ne voyaient ni l'étendue ni la gravité du mouvement. Plus tard, quand le continent vint à s'ébranler à son tour, on crut encore qu'on sauverait l'ancien édifice, sauf quelque raccommodage semblable à celui qu'il avait subi, plus de cent ans auparavant, en Angleterre. Mais aujourd'hui, les choses sont à bout et à nu, et les moins clairvoyants comprennent que la désuétude croissante des vieilles croyances est la cause de tout. De là, il n'y a pas loin à reconnaître que l'ordre ne peut être reconstitué que par de nouvelles croyances. Au fond, c'est cela qui est le socialisme.

Le compromis actuel qui constitue notre système d'éducation et d'enseignement, je l'ai critiqué pour les résultats identiques qu'il donne depuis trois cents ans dans toute l'Europe. Je n'entrerai pas dans la critique théorique; j'aime mieux exposer le nouveau système tel que le propose la philosophie positive. Il ne s'agit plus de détruire, besogne présentement trop facile; il faut, à chaque fois, indiquer comment on remplace. Ce système comprend l'éducation et l'enseignement; il n'y a qu'une situation révolutionnaire, comme est celle de l'Occident, qui permette la séparation. L'enseignement doit fortifier l'éducation et non l'ébranler; aujourd'hui, loin de la fortifier, il l'ébranle. Une pareille condition à remplir exige forcément que les bases du système soient les sciences, qui, étant incompatibles avec toute théologie et toute métaphysique, viennent incessamment contredire ce que l'une et l'autre affirment. La contradiction ne sera évitée que par l'incorporation des sciences dans l'éducation. Mais ce ne sont pas les sciences telles qu'on se les figure, et telles qu'elles sont en effet aujourd'hui, fragmentaires, incomplètes, isolées, spéciales, qui peuvent remplir ce grand office; ce sont les sciences systématisées par la philosophie positive, et réduites en une seule science. Grâce à une échelle ascendante, qui est à la fois vérifiée par l'histoire et donnée par les connexions naturelles, on va du plus simple au plus composé, du plus général au moins général. Commençant par les mathématiques, on arrive à l'astronomie; de là à la physique, de là à la chimie; de là à la biologie, de là à la sociologie. A ce point, le cycle philosophique est complet, et celui qui est instruit de la sorte, connaît le monde extérieur, l'homme individuel et la société. Quoi de plus à connaître, sinon les suggestions illusoires de l'imagination, qui, créatrice et toute-puissante au début, abandonne de plus en plus la place aux notions positives? Mais quoi de moins, si on veut en effet avoir une véritable science, une philosophie, c'est-à-dire une direction pour le cœur et pour l'intelligence? Ce fut l'erreur, inévitable sans doute, mais capitale, de quelques-uns des derniers et plus éminents penseurs en biologie, Cabanis par exemple, de supposer que toute la connaissance pouvait se tirer de l'étude de l'homme individuel. Il n'en est rien; la loi de l'évolution continue est complétement en dehors de la biologie, la domine, et ne peut être déterminée que par l'histoire. De là résulte la sixième et dernière science ou sociologie, qui, embrassant dès lors l'ensemble des phénomènes naturels, supplée définitivement à toute théologie comme à toute métaphysique, et indique les conditions de la nouvelle éducation, sans commettre ni la méprise de la théologie, qui, plaçant l'enseignement moral au sortir de la première enfance, ne lui donne pour soutien que des croyances incessamment menacées; ni la méprise de la métaphysique, qui met l'enseignement scientifique élémentaire à l'âge où le jeune homme, déjà développé, réclamerait les véritables instructions pour entrer dans la vie.

Parallèlement à l'éducation positive se développe une éducation esthétique qui, bien que subordonnée, n'en est pas moins d'un intérêt capital. Par cette subordination seule l'art peut reprendre la place qu'il eut dans les sociétés véritablement organisées, dans le paganisme et le catholicisme. Qu'est-il dans nos sociétés révolutionnaires? un plaisir, limité d'un côté à un petit nombre, de l'autre dépourvu de son but social. C'est dans cet état que les esprits deviennent si inhabiles à juger et à sentir les productions des temps qui ne sont plus. On se rappelle quel dédain le XVIIIe siècle professa pour Homère. Mais la sociologie, devenue le savoir commun des populations, dispose les yeux à jouir de la radieuse Iliade, et, renouvelant avec les sources de la connaissance celles de l'imagination, crée un public pour les artistes et des artistes pour le public.

Car une telle éducation doit être universelle. Une éducation restreinte fut une condition nécessaire du régime théologique qui présida au développement initial de l'humanité. Une éducation universelle est la condition non moins nécessaire du régime positif, qui prendra la direction des intelligences. Tel est le progrès. En la haute antiquité, dans l'ordre païen, le seul aliment des populations était la légende, celle d'Osiris et d'Isis, ou celle de Jupiter et de Neptune. Plus tard, dans l'ordre chrétien, outre que la théologie, étant devenue monothéistique, acquit plus de rationalité, il y eut, pour toutes les classes sans exception, un enseignement moral, un catéchisme. Dans l'ordre positif, ce catéchisme prend de tout autres dimensions : ne pouvant plus fonder la morale sur une théologie qui s'évanouit, il la fonde sur une connaissance réelle de l'ensemble des choses. De là sort la nécessité du plan d'éducation formulé par la philosophie positive. Ce vaste ensemble, qui dépasse tellement les éducations les plus étendues et qui cependant doit être le partage de tous, n'est, au fond, qu'un catéchisme.

Maintenant il ne se passera pas un long temps san sque les hommes d'État s'aperçoivent que la tâche d'entretenir l'ordre matériel est suffisamment lourde, et qu'il est urgent de ne pas la surcharger encore du règlement de l'ordre spirituel. Ce juste sentiment de notre situation sociale se traduira, sauf indemnité pour les personnes, par la suppression du budget théologique et métaphysique, autrement dit ecclésiastique et universitaire. Venant plus tôt, et en l'absence de l'éducation positive, une telle suppression n'aurait eu aucune efficacité; venant à ce point, elle en aura beaucoup. Mais, dût la libre compétition se faire encore longtemps attendre, l'éducation positive n'en a pas moins le champ ouvert devant elle. J'engage mes lecteurs à l'essayer sur eux-mêmes et sur leurs enfants. Moi, et plusieurs autres, nous avons refait notre éducation; et, y trouvant un immense bénéfice intellectuel, nous y avons trouvé, ce qui en est ici une conséquence nécessaire, mais, ce qui est encore plus précieux, un immense bénéfice moral.

IV.

Coté négatif. — Hostilité contre la presse [1].

La réaction, dans ses intervalles de triomphe suivis de chutes profondes, n'a jamais manqué d'attaquer la liberté de la presse. Comme l'animal de la fable de Lafontaine, elle *n'a qu'un tour dans son bissac.* Mais ce tour est-il bon? L'ancienne monarchie ne toléra jamais la liberté de la presse, et pourtant elle périt dans le plus formidable embrasement dont l'histoire garde le souvenir. L'empereur Napoléon n'eut, non plus, aucune faiblesse de ce côté; inaugurant le régime du sabre, il ne laissa la parole qu'à ses louangeurs et à quelque insignifiante littérature; et pourtant il succomba devant un soulèvement européen suscité par ses violences et sa tyrannie. La Restauration ne ménagea ni les entraves ni la censure, et pourtant son héritier est à Frohsdorf. Les d'Orléans élevèrent, tout en creusant le fossé des Tuileries, le puissant bastion des lois de septembre; et pourtant leur chef, devenu collaborateur dans une revue anglaise, explique présentement comment le sceptre lui échappa. Hors de France, même spectacle. Ce n'est pas la tolérance de Ferdinand et de don Miguel qui a déterminé la chute du pouvoir absolu dans la Péninsule ibérique; ce n'est pas le défaut de précautions contre la presse qui a livré le pape, la Toscane, la Lombardie aux agitations révolutionnaires; ce n'est pas l'imprévoyance des gouvernements germaniques qui a ébranlé et ébranle encore l'Allemagne d'un bout à l'autre; ce n'est pas non plus le laisser-aller de M. de Metternich à l'égard des écrivains qui a fomenté l'insurrection de Vienne et celle de la

[1] *National*, 22 juillet 1850.

Hongrie. En ceci, la vieille monarchie, l'empereur Napoléon, la Restauration, les d'Orléans, le pape et les tyranneaux italiens, les princes allemands, le gouvernement autrichien, sont irréprochables; leur conscience est nette; et, comme le malade de Molière, s'ils ont succombé, c'est dans toutes les règles.

Soit, que les règles s'accomplissent. Souvent j'entends dire que tel ou tel parti, le parti conservateur, ou le parti légitimiste, ou le parti catholique, agiraient plus sagement et plus conformément à leurs intérêts s'ils tenaient telle ou telle conduite qu'ils ne tiennent pas. C'est un faux point de vue. Chaque parti est le meilleur juge de ce qui favorise ses projets. Si le parti légitimiste vote contre toute espèce de liberté, c'est qu'il juge toute espèce de liberté incompatible avec la restauration qu'il désire; si le parti catholique fait des miracles et vante l'inquisition, c'est qu'il ne peut ni reconquérir son pouvoir sans des miracles, ni faire croire à ses miracles sans inquisition. Si le parti réactionnaire poursuit la presse, c'est que la presse le gêne. Mais tout ceci se passe devant un public qui observe, sous une critique sévère, incessante, hardie, à côté de laquelle la critique par la presse n'est pour ainsi dire rien, avec la perspective d'un renouvellement en 1852, c'est-à-dire en moins de deux ans. Soit donc; laissons les partis à leurs tendances, et que les règles s'accomplissent.

Certes, ce n'est pas par la fertilité des conceptions et par la puissance du génie politique que brille la réaction européenne. Voilà un péril évident pour la société; c'est le péril de l'instabilité; et ceci, je le dis aussi bien à notre point de vue, qu'à celui de nos adversaires; car il n'est personne, hors les brouillons et les ambitieux misérables, que l'instabilité satisfasse. Cette instabilité se révèle depuis soixante ans par des commotions violentes, qui se pressent de plus en plus, et qui atteignent les pays jusqu'alors en apparence les plus stables. Eh bien! pour tout remède, pour toute ressource, à chaque fois que le péril apparaît, on a recours à la gêne de la presse. Rien de plus, rien de moins; on faisait cela il y a soixante ans, avant la grande révolution;

on le fait encore soixante ans après; on le fait au delà des Pyrénées, des Alpes et du Rhin; les réactionnaires italiens n'en savent pas plus que ceux de France, et le roi de Prusse copie M. Carlier. La maladie sociale est toujours la même; je ne crains pas de me servir de ce mot, dont ils se servent; car, moi aussi, je considère l'état révolutionnaire comme un état maladif, comparable à la dentition ou à la puberté, travail inévitable, orageux, mais salutaire, puisqu'il doit porter l'humanité, comme l'individu, à un point plus élevé de son évolution. La maladie est toujours la même, mais nos empiriques n'ont qu'une recette. Et en vain cette recette a-t-elle constamment échoué; constamment ils la reprennent, bien que le public en supporte de plus en plus impatiemment l'application.

S'ils savaient autre chose, ils feraient autre chose; mais ils ne savent rien de plus. On appuie l'ordre sur une monarchie et une théologie qui ont elles-mêmes besoin d'appui; et, quand tout cela croule, on recommence. Telle est, en bref, toute la conception politique de nos faiseurs: recommencer toujours ce qui se défait toujours. Avant tant et de si claires expériences on a pu se faire illusion sur l'incapacité infinie des hommes qui gouvernent; on a pu croire qu'ils avaient réellement quelque chose dans l'esprit, quelque valeur propre, quelque conception adaptée aux circonstances. Il n'en est rien; frappés d'une stérilité sans exemple, et semblables à cet abbé Trublet de Voltaire, ils compilent et ressassent ce que d'autres ont déjà compilé et ressassé. Et l'on s'étonnerait que l'ouvrier dans son atelier, le paysan sur son champ deviennent socialistes! Il le faut bien; nous ne sortirions pas de l'ornière si le socialisme ne venait supplanter des esprits aussi radicalement épuisés.

Ce qui amène inévitablement toutes les réactions à cette oppression de la presse, c'est l'impossibilité de répondre. Non-seulement elles sont impuissantes à réfuter les bonnes raisons de leurs adversaires, mais elles sont incapables de prévaloir même contre les sophismes. Situation misérable dont on cherche toujours à sortir par la violence, en opprimant, en imposant silence! Quoi de plus dur pour des gens qui ont le pouvoir en main, que de se sentir battus par d'insolubles objections, que de voir leurs paroles sans efficacité sur les masses, tandis que d'autres paroles trouvent le chemin des oreilles et des cœurs? Quoi de plus tentant que de couper court à des discussions qui tournent si mal, et de demander à la force ce qu'on ne peut plus obtenir par la raison? Alors on hausse les cautionnements, on recourt au timbre, on exagère les amendes, on met la censure quand on peut, on s'agite, on se fâche, on regrette l'inquisition, l'inquisition qui n'a sauvé ni l'Espagne, ni l'Italie, ni elle-même, et qui, d'ailleurs, n'est qu'une vieillerie (il leur est vraiment impossible d'imaginer quoique ce soit qui n'ait été imaginé bien avant eux, et leur stérilité se manifeste jusque dans leurs extravagances). Tout ce misérable tapage finit toujours par un progrès de l'ordre nouveau, par une déchéance plus profonde de l'ordre ancien.

Mais comment se fait-il que les réactions ne puissent pas répondre même à un sophisme révolutionnaire? Et cela, de leur propre aveu; car, si elles pouvaient répondre, pourquoi mettraient-elles des cautionnements, des entraves, des censures; de même que, si elles eussent compté sur leur propagande, pourquoi auraient-elles restreint le suffrage universel? Ce qui fait que leur propagande ne réussit pas est aussi ce qui fait que leur argumentation est incessamment battue, à savoir le fond théologique sur lequel toute réaction repose. Le régime constitutionnel et la métaphysique, qui s'en accommodait si bien, masquaient la situation réelle; mais la révolution de février a fait disparaître ces illusions. La modestie de M. le président de la République ne lui a pas permis de désavouer son ministre appelant catastrophe un événement qui l'a porté au pouvoir. Soit; mais la révolution de février a fait autre chose pour la France et pour l'Europe; elle a mis ici la République, là des constitutions, et partout témoigné de la puissance des peuples, de la faiblesse des trônes, et du discrédit croissant des anciennes croyances.

Maintenant, il est clair que la réaction (les voltairiens s'étant fait jésuites) n'a de consistance qu'autant qu'elle s'appuie sur la théologie, de doctrine qu'autant qu'elle en emprunte une à la théologie, et d'espérance qu'autant que la théologie triomphera. La restauration du pape par la coalition des croyants et des sceptiques a été la manifestation patente de cette situation qu'amenait forcément le socialisme. La métaphysique a fui comme un vain nuage; et les deux adversaires sont en présence, l'ordre ancien et l'ordre nouveau, l'ordre théologique et l'ordre positif. Or, la théologie, depuis sa décadence officielle lors de l'invasion du protestantisme, s'est toujours trouvée faible devant l'esprit révolutionnaire; elle n'a rien défendu, rien conservé; elle bombarde Rome, et en serait expulsée demain, si demain les baïonnettes françaises ou autrichiennes cessaient de la maintenir. Protectrice nécessaire de tout le système ancien qu'elle a fondé et entretenu, elle partage l'impopularité irremédiable qui le détruit. Et ici la *vile multitude* est aussi sage que juste; la théologie, jadis si pleinement satisfaisante pour les sociétés, soit sous la forme polythéistique, soit sous la forme monothéistique, est devenue également incompatible avec les besoins de l'intelligence, et avec les besoins du cœur de l'homme moderne.

Aussi la réaction, n'ayant pas d'autre arsenal, ne se soucie jamais de la discussion. L'affaire de Galilée est le jugement de toute argumentation où le principe théologique intervient. Il en est aujourd'hui comme il en fut jadis, alors que le christianisme luttait pour arracher le monde au paganisme. Certes, si la presse eût existé, les empereurs et le sénat n'auraient pas hésité à défendre, par de bons cautionnements et de vigoureuses amendes, la société menacée; ils auraient énergiquement réprimé les écrits socialistes qui montraient la cité nouvelle sortant des ruines de l'ancienne; ils auraient abouti, comme ils aboutirent en effet, et comme on aboutira de nos jours, à contrarier, sans l'empêcher, l'avénement de la doctrine rénovatrice. Transportez dans notre temps Julien, Symmaque, Celse, et ils voteront toutes les mesures les plus répressives; transportez dans ces siècles nos meneurs actuels, et ils n'épargneront pas les chrétiens. Les *deux im-*

mortelles sœurs, pour que rien ne manque à la ressemblance, se prêtèrent la main : le néo-platonisme, qui était la métaphysique d'alors, contracta alliance avec la théologie du temps, et, de concert, elles interdirent les écoles aux chrétiens. C'est le pendant des destitutions fondant sur nos instituteurs socialistes, et des persécutions contre la presse.

L'histoire du christianisme nous apprend qu'il n'est pas besoin de la presse pour la propagation d'une doctrine; de sorte que, si aujourd'hui on parvenait à supprimer cet organe, si utile pour la diffusion de la pensée, on se trouverait tout juste où étaient les païens, et certainement on échouerait comme eux devant la subtile communication des esprits. Que dire donc de mesures qui, n'ayant pas une efficacité suppressive, sont seulement restrictives? Supprimer serait impuissant; que sera donc restreindre? Il est manifeste à la moindre réflexion qu'une seule voie reste ouverte : c'est d'agir sur la presse par la réforme des opinions et des mœurs. Toute autre conception est illusoire; amendes, cautionnements, censure, cela est usé et impuissant; il n'y a d'idée neuve et efficace que celle qui prétend remplacer la vieille doctrine théologique, aujourd'hui en pleine décadence, par une doctrine sociale capable de diriger et de réprimer la presse comme le reste. Mais qui maintenant promet une doctrine, sinon le socialisme? et qui en a réellement une, sinon la philosophie positive, forme déterminée du socialisme ?

Toutefois il y a eu, dans la discussion de la loi actuelle, un incident digne de remarque : une disposition a été adoptée qui oblige l'auteur de chaque article à signer. Il y a deux ans, en 1848, la Société positiviste, sous la présidence de M. Comte, examina quelles devaient être les formes du gouvernement le plus approprié à la transition que nous traversons présentement, avant d'arriver à l'état définitif. Dans le rapport qui fut fait alors, et dont je fus chargé [1], il est dit : « La presse est un instrument de sur-

[1] Rapport à la Société positiviste par la commission chargée d'exa-

veillance pour lequel il n'est besoin que de modifications. Toute entrave sera supprimée ; mais la responsabilité doit, au lieu de tomber sur un gérant qui n'est rien, tomber sur celui qui a écrit l'article. La signature de l'auteur, en faisant évanouir une fiction immorale, garantira suffisamment la société et donnera à la presse plus de dignité et plus de respect de soi et des autres. En même temps il faudra formellement abroger l'interdiction qui protége la vie privée des hommes publics. La vie privée est la première garantie de la vie publique. » (Page 25.)

Voilà une proposition de la philosophie positive qui a trouvé faveur auprès de la Chambre ; à la vérité, la philosophie positive, avec cette clause, demande (et c'est aussi ce qu'on réclamait à gauche) la suppression du cautionnement et des autres entraves ; mais, malgré ces entraves, la mesure est bonne. Ce n'est pas nous qu'elle gênera, défenseurs de la République et de l'ordre établi, que nous coûte-t-il de signer nos articles ? Il en coûtera bien davantage, au moins devant l'opinion publique, à ceux qui demanderont la restauration de Henri V, ou celle d'un d'Orléans, ou un coup d'État impérialiste. Moi-même, qui prêche le socialisme en ce journal depuis 1844, et qui en signale aujourd'hui et les progrès accomplis, et les progrès inévitables, je signe toujours mes articles.

Et remarquez que la proposition a rencontré également de la faveur sur les bancs de la droite et sur ceux de la gauche. C'est une propriété que la philosophie positive manifestera de plus en plus au milieu de l'anarchie présente ; satisfaisant à la fois l'ordre et le progrès, ses solutions s'imposeront peu à peu aux esprits les plus divers, par la force des choses et par la pression des circonstances.

Aussi, je n'hésite pas à conseiller aux journaux qui défendent la cause démocratique de puiser, en présence de la nouvelle condition qui leur est faite, à cette abondante

miner la nature et le plan du nouveau gouvernement révolutionnaire de la République française. — Août 1848. Librairie de L. Mathias, 15, quai Malaquais.

source de sentiments et de lumières. Ils y gagneront une vue plus nette du progrès qui doit s'accomplir, atténueront, par ce commerce avec elle, leurs tendances négatives, et prendront par là plus de crédit sur l'opinion publique. Le progrès dont ils se sentent les organes cessera d'avoir chez eux le caractère purement révolutionnaire. Je n'hésiterais pas non plus à me tourner vers les journaux conservateurs et à leur donner le même conseil, si la philosophie positive, pour être profitable, n'exigeait l'émancipation théologique, qui est ou accomplie ou près de l'être chez les journaux démocratiques. Toutefois, l'ordre que les conservateurs défendent, étant rétrograde, compromet la cause même de l'ordre. Ceux qui s'apercevront de cette méprise capitale, trouveront dans la philosophie positive, seule doctrine qui ne fasse aucune concession à l'anarchie actuelle, les vrais remèdes à l'instabilité révolutionnaire.

V.

Côté négatif. — Antagonisme du pouvoir parlementaire et du pouvoir exécutif [1].

Le socialisme a pour adversaire, dans l'ordre spirituel la théologie, dans l'ordre temporel la monarchie : l'ensemble de leurs efforts est le côté négatif de la situation européenne ; ce sont autant de forces perdues, sans autre emploi actuel, sans autre destination future que de gêner, entraver, retarder un avénement inévitable. Il y a dans la légende du paganisme une image représentant vivement la lutte impuissante dont maintenant l'issue est prévue. Dans la magnifique épopée qui est pour nous la plus vivante histoire des croyances et des âges polythéistiques, les dieux protecteurs de Troie n'ignorent pas les arrêts du destin sur

[1] *National*, 5 août 1850.

la ville qu'ils chérissent ; ils savent qu'ils ne la sauveront pas ; et pourtant, n'abandonnant point une tâche inutile, ils disputent jusqu'à la dernière extrémité la victoire aux guerriers de l'Achaïe. Et vraiment l'histoire contemporaine, dans sa grandeur et sa beauté abstraites, l'histoire contemporaine si visiblement mue par des forces intimes qui ne laissent point place aux volontés individuelles, invite à tourner les yeux vers ces antiques personnifications. Non, ce n'est point une illusion dédaignée par la raison, que de contempler dans le lointain du passé quelques ombres du présent.

L'expédition de Rome, la loi sur l'enseignement et la gêne de la presse, relevant plus particulièrement de l'ordre spirituel, sont, en ceci, la part de la théologie. Voilà ce qu'elle a tenté de plus saillant contre le socialisme, ce qu'elle a jugé le plus capable de restaurer son ancien ascendant sur les esprits. Une seule chose aurait été efficace, c'eût été de persuader aux populations que la terre était immobile. Avec cela, on retrouvait au firmament un univers fait pour l'homme, et toute la vieille conception du monde qui est seule compatible avec la théologie ; mais cette chose, elle ne l'a pas faite ; et dès lors qu'a-t-elle fait ?

Vient maintenant la part temporelle de ce travail négatif dont l'Europe est le théâtre. Du moment que la doctrine théologique (théologie et monarchie sont deux formes connexes d'un certain passé, deux aspects d'une même phase historique) n'a pu parvenir à se rajeunir et à s'infuser une nouvelle vie, on est en droit d'affirmer que la monarchie n'a non plus rien gagné ; elle reste aussi impossible là où elle a été abolie, aussi vacillante là où elle a été ébranlée. La seule révivification dont théologie et monarchie aient été susceptibles est le protestantisme ; et déjà elle s'épuise pour l'Allemagne, ne gardant jusqu'à présent de l'efficacité qu'en Angleterre. Procéder par une autre voie est peine perdue, car on ne revivifie que ce qu'on réforme ; mais procéder par cette voie est impossible ; car le protestantisme n'a eu qu'un moment où il pouvait naître. Et, d'ailleurs, qu'est-il, sinon un pas dans la révolution, un premier degré dans la déchéance de l'ordre catholico-féodal? Je ne sais s'il y a encore, mais il y a eu naguère beaucoup d'esprits assez ignorants des nécessités historiques pour croire que l'on maintiendrait l'ancien ordre temporel tout en sacrifiant l'ancien ordre spirituel. C'est ainsi qu'au dix-huitième siècle les hautes classes et des rois même ont favorisé l'émancipation théologique, sans prévoir qu'ils favorisaient en même temps l'émancipation politique. Aujourd'hui une pareille illusion est dissipée; c'est cette nécessité qui, à l'ébahissement général, a précipité les voltairiens sous l'aile des jésuites. Le socialisme, ce grand instructeur en histoire, a produit aussitôt chez les réactionnaires sceptiques l'intuition des vraies conditions de l'ordre ancien : une doctrine et un établissement cohérent à cette doctrine, une théologie et un trône avec son aristocratie.

Cela étant, on conçoit comment, dans toute l'Europe, l'autorité est ébranlée. Qu'est devenu le *rey netto* en Espagne? Qu'est devenue la théocratie papale, le despotisme éclairé du roi prussien, le sceptre de plomb de l'Autriche? A une domination que ne contestaient pas les populations, a succédé une domination qui n'est plus qu'une violence permanente, et, pour ainsi dire, une conquête continue. Ni le pape, ni l'empereur d'Autriche, ni le roi de Prusse ne gouvernent plus leurs sujets, ils les combattent; la guerre est entre le prince et le peuple. En 1848, la chance tourna contre le prince, en 1849 contre le peuple. Mais le dernier mot n'est pas dit, et tout le monde le sait bien.

En France, grâce à la décomposition plus avancée de l'ordre ancien, nous n'en sommes plus là; il n'y a plus de prince, et, partant plus de lutte entre le prince et le peuple. Mais il y a un pouvoir à constituer qui, étant approprié à des circonstances tout exceptionnelles, nous fasse traverser sans encombre ultérieur, la transition révolutionnaire, l'intervalle compris entre le système catholico-féodal, qui disparaît, et le système positif, qui s'essaye. L'Assemblée constituante était trop étrangère aux notions de l'histoire, pour sortir de la route battue, et, à dire vrai, la population tout entière était trop imbue de préjugés politiques, pour qu'une conception neuve eût quelque chance de prévaloir. Il n'a fallu rien moins que l'expérience actuelle pour mûrir les idées et forcer les esprits les plus réfractaires à considérer les causes de l'incertitude et de l'instabilité communes. Un état transitoire à traverser, un état définitif à atteindre, sont deux notions corrélatives que la philosophie positive, seule, met en lumière, et sans lesquelles, pourtant, rien d'utile et de satisfaisant ne peut être fait en politique.

Il aurait été fort naturel qu'entre le pouvoir parlementaire et le pouvoir exécutif qui furent alors constitués, des conflits éclatassent, et que l'un, celui qui est placé au centre, et qui est unique ; et l'autre, celui qui provient des extrémités et qui est multiple, différassent de vues et de tendances. Il n'en a point été ainsi ; les vues sont identiques ; les tendances sont les mêmes. Soit qu'il s'agisse d'étouffer la République romaine et de rétablir le pape ; soit qu'il faille restreindre le suffrage universel ; soit qu'on se décide à donner une plus large part à l'influence théologique dans l'enseignement ; soit qu'on veuille augmenter les entraves de la presse, l'entente est complète, et on ne dirait jamais, les choses véritablement essentielles étant ainsi acceptées de part et d'autre, qu'aucun désaccord pût survenir. En cet état, l'opinion populaire est parfaitement neutre (et ce n'est que justice) entre les deux.

Cependant ce désaccord existe. Sur quoi porte-t-il? Tout récemment, le journal *le Pouvoir* a vivement gourmandé la chambre, lui imputant je ne sais quels griefs. Oui, je ne sais quels griefs ; car la chambre a-t-elle refusé les lois que le président lui a fait présenter par le ministère? Et, réciproquement, le président a-t-il refusé son approbation aux lois qui ont été votées par la chambre?

La chambre serait-elle bien venue à chercher querelle au président de la République, quand ce magistrat soumet à l'Assemblée les mesures qu'elle a souhaitées et sanctionne les mesures qu'elle a sanctionnées? Comment donc les journaux qui, de leur chef, se font les champions de la présidence, peuvent-ils être mieux venus à chercher querelle à la chambre? Tout est égal des deux côtés, ou toutes deux, chambre et présidence, tombent sous le coup de la même critique, ou toutes deux ont droit aux mêmes éloges. Aux yeux de l'opinion populaire, on ne peut scinder ces deux causes.

Et, en effet, l'opinion populaire ne les scinde pas, montrant, dans ses oscillations mêmes, une remarquable impartialité. Quand le président congédia brusquement M. Odilon Barrot, le triste ministre de l'expédition romaine, et rendit à la liberté cinq cents transportés de juin, l'opinion populaire ne lui a pas fait défaut. D'un autre côté, quand la chambre, se portant garant de la sécurité publique, montra qu'elle ne prêtait point une oreille complaisante aux *mauvaises passions* qui ont été signalées du haut de la tribune, et à d'imprudentes clabauderies, l'opinion populaire, sans contradiction aucune et sans hésitation, mais sans non plus faire abnégation de ses propres griefs, s'est retournée vers la chambre. Dans l'affaire de la dotation, la chambre a été approuvée de n'avoir pas consenti; approbation qui eût été plus nette si son refus eût été plus complet. On a parlé, dans ces derniers temps, d'une fusion entre les deux branches, aînée et cadette. Si une pareille fusion s'opérait, et que des prétentions royales se manifestassent, la présidence, s'y opposant, rencontrerait aussitôt une pleine faveur, sans que cela implique la moindre adhésion à la politique suivie en commun par les deux pouvoirs.

Il est vraiment singulier de voir le parti impérialiste proposer un changement dans la forme du gouvernement, tout en appuyant énergiquement les mesures rétrogrades que les autres partis désirent. De sorte qu'il nous offre, pour prix des chances d'un bouleversement et d'une usurpation, la perspective du même système réactionnaire. Mieux vaut évidemment ne pas changer; d'autant plus que le système actuel a son remède dans le travail de l'opinion publique et dans la révision légale de la Constitution. Il faut être véritablement infatué pour s'imaginer qu'une personne puisse, indépendamment de tout système, intéresser et captiver. Il n'y aura plus désormais de grande, et, j'ajoute, de légitime ambition que celle qui marchera à la tête des tendances socialistes.

Au reste, cette erreur n'est pas propre au parti impérialiste ; elle affecte, au même degré, le parti orléaniste et le parti légitimiste. En quoi ces deux-là se distinguent-ils du troisième? Ils compriment, comme lui, avec violence ; comme lui, ils enchaînent la presse ; comme lui, ils essayent de rendre à la théologie sa vieille prépondérance dans l'enseignement ; comme lui, ils rétablissent l'inquisition à Rome ; mais, cela fait, ils viennent nous engager à prendre, non pas l'homme de l'impérialisme, mais le leur. A quoi bon, répond dans sa dédaigneuse tranquillité la nation? Et la République apparaît de plus en plus comme le vrai gouvernement de la France moderne. Cela seul suffit pour mettre dans le jour le plus éclatant la décadence mentale des vieux partis ; c'est une hallucination de vieillards que de vouloir, à la fois, nous attirer au système rétrograde par l'appât d'un nom individuel, à ce nom individuel par l'appât du système rétrograde, et, pour comble, d'être trois à jouer ce jeu-là.

J'ai toujours pensé, depuis Février, que l'établissement de la République était définitif en France, étant garanti par les mœurs, qui ont cessé d'être monarchiques ; et, d'après ce point de vue tout théorique, j'ai constamment vécu et engagé à vivre dans une pleine sécurité. Présentement, ceux qui, pour se rassurer, ont besoin de voir et de toucher des antagonismes bien moins efficaces pourtant, suivant moi, que la nature des choses et la situation des esprits, ceux-là, dis-je, doivent être convaincus que la République n'a rien à craindre. C'est donc en toute liberté d'esprit que nous devons étudier dès à présent, et en vue de la révision de la Constitution, quels doivent être les rapports du pouvoir parlementaire et du pouvoir exécutif. Et, en ceci, il ne faut aucunement nous laisser préoccuper par les fluctuations de l'opinion et par les besoins d'une tactique. Les tactiques m'ont toujours paru moins honnêtes que spécieuses, plus décevantes en fin de compte qu'utiles ; et, de fait, la ressource de ceux qui, n'ayant pas de doctrine, ont des expédients. La tactique de l'opposition, qui, pour faire pièce à la branche aînée et à la branche cadette, ne cessa de défigurer l'histoire au profit du règne impérial, vient de se voir, après plus de trente ans, réfutée par ses résultats.

La notion qui est déterminante dans la question est celle-ci : La révolution est une transition entre un ordre ancien qui tombe en ruine et un ordre nouveau qui se fonde; jusqu'à présent, elle a marché spontanément comme toutes les mutations antérieures de l'humanité; aujourd'hui, grâce aux lumières de la philosophie positive, on en aperçoit le terme, et il est permis de travailler sciemment à l'avancer. Tout gouvernement actuel se mesure à cette mesure : bon s'il favorise, mauvais s'il gêne la direction maintenant manifeste de la société.

Il est presque impossible que le pouvoir parlementaire, qui, au fond, est un pouvoir local, puisque chacun de ses membres représente au plus des tendances départementales, ait jamais assez d'unité dans les vues, de fixité dans les résolutions et surtout un sentiment assez vif des nécessités progressives pour diriger avec succès l'orageuse transition que nous traversons. Au contraire, il est très-possible que le pouvoir exécutif, qui est le pouvoir central, acquière les qualités requises. C'est donc au profit du pouvoir central que le socialisme doit s'efforcer de faire tourner la révision de la Constitution.

Le fond de l'idée est que le pouvoir parlementaire n'ait plus pour attribution que le vote de l'impôt et la vérification des comptes, laissant au pouvoir central tout le reste, lois et administration.

Mais, avec cet accroissement de force, si le pouvoir central avait, comme il a aujourd'hui, la même origine que le pouvoir parlementaire, on aurait non diminué, mais aggravé les périls de la situation. Il faut donc lui donner une autre origine qui y fasse prévaloir d'une manière constante et réglée la généralité sur la particularité et les tendances progressives sur les tendances rétrogrades. Or, appliquant à la solution de ce problème la méthode historique, qui consiste à toujours employer les forces réelles et les puissances effectives, la philosophie positive indique que cette origine cherchée ne peut être que Paris, assisté, dans cette grande fonction publique, par les villes principales de la France. Depuis l'ère à jamais mémorable de 89, Paris a toujours eu l'initiative (l'initiative seulement, mais ici cela est capital) des mutations décisives. Faites que cette initiative, au lieu d'être intermittente et saccadée, soit régulière et continue, et vous aurez introduit la condition politique la plus favorable au bien commun [1].

Plus on se dépouillera de la notion métaphysique que l'électorat est un droit, pour se pénétrer de la notion positive que l'électorat est une fonction, plus on se sentira disposé à concevoir des combinaisons qui assurent à la fonction sa pleine efficacité. Deux grands intérêts, abandonnés l'un et l'autre dans l'état actuel à de dangereuses fluctuations, les intérêts matériels et les intérêts politiques, réclament une active sollicitude. Les intérêts matériels, c'est le pouvoir local, excellent juge en ces matières, qui en aurait le contrôle ; les intérêts politiques, c'est Paris avec les villes ses acolytes qui en aurait la direction. Bien des choses paraissent d'abord lointaines ou hasardées que le mouvement rapide des circonstances ne tarde pas à rendre prochaines ou praticables. Voyez la signature des articles dans les journaux : qui aurait cru qu'une proposition votée dans une obscure réunion arriverait, d'une façon ou d'une autre, dans l'Assemblée législative, et y serait accueillie, malgré tant et de si puissantes répugnances? Le pouvoir local, le pouvoir central, Paris et les villes, sont, j'en conviens, de plus grosses affaires. Toujours est-il qu'au moment de la révision de la Constitution, il faudra opter entre un *statu quo* encore une fois provisoire, ou une réforme rétrograde,

[1] Voyez, pour un plus ample développement des idées ici indiquées, la brochure que j'ai citée dans mon dernier article : *Rapport à la société positiviste*, etc.

ou une forme progressive. La philosophie positive soumet dès à présent son plan de réforme progressive à la méditation du public.

VI.

Côté négatif. — Décadence du bonapartisme [1].

Combien, des six millions de voix qui ont nommé M. Louis Bonaparte au poste de président de la République française, combien s'en retrouverait-il si, le suffrage universel ayant été conservé tel qu'il était lors de cette élection, on votait de nouveau après épreuve faite, comme on a voté une première fois avant toute épreuve? Le vote avant toute épreuve a été la mesure de la puissance conservée par les souvenirs bonapartistes, déduction faite, bien entendu, de la part non petite qu'y ont eue les orléanistes et les légitimistes, alors coalisés avec les bonapartistes. On ne savait rien de M. Louis Bonaparte, sinon qu'il était le neveu de l'empereur Napoléon, et que deux fois Louis-Philippe avait prononcé sur son sort, l'une pour le gracier avant tout jugement, l'autre pour laisser exécuter la condamnation portée par la chambre des pairs. Favorables à la mémoire de Napoléon, hostiles à un Bourbon, bien que cadet, les paysans et les ouvriers votèrent en grande majorité pour un homme qu'ils ne connaissaient pas. Le nom fit tout.

Le bonapartisme ainsi évoqué de sa tombe par le suffrage universel (car qu'était-ce autre chose qu'une évocation?) fut mis en demeure d'agir, ne pouvant plus désormais échapper à la chance ou de s'assurer définitivement des voix données d'abord de confiance, ou de les perdre irrévocablement. Ce qui n'était précédemment que vague et lointain souvenir, illusion des attachements populaires,

[1] *National*, 19 août 1850.

prenait un corps, et, se transformant en une politique caractérisée, devenait susceptible d'une appréciation immédiate et d'un jugement porté en connaissance de cause. Je répète donc ma question : Combien, des six millions de voix acquises il y a près de deux ans au bonapartisme, combien en reste-t-il aujourd'hui ?

La réponse n'est pas difficile à faire. Le rétablissement de l'impôt sur les boissons en a ôté, l'expédition de Rome en a ôté, la prépondérance donnée aux influences cléricales en a ôté, l'aigle impériale abritée sous la robe des jésuites en a ôté, les persécutions contre les instituteurs, les petits employés, les soldats et les sous-officiers, en ont ôté; la restriction du suffrage universel en a ôté, les entraves à la presse en ont ôté, les demandes personnelles d'argent en ont ôté. Et l'on peut dire que cette vaste défection n'a été compensée par aucun recrutement. On a perdu parmi les prolétaires, mais on n'a pas gagné parmi les hautes classes, qui préfèrent toujours soit la branche aînée, soit la branche cadette. Pour se convaincre de cette préférence, il n'y a qu'à voir ce qu'est la chambre pour le parti bonapartiste et ses prétentions.

Cette statistique est irrécusable, mais elle ne nous donne aucune approximation sur la valeur des pertes essuyées. Ces pertes dépassent-elles la moitié des voix jadis données de confiance, et la majorité est-elle déplacée ? La restriction du suffrage universel fait croire que l'on craint un revirement là où de telles craintes sont significatives et que le bonapartisme ne compte plus autant sur les masses qui l'ont élevé au pinacle. Je respecte autant que qui que ce soit la Constitution, mais je ne me fais aucune illusion sur la force d'une lettre écrite, défendant moins la République qu'elle n'est défendue par elle. Si donc, en 1852, une manifestation populaire pareille à celle de 1848 s'était renouvelée, il n'y a pas de prescription constitutionnelle qui tienne, et il aurait fallu fléchir devant d'aussi unanimes et d'aussi constantes volontés. L'épreuve était sûre si les sentiments de 1848 avaient pu se prolonger jusqu'en 1852 ; mais nous n'en sommes plus là; aussi le bonapartisme hésite, et, en attendant, il a, de compte à demi avec l'orléanisme et le légitimisme, desquels il veut voir ce qu'il peut attendre, restreint ce suffrage universel qui l'avait porté. De telles hésitations indiquent clairement que la situation est profondément changée. On n'hésiterait pas si l'on se sentait, comme il y a deux ans, soulevé par le flot populaire ; on n'hésiterait pas si l'exercice du pouvoir en une pleine tranquillité avait fortifié, ainsi que cela devait être en cas d'exercice sage et intelligent, les sympathies préconçues. Bien loin de là, ces sympathies vont s'affaiblissant chaque jour, et chaque jour le flot populaire baisse.

Il y a près d'un an [1], parlant de la triste tactique par laquelle, pour combattre la branche aînée et la branche cadette, la presse de l'opposition avait défiguré l'histoire impériale, je disais dans ce même journal : « Je sais que l'imagination populaire est encore fortement saisie par les souvenirs impériaux ; mais il y a au fond une méprise qui, signalée, explique beaucoup de choses : malheureusement, lors de la catastrophe finale, l'intérêt de la tyrannie rétrograde et celui de la défense nationale se trouvèrent confondus. Toutefois, dans le nouveau milieu qui se forme, on rectifiera promptement une opinion qui tend d'elle-même à se rectifier ; l'odieux système d'oppression à l'intérieur et de spoliation à l'extérieur qui caractérisa les sept à huit dernières années de l'empire ne peut rester longtemps encore populaire. L'impression laissée par cette époque funeste compte parmi les causes qui ont le plus entravé au dehors le mouvement de février et empêché une juste confiance dans le peuple français. »

Cette prédiction s'est vérifiée, comme se vérifient ou se vérifieront les prédictions essentielles de la philosophie positive sur l'état de nos sociétés occidentales. On n'a plus à craindre une explosion populaire comme on en vit une au dix décembre 1848 ; et toute cette ferveur momentanée est éteinte. Et, de fait, le plus efficace et surtout le plus prompt

[1] Voir le *National*, du 24 septembre 1849, et, ici, p. 146.

agent de la destruction du bonapartisme devait être le bonapartisme lui-même. On aurait eu beau dire, d'après la théorie, qu'il était l'allié nécessaire du jésuitisme et capable de rétablir le pape et l'inquisition à Rome ; qui l'aurait pu aussi bien et aussi vite persuader que l'expédition romaine, la loi sur l'enseignement et la guerre aux instituteurs socialistes ? On aurait eu beau soutenir que le bonapartisme était l'ennemi naturel de toute liberté ; qui aurait été un aussi bon prédicateur que la loi sur la presse et sur les réunions ? On aurait eu beau assurer que le bonapartisme, quoique dépourvu du principe de légitimité qui appartient à la branche aînée, quoique étranger au parlementarisme et aux sympathies de la bourgeoisie qui appartiennent à la branche cadette, et n'ayant d'appui sérieux que les prolétaires, était radicalement hostile aux tendances populaires ; qui aurait mis cette hostilité en aussi pleine lumière que la restriction du suffrage universel ? On aurait eu beau prétendre que le bonapartisme devait inévitablement aggraver le poids des impôts ; qui aurait fait voir cette nécessité aussi clairement que l'impôt sur les boissons rétabli, la taxe des lettres augmentée, et la demande de dotation ?

C'est ainsi que sans relâche s'est faite la prédication anti-bonapartiste, par les faits eux-mêmes, et à la grande satisfaction de ceux qui, instruits par la philosophie positive, et indépendamment de tout préjugé révolutionnaire sur l'auteur du coup de brumaire, regardent le régime de l'empereur Napoléon comme une ère de rétrogradation, fatale à la France, fatale au reste de l'Europe. C'est en histoire, avec plus de durée, le pendant de la rétrogradation tentée par Julien contre le christianisme ; mais, de notre temps, comme au temps de Julien, le *Nazaréen*, c'est-à-dire l'esprit de rénovation, l'emporta ; la puissance rétrograde disparut, et les choses sociales reprirent leurs cours comme si elles n'avaient jamais été interrompues. Tant que le bonapartisme, demeurant dans son linceul, conservait le prestige qui entoure les morts, il hantait les imaginations populaires ; mais, revenu à la vie et se montrant avec ses anciennes tendances, il excite les sentiments qu'il n'aurait pas manqué d'exciter tout d'abord s'il n'eût pas absorbé l'activité de la France en des guerres sans fin. Enchaîner la guerre à la guerre fit tout le succès de sa politique à l'intérieur; mais s'il eût été condamné à la paix comme le furent Charles X et Louis-Philippe, et comme le sont présentement les gouvernements européens, son système rétrograde se fût rapidement écroulé sous l'action incessante de la critique révolutionnaire.

Un brave général, dans la prévision d'éventualités qui certes ne se réaliseront pas, disait dernièrement à la chambre qu'un coup d'État nous donnerait l'empire sans la gloire et la grandeur. Permis peut-être à un militaire dont l'ardeur s'éveille au souvenir des grandes armées et des grandes batailles de s'exprimer ainsi ; mais l'histoire, qui devient de plus en plus impartiale, et le sentiment des besoins de l'époque moderne, qui devient de plus en plus clair, ne le peuvent pas. Non que je veuille dire qu'un nouvel empire aurait la gloire et la grandeur, mais je veux dire que l'ancien empire n'a eu ni l'une ni l'autre. Une fois que le premier consul, n'étant plus dominé par le milieu républicain, put s'abandonner à ses instincts propres et eut dégénéré en empereur, tout, gloire, grandeur et fortune, ne tarda pas à s'éclipser graduellement jusqu'à la nuit profonde qui finit par couvrir cette funeste époque. Et qu'on ne dise pas que la défaite définitive fut le résultat de circonstances fatales et de la supériorité du nombre. Cette excuse, qui parfois laisse le renom du vaincu dans tout son éclat, aurait pu être invoquée par la glorieuse Convention, qui, elle, attaquée par la coalition européenne et par l'insurrection de la Vendée, étant sans officiers et sans armée régulière, sauva la France et la révolution. Mais l'homme qui commandait à la France, à la Belgique et à l'Italie, et avait pour alliés l'Espagne, la Hollande, la Suisse, plusieurs États allemands et le Danemark, quelle excuse peut-il invoquer après avoir perdu une telle partie? Et quand, ramené du fond du Nord, où son extravagance l'avait conduit, il se trouva dans la position où s'était trouvée la Convention et réduit aux seules ressources de la France, il ne fallut que deux mois en 1814 et quatre jours en 1815 pour perdre ce que notre grande assemblée et Louis XIV, dans des circonstances non moins périlleuses, avaient défendu avec tant d'acharnement et sauvé l'une par une série de victoires, l'autre par un traité. Maintenant, en regard de ce va-et-vient de triomphes et de revers, en regard de cette spoliation systématique infligée à l'Espagne, à l'Italie, à la Hollande et à l'Allemagne, mettez le régime intérieur qui opprimait toute liberté, rétablissait le trône, l'aristocratie et le clergé, et s'efforçait de repousser la société nouvelle vers je ne sais quel moyen âge bâtard.

Au reste, malgré la manifestation du 10 décembre, qui en définitive, s'est bornée à des votes, et qui, pouvant faire un empereur, a fait un président, il est manifeste que le sentiment bonapartiste a notablement baissé, grâce à la paix et à la reprise de l'esprit libéral et républicain sous Charles X et Louis-Philippe. L'insuccès complet des échauffourées de Strasbourg et de Boulogne le prouve. De même que l'on peut reconnaître combien le sentiment légitimiste a perdu dans les provinces qui en étaient jadis imprégnées, en comparant la formidable insurrection de 1793, avec le mouvement bien moins grave de 1815 et la tentative presque imperceptible de 1832; de même on peut se représenter le déchet bonapartiste en se souvenant de l'élan populaire qui emporta Napoléon du golfe de Cannes au palais des Tuileries, et de l'obstacle bien suffisant qu'opposèrent à deux tentatives analogues quelques soldats ou quelques gardes nationaux peu soucieux d'échanger Louis-Philippe pour un Napoléon. La République seule a eu la force d'ouvrir la porte à laquelle le bonapartisme avait déjà et aurait toujours frappé vainement. A la vérité, comme tous ceux qui sont incapables de porter le poids de la reconnaissance, il s'est aussitôt montré d'autant plus ingrat qu'il se sentait plus obligé; et il s'est immédiatement ligué avec les gens qui, eux, n'auraient jamais ouvert aucune porte ni à Napoléon ni à personne de sa lignée. Mais laissons cela ; la République ne réclame point de pareilles dettes ; et considérons seulement de quel côté fut la force, du côté du bonapartisme venant trébucher dans une caserne et au pied d'une falaise ou de la République emportant en trois jours Louis-Philippe, comme le libéralisme avait emporté Charles X ; considérons aussi le profond apaisement de la passion populaire entre 1815 et 1850.

Les partis, dans leur vie au jour le jour, ne font pas ces remarques, qui sont cependant de véritables repères dans la crue et dans la baisse de l'opinion. Voulez-vous juger de la croissance ou de la décroissance d'un parti, voyez ce qu'il a pu jadis et ce qu'il peut présentement. C'est de la sorte que vous apprécierez sans peine la force réelle du parti catholique à travers les illusions causées par un établissement officiel et par le mouvement qui vient de précipiter les sceptiques dans le giron des jésuites. S'il avait quelque puissance effective sur les sentiments populaires, la branche aînée serait encore aux Tuileries, et il n'y aurait ni République ni président de la République ; il n'y aurait non plus aucun socialisme.

Je rappelle ces notions empiriques, ou, comme on dit, ces *faits*, pour ceux qui, n'ayant aucune théorie sur l'histoire, s'imaginent être sans garantie contre le retour de la monarchie et de la théologie. La théorie enseigne avec plénitude (enseignement que les faits laissent tomber goutte à goutte) que l'antique faisceau théologique et monarchique, que l'antique organisation spirituelle et temporelle est irrévocablement brisée. De même que le socialisme qui fût notre précurseur, à savoir le christianisme, fut incompatible avec le paganisme, autre socialisme plus près de la jeunesse du monde, de même le socialisme qui naît sous nos yeux est incompatible avec la théologie, même simplifiée et réduite, qui constitue le catholicisme. De même que le régime temporel qui fut parallèle au catholicisme, ne put s'accommoder avec le régime païen, c'est-à-dire maître et esclave, de même le régime futur qui sera parallèle au socialisme moderne, ne peut s'accommoder avec le régime antécédent, c'est-à-dire roi et noblesse. Royauté et théologie sont destinées à s'évanouir simultanément; et qu'on ne s'étonne plus de l'incurable consomption qui, en France et hors de France, use de plus en plus l'ancien système social.

VII.

Côté négatif. — Restriction du suffrage universel [1].

Le suffrage universel avait mis le parti progressif dans une minorité décisive, et donné un ascendant complet au parti réactionnaire. Qui aurait cru que, des deux partis, l'un momentanément vaincu, l'autre momentanément vainqueur, ce serait le parti vainqueur qui réclamerait à grands cris et exécuterait la suppression du suffrage universel? Il semblait que les progressifs, effrayés de leur défaite, dussent combattre une combinaison qui leur avait été si contraire, et que les réactionnaires, satisfaits de leur victoire, dussent défendre avec acharnement un système qui leur avait été si favorable. C'est tout le contraire qui a eu lieu, à la stupéfaction de ceux qui n'avaient pas prévu le retour; et si, au moment où cette question passionnait les esprits, une émeute eût éclaté, on aurait vu les progressifs insurgés pour maintenir le suffrage universel, et les réactionnaires armés pour l'abolir. Heureusement, il n'y eut point d'émeute; la victoire des progressifs, dès lors certaine, l'est devenue tellement par cette sage conduite, que bientôt on pourra recueillir les fruits de la modération énergique qui sait se contenir, et de la patience dévouée qui sait supporter. Quel est le républicain qui ne se sente glorieux et fier de quelque souffrance, comme un soldat d'une blessure, de quelque souffrance endurée pour la République?

[1] *National*, 2 septembre 1850.

Les élections de Paris, en juillet 1849, avaient encore laissé à la réaction sa sécurité ; mais celles de Bordeaux et de Nîmes d'abord (car ce fut là que se montrèrent les premiers symptômes du revirement), puis celles de Paris et de quelques autres départements ne lui laissèrent aucun doute sur le rapide déplacement de la majorité. Sans doute une réaction habile comme fut celle de Louis-Philippe, du moins dans les premiers temps, aurait pu se prolonger davantage et obtenir une seconde consécration devant le suffrage universel. Elle l'aurait pu, à la condition de se ménager et de ne pas forcer la masse nombreuse des flottants à opter entre la domination cléricale et les hasards (dût-il y avoir des hasards) du mouvement progressif. En France, le choix, dans un pareil cas, est bientôt fait. La réaction, se précipitant dans le plus noir du jésuitisme, n'a pas tardé à susciter une contre-réaction dont la force s'accroît tous les jours d'une façon incalculable, et dont les acclamations républicaines de la Bourgogne et du Lyonnais sont le moindre symptôme.

Mais comment aurait-on pu avoir habileté et modération dans cette coalition, où toute direction était impossible, attendu que trois intérêts étaient en présence? Comment aurait-on pu mettre un frein aux prétentions cléricales, dans un moment où les sceptiques les plus endurcis, se signant dévotement, demandaient pardon d'une incrédulité qu'ils n'avaient pas imaginée si dangereuse, et imploraient, devant l'ascendant croissant de la démocratie, l'appui d'une doctrine quelconque, fût-ce celle-là même à laquelle ils croyaient le moins? Tout moyen terme étant ainsi écarté, tout louvoiement étant supprimé, la question se trouve posée comme elle doit l'être pour se faire comprendre de chacun : la stabilité, objet des désirs unanimes, incompatible avec tout scepticisme, est ou dans l'ordre ancien appuyé sur la foi ancienne, ou, si tout retour vers cette foi et vers cet ordre est impraticable, dans un ordre nouveau et dans des croyances nouvelles qui en seront la garantie, autrement dit dans le socialisme.

Ainsi les réactionnaires sentaient que la majorité leur

échappait, confessant par là ne devoir leur triomphe qu'à un concours de circonstances qui disparaissaient, et se déclarant incapables de soutenir devant le public une discussion régulière. A la vérité, pour se consoler de la défaite, ils l'attribuent à une aberration des populations, qui abandonnent les saines doctrines par un véritable vertige, pour se jeter de gaieté de cœur dans les fausses; exactement comme le catholicisme, à la vue de l'incrédulité qui l'envahit de toutes parts, et impuissant à donner aucune explication de ce phénomène social, en accuse la perversité humaine, à laquelle Dieu, par un jugement insondable, laisse le champ libre. Raisons illusoires et mystiques. La véritable, c'est qu'il n'est plus, dans l'ordre ancien, soit spirituel, soit temporel, rien qui puisse résister à la critique révolutionnaire ; critique dissolvante, dont le danger serait grand, si déjà le socialisme ne lui imprimait un caractère organique.

On a donc essayé, ayant vu l'effet produit sur le pays par le système suivi, on a essayé de se soustraire, par un escamotage, à un jugement devant le suffrage universel. A qui la nouvelle loi sera-t-elle favorable? Qui le sait? Personne, même parmi ceux qui l'ont rédigée et votée. Je ne fais aucun cas des lumières politiques des réactionnaires; je n'ai, non plus, aucune indulgence pour les individus qui, dans nos péripéties, ont si immoralement renié leur passé. Néanmoins, je conviens sans peine que tous les partis ont un fond honnête, et que c'est de bonne foi que les réactionnaires, vu la position supérieure qu'ils occupent dans la société, se croient plus capables de nous gouverner. Ce préjugé est un de ceux qu'il importe de combattre. Oui, sans doute, dans un ordre stable et régulièrement établi, le gouvernement est dévolu aux classes riches, ainsi qu'il le fut sous le régime du catholicisme et sous celui du paganisme. Mais, dans des âges de transition, il leur échappe de plus en plus; et, quand on approche de la clôture de ces âges, il passe, par un déplacement nécessaire, entre les mains des classes pauvres.

Quand le régime polythéistique, par le jeu de ses propres éléments et avant toute intervention du christianisme, commença de se dissoudre, le symptôme caractéristique de cette dissolution fut l'empiétement progressif de la plèbe sur les priviléges du patriciat. Rome, qui avait absorbé et qui résume très-bien l'ancien monde, nous offre l'exemple le plus clair de ce phénomène social. Au fur et à mesure que les vieilles croyances s'en allaient, la plèbe devenait plus entreprenante, et la résistance des privilégiés plus faible, jusqu'à ce qu'enfin, le mouvement révolutionnaire étant arrivé à son plein, la vieille république patricienne s'abîma pour faire place à l'empire. Dans l'état révolutionnaire des esprits, Rome ne pouvait plus être gouvernée par son patriciat, à tel point que Sylla lui-même y échoua. De toute sa puissance dictatoriale et de ses effroyables massacres ne sortit qu'une République bâtarde où les chevaliers, les publicains eurent le principal ascendant.

Les choses sont semblables comme les époques : et la définition du *conservateur* dans la révolution antique est encore celle qu'on peut donner du *conservateur* dans la révolution moderne. Salluste, à qui un grand sang-froid entre les parties contendantes a laissé beaucoup de clairvoyance, nous apprend qu'on appelait *bons citoyens* (lisez *honnêtes et modérés*) les riches, parce qu'ils défendaient la situation présente (*quisque locupletissimus quia præsentia defendebat, pro bono ducebatur*). Défendre la situation présente s'écroulant sans cesse, tel est le travail qui vaut aux classes supérieures d'honorables épithètes, tandis que les Gracques, les novateurs, les prolétaires, sont si rudement traités pour attaquer avec un succès croissant cette même situation présente. Mais, laissant de côté les qualifications arbitraires que les partis s'adjugent dans la naïveté de leur orgueil, le fait est que l'immense plèbe moderne, à côté de laquelle la plèbe antique, superposée à l'esclave, n'est qu'une aristocratie étroite, la plèbe moderne, abaissant le patriciat féodal, comme sa devancière abaissa le patriciat issu des héros et des dieux, arrive de toute part à la compétition du pouvoir.

Si l'histoire conduit directement au suffrage universel, par un autre côté aussi s'en trouve l'explication ; c'est, en présence de l'ignorance commune des conditions du nouvel ordre social qui naît, l'incompétence égale, ou, si l'on aime mieux, la compétence égale de toutes les classes. Salluste attribue le fait général dont il s'agit à la corruption de la plèbe et de l'aristocratie ; sans doute, à une époque où les passions avaient plus d'arbitraire qu'aujourd'hui, à une époque où, l'esclavage étant encore établi, c'étaient véritablement deux corps privilégiés qui se disputaient, l'un plus restreint, l'autre plus étendu, sans doute la corruption devait jouer un rôle bien plus grand que de nos jours. Ce n'est pas en vain que dix-huit siècles se sont écoulés depuis lors ; ce n'est pas en vain que le catholicisme a exercé son influence bienfaisante durant tout le moyen âge ; ce n'est pas en vain que la grande démocratie prend possession d'elle-même, et que le souffle social se fait de plus en plus sentir. Mais, ces réserves faites, l'incompétence égale des deux partis était au fond du débat. Et la preuve que la corruption ne peut tout expliquer, c'est que de ce monde tant accusé sortit un monde régénéré, un monde plus sociable et plus moral. Comment cela aurait-il pu se faire si la perversion eût été radicale ?

C'est donc encore, à la vérité, dans un milieu grandement amélioré, c'est donc encore l'incompétence égale qui est en première ligne. Il n'y avait point incompétence quand le patriciat romain ou le roi et ses barons gouvernaient le peuple d'après des principes acceptés ; mais il y a incompétence quand, les principes étant contestés, l'ancienne supériorité des classes dirigeantes s'annule devant des conditions pour lesquelles cette supériorité n'avait pas été faite. Voyez les exemples ; ils ne nous manquent pas. Que savait du gouvernement M. Louis Bonaparte au moment où il a été appelé au pouvoir ? Qu'en savait M. Thiers quand il quitta le bureau d'un journal pour devenir ministre ? Qu'en savait M. Guizot quand il laissa une chaire de professeur pour gouverner ? Quel est le prolétaire, ouvrier ou paysan, qui, à intelligence égale, ne soit aussi capable qu'eux de prendre la direction politique des choses? Notez que je parle du gouvernement proprement dit, et non de l'administration, qui appartient toujours aux hommes spéciaux. Si, d'un côté, il y a en plus quelques connaissances littéraires et métaphysiques, il y a, de l'autre, des notions réelles incessamment suggérées par le contact avec les objets naturels et les opérations mécaniques.

Et ce que je dis est tellement vrai, qu'au fond, depuis que nous sommes en révolution, la situation générale est déterminée toujours par les tendances spontanées de la *vile multitude*. Les *hautes classes* ne font jamais que venir après les faits accomplis, pour les chicaner et les atténuer sans pouvoir en changer la portée essentielle. Évidemment, le rôle des classes supérieures est devenu subalterne ; au lieu de donner la direction, elles la reçoivent. Elles ne comptent plus pour rien dans la détermination de chaque phase de notre état révolutionnaire. Tout cela se fait devant elles, sans elles, malgré elles. Mais, quand ainsi de nouvelles conditions sont créées, elles interviennent, et s'étonnent grandement que le prolétaire leur dispute la conduite de choses qui leur déplaisent, qu'elles n'auraient point faites, qu'elles voudraient défaire, et qu'elles ne savent ni comment accepter, ni comment répudier. Tel est le régime inévitable du suffrage universel, jusqu'à ce que de hautes classes régénérées deviennent dignes de guider une démocratie également régénérée.

Avant ce terme, l'incompétence commune fait la compétence commune. N'entendez-vous pas tous les jours les coryphées de la réaction dire que, dans la transition actuelle, ils font ce qu'ils peuvent, sans autre ambition que de vivre au jour le jour, et que nous marchons vers un avenir inconnu? Eh! si vous ne le connaissez pas, cet avenir, si même il vous effraye, si vous préférez le présent ou le passé, pourquoi voulez-vous, à toute force, nous conduire vers ce que vous ignorez si profondément? Du moins les masses prolétaires qui, elles, ne connaissent pas non plus cet avenir, n'en ont aucune frayeur ; du moins elles s'y sentent attirées par des tendances infinies ; et c'est ce qui fait, dans l'ignorance commune, leur supériorité sur vous; c'est ce qui fait qu'elles entament l'ordre ancien, dont vous défendez vainement les derniers débris; c'est ce qui fait que nous, adeptes de la philosophie positive, qui voyons clairement dans ses linéaments généraux l'ordre à venir, désirons que le pouvoir soit plutôt entre leurs mains qu'entre les vôtres.

Par là se montre pleinement aussi la limite qui borne nécessairement l'efficacité du régime de suffrage universel, en d'autres termes, la destruction de toutes les supériorités de l'ordre ancien. Dans l'antiquité, quand le socialisme indéterminé, dont les Gracques furent les plus éminents promoteurs, quand les lois agraires et les abolitions du capital eurent produit leurs effets, il fallut bien que la plèbe victorieuse marquât le pas, en attendant que le socialisme déterminé, qui arrivait sous le nom de Christianisme, eût commencé à réorganiser la société. De même, aujourd'hui, la plèbe oscille autour de sa victoire, jusqu'à ce qu'un nouveau socialisme déterminé qui, pour nous, est la philosophie positive, se soit infiltré dans les esprits.

Il est plus aisé de faire une loi que de changer un tel état de choses; aussi nos réactionnaires ont-ils fait une loi, mais ils n'ont absolument rien changé. Le seul remède provisoire aux inconvénients du suffrage universel, la philosophie positive l'a indiqué dans son essai d'application à la phase transitoire où nous vivons; c'est la délégation [1]. La délégation (non le mandat impératif) portera entre les mains d'hommes actifs et jouissant d'une certaine confiance auprès de leurs concitoyens un grand nombre de voix qui aujourd'hui ou ne se donnent pas du tout ou se donnent de guerre lasse. C'est, au fond, la régularisation et l'emploi meilleur de ces comités qui décident des votes de tout un parti. Il est bien entendu que le vote du délégué sera public, afin que les délégants sachent ce qu'il a fait de leur

[1] Voyez le *Rapport* fait en août 1848 à la Société positiviste, rapport que j'ai déjà cité dans les articles précédents.

confiance. Au reste, plus nous irons, plus la publicité des actes politiques deviendra obligatoire. La signature des articles de journaux est un pas fait dans cette voie. Quant au correctif définitif du suffrage universel, il est dans l'organisation spontanée d'un pouvoir spirituel qui mette hors de conteste les bases de la morale sociale et de l'ordre politique.

En présence de l'état nécessaire des esprits, en présence de l'extension progressive de cet état des esprits à toute l'Europe, en présence des aperçus généraux que la moindre clairvoyance donne sur l'ensemble des choses, la vanité des mesures législatives est telle qu'on ne peut trop louer le peuple du calme profond dont il a fait preuve lors de la mutilation du suffrage universel. Quoi qu'on fasse dans le conflit qui est engagé, les masses populaires prévaudront. Est-ce que les populations de la Bourgogne et du Lyonnais ont eu besoin d'un vote régulier pour dissiper les chimères du bonapartisme?

VIII.

Côté négatif. — Campagne pour la prorogation du président [1].

Notons, avant d'entamer la question, notons d'abord combien on en a rabattu. Naguère encore, dans un coin du trio qui nous gouverne, il ne s'agissait de rien moins que d'acclamer un empereur; dans un autre, guettant les faux pas de l'impérialisme, on comptait bien faire verser du côté des d'Orléans; dans le troisième et dernier, on avait la confiance que tout allait rentrer incessamment dans le giron de la légitimité. Aujourd'hui ces chimères sont ajournées; on se borne à tenter la prorogation du président.

[1] *National*, 17 septembre 1850.

Ainsi, cette République que les puissants et les habiles avaient déclarée si peu durable, dure cependant et brave les efforts conjurés contre elle, s'enracinant de jour en jour et pénétrant plus avant dans les sympathies du peuple. Le voyage du président est là pour en témoigner; et, sans entrer dans le calcul du plus ou moins de vivat, il est certain maintenant que partout il est une masse d'hommes fermes, indépendants, dévoués, qui ne se laisseront ravir ni par force, ni par ruse, ce que dorénavant ils aiment et veulent en pleine connaissance de cause. Insensés ceux qui, ne se sentant pas de force à l'étouffer à son berceau, pensent qu'ils réussiront mieux quand ils lui auront laissé le temps de grandir comme elle fait!

C'est dans les esprits et les cœurs qu'elle se fonde, là où est le seul solide établissement. Ah! les congratulations et les dévouements officiels ne lui manqueraient pas si son chef temporaire n'était pas un prince! Tout ce qui se débite aujourd'hui en un sens, se débiterait en un autre sens et n'en aurait pas plus de valeur. Nous l'avons bien vu après février, quand bon nombre de ceux qui sont présentement parmi ses plus ardents adversaires se prosternaient devant elle. Que sont leurs convictions s'ils étaient sincères? Qu'est leur moralité s'ils ne l'étaient pas? Il faut toujours avoir présent à l'esprit ce qui arriva à Napoléon après son retour de l'île d'Elbe; il put rejoindre, dans sa course rapide, les adresses venues des mêmes aux Bourbons contre lui, à lui contre les Bourbons. Heureusement ce n'est pas là qu'est l'espérance de la République; tout ce qui est pour elle en ce moment est de bon aloi, étant épuré au feu de la persécution, de la disgrâce, de la lutte contre les influences officielles depuis les plus hautes jusqu'aux plus humbles.

Donc, dans l'impuissance où la situation générale des esprits retient les parties monarchiques, il est question de proroger le président: car, reviser la Constitution, dans la crise actuelle, ne signifie rien autre chose. Le prétexte est d'augmenter la stabilité; mais ce qui montre qu'il n'y a là qu'un prétexte, c'est que, si M. Bonaparte, au lieu d'appartenir au parti rétrograde, appartenait au parti progressif, ceux qui sont les plus vifs à demander la prorogation n'en souffleraient mot, et seraient tout aussi vifs à demander le remplacement d'un président qui ne satisferait pas leurs passions politiques. C'est toujours l'histoire du suffrage universel, bon quand il donna momentanément la victoire au parti rétrograde, détestable dès qu'il menaça de la lui ôter. Effaçons ce grand mot de stabilité qu'on met en avant; n'y voyons que ce qui est, à savoir une agitation anarchique qui prendrait un drapeau contraire si la situation était autre. Et, à ce propos, il convient à un adepte de la philosophie positive, laquelle insiste si particulièrement sur l'absence de tout principe en notre temps, il lui convient, dis-je, de faire voir que ceci est perpétuel au milieu de l'incohérence des partis. Sous le règne de Louis-Philippe, les catholiques réclamaient à grand bruit la liberté d'enseignement : tactique et mensonge! Ils n'en ont pas voulu quand la chance, ayant tourné, a paru leur devenir favorable. Les libéraux de la restauration avaient, avant eux, formulé la même demande: tactique et mensonge! Investis du pouvoir par la révolution de juillet, ils se sont ri de ceux qui les avaient pris au sérieux. Les légitimistes, dans leur hostilité contre les d'Orléans, s'étaient dits fauteurs de toutes les libertés : tactique et mensonge! Quelle est celle qu'ils n'ont pas sacrifiée aux genoux de M. Bonaparte?

A côté de l'intérêt commun de continuer le pouvoir à un chef rétrograde, il en est un autre qui est particulier à chacun des trois partis promoteurs de la mesure, et qui y ajoute un nouveau et singulier caractère d'anarchie. Les impérialistes espèrent que dans l'intervalle il arrivera on ne sait quoi qui fera un empereur. Les légitimistes ne doutent pas le moins du monde que la Providence, qui ne veut pas transporter actuellement Wiesbaden aux Tuileries, ne l'y transporte pendant la prorogation, s'il y a prorogation. Les orléanistes, qui, malgré leur récente conversion, ont moins de foi, comptent bien que le président qu'ils prorogeront, s'ils le prorogent, fera assez de sottises pour que les chances passent au comte de Paris. O stabilité! qui es en effet souhaitée de tout bon citoyen, qui te reconnaîtrait dans cette effroyable compétition d'ambitions discordantes, de tendances sournoises et de projets subversifs ?

Il suffirait de se rendre compte des passions qui poussent à la prorogation pour rester convaincu que cette solution prétendue n'est qu'une source nouvelle d'incertitudes et de périls. Le moindre examen montre, en effet, qu'il en est ainsi, et qu'en y recourant on aggrave la situation. La situation est tendue, sans doute ; mais, par la prorogation, on propose de la tendre encore davantage.

Proroger, ce n'est pas seulement ajourner les difficultés, c'est les accroître. Voyez ce qui arrivera : M. Bonaparte, prorogé par la grâce des réactionnaires, gouvernera, comme il a fait jusqu'à présent, par eux et pour eux. Les persécutions continueront contre les républicains ; on laissera, comme on fait aujourd'hui, s'organiser les intrigues orléanistes et légitimistes. Tout ce qui est républicain sera proscrit ; tout ce qui est monarchique, blanc ou bleu, sera protégé. J'ignore absolument combien d'années les meneurs comptent donner à M. Bonaparte ; plus ils en donneront, plus au bout du terme la tension sera grande. Quelque illusion qu'on se fasse dans certaines régions, il est certain, et au fond personne n'en doute, que par la politique suivie la République a gagné un nombre immense de partisans qu'elle n'avait pas dans les premiers temps qui ont suivi son établissement. Il est certain que le socialisme, aujourd'hui tout un avec la République, sans se refroidir dans ses centres principaux, qui sont nos grandes villes, s'est infiltré dans l'armée, dans les départements et dans les campagnes. La politique, pendant la prorogation, sera naturellement plus dure, plus acerbe, plus inique, plus partiale que jamais ; aussi, au bout du terme, le nombre des républicains et des socialistes aura grandi. Alors on sera exactement devant les mêmes conditions qu'aujourd'hui, sauf qu'on aura derrière soi la certitude de l'inanité des efforts, et devant soi une population profondément fatiguée du joug qui aura pesé sur elle, et les commotions aussi imminentes que la veille de février.

Proroger n'est qu'un atermoiement. Il faudra bien toujours, la prorogation étant finie, aboutir à quelque solution : ou un empereur, ou un roi quasi-légitime, ou un roi tout à fait légitime, ou la République. Les quatre compétiteurs seront encore en présence, soyez-en sûrs.

Le gouvernement pleinement réactionnaire que M. Bonaparte a inauguré le 10 décembre a eu pour résultat de supprimer immédiatement tout parti intermédiaire. Maintenant plus de juste milieu : ou jésuite ou républicain ; ou rétrograde ou progressif ; ou royaliste ou socialiste. Toutes les nuances ont disparu ; et nous ne nous en plaignons pas. Mais cela même est grave. Ce partage d'un grand pays entre deux camps absolument hostiles devrait inquiéter le gouvernement, s'il y avait un gouvernement. Proroger, c'est continuer quelques années encore cette hostilité croissante ; et c'est faire coïncider justement une solution quelconque avec le moment où les passions seront le plus irréconciliables. Voilà ce qu'on appelle faire de la stabilité.

Laissons de côté ce triste mensonge. Évidemment ce qui sera le plus favorable à la stabilité, c'est le plein et loyal exercice de la Constitution, et le remplacement du président actuel par un autre. Alors l'ambition personnelle qui s'agite en ce moment sera mise à néant ; alors, chose capitale, les partis sauront qu'ils peuvent toujours se relever de leur défaite momentanée en se faisant valoir devant le pays, et que, pour surgir, ils n'ont pas seulement à vaincre l'intérêt personnel d'un homme ou le caprice d'une circonstance ; alors, les tendances véritables de l'esprit moderne qui sont présentement entravées ou masquées de tant de façons, trouveront à se faire jour. Cela seul détendra la situation. Tout le reste est non-seulement illusoire, mais encore anarchique et singulièrement dangereux.

Je fais remarquer que nos adversaires, qui tiennent tout ce qui en apparence est puissant, ne peuvent cependant supprimer l'établissement républicain. C'est la République avec prorogation ou la République sans prorogation ; mais c'est toujours la République. Dans le premier cas, pendant toute la prorogation, rude et violent conflit entre les deux opinions pour arriver à une solution au moment où ce conflit sera le plus animé; dans le second, transition relativement tranquille d'un régime à un autre, et gage donné à la stabilité.

Mais la stabilité est le moindre souci de ceux qui demandent la prorogation. Le but réel est, ne pouvant renverser la République, d'en atermoyer le jeu régulier. Ils n'y gagneront, certes, qu'un atermoiement. Le gagneront-ils? C'est là-dessus que la campagne est ouverte. M. Bonaparte a offert sa persévérance à l'est, puis il l'offre à l'ouest. Mais, ainsi que le remarque un journal orléaniste d'ailleurs favorablement disposé pour la prorogation, c'est tout ce qu'il peut : s'offrir. Ceux qui veulent le proroger doivent faire le reste.

D'abord on s'est adressé aux conseils généraux. Ces corps ayant été constitués après les journées de juin 1848, sont généralement animés d'un esprit réactionnaire. Cependant, qui l'aurait cru? Le résultat n'a point été aussi défavorable à la République qu'on aurait dû l'attendre d'un pareil milieu. La demande de révision a été loin d'être unanime; et la majorité des conseils, en exprimant le vœu d'une révision, exprime aussi le vœu qu'elle soit légale et conforme à la Constitution. Ce n'est pas le compte des prorogateurs. De ce côté donc il ne sera exercé aucune pression sur la chambre touchant la prorogation.

Il n'en sera exercé non plus aucune de la part des populations que le voyage du président vient de mettre en mouvement. A l'est comme à l'ouest la République a trouvé de fermes adhérents; mais la prorogation n'en a point trouvé. Ce but du voyage a été tout à fait manqué; mais un autre a été atteint qu'on ne cherchait certainement pas, c'est que la chambre est dorénavant délivrée du poids par lequel le bonapartisme pesait sur elle, à savoir l'énorme majorité obtenue le 10 décembre par le président de la République. Maintes fois les organes de l'impérialisme ont mis en jeu contre elle ce bélier; et maintes fois, surtout au commencement, elle s'est sentie hésitante devant des prétentions qu'elle craignait toujours de voir soutenues par six millions de voix. Aujourd'hui elle sait, comme tout le monde, grâce au voyage présidentiel, à quoi s'en tenir là-dessus. Les six millions de voix sont une vieillerie de l'an 1848; tout a marché depuis ce temps; et, tandis que M. Bonaparte a les compliments des jésuites et l'encens des réactionnaires, ce qui a fait sa fortune se dissout. Maintenant toute la chance de la prorogation est non pas dans ces ouvriers et paysans qui l'ont élu, mais dans les orléanistes et les légitimistes qui n'ont plus (et ils le savent) qu'à consulter ce que leur dictera leur intérêt. Ainsi débarrassée des six millions de voix, quel parti prendra la chambre dans le conflit qui commence? Nul ne le sait; mais il y a lieu d'espérer qu'elle ne se montrera pas trop amoureuse des aventures impérialistes.

Telle est la situation. Quelle qu'en soit l'issue, notre rôle, à nous socialistes, est tout tracé: continuer, qu'il y ait ou non prorogation, notre propagande infatigable, en France et hors de France, par la parole, par la presse, par l'exemple. Une prorogation n'atteint pas une doctrine; une prorogation ne nous ferme pas la bouche; une prorogation ne brise pas notre plume; une prorogation n'empêche pas que notre prédication ne continue à être aussi fructueuse dans l'avenir qu'elle l'a été par le passé; une prorogation ne détourne pas du socialisme les sympathies prolétaires. Lui seul est la religion de ces classes déshéritées. Depuis qu'elles ont montré leur répugnance décidée pour l'ordre ancien et leurs tendances invincibles vers un ordre nouveau, elles n'ont plus trouvé dans les hautes classes que colère et dédain. D'odieux sophistes regrettent hautement que le peuple apprenne à lire. Des mains rapaces lui disputent sa substance. Seul, le socialisme, qui ne redoute pas les tendances populaires, ou plutôt qui est le produit de ces tendances mêmes, travaille (et il y réussira) à incorporer dignement dans la société moderne les prolétaires, et à leur assurer et l'éducation et le travail, l'éducation, qui est le vrai terrain de l'égalité; le travail, qui est à la fois le soutien, la récompense et le bonheur de l'homme civilisé.

Paul Louis Courrier disait (et il avait raison) que, dans sa lutte contre la Restauration, il n'était pas médiocrement aidé par l'amende et la prison que requéraient contre lui MM. les procureurs du roi, et qui rendaient sa polémique notablement plus efficace et plus persuasive. Nous, socialistes, qui ne sommes pas les enfants gâtés de M. Bonaparte, activement persécutés sous la présidence, et destinés à l'être encore davantage sous la prorogation, nous n'y perdrons pas, puisque nous mettons nos opinions au-dessus de nos intérêts. Nos intérêts souffriront, sans doute; mais nos opinions profiteront, et jamais elles n'auront été plus écoutées et mieux reçues. Eh! qui nous empêche de fléchir aussi le genou devant l'idole du jour, et de faire devant elle ce que tant de royalistes firent devant la République le lendemain de sa victoire en février? Rien, sinon des convictions ardentes et sereines qui sont notre bonheur en étant notre force.

En 1842, M. Auguste Comte, fondateur et alors organe solitaire de la philosophie positive, écrivait: « Dans les douloureuses collisions que nous prépare nécessairement l'anarchie actuelle, les vrais philosophes, qui les auront prévues, seront déjà préparés à y faire convenablement ressortir les grandes leçons sociales qu'elles doivent offrir à tous, en montrant ainsi aux uns et aux autres l'insuffisance inévitable des mesures purement politiques pour la juste destination qu'ils ont respectivement en vue, les uns quant au progrès, les autres quant à l'ordre. » C'était au plein du règne de Louis-Philippe que la philosophie positive voyait l'anarchie et prévoyait les collisions. Elles ne nous ont pas manqué. Aujourd'hui encore, nous abordons une crise qui, s'il n'y a pas prorogation, s'évanouira, mais dont l'issue et les péripéties cessent d'être prévues, s'il y a prorogation. Car, pendant la prorogation, et surtout au terme, il faudra bien s'expliquer. C'est donc le cas de faire ressortir la grande leçon sociale de notre temps, à savoir que les mesures politiques sont impuissantes soit pour l'ordre, soit pour le progrès, et que tout repose sur une rénovation des opinions et des mœurs, qui est le travail incessant du socialisme moderne.

IX.

Côté négatif. — L'événement de février est-il fortuit [1] ? Histoire de la Révolution de 1848, par Daniel Stern [2].

A la question : La révolution de février pouvait-elle, la veille ou l'avant-veille du jour où elle a éclaté, être évitée ? il faut répondre sans hésiter : oui, elle le pouvait assurément. A la question : La révolution de février, une fois engagée, pouvait-elle avoir une autre issue que celle que nous voyons ? Il faut répondre sans hésiter davantage : non, elle ne le pouvait pas.

Dans notre âge révolutionnaire, il y a toujours deux politiques ouvertes, celle de concession et celle de résistance. Dans les trois premiers siècles de cet âge inauguré par le protestantisme, les phases étaient tellement lentes qu'elles échappaient complétement à l'observation des contemporains. Il fallut près de cent ans pour clore la période des guerres religieuses, qui ruinèrent la base même du monde catholico-féodal, et ce fut par une politique de concession, par la sagesse de Henri IV et par l'édit de Nantes qu'elle fut close. Puis, vers le milieu du règne de Louis XIV, la monarchie étant devenue rétrograde, de progressive qu'elle avait été, la période de résistance se prolongea pendant environ cent quarante ans. A la vérité, des esprits précurseurs, Fénelon et Turgot, essayèrent de faire prévaloir la politique de concession. Mais, leurs conseils n'ayant pas été écoutés, les forces sociales produisirent à la fin une explosion proportionnée à l'accumulation qui s'en était faite, et à la compression qu'elles avaient subie. Aujourd'hui, il n'est plus question

[1] *National*, 30 septembre 1850.
[2] Paris, 1850 ; chez Sandré, rue Percée-Saint-André-des-Arts, 11.

de périodes séculaires pour les mutations politiques; tout se rapproche, tout se presse; les expériences se succèdent coup sur coup; et, comme jadis, les deux politiques sont toujours ouvertes, la concession et la résistance.

Jusqu'à présent, la résistance seule a été essayée; et constamment elle a causé la ruine de ceux qui s'y sont fiés. Dans les sciences expérimentales, la règle est, pour reconnaître la cause véritable d'un phénomène complexe, la règle est de déterminer ce qui persiste quand tout le reste varie. Or, dans nos mutations sociales (que sont-elles, en effet, sinon des expériences que la science observe, et qu'est la société sinon un phénomène naturel?), dans nos mutations sociales, quelle est la condition qui persiste? La politique de résistance. Quelles sont celles qui changent? Toutes les autres. Quoi de commun entre Napoléon, Charles X et Louis-Philippe? Ils ne se ressemblent ni par l'origine du pouvoir, ni par la nature les idées dirigeantes, ni par les classes où ils prennent leur appui. L'un, profitant de sa renommée militaire, usurpe, cherche toute sa fortune dans la guerre, et se soutient par l'armée; l'autre, fondé sur son droit légitime et la descendance de Hugues-Capet, est restauré par les rois européens, s'assied à la table de la sainte alliance, et confie la sûreté de son trône au clergé et à la noblesse; le troisième, moitié prince, moitié jacobin, est investi du pouvoir royal par une assemblée, a la paix devant lui, et demande à une bourgeoisie très-restreinte le rôle que la branche aînée destinait au clergé et à la noblesse. Tout, on le voit, est différent; tout, excepté le système de résistance et la chute finale.

Tel est l'inévitable résultat de la résistance. L'humanité grandit comme l'individu; et le changement que les sociétés éprouvent est un phénomène soumis à une loi régulière et tout à fait comparable à celui qui fait passer l'homme de la première enfance à la seconde, à l'adolescence, à l'âge adulte. Au début de l'histoire ce phénomène est faible comme les sociétés elles-mêmes; plus il se caractérise dans le cours du temps, plus il prend d'intensité;

et jamais, à aucune époque, on ne l'a vu déployer une telle puissance qu'aujourd'hui. C'est désormais la seule chose qui préoccupe les peuples ; il n'y a plus de guerre, plus de ces distractions militaires dont Napoléon fit un si cruel usage. Chaque nation concentre son attention sur les affaires intérieures et se demande de plus en plus sérieusement comment elle remplacera ses vieilles institutions, qui ne lui vont pas plus que le vêtement de l'enfant à l'adulte, comment elle incorporera les admirables, puissantes et fécondes notions de la science dans la sociabilité moderne tout en se délivrant de l'anarchie qu'elles ont nécessairement créée par leur incompatibilité avec la foi théologique, comment enfin les masses populaires trouveront la satisfaction de leurs nouveaux besoins, à savoir une éducation qui les mette de pair avec le reste et une organisation qui leur assure le travail. Et c'est dans un pareil milieu, dans ces ardentes discussions que rien n'arrête, dans ces aspirations qui enivrent, dans ces idées qui transportent, dans ces sentiments qui font battre énergiquement les cœurs, que l'on joue avec la résistance ! A la bonne heure ! mais le public ne doit plus s'étonner qu'avec d'aussi habiles mécaniciens la machine saute périodiquement tous les quinze ou seize ans.

Ailleurs on a pratiqué la politique de concession, et les commotions ont été évitées. Après la révolution de juillet, l'Angleterre, émue par ce grand événement, réclama la réforme parlementaire avec une insistance qui ne permit plus de s'abuser sur le sentiment public. Un gouvernement comme nous en avons toujours eu n'aurait pas manqué d'opposer un refus invincible aux clameurs populaires; et telle était alors l'excitation en Angleterre, que nul ne peut savoir ce qu'un refus aurait amené. Un très-sérieux péril s'approchait quand la réforme accordée ajourna à un long terme les difficultés qui ne manqueront pas de surgir. A la vérité, les exigences du prolétariat anglais sont encore très-timides ; et reste à savoir si les gouvernements ultérieurs montreront la même sagesse quand, l'émancipation théologique ayant fait des progrès parmi les classes populaires, et le protestantisme y étant arrivé au point où il est en Allemagne et à celui où est le catholicisme chez nous, le peuple anglais voudra secouer le poids de son aristocratie et de son clergé. Toujours est-il que, dans une circonstance grave, le gouvernement a su céder avec prudence et éviter un grand péril.

Revenons à nos hommes d'État. La révolution de février est encore voisine de nous, et tout s'est passé au grand jour; aussi peut-on y voir plus clairement que nulle part ailleurs chaque pas qui amène le pouvoir à sa ruine, et chaque moment où il a la faculté de s'arrêter et de se sauver. Daniel Stern, dans sa remarquable *Histoire*, n'a pas manqué de faire ressortir d'une manière saisissante ces péripéties du grand drame dont Paris fut le théâtre.

La situation devenait si inquiétante, qu'une certaine clairvoyance ne faisait pas défaut parmi les conservateurs. Dès le mois d'août 1847, le *Journal des Débats* disait, en parlant de la session qui venait de se clore: « Elle n'a pas été bonne; la prochaine, si elle n'était meilleure, serait funeste. » A la même époque, le prince de Joinville écrivait à un de ses frères: « Nous arrivons devant les chambres avec une détestable situation intérieure, et, à l'extérieur, une situation qui n'est pas meilleure... Le pis est que je ne vois pas de remède. » Où donc était l'empêchement au remède? dans le système de résistance.

La session de 1848 s'ouvre, et la prédiction du *Journal des Débats* se vérifie. On discute cette fameuse phrase qui prétendait stigmatiser l'opposition à cause de sa participation aux banquets réformistes. M. Darblay propose un amendement conçu en termes mixtes, de manière à rallier de part et d'autre les hommes prudents, avertis enfin par des signes manifestes que l'ouragan se rapproche. Vains efforts! l'amendement est rejeté. Voilà un pas vers l'abîme! Voilà un moment, où le salut était encore possible, manqué et évanoui! « La majorité, dit Daniel Stern, s'avançait rapidement; elle marchait tête baissée, avec une incroyable hâte, vers sa perte. » C'est la résistance qui le veut.

Mais l'imminence du danger est trop grande pour que d'autres tentatives ne soient pas faites. Un député conservateur demande qu'on retranche purement et simplement de l'adresse les épithètes offensantes pour la minorité. Il est encore temps, rien n'est engagé ; quelques boules conservatrices vont décider, sans le savoir, si c'est le ministère ou la monarchie qui va disparaître. Au scrutin de division, une majorité de 228 voix contre 185 maintient les paroles fatales. « Le cabinet triomphe ; il n'a plus rien à redouter en effet, dit Daniel Stern, plus rien que la conscience du pays, la justice du peuple et la condamnation de l'histoire. » La résistance est victorieuse, mais la monarchie est perdue.

Le destin social, dans sa miséricorde pour Louis-Philippe, laisse encore une porte ouverte. Après M. Darblay, après M. Desmousseaux de Givré, c'est M. Sallandrouze qui vient offrir à la royauté le moyen de se sauver si elle n'est pas, comme ces personnages de la fable antique, condamnée à un invincible aveuglement. L'aveuglement est invincible ; l'amendement échoue. « Désormais, dit Daniel Stern, le combat en dehors des pouvoirs légaux devient inévitable ; il paraît imminent ; il ne s'agit plus d'établir de quel côté se trouve le droit, mais de constater de quel côté se trouve la force. »

A ce terme, l'issue n'était pas douteuse ; la force, malgré de frivoles apparences, était du côté révolutionnaire ; et c'est ici que reparaît la seconde face de ce grand événement, constamment évitable avant l'explosion, mais inévitablement fatal à la monarchie une fois l'explosion commencée. Tout a dépendu, dans ces mémorables journées, de trois personnages qui portaient tout dans leurs mains : le peuple, la garde nationale et l'armée. Or, qui ne savait d'avance quelle serait leur part dans la crise qui s'avançait ? Personne n'ignorait que les mêmes sentiments qui avaient provoqué les émeutes de juin 1832, d'avril 1834 et de mai 1839, vivaient toujours, et que des prolétaires déterminés n'attendaient qu'un grave manquement du pouvoir pour l'attaquer dans son faible. Il était donc sûr, le banquet étant interdit, l'opposition étant foulée aux pieds, et la population provoquée, il était sûr que des barricades s'élèveraient. Sans doute ces barricades auraient pu encore tomber comme dans les insurrections précédentes; mais, pour cela, il aurait fallu que l'autre personnage, la garde nationale, fût disposé à verser son sang pour les abattre. Or, non-seulement il n'en était rien, mais encore la garde nationale, obligée de se décider, penchait visiblement vers l'opposition. Et cela était tellement certain que depuis longtemps on ne passait plus de revue de cette garde, de peur d'entendre sortir des cris compromettants pour la résistance, qu'on ne voulait pas abandonner. Ici on touche du doigt le côté vulnérable de cette politique, l'écueil où elle se perd; il lui faudrait, étant bien déterminée à ne faire aucune concession, éviter tout choc; car elle ne sait jamais si, au moment du choc, elle ne sera pas universellement abandonnée.

C'est ce qui arriva en 1848. Le troisième personnage de la révolution, l'armée, voyant le peuple et la garde nationale d'accord, ne crut pas devoir prolonger une lutte qui dès lors était moralement décidée. Depuis 1830, où, à part les Suisses et la garde royale, elle se comporta comme en 1848, l'armée met son point d'honneur à laisser passer les révolutions quand décidément c'est, non une émeute, mais une révolution. Honorable point d'honneur et détermination équitable en un temps aussi troublé que le nôtre, en un temps où les idées se livrent, hors de la région des batailles, une bataille si acharnée!

Est-il possible en tout ceci de voir rien de fortuit et d'accidentel? Tout n'était-il pas écrit d'avance? Peuple, garde nationale, armée, étant tels qu'ils étaient au moment donné, pouvaient-ils faire autre chose que ce qu'ils ont fait? L'un dresser des barricades, l'autre les autoriser, l'autre enfin relever ses armes? Qui ne savait les sentiments républicains et socialistes des prolétaires, la désaffection des gardes nationaux, et, en de semblables occurrences, l'abstention des militaires? Remettez par la pensée ces trois acteurs en présence à la fin du règne de Louis-Philippe, et imaginez, s'il est possible, une autre solution que celle qui a eu lieu effectivement.

A moins qu'à côté des trois personnages réels et décisifs, on ne tienne compte des trois personnages officiels et véritablement métaphysiques, tant, au moment d'exercer quelque action, ils se sont montrés incapables d'aucune prise sur les choses vivantes et mouvantes, la cour, la chambre des députés et celle des pairs! Semblables à ces vaines existences sans corps (*tenues sine corpore vitas*) que le héros de l'Énéide écarte devant lui, il ne parut pas que ces personnages officiels eussent vie, car ils s'évanouirent comme des fantômes.

Allez plus loin, et étendez votre regard hors de France. L'accident (le mot en vaut un autre), l'accident ne s'arrêta pas à Louis-Philippe. Berlin vit aussi la révolution triomphante; Vienne entendit ses glorieux prolétaires et ses nobles jeunes gens proclamer la Constitution; Bade se mit en république; Milan et Venise expulsèrent leurs oppresseurs; Florence se débarrassa de son grand-duc; Rome chassa le pape; à Madrid, il y eut une émeute, et, en Angleterre même, le chartisme donna signe de vie. Oh! admirable explication d'un événement si vaste et si complexe! Accident partout! accident au Nord et au Midi! Accident à Rome et à Vienne, à Milan et à Berlin, comme à Paris! Accident qui a fait que l'attitude de l'armée prussienne et même de l'armée autrichienne a été, dans la première phase de la révolution, si peu décidée, si peu tenace! Accident qui, la politique de résistance se prolongeant outre mesure, ne manquera pas de se renouveler!

Souvent on entend dire que, si la République dure, elle le doit à la compétition que se font les trois monarchies prétendantes, et que, si au lieu d'avoir affaire à l'impérialisme, à l'orléanisme et au légitimisme, elle n'avait affaire qu'à un, elle serait promptement renversée. Erreur que le moindre coup d'œil jeté sur l'Europe suffit pour dissiper! Il n'y a point de prétendants à Berlin ni à Vienne, et cependant les trônes y ont été singulièrement ébranlés, et ils l'ont été justement dans la mesure que comportait l'état des esprits. En 1848, à Vienne et à Berlin, la situation était non républicaine, mais constitutionnelle; plus tard elle sera républicaine. Chez nous, grâce à l'avance que la grande révolution de 89 nous a donnée, la République arrivait naturellement; et elle se maintiendrait avec un seul prétendant comme elle se maintient avec trois.

J'ai signalé soigneusement chacun des pas auquel Louis-Philippe, s'arrêtant, aurait prolongé la monarchie et évité de mourir dans l'exil; cela est utile dans notre phase actuelle, où la résistance use de sa puissance provisoire avec une imprudence dangereuse; et je termine en citant les fermes paroles de Daniel Stern : « L'empressement sans pudeur des serviteurs de la dynastie à venir saluer cette République, qu'ils déclaraient, la veille, plus impossible encore que haïssable, ne découvrait que trop, dans le pays légal, ce néant des convictions au sein duquel se prépare la décadence et se consomme la ruine des pouvoirs caducs. La vieille société quittait la place.... Considérer à ce point de vue la révolution de février et l'institution de la République, c'est, je ne l'ignore pas, entrer en contradiction complète avec l'opinion commune, qui ne veut plus voir aujourd'hui, dans cette révolution immense, que l'habile manœuvre d'une faction, qu'un acte de violence et de traîtrise. Suivant ce nombreux parti humilié en février, et qui se venge, à cette heure, par des fanfaronnades, un ordre donné à propos, un mouvement de troupes mieux exécuté, un prince de plus à Paris, un combattant de moins dans la rue, un orateur absent de la chambre, et la dynastie était sauvée, et le pays légal reprenait, après un désordre presque insensible, le cours de ses prospérités. L'avenir n'est pas loin qui fera justice de ces frivoles assertions. L'histoire montrera avec évidence que jamais peut-être la surprise, l'accident, l'action personnelle d'un homme n'eut moins de part dans le renversement des choses établies. La révolution de 1848 ne s'est faite, il faut bien qu'on le sache, ni par conspiration, ni par connivence, ni par coup de main, ni par guet-apens. La force matérielle, et c'est là le caractère supérieur de cette révolution, n'y eut qu'un jeu très-secondaire. Il n'est pas un chef de parti qui se puisse vanter avec fondement qu'il l'ait conduite ou qu'il eût pu la vaincre. »

X.

Côté négatif. — Impuissance [1].

On appréciera d'autant mieux l'impuissance de l'ordre ancien que l'on se représentera plus vivement la singularité de notre situation politique, qui est unique dans l'histoire. Tout ce qui est présentement autorisé en France est monarchique, et cependant tout reste en république. Supposez quelque chose de pareil, mais inverse, dans quelqu'un des pays présentement monarchiques qui nous environnent; supposez qu'à Rome ou à Milan, à Berlin ou à Vienne, toute autorité soit républicaine, le roi et ses ministres, les préfets et leurs sous-préfets ; supposez qu'il y ait récompense active pour les républicains, et persécutions non moins actives contre les monarchiques; supposez qu'on envoie en Afrique tout soldat ou sous-officier convaincu d'avoir manifesté des sentiments royalistes, et qu'on prodigue les faveurs à ceux qui manifestent des sentiments contraires; supposez que les plus humbles fonctionnaires, de modestes instituteurs qui ont, eux et leurs familles, si grand besoin de leur petite place, soient impitoyablement destitués à la moindre expression du dévouement qu'ils ont pour leurs rois; supposez qu'il soit permis de crier partout *vive la République!* et interdit, sous peine de disgrâce, d'emprisonnement et de guet-apens de crier *vive le roi!* ou *vive l'empereur!* supposez que les journaux qui soutiennent la république soient choyés et protégés,

[1] *National*, 14 octobre 1850.

tandis que ceux qui soutiennent la royauté sont incessamment exposés aux procès, aux amendes, aux emprisonnements avec toutes les aggravations que la rage républicaine pourrait imaginer ; supposez que, de ces mêmes journaux, les uns (les républicains) aient la protection du préfet de police pour se vendre sur la voie publique, et les autres (les royalistes) soient poursuivis à outrance et chassés de cette même voie ; supposez que les républicains desdits pays monarchiques aient toute liberté pour s'entendre avec MM. Ledru-Rollin, Mazzini, Kossuth et autres du dehors pour l'avancement de la république, et que les royalistes qui voudraient défendre leurs institutions et auraient des intelligences avec le comte de Chambord, le comte de Paris ou l'électeur de la Hesse, soient sévèrement surveillés et punis ; supposez que l'autorité supérieure tolère, encourage, protége une société qui ait pour but déterminé de proclamer la république, et, dans sa partialité toute républicaine, poursuive, persécute, dissolve toute société ayant pour but de protéger la monarchie ; supposez tout cela, et estimez ensuite combien de temps les monarchies dureront à Rome et à Milan, à Berlin et à Vienne ; combien de temps les sympathies dévouées des populations résisteront à ces excitations continuelles vers la république, à ces provocations incessantes contre la monarchie ; combien de temps elles braveront la menace et tiendront contre la séduction ; combien de temps leurs sentiments monarchiques pèseront assez dans la balance pour entraver les tentatives anarchiques des républicains maîtres du pouvoir, du budget, des places, des prisons et de l'exil. Ah ! ces monarchies que le souffle populaire a déjà renversées une fois à Rome et à Milan, et si fort ébranlées à Berlin et à Vienne, ces monarchies disparaîtraient comme un vain simulacre.

Eh bien ! c'est à un pareil régime que la République française est mise depuis le 10 décembre ; et c'est à un pareil régime qu'elle résiste ! Toutes les forces publiques sont tournées contre elle, et toutes les forces publiques échouent. Tous les efforts des puissants se réunissent pour la renverser, et il se trouve que les puissants ne sont plus aussi forts qu'on le croyait; tous les habiles font combinaisons sur combinaisons, et il advient que les habiles ne sont pas encore assez habiles; tous ceux qui se croient à la tête de la société font signe qu'il faut marcher vers la monarchie; et la *vile multitude*, désobéissante désormais à des chefs qui ne sont plus dignes de la conduire, se tourne vers la République. Tout ce que nos mœurs, si profondément adoucies par la révolution de juillet et par celle de février, permettent contre les républicains, est mis en jeu; et chacun, s'obstinant dans la fermeté et gagnant de plus en plus une satisfaction intime et profonde dans la pratique du dévouement, accepte résolument la disgrâce et la persécution; si bien que la République résiste.

Résister en de telles circonstances suffit déjà pour montrer le vrai caractère de notre situation politique et la faiblesse réelle des moyens en apparence tout-puissants dont la réaction dispose. Résister suffit; mais on ne résiste pas seulement; et un progrès paisible, mais non inaperçu, fait sentir de plus en plus l'incompatibilité de nos mœurs avec une monarchie quelconque et la prépondérance du sentiment social, à la fois le mobile et le soutien de notre République. Il faut (et c'est là ce qui fait notre ascendant), il faut désormais que toutes les forces sociales, jadis régularisées sous les noms de clercs, rois, barons et serfs, depuis disjointes et brisées par l'évolution de l'esprit humain, soient refondues et entrent dans de nouvelles combinaisons qui les vouent directement au bien commun. La sociabilité du moyen âge (pour ne pas remonter plus haut) fit tout ce qui était possible avec les éléments qu'elle possédait; mais ces éléments ne sont plus que poussière; et à toutes ces classes jadis privilégiées dans une société qui, à côté de priviléges, leur imposait des devoirs, il ne reste plus que le désir de conserver les priviléges sans être astreint à aucun devoir correspondant. A quoi peuvent servir présentement un roi, une noblesse, un clergé? Leur fonction se concevait quand le gros de la population, étant serf, avait besoin d'être protégé par le roi et élevé par le prêtre dans la demi-éducation qui caractérise si bien le moyen âge entre l'état brut de l'esclavage sous le paganisme et l'éducation complète réclamée par l'homme moderne. Mais aujourd'hui que nous autres vilains ne sommes plus serfs, que voulez-vous que nous fassions du roi, des barons et du clergé ? Le roi ? Le roi nous a aidés à nous affranchir ; reconnaissance dans le passé et dans l'histoire ; mais pour le présent, rayons cet office, qui, n'ayant plus de but, n'est plus que du parasitisme. Les nobles ? Ils avaient pour fonction de nous entretenir sur leurs domaines pendant la paix, et, pendant la guerre, de nous défendre. Maintenant, ils ne nous entretiennent plus sur leurs domaines, ils ne nous défendent plus à la guerre, et, si on les conservait, ce ne seraient que des bourdons inutiles dans la ruche sociale. Le clergé ? Personne plus que nous n'apprécie son office durant la transition du paganisme au christianisme et durant le moyen âge ; mais cet office s'épuise au moment où son catéchisme cesse d'être en rapport avec la conception moderne du monde et l'émancipation des serfs. Notre catéchisme, à côté duquel le sien est un simple embryon, écarte l'ancien pouvoir clérical et exige la constitution d'un pouvoir spirituel distributeur de l'éducation et régulateur de la morale sociale.

Voilà pourquoi nous tous, descendus des *hommes de poesté* (comme on disait dans le moyen âge, *homines potestatis*, hommes qui dépendaient d'autrui), nous tous qui formons l'immense majorité de la population, passons sans relâche du côté de la République, laissant roi, barons et clercs. On a beau nous appeler vers ce trépied d'une société écroulée ; rien ne nous y attire plus. Et ceux-là même qui nous y poussent n'en connaissent pas les conditions d'existence et ne sont, dans la réalité, que des fauteurs d'anarchie. Sans parler de la querelle de nos trois monarchies, querelle inintelligible, s'il est vrai qu'il y ait maintenant quelque principe monarchique ; sans parler de l'impérialisme, qui a ses nobles de fraîche date, son clergé concordataire et un sénatus-consulte en poche ; du légitimisme, qui a ses gentilshommes, son clergé d'avant la révolution et ses prétentions héréditaires ; enfin, de l'orléanisme, qui, comme le Sosie de Molière, supplie le dieu de Wiesbaden de vouloir bien le laisser être un frère cadet et inoffensif; sans parler, dis-je, de tout cela, qui n'a qu'un très-fugitif intérêt de circonstance, notons que nos prétendus meneurs n'ont aucune idée de ce à quoi ils nous mènent. Nous rappeler en plein moyen âge (ce qui est, de fait, la seule solution logique que pourrait proposer le parti rétrograde), dépasse non-seulement les forces, mais l'imagination même des plus hardis conservateurs. Si donc ce n'est pas au moyen âge que l'on tend, c'est vers quelqu'une des situations intermédiaires, ou celle des guerres religieuses et de la dissolution de l'unité catholique, ou celle de la révolution d'Angleterre, qui intronisa le gouvernement constitutionnel, ou celle de la révolution française et de ses suites. Du moment que l'on sort du moyen âge et de son organisation stable pendant quelques siècles, on est nécessairement dans la grande période révolutionnaire qui commence au protestantisme et qui n'est pas encore finie. Essayer d'une monarchie quelconque plus ou moins bâtarde, c'est uniquement allonger la révolution, en multiplier les péripéties, en aggraver les commotions; mais ce n'est aucunement la clore. La clôture, qui, on le voit, ne peut pas être derrière nous, ne peut être que devant.

Ainsi s'explique l'impuissance définitive des partis rétrogrades. Jamais ils ne réussissent à se remettre au point d'où la marée révolutionnaire les a emportés; et, quand ils reprennent pied pour un moment, c'est à un niveau tout différent. Ainsi, aujourd'hui, en France, ils ne reprennent pied que dans la République, de même que les rétrogrades collatéraux d'Espagne, d'Italie et d'Allemagne ne reprennent pied que dans des institutions constitutionnelles. J'ai énuméré, sans rien omettre d'essentiel, tout ce qu'ils ont tenté et tentent présentement encore pour faire un pas vers leur restauration tricéphale : rétablissement, par la force, du pape et de l'inquisition, loi contre la presse, restriction du suffrage universel, loi d'enseignement, prorogation du président. Impuissantes vieilleries! Qui ne sait ce que peut tout cela? Le pape n'était-il pas à Rome quand en juillet et en février nous avons successivement chassé la branche aînée et la branche cadette? N'avons-nous pas eu les lois contre la presse sous la restauration et celles de M. Thiers sous la quasi-restauration? Notre éducation n'a-t-elle pas été livrée à l'influence cléricale sous Charles X? Et qu'est-ce qu'un président prorogé à côté d'un roi restauré par toute l'Europe et de l'homme cauteleux et habile à qui la chambre des députés remit le sceptre en 1830? Gâchis infini, anarchie flagrante, de laquelle le socialisme se détourne de plus en plus pour aller vers la réorganisation des croyances et des mœurs, réorganisation placée bien au-dessus de la portée de pareilles tentatives.

C'est le heurt inintelligent des mesures politiques contre les croyances. On veut conserver; mais avec quoi? Les croyances sont le ciment des sociétés : quand elles sont ébranlées, arrachées, émiettées, on essaye alors inutilement de faire tenir debout ce qui naguère se soutenait par sa propre consistance. Vainement on se récrie; vainement on fait voir comment hier tout cela était solide. Oui, hier! mais aujourd'hui la chaux et le ciment ont disparu, et le moindre choc disperse les fragiles reconstructions. Un journal catholique, avec une très-judicieuse persévérance, insiste sur le miracle de Rimini, approuvé du reste par le pape. Il a pleinement raison; c'est cela qu'il faut faire croire. Si une madone peinte sur toile peut remuer les yeux, Josué a pu arrêter le soleil, et Jésus ressusciter les morts. Cela une fois admis, nous voilà séparés sans retour du monde moderne, où la science positive domine, et reportés dans le monde théologique, où l'imagination est reine. Persuadez aux populations européennes le miracle de Rimini, et vous aurez fait le pas principal vers la réédification de l'ordre catholico-féodal, tandis que vos lois sur la presse, vos restrictions du suffrage universel, vos prorogations sont des billevesées, ou du moins en seraient si elles n'organisaient pas l'anarchie pour le présent et ne promettaient le trouble pour un avenir rapproché. Je ne me laisse point abuser par un ordre matériel précaire. Quand M. Comte, en 1842, disait que nous étions en anarchie, avait-il tort?

et la perturbation européenne de 1848 ne lui a-t-elle pas donné raison? De même, aujourd'hui, nous sommes dans une anarchie dangereuse; et si quelque lueur de sens commun ne pénètre pas parmi les hautes classes qui nous gouvernent, ou si le peuple n'arrête pas, par son attitude résolue, les vertiges d'en haut, on sentira le sol trembler encore sous les pieds. Notre République de 1848, avec ses tendances socialistes, est le premier point d'arrêt entre les oscillations révolutionnaires et rétrogrades, le premier élément de notre réorganisation future, et, par conséquent, le premier gage de toute sécurité.

Les réactionnaires n'ayant rien fait pour *leurs* croyances (je ne connais que les prédicateurs du miracle de Rimini qui tentent quelque chose de sérieux en ce genre), et n'ayant rien gagné contre *nos* croyances, leur impuissance est complète. Et de fait, ce qui empêche présentement que le socialisme ne fasse un pas de plus en France et hors de France, c'est non la force de ses adversaires, mais le travail même auquel il est livré pour sa propre constitution. A peine aura-t-il posé quelques bases qu'on verra les esprits s'y rallier de proche en proche. L'axiome de la philosophie positive est vrai pour nous aussi bien que pour nos adversaires : les mesures purement politiques sont impuissantes pour l'ordre et pour le progrès. Les seules mesures qui soient efficaces pour l'un comme pour l'autre, sont celles qui modifient le régime intellectuel et moral. Pour arriver à son plein, le socialisme doit satisfaire à tous les besoins qui ont été satisfaits dans le moyen âge par le système catholico-féodal, et dans l'antiquité par le système polythéistique; et il doit y satisfaire d'une manière conforme à l'état moderne des esprits, c'est-à-dire en remplaçant dans l'ordre spirituel la théologie par la science et le catéchisme par l'éducation, et, dans l'ordre temporel, le roi et ses barons par l'industrie et ses chefs.

On le voit, c'est toute une société nouvelle qui s'élève. J'ai, dans la première série de ces articles, examiné les efforts qu'on fait pour l'empêcher de surgir. La seconde sera consacrée à considérer le travail à la fois intellectuel et moral, à la fois de raison et de sentiment, par lequel se constitue le socialisme ; sujet tout autrement important, tout autrement intéressant que la triste besogne de relever les faux pas, les tendances anarchiques, les peurs insensées, les colères téméraires, les mesures sans avenir d'une réaction qui n'a conscience ni de sa situation ni de celle de ses adversaires.

XI.

Côté positif. — Paix occidentale [1].

Le côté positif du socialisme offre un horizon immense et un développement infini. Tandis que les mesures dont la réaction dispose et que j'ai fidèlement énumérées dans la série précédente, ou côté négatif, sont limitées à une influence très-étroite, n'ayant de perspective ouverte que sur un passé impossible à restaurer, le socialisme est illimité ; son influence se propage et se multiplie dans un avenir impossible à détourner. Tout ce que la réaction fait se défait de soi-même ; tout ce que le socialisme crée est entretenu par les soins protecteurs d'un milieu favorable. Le socialisme est l'ordre nouveau qui s'avance et élimine peu à peu les débris de l'ordre ancien bouleversé par les révolutions. Heureux si je trouvais ici quelques paroles assez claires pour en illuminer, ne fût-ce qu'un moment, l'ensemble majestueux, et assez émues pour en faire sentir la bienfaisance suprême !

Il y a trente-cinq ans accomplis que sont éteints les derniers feux du grand embrasement occidental. Rien de plus digne d'attention et de plus fertile en enseignements que la marche de ce phénomène formidable. D'abord la France

[1] *National*, 18 novembre 1850.

républicaine, brisant hardiment avec la royauté et la théologie, étonne les peuples et soulève les rois. Mais, dans la profonde conscience de son droit et de son devoir, dans le saint enthousiasme pour la nouvelle cause, elle puise une force incalculable, et la coalition monarchique est vaincue. Malheureusement alors la révolution était surtout mue par des idées négatives et métaphysiques; et les masses populaires, chez lesquelles le socialisme n'était pas encore né, flottaient, une fois l'ordre ancien ruiné, dans une incertitude qui laissait bien plus d'action à l'influence individuelle des chefs. Malheureusement aussi, la direction échut à un chef qui résumait tous les instincts rétrogrades dans la haine de la révolution et dans la fureur des conquêtes; espèce de Louis XIV vieux, aussi ennemi de la révolution que Louis du protestantisme, aussi dangereux pour la sécurité de l'Europe, aussi spoliateur pour les voisins. A peine cette ère funeste (et le reproche de l'avoir laissée durer pèsera toujours sur le peuple français) a-t-elle commencé que les rôles s'intervertissent. An nom de la France on opprime les nationalités, on étouffe les libertés, on amortit les constitutions, qui étaient alors le rêve de l'Europe libérale. Aussitôt, contre la France, par un jeu inévitable, le parti contraire soulève les nationalités, promet les libertés et les constitutions. Dès lors une langueur croissante s'empare de la France; la force passe de l'autre côté; et la coalition, moitié rois, moitié peuples, qui apporte des chartes et la paix, est victorieuse.

Cette paix occidentale n'a plus été troublée. En vain la grave commotion de 1830, montrant que la France, au fond, avait été plutôt victime que complice de l'odieux système de l'impérialisme, mit les rois en demeure de reprendre les armes et de recommencer contre la révolution la campagne de 92 et de 93. Les rois, cette fois, se tinrent tranquilles. En vain un conflit entre le gouvernement anglais et le gouvernement français vint, en 1840, fournir à un ministre brouillon l'occasion de compromettre la paix; la situation désormais était plus forte que les caprices individuels. Vainement enfin l'agitation occidentale de 1848 sembla provoquer les armées de toutes parts, vainement le socialisme, qui s'élaborait depuis plus de vingt ans, apparaissant tout à coup, donna sa vraie signification à la seconde moitié de la révolution populaire ; tout se borna à des conflits locaux et partiels ; et de tant d'éléments incendiaires, si bien préparés en apparence, rien ne put faire sortir la conflagration désirée par quelques-uns, prévue comme inévitable par la plupart.

J'insiste à dessein sur ces faits capitaux. Il est deux manières de faire pénétrer une doctrine dans les esprits : ou bien l'initiation directe, ou bien la prévision des phénomènes qui inspire la confiance dans la théorie. Ainsi, pour le mouvement de la terre autour du soleil, la plupart ne se sont pas assurés par eux-mêmes de la réalité du phénomène, manquant de la préparation qui permet d'acquérir sur ce point une conviction scientifique. Mais l'astronomie, qui lit dans le ciel loin à l'avance, est crue sur parole pour tout ce qui a besoin d'une démonstration plus difficile ; démonstration d'ailleurs toujours prête pour ceux qui se rendront capables de la comprendre. Il en est de même de la sociologie : elle pénétrera dans les intelligences, tantôt par le travail et l'étude qui convaincront, tantôt par les prévisions qui persuaderont. Eh bien ! la paix est prévue par la sociologie depuis plus de vingt-cinq ans ; prévue avant juillet, prévue avant les extravagances de 1840, prévue avant février ; et toujours, malgré les apparences les plus graves, l'événement lui a donné raison. Aujourd'hui encore elle la prévoit pour tout l'avenir de notre transition, au bout de laquelle, une confédération républicaine ayant uni l'Occident, il n'y aura plus lieu à aucun conflit les armes à la main.

Une telle prévision paraîtra certainement téméraire à beaucoup d'esprits qui, ou bien redoutent la guerre, ne se rendant pas compte des conditions occidentales, ou bien souhaitent la guerre comme un moyen de propager la révolution. Et pourtant elle est bien moins téméraire que celle qui, se plaçant vers le milieu de la restauration, annonça que la paix ne serait pas troublée. Il était alors bon nombre de gens parmi l'opposition qui, à l'aspect de la sainte alliance constituée, jugeaient qu'il n'y avait de salut pour la démocratie que dans la rupture de cette confédération monarchique et dans la lutte des rois entre eux. Qu'est-il arrivé cependant? Il est arrivé, et cela sans un nouvel embrasement de l'Europe, que la sainte alliance s'est disjointe, que la démocratie a cheminé, que la République a surgi, que le socialisme est apparu dans sa réalité et dans sa force. Ainsi, la guerre n'était pas indispensable pour faire reprendre aux idées rénovatrices leur ascendant momentanément interrompu par la tyrannie rétrograde et belliqueuse de l'empereur; ainsi la paix n'était pas véritablement en péril dans cette évolution encore inconnue qui allait se manifester par l'expulsion de la branche aînée et de la branche cadette, par l'établissement du régime constitutionnel en Espagne, par l'ébranlement de l'Allemagne et de l'Italie.

Il est établi par le fait que, pour prévoir l'avenir avec quelque certitude, il importe bien moins de consulter les lumières des politiques de profession, qui ne vivent plus que sur des traditions usées, que les lumières de la science sociale, qui a pris de notre temps assez de consistance pour déterminer dans son ensemble la loi de développement de l'humanité. La politique vulgaire n'avait prévu pour l'Europe que le retour des conflits habituels entre rois et puissances, la dispute pour des provinces ou des mariages, et ce jeu stérile des ambitions individuelles ou collectives, et elle ne s'était préparée que pour cela; aussi quel désarroi au fur et à mesure que le véritable enchaînement des choses s'est successivement déroulé! Mais la politique réelle, c'est-à-dire scientifique, appréciant la période de transition que nous traversons, avait aperçu, dans le plus prochain avenir, l'intervention sérieuse des peuples, et, partant, un tout autre ordre de faits : en place de la guerre, la paix; en place de l'ambition conquérante, le travail rénovateur.

L'analyse des circonstances ne laisse pas de doute; mais,

pour les comprendre, il faut une théorie, sans quoi tout reste ou isolé ou soumis aux interprétations arbitraires. Si la révolution était un hasard, elle pourrait disparaître demain comme elle est venue hier, orage passager qui ne laisse pas de trace après lui, et c'est, en effet, la persuasion de l'école théologique, n'expliquant ce fait social que par la permission de la Providence, qui le supprimera quand il lui plaira. Si la révolution n'avait pas de but, elle pourrait aussi bien marcher en arrière qu'en avant, et il n'y aurait aucune raison pour qu'elle ne repassât par les phases parcourues. Mais la révolution n'est point un hasard, étant née de la discordance entre les notions positives, et les notions théologiques, qui soutenaient l'ordre social. Mais la révolution n'est pas sans but ; car le socialisme, qui en caractérise la phase actuelle, lui en assigue désormais un très-déterminé, à savoir organiser la société à la juste satisfaction des multitudes, qui ont pris conscience d'elles-mêmes, et cela n'est possible que par l'élimination de la théologie et de la royauté. Tel est le fait fondamental de notre situation : la révolution n'est pas un hasard, la révolution a un but.

Or, cette situation n'est pas seulement française, elle est aussi occidentale. Une longue préparation, poursuivie en commun, a fait des populations européennes autant de sœurs. L'Italie, l'Espagne, la Gaule, la Bretagne, ont subi l'assimilation romaine qui, elle-même, nous transmettait toute la civilisation grecque : assimilation que Charlemagne étendit jusque sur la Germanie. Le catholicisme continua cette œuvre sociale durant tout le moyen âge, et la développa en raison directe de sa supériorité sur le polythéisme. Ainsi, les populations européennes ont reçu même héritage, ont été soumises à même discipline intellectuelle et morale. C'est d'après cette donnée irrécusable que la philosophie positive a compris leur solidarité profonde et la propagation inévitable de la révolution à l'ensemble de l'Occident. Mais, cette solidarité une fois conçue, cette propagation une fois admise, qui ne voit que la paix en découle avec sûreté ? La paix, déjà certaine en 1830 (le fait l'a prouvé), l'était encore plus en 1848, car, à cette époque, la solidarité était encore mieux établie, et la propagation avait fait de plus grands progrès. Dans dix ans, dans quinze ans, ces conditions se seront encore consolidées. Allemands, Anglais, Italiens, Français et Espagnols, seront plus près de s'entendre, plus éloignés de se guerroyer, plus rétifs aux mains rétrogrades, plus ardents aux réformes sociales qu'ils ne le sont aujourd'hui, qu'ils ne le furent en 1848 et en 1830. Tout cela croît d'année en année, de minute en minute.

Que l'on me comprenne bien : aujourd'hui, en Europe, il y a des défaites politiques, il n'y a plus de défaites militaires. Quand un parti est vaincu politiquement, toutes les forces, d'un bout de l'Europe à l'autre, deviennent disponibles contre lui, et alors ce sont non pas des guerres, mais des exécutions. Cela même est l'indice le plus manifeste de l'intime solidarité des nations européennes. Après 1848, le parti démocratique ayant montré des tendances trop négatives, la victoire politique qu'il avait eue pour détruire lui échappa pour constituer ; et en conséquence de ce revirement, sans guerre générale, partout les rois ont exécuté les peuples. Mais dès que les tendances positives qui commencent à poindre animeront le parti démocratique, la victoire politique passera de son côté, et partout, sans guerre générale, les peuples exécuteront les monarchies; exécution à laquelle la France donnera son appui moral et, s'il est demandé, son appui matériel, faisant en sens inverse ce que la Russie a fait pour le gouvernement autrichien.

Là est la garantie de la paix. Et considérez en même temps l'apparente contradiction des choses. C'est en ce temps de paix générale que les armées ont pris un développement immense. Jamais la tranquillité occidentale n'a été plus assurée, et jamais les troupes n'ont été plus nombreuses, jamais plus de bataillons, d'escadrons et de batteries n'ont couvert les champs de l'Europe. Certes, l'Autriche, alors qu'elle guerroyait contre Napoléon et entrait dans les coalitions, n'avait pas six cent mille hommes sous les armes. Mais ces prolétaires en uniforme, arrachés aux travaux de l'agriculture et de l'industrie, campent partout et occupent les villes et les campagnes pour contenir les prolétaires sans uniforme. Rien de ces forces immenses n'est disponible pour les tentatives de la guerre d'invasion; tout est employé à l'intérieur pour la compression des populations qui s'agitent, pour le soutien des gouvernements qui s'ébranlent. Otez, par exemple, les Français de Rome et les Autrichiens des Marches, de la Toscane, du Milanais, et dites-moi ce que deviendront le pape, le grand-duc de Florence et le petit tyran de Modène. Faites la même supposition pour l'Allemagne, pour la Hongrie, pour la Pologne. Le croissant socialisme des populations européennes est un ressort dont on peut estimer la puissance en voyant de quel poids on est obligé de le charger pour en empêcher le redressement. Mais ce ressort, loin de se fatiguer, prend de jour en jour une plus vigoureuse élasticité; et ce poids, vivant lui-même et accessible à toutes les passions populaires, menace toujours de se déplacer, d'autant plus qu'il occasionne d'énormes dépenses, obère les gouvernements, et prépare, de ce côté aussi, d'insolubles difficultés aux entreprises réactionnaires. Le premier signe d'un gouvernement d'accord avec les conditions actuelles de la société, ce sera de pouvoir congédier ces immenses amas d'hommes; dès à présent, la France républicaine le pourrait, si elle n'était pas momentanément entre des mains rétrogrades, et elle en aurait pu donner l'exemple dès 1848, si les hommes à qui échut alors le pouvoir, mieux instruits de la vraie situation, eussent réduit l'armée au lieu de l'accroître. Dans la transition où nous sommes, rien, ni bonne volonté ni intelligence, rien ne peut suppléer les indications fournies par la théorie historique et sociale.

Quel bienfait inappréciable que cette paix de trente-cinq ans qui dure et durera! Sans doute vous avez, comme moi, entendu plus d'une lamentation sur ce temps mauvais où nous vivons, sur cette ruine imminente de la société qui va tous nous engloutir, sur cette fin du monde qui approche. C'est vraiment une singulière illusion de l'esprit, qui, frappé d'une vague terreur à la vue du changement rapide de nos sociétés, se méprend assez pour accuser une époque plus active, plus féconde, plus belle qu'il n'en fut jamais. Oui, quand l'émeute gronde et que la guerre civile ensanglante nos rues, le cœur est déchiré; mais qu'est-ce que ces orages si passagers et si bornés au prix des immenses ravages de la guerre générale? Et, à côté de cet avantage matériel, mettez les avantages intellectuels et moraux qui découlent de notre situation pacifique : l'industrie se perfectionnant, les communications s'achevant, les peuples fraternisant, les préoccupations sociales remplaçant les préoccupations égoïstes de la conquête et de la domination, chacun prenant conscience de son œuvre dans l'œuvre collective, et s'y dévouant avec ardeur. Ah! celui qui ne se sent pas aujourd'hui vivre d'une vie plus énergique et plus satisfaite, qu'il se lamente sans fin sur un passé qui lui échappe, incapable à la fois et indigne de jouir du présent et de s'incorporer à l'avenir!

Quand le socialisme qui fut notre précurseur, le christianisme, commença de s'infiltrer dans les esprits et de substituer une solution positive à la révolution négative qui avait ruiné l'ordre polythéistique, il y eut aussi une tranquillité universelle due à la domination du peuple-roi. Un homme qui, sans en apercevoir la profondeur, fut pourtant frappé de ce grand phénomène, le caractérisa dignement en le nommant l'immense majesté de la paix romaine. Nous aussi jouissons de l'immense majesté de la paix occidentale, nous qui, plus éclairés que Pline, savons désormais d'où nous venons, où nous allons.

En effet, cette paix si féconde en bienfaits de tout genre, est particulièrement profitable au socialisme. C'est lui qui la détermine surtout en dirigeant l'attention des peuples sur leur état intérieur, sur la nécessité d'une rénovation, sur la fraternité internationale et sur l'incompatibilité des pouvoirs tant spirituels que temporels d'à présent avec le régime futur de l'humanité; mais c'est aussi lui qui en recueille les fruits essentiels. Dites-moi, que deviendrait ce souci de l'état intérieur, si l'on tremblait chaque jour sur le sort de la patrie ? Cette nécessité d'une rénovation, si le canon tonnait sur les champs de bataille ? Cette fraternité internationale, si les sentiments de violence et de haine étaient continuellement entretenus par des offenses réciproques ? Cette incompatibilité avec les chefs d'aujourd'hui, s'il fallait rentrer dans l'ordre ancien par la guerre, qui est la plus certaine négation de l'ordre nouveau ? L'exemple de l'Empire est là qui nous instruit de ce que put la guerre pour la rétrogradation, et l'exemple de nos trente-cinq années paisibles est là qui nous instruit de ce que peut la paix pour le socialisme.

XII.

Côté positif. — Fusion des Républicains dans les Socialistes [1].

Je touche ici à un point important de notre transition révolutionnaire, à un point dans lequel se montre le pouvoir de prévision inhérent à la philosophie positive. Dans l'Occident, la théologie, depuis trois siècles et plus, a constamment trébuché devant la science, et, simultanément, l'ordre social qui reposait sur cette doctrine s'est décomposé et détruit. D'abord le protestantisme, ou demi-théologie, amena les demi-révolutions de Hollande et d'Angleterre ; puis une ferme négation de toute théologie consomma pour la France l'œuvre commencée. Jamais peut-être ne s'est vu pareil coup de baguette. En 1789, la veille de l'ouverture des états-généraux, la France était encore toute cléricale, toute féodale, toute monarchique, et, quelques années après, rien ne restait de ces vieilles choses, ou ce qui en restait était méconnaissable. Combien le système

[1] *National*, 24 décembre 1850.

général des idées sociales s'était modifié dans les esprits et les cœurs ! Quelle différence entre le temps où la France, mise en demeure, garda le catholicisme et la monarchie, et le temps où, mise une seconde fois en demeure, elle se débarrassa sans retour et de l'esprit catholique et de l'esprit monarchique ! Notez les étapes séculaires de ce grand phénomène, qui suit sa loi sans que rien le détourne, et qui élimine un ordre social décrépit, pour faire place à un ordre social rajeuni : protestantisme et révolution anglaise ; négation théologique et révolution française ; puis, finalement, par la condition de solidarité entre les populations occidentales, extension successive de l'ébranlement théologique et politique.

Bossuet a dit, en parlant de l'hérésie protestante et de la mutation matérielle qui l'accompagna : « Si mon jugement ne me trompe pas ; si, rappelant la mémoire des siècles passés, j'en fais un juste rapport à l'état présent, j'ose croire, et je vois les sages concourir à ce sentiment, que les jours d'aveuglement sont écoulés et qu'il est temps désormais que la lumière revienne. » Il y a aujourd'hui cent quatre-vingts ans que Bossuet, cette grande et solitaire lumière du catholicisme en décadence, prononça ces paroles ; et, depuis, non-seulement l'Angleterre n'est pas revenue au giron, mais encore le pays qui avait résisté à l'hérésie est passé bien au delà dans la négation théologique. Jamais une prévision, à laquelle cependant tout le temps a été donné pour se réaliser, n'a été plus démentie par l'événement. C'est qu'en effet la doctrine théologique est incapable d'expliquer le phénomène dont les hommes des générations modernes sont témoins. Si l'on eût demandé au paganisme d'expliquer pourquoi il se mourait, il aurait répondu, comme Bossuet, que les jours d'aveuglement allaient passer, et la folie de la croix, ainsi qu'on disait alors, ne tarderait pas à disparaître devant ces dieux fondateurs et conservateurs de l'ordre social. De même le christianisme est sans réponse quand on lui demande pourquoi, lui régnant et vivant, la foi tombe, les féodalités s'en vont, les royautés s'abîment ; et, s'il se hasarde à prévoir et à prédire, tourné à rebours, il ne prévoit que ce qui ne peut arriver, il ne prédit que ce qui est contredit par la suite des faits. Il suffirait de connaître ses prévisions pour comprendre que sa doctrine est fausse : car, là où il n'y a pas de prévision, il n'y a pas de science.

Mais la philosophie positive, *rappelant la mémoire des siècles passés* et *en faisant*, elle, *un juste rapport à l'état présent*, non-seulement ne voit dans la révolution occidentale ni une folie des esprits, ni une perversion des cœurs, ni une permission d'une providence en qui elle ne croit pas ; mais encore elle la juge pleinement d'accord avec tout le passé historique et avec les nécessités sociales ; mais encore elle en prédit le triomphe final ; mais encore, déterminant davantage, elle constate que cette grande opération, ayant accompli essentiellement sa phase négative, entre dorénavant dans sa phase positive. Nous y sommes en effet ; et c'est le sentiment instinctif de cette nouvelle situation qui a provoqué de toute part la fusion des républicains dans les socialistes.

Peu de temps a suffi pour cette métamorphose capitale. On se rappelle, la République ayant été proclamée en 1848 par les communs efforts des uns et des autres, quelle scission profonde éclata aussitôt après dans les rangs de ceux qui semblaient avoir voulu une seule et même chose. Républicains et socialistes se divisèrent en deux, les uns satisfaits d'avoir la République, les autres demandant que cette République eût une tendance spéciale. Dans cette divergence est la cause profonde des agitations populaires qui troublèrent si gravement les premiers temps de la révolution de février.

Quand j'oppose ici les républicains aux socialistes, je ne veux pas dire que les socialistes ne soient pas républicains ; mais je veux dire que, à mesure que la situation se caractérise davantage, les appellations deviennent plus précises, et les dernières impliquent toujours les premières. Sous la Restauration, qui entreprit, comme l'Empire, un système de rétrogradation, mais qui ne put pas se donner, pour le porter aussi loin, le puissant auxiliaire d'une guerre continuelle, le grand parti qui travailla et réussit à déjouer des projets mal conçus, fut dénommé le parti libéral. Plus tard, la lutte ayant abouti, et la branche aînée ayant été éliminée, ce même parti se scinda; les gens qui croyaient, comme en 89, que la rénovation sociale avait pour terme l'organisation d'un système constitutionnel semblable à celui de l'Angleterre, se déclarèrent satisfaits et poursuivirent, sans autre préoccupation, leur œuvre éphémère; le reste se sépara aussitôt sous le nom de républicains, demandant, non plus seulement qu'on fût garanti contre les entreprises rétrogrades (ce qui est au fond la seule propriété du régime parlementaire), mais qu'on fît hardiment un pas au delà, et que le pouvoir politique, devenant mobile, passât d'un monarque entre les mains de la démocratie. De nouveau, la lutte aboutit, et, à son tour, la branche cadette fut éliminée; le lendemain, le parti qui avait procuré l'élimination de la monarchie se fractionna; les républicains crurent que le terme était atteint, et qu'il suffisait, pour la révolution qui s'accomplissait, d'avoir réglé le pouvoir politique; mais les socialistes protestèrent contre cette supposition, déclarant qu'il fallait non-seulement régler le pouvoir, mais encore régler la richesse. Et déjà, au sein du socialisme, les positivistes soutiennent que, quand même il serait possible de régler isolément, soit le pouvoir politique comme le veulent les républicains, soit la richesse comme le veulent les socialistes, on n'aurait encore rien fait, et que la révolution ne sera close et la rénovation sociale accomplie que quand les forces intellectuelles et morales auront été réglées. De la sorte, le positiviste renferme le socialiste, le socialiste renferme le républicain, et le républicain renferme le libéral. Ce sont des termes successivement plus élevés d'un même développement.

Et ici voyez la force intrinsèque de la situation, qui, restant identique essentiellement, produit aussi des effets identiques. En 89, des illusions naturelles inspirèrent une confiance générale, et l'on s'imagina qu'une réforme incomplète qui, dans son pays natal, ne peut être considérée que comme une halte, était susceptible de s'adapter à une nation plus vieille d'un siècle dans la révolution occidentale. Comme si le vaste ébranlement qui avait commencé près de trois cents années auparavant, et qui avait toujours crû en gravité, ne devait pas avoir une crise proportionnée à sa durée! Mais bientôt le sol manqua sous la construction, et la République surgit spontanément, et pour ainsi dire à l'insu de ceux qui avaient entamé la révolution. Un chef rétrograde que la guerre fit puissant employa tout ce qu'il eut d'énergie, de pouvoir et d'influence pour restaurer le passé monarchique, féodal et clérical : énergie, pouvoir, influence, tout fut en vain pour le fond des choses; mais il étouffa traîtreusement la République, rendant, de la sorte, inévitable la nouvelle chute de la monarchie. Ce fut donc, quand la tyrannie rétrograde eut disparu, une seconde ère de 89, plus prolongée et plus traînante, parce que les démolitions essentielles avaient été effectuées; mais dans laquelle, comme dans l'autre, germa l'esprit républicain. La génération impériale avait été tenue dans un oubli profond de la République; et, en 1822, quand un condamné politique, debout sur l'échafaud et prêt à mettre sa tête sous le couteau fatal, en rappela le souvenir, ce sembla un cri isolé et sans écho. Malgré cette interruption, le républicanisme renaquit peu à peu de toute part; et, bien que proscrit par tous les pouvoirs, menacé de toutes les rigueurs, exclu de tous les encouragements, n'ayant ni armée, ni budget, ni places, il se trouva assez fort pour écarter, on peut dire sans combat, une monarchie qui, de fait, n'a plus eu, depuis la Convention, de transmission véritable.

Cette intransmissibilité de la couronne royale, constatée une première fois par la chute de Napoléon, constatée une seconde fois par la chute de Charles X, vient de l'être une troisième par celle de Louis-Philippe. Un tel enseignement, bien que purement empirique, commence à fructifier, surtout se trouvant corroboré par l'agitation toujours plus étendue et toujours plus grave de la plupart des nations occidentales. Beaucoup d'esprits commencent à entrevoir, contraints qu'ils sont par l'urgence des faits et indépendamment de la théorie, qui les aurait éclairés mieux et plus tôt, que tout ce qui a été tenté pour la stabilité et l'ordre, non-seulement n'a pas réussi, mais encore a été la cause de commotions violentes et de profondes perturbations. Les trois rétablissements de la royauté, avec tout le cortége d'institutions qui s'en est suivi, nous ont valu trois révolutions. Jusqu'à présent, tout ceci s'est opéré par le pur instinct des sociétés, instinct qui leur fait obscurément chercher la meilleure condition. Chaque fois, le parti conservateur, ne concevant pour l'ordre que le système ancien, a essayé de le réimposer; et, chaque fois, le monde moderne, qui ne comportait plus rien de pareil, a laissé tomber ou a secoué une restauration mal compatible avec ses croyances et ses besoins. Mais aujourd'hui la science sociale rend raison de ces phénomènes, montrant que la mutation par laquelle nous passons est comparable à celle qui substitua le christianisme au paganisme, et qu'on ne trouvera une stabilité relative qu'en favorisant et non en contrariant la transition; et, par un concours naturel, les faits viennent au secours de la théorie, l'expliquent, la fortifient, et réalisent aux yeux de la foule attentive ses sûres aperceptions.

Ce n'est pas seulement par le côté intellectuel, et en faisant ainsi une vivante leçon aux peuples, que l'élimination de la royauté réagit heureusement sur la situation ; c'est aussi par le côté moral et en développant de hautes qualités qui sommeillaient faute de place et d'exercice. Jamais la solidarité commune qui nous lie tous au bien de la société n'a commencé à se révéler aussi clairement qu'en ce temps-ci. La royauté masquait aux yeux de la foule l'obligation étroite où chacun de nous est de concourir à l'œuvre sociale ; et, en masquant ainsi l'obligation, elle en atténuait le désir, amoindrissait le dévouement général, et laissait prévaloir les préoccupations égoïstes et l'intérêt soit de personnes, soit de classes. Mais à peine ce gage illusoire de stabilité a-t-il été écarté, que le commun des hommes a été aussitôt porté à un niveau supérieur de moralité. Il n'a plus été contestable pour personne, ou, si l'on veut, devant l'opinion publique, que le règne des priviléges était fini, et que toutes les forces sociales devaient être consacrées à l'amélioration de la société. Grande et profonde illumination des cœurs qui déjà jette un jour plus pur sur notre situation, et qui dirigera de plus en plus la conscience populaire !

Voilà le fruit glorieux des trois années de République qui vont être accomplies dans un anniversaire prochain ! En même temps que la clairvoyance sur les choses politiques est devenue plus grande, la volonté de participer utilement aux choses sociales est devenue plus active ; et, si l'on permet d'utiliser une affinité étymologique bien plus profonde, qu'on ne se l'imagine peut-être, je dirai que la *généralité* des vues et la *générosité* des sentiments se sont simultanément élevées. Ceci croîtra d'année en année sous la bienfaisante influence de la République ; plus nous irons, plus la rénovation sociale apparaîtra dans sa clarté et dans sa grandeur, et plus l'urgence morale se fera sentir.

C'est sous cette double impulsion de l'intelligence et du cœur que, durant ces trois années, s'est opérée, dans tout ce qu'elle a d'essentiel, la fusion des républicains et des socialistes. Arrivés au but qu'ils avaient poursuivi, les républicains ont *compris* que régler seulement la transmission du pouvoir politique ne pouvait clore la révolution, tellement qu'aujourd'hui énoncer une pareille proposition c'est la réfuter ; et bientôt ils ont *senti* que les socialistes avaient raison, sinon dans les moyens qu'ils mettaient en avant, du moins dans les tendances qui les animaient, c'est-à-dire, que nécessairement la révolution devait aboutir à une amélioration intellectuelle, morale et matérielle des classes populaires. Et, pour cela, il n'a pas fallu un temps bien long ; la discussion régulière qui dure depuis tantôt trois ans a, peu à peu, écarté les dissidences, dissipé les mal-entendus, et fait converger les intentions. Comme, présentement, les préjugés métaphysiques qui résultent de l'éducation que nous recevons et du milieu où nous vivons, ne conservent qu'un faible empire sur les esprits, les idées vraies et les bons sentiments ne tardent pas à faire leur chemin. Les républicains, tout en ayant eu l'opinion préalable que régler le pouvoir politique satisfaisait à la situation, n'avaient, non plus, dans leur programme rien qui écartât péremptoirement des conceptions plus rénovatrices.

Telle est la transformation capitale qui s'est opérée par la discussion, transformation qui, au fond, n'est pas autre chose que l'acceptation, par la conscience publique, de ce principe : il n'est rien dans les forces sociales qui ne doive avoir pour destination réelle l'avantage commun. La philosophie positive n'a pas été étrangère à un tel résultat. C'est elle qui a caractérisé la période révolutionnaire comme une transition et qui a dessiné les linéaments de l'ordre futur. Or, ceci est d'une haute importance. Que craignent en effet les bons esprits au milieu de nos changements? Le protestantisme n'a-t-il pas mené au déisme et à l'athéisme? L'incrédulité en théologie n'a-t-elle pas eu pour conséquence l'instabilité politique? Les hommes de 89 ou les libéraux de 1830 n'ont-ils pas frayé la voie aux républicains? et les républicains, à leur tour, ne l'ouvrent-ils pas aux socialistes? Où est le terme à cette série? Est-ce une pente sans fin sur laquelle on fait de vains efforts pour s'arrêter? Non, ce n'est point une pente sans fin. La bonne nouvelle a été dite; pourquoi ne me servirais-je pas de cette antique et heureuse expression qui a servi aussi à l'annonciation d'un nouvel ordre social? La bonne nouvelle a été dite; et, quelque vague qu'en soit encore le bruit, ce n'est pas en vain qu'elle a retenti aux oreilles d'un public qui la pressent.

XIII.

Côté positif. — Socialisme indéterminé [1].

Dans l'avant-dernier article, au mois de novembre, j'écrivais : « La paix est prévue par la philosophie positive » depuis plus de vingt-cinq ans ; prévue avant juillet, pré- » vue avant les extravagances de 1840, prévue avant fé- » vrier ; et toujours, malgré les apparences les plus graves, » l'événement lui a donné raison. Aujourd'hui encore elle » la prévoit pour tout l'avenir de notre transition, au bout » de laquelle une confédération républicaine ayant uni l'Oc- » cident, il n'y aura plus lieu à aucun conflit les armes à » la main. » Et plus loin : « La paix, déjà certaine en 1830 » (le fait l'a prouvé), l'était encore plus en 1848 ; car, à » cette époque, la solidarité des nations européennes était » mieux établie, et la propagation de l'ébranlement révo- » lutionnaire avait fait de plus grands progrès. Dans dix ans, » dans quinze ans, ces conditions se seront encore conso- » lidées. Allemands, Anglais, Italiens, Français et Espa- » gnols seront plus près de s'entendre, plus éloignés de se » guerroyer, plus rétifs aux mains rétrogrades, plus ar- » dents aux réformes sociales qu'ils ne le sont aujourd'hui, » qu'ils ne le furent en 1848 et en 1830. Tout cela croît » d'année en année, de minute en minute. »

Je ne rappellerais pas ces paroles si elles n'avaient été écrites au moment où les armées autrichiennes s'ébranlaient du fond de l'empire pour marcher contre la Prusse, où la Prusse appelait précipitamment la landwehr aux armes, où la Russie massait des soldats en Pologne, où le gouvernement français ajoutait quarante mille hommes à

[1] *National*, 7 janvier 1851.

son état militaire, déjà si formidable. Alors aussi ceux qu'on appelle hommes politiques déclaraient croire à l'imminence de la guerre. Eh bien ! deux mois se sont écoulés, et toute cette fantasmagorie s'est dissipée, sans doute pour renaître à l'occasion, pour exciter les mêmes craintes et pour disparaître semblablement. Quand Prussiens et Autrichiens se sont vus en face, l'impossibilité de tirer le canon en Europe leur est devenue aussitôt manifeste, et le revirement ne s'est pas fait attendre. Prévoir la paix en 1850, la prévoir en 1848, la prévoir en 1840, la prévoir en 1830, tel a été l'invariable langage de la philosophie positive; nul démenti ne lui a encore été donné par l'événement, et l'événement, elle l'affirme de nouveau, ne lui en donnera aucun dans l'avenir. Travaillons donc avec sécurité à la grande tâche de notre temps, qui est de réorganiser la société occidentale sans théologie et sans royauté.

Sans théologie et sans royauté : tel est, en effet, le problème que l'histoire, inévitablement conséquente, pose aujourd'hui aux générations héritières de la révolution. La théologie n'est pas moins ébranlée que la royauté; ou, pour mieux dire, si celle-ci est sans solidité, c'est que celle-là est sans racines. La royauté féodale et la théologie catholique sont les deux côtés, l'un temporel, l'autre spirituel, d'un même ordre social. La royauté constitutionnelle et la théologie protestante sont la principale phase dans la décomposition de cet ordre social, phase déjà passée pour la France, et, on peut presque le dire, pour le continent entier. Mais plus cette décadence est avancée (et la révolution de 1848 a montré à quel point tout l'ancien système était vermoulu), plus impérieuse est l'urgence de substituer aux bases anciennes qui s'écroulent les bases nouvelles dont l'évolution spontanée de l'humanité a posé les assises. Ne pas s'occuper de ce soin, qui maintenant doit primer tous les autres, ce serait prolonger gratuitement une désorganisation qui fut nécessaire bien que dangereuse, et qui reste dangereuse quoiqu'elle ne soit plus nécessaire. Depuis l'abolition, désormais irrévocable, de la monarchie et l'établissement définitif de la République, la situation véritable commence à se montrer peu à peu à tous les yeux ; on comprend que rien n'était stable puisque tout est tombé, et que la monarchie n'était qu'un trompe-l'œil donnant une fausse sécurité. Si la sécurité a diminué (et ce n'est pas un mal), la connaissance réelle a augmenté (et c'est un grand bien). Car c'est cette connaissance réelle qui, se précisant davantage sous la pression des circonstances et à la lumière d'une inévitable discussion, fera sentir qu'au fond il s'agit de remplacer un ordre spirituel par un autre, c'est-à-dire de renouveler les opinions et les mœurs pour renouveler les institutions.

J'appelle socialisme indéterminé tout système socialiste qui s'occupe particulièrement de régler l'ordre temporel, et laisse de côté l'ordre spirituel. On peut le caractériser nettement en disant que sa visée essentielle est d'obtenir une répartition, suivant lui plus équitable, de la richesse, et qu'il entend l'assujettir à des conditions qui reviennent toutes, d'une façon ou d'une autre, à la niveler. Quant au reste, religion, science, éducation, beaux-arts, il n'en aborde pas la pensée ; et, soit qu'il laisse subsister les conceptions anciennes, soit qu'il s'abandonne à l'évolution spontanée de la société, il déclare ainsi son incompétence sur la meilleure et la plus noble part de l'humain domaine. De même que les républicains, ainsi que je l'ai fait observer dans l'article précédent, s'étaient, avant février, exclusivement préoccupés de déterminer quel serait le pouvoir politique et comment il se transmettrait, et ne se sont aperçus que le lendemain de la révolution de l'insuffisance d'une pareille opinion ; de même le socialisme, celui qui a particulièrement jeté des racines dans les masses populaires, n'a songé qu'à soumettre la richesse à des prescriptions temporelles, pensant que ce qui l'intéressait dans le problème social était là tout entier. Il suffit, comme pour la proposition fondamentale des républicains avant février, d'énoncer la proposition fondamentale du socialisme indéterminé pour la réfuter. Il n'est personne qui ne comprenne à l'instant qu'une tentative aussi incomplète laisse subsister dans tout leur antagonisme actuel la révolution et la conservation; la révolution, qui veut le progrès, mais qui compromet l'ordre; la conservation, qui veut l'ordre, mais qui compromet le progrès. Ne se souciant pas de l'organisation spirituelle, ou plutôt étant incapable, vu son dédain révolutionnaire pour la filiation historique des choses, d'entreprendre une telle construction, le socialisme indéterminé n'apporte aucun remède à l'anarchie mentale. Or, l'anarchie mentale est celle qui réclame les premiers et les plus puissants secours; car l'anarchie matérielle n'en est qu'une conséquence nécessaire. Qu'est-ce que régulariser la production et la distribution de la richesse sans régler au préalable l'esprit et le cœur de ceux qui auront à produire et à employer cette richesse? Une immense lacune se montre incontinent à l'œil de celui qui embrasse la société dans son ensemble; immense lacune, véritable Charybde qui engloutirait sans relâche tous les socialismes imparfaits à mesure qu'ils passeraient devant elle.

En cette situation, le socialisme indéterminé donne un triomphe inévitable à l'école théologique ou rétrograde. Quel ne doit pas être, en effet, le sentiment de supériorité que cette école conçoit, malgré ses désastres périodiques dans les luttes des partis, quand, se rappelant comment elle a, dans le passé, régi glorieusement les hommes, elle voit, en outre, son antagoniste le plus avancé se déclarer incompétent pour tout ce qu'il y a de plus relevé dans la société, à savoir le gouvernement des esprits et des cœurs! Aussi, toutes les fois que, dans nos oscillations politiques, les faits ont arraché à cet antagoniste l'aveu de son impuissance, l'école théologique reparaît de nouveau, se donnant pour seule capable de tenir encore la grande place qu'elle tint jadis, et qu'aujourd'hui personne n'ose venir occuper. Et, à défaut de mieux, beaucoup l'acceptent, quoique ceux-là mêmes qui l'acceptent sentent dans leur for intérieur toutes les incompatibilités irremédiables entre la vieille conception théologique, émanée d'une connaissance rudimentaire du monde, et la conscience moderne pénétrée sans relâche par les notions positives. Ce sont ces incompatibilités mêmes, je ne saurais trop le redire, qui constituent l'état révolutionnaire depuis la fin du moyen âge. Le monde ne nous apparaît plus tel qu'il apparut à nos aïeux ; tout s'est éloigné, agrandi, rectifié, déplacé; et l'on voudrait qu'après une rénovation aussi profonde, l'ordre social qui s'était institué sous les anciennes idées, durât et se maintînt sous les nouvelles ! Cela est impossible, en fait, depuis que les trois cents dernières années ont vu tout s'ébranler et s'abîmer ; en théorie, depuis que la science sociale a constaté la liaison immanente entre l'ordre spirituel et l'ordre temporel.

Une durée illimitée et une supériorité de fonction seraient donc acquises à la doctrine théologique ou rétrograde, si le socialisme devait toujours rester indéterminé, c'est-à-dire tenter de régler la richesse en omettant, par raison d'incompétence, de régler l'ordre spirituel de la société. Mais tout change, la durée se limite, la supériorité s'évanouit dès que le socialisme, parvenant à se déterminer, offre un programme aussi complet que sa rivale, dès qu'il lui fait concurrence sur le terrain même dont elle s'est crue exclusivement maîtresse, et quand il s'engage à mieux remplir qu'elle un office qui doit être rempli, mais qu'elle remplit mal. Que cet office doive être rempli, nous en avons la preuve dans la persistance de la doctrine théologique, malgré les coups violents qui lui ont été portés, malgré la désertion sourde des intelligences, plus dangereuse que les coups les plus violents ; mais des instincts irrésistibles avertissent la société de ne pas jouer le rôle de Samson dans le temple des Philistins ; et, quoique le temple ne présente plus qu'une ombre de ce qui en fit jadis la grandeur et l'utilité, elle prétend ne pas renverser la colonne et jeter le toit sur sa tête. Que cet office soit mal rempli par la doctrine théologique, nous en avons la preuve dans l'état révolutionnaire inauguré depuis la fin du moyen âge et devenant de moment en moment plus grave, plus profond, plus étendu, plus négatif. Où s'arrêterait cette négation indéfinie, si l'esprit de révolution ne devait jamais rencontrer d'autre adversaire que ce théologisme, qu'il est toujours assez fort pour ébranler sans l'être jamais assez pour en finir? Et, en sens inverse, où s'arrêterait cette conservation indéfinie d'une fonction mal faite, d'un office mal rempli, d'une contradiction flagrante entre la doctrine générale qui affirme, et les doctrines particulières qui nient, si le théologisme ne devait jamais avoir d'autres adversaires que des écoles incapables de concevoir dans le système de la raison moderne le vaste ensemble que le christianisme sut si bien concevoir dans le système de la raison ancienne? Tout est là en effet; malgré les apparences, la fonction du pouvoir spirituel est vacante. La doctrine qui la prendra, aura la direction de la révolution; s'assurant des esprits par sa parfaite concordance avec les besoins rationalistes qui les dominent, gagnant les cœurs par la satisfaction des besoins moraux qui les dominent encore plus impérieusement et qui sont en rapport avec la raison nouvelle, elle clora, de la seule manière qui puisse la clore, la transition à la fois orageuse et bienfaisante, terrible et merveilleuse, destructive et féconde que traversent les nations occidentales.

De telles conditions étant imposées au véritable socialisme, on comprend, pour ainsi dire, sans que je l'explique, comment le socialisme indéterminé, s'il pouvait jamais venir à la pratique, serait illusoire, et décevrait toute les espérances de ceux qui auraient compté sur lui. Il ne peut lui être donné de mettre la main sur les véritables moyens de régler la richesse, car, n'ayant aucune théorie générale de la société, il prend ses inspirations dans des conceptions partielles, incomplètes; et, dès lors, ses solutions se trouvent entachées d'erreurs nécessaires. De fait, ce que nous en avons vu le témoigne assez. Pour une pareille tâche, il faut de plus hautes aspirations et une philosophie plus compréhensive. C'est une bien trop faible ambition que celle de vouloir arranger de telle ou telle façon les intérêts temporels. Les esprits timides et incomplétement préparés qui n'ent ont pas d'autre ne suffiront pas à la besogne. La solution ne peut pas être partielle : elle doit être totale.

Les déceptions enfantent les déceptions. Non-seulement une doctrine incomplète est illusoire et ne peut tenir ses promesses, mais encore elle mène directement bien qu'à leur insu, ses sectateurs à être véritablement rétrogrades, et à mettre les plus sérieux obstacles au développement de cela même qu'ils désirent le plus ardemment voir prospérer. Touchez du doigt la contradiction inévitable où ils tombent. Les voilà rénovateurs décidés dans le domaine temporel ; ils n'hésitent pas ; ils démolissent, ils réforment, ils retranchent, ils déplacent. Mais dans le domaine spirituel, c'est autre chose ; là ils deviennent irrésolus, et, ne sachant que faire, ils se détournent, les uns avec respect, les autres avec colère, de l'antique pouvoir, qui prétend toujours à diriger l'éducation des générations modernes, comme il dirigea celle des générations du moyen âge. Qu'arrive-t-il ? Par là, soit qu'ils le veuillent ou qu'ils ne le veuillent pas, ils conservent effectivement tout l'ancien système d'opinions et de mœurs, système qui est le plus direct empêchement à la rénovation poursuivie par le socialisme. Les rétrogrades font-ils autre chose ? Ne pas saisir la rénovation sociale dans son ensemble, c'est garder peu ou beaucoup de l'ancien régime ; beaucoup, si justement la part que l'on ne saisit pas est tout le domaine spirituel. On peut le dire hardiment : il n'y a de réellement exempt de toute tache de rétrogradation que la doctrine positive, qui, sachant bien par l'étude des ordres sociaux dans le passé ce qu'est un ordre social, règle l'éducation, la science, les beaux-arts, en un mot tout le domaine spirituel, et, cela fait, détermine avec sûreté le domaine temporel.

Le socialisme indéterminé, qui, malgré lui, est rétrograde, est, malgré lui aussi, anarchique. C'est la nature des choses qui le veut. Tant qu'il reste à l'état de sentiment, il est irréprochable ; et rien n'est plus digne de respect et d'admiration que cette aspiration généreuse vers une justice sociale mieux entendue, vers une moralité plus haute, vers un avenir plus pur. Mais, quand il sort de cette inattaquable position et songe à mettre en pratique la rénovation vers laquelle il est attiré, alors, n'étant guidé par aucune vraie connaissance de l'organisme social, il signale la richesse comme le point de mire de ses réformes. Incontinent les intérêts s'ébranlent, et ils s'ébranlent avec justice; car, qui peut dire à quelles funestes perturbations mèneraient des réformes essentiellement fondées sur des données métaphysiques, et qui ne prennent en considération ni le passé de l'humanité, ni les conditions nécessaires à l'existence du corps social? Ainsi le socialisme indéterminé est anarchique, comme l'est en sens inversé le parti de l'ordre: par ignorance. Certainement le sentiment par lequel des masses considérables sont attachées à l'ordre est profondément respectable; car, sans ordre, que deviendrions-nous? Mais, quand on sort de cette position, et qu'on veut mettre en pratique le maintien de l'ordre, en effet si précieux, alors, n'étant guidé par aucune vraie connaissance de l'organisme social, on va chercher les moyens de gouvernement dans les doctrines et institutions du passé, et la rétrogradation commence. Incontinent la conscience moderne s'alarme et s'irrite; toutes les dissidences, toutes les incompatibilités, toutes les incrédulités un moment groupées se disjoignent peu à peu; à ce point, vienne le moindre hasard, et tout croule, comme on l'a vu en février 1848, et en juillet 1830.

Je serai certainement lu par des socialistes qui, bien que choqués de m'entendre ainsi heurter leurs opinions, réfléchiront cependant, et se demanderont si en effet la réorganisation sociale peut se passer d'une révolution intellectuelle et morale, s'il est possible de reconstituer la condition temporelle sans reconstituer la condition spirituelle, et si le socialisme entend n'avoir ni science, ni éducation, ni morale, ni beaux-arts qui soient à lui. Mais je ne serai pas lu (et pourtant je voudrais l'être) par des conservateurs qui, réfléchissant sur les causes du danger incessamment couru par l'ordre, se demanderaient si la doctrine théologique, à laquelle même beaucoup d'entre eux n'ont aucune foi individuelle, est maintenant une réelle garantie pour la société; si, en fait, elle n'a pas laissé arriver toutes les perturbations dont on se plaint; si, en théorie, elle n'est pas dans une contradiction irremédiable avec les plus certaines acquisitions de la raison moderne, et s'il ne serait pas grand temps de s'inquiéter d'un autre ralliement désormais cherché dans l'état présent de la conscience humaine, telle que l'ont faite les siècles écoulés.

XIV.

Côté positif. — Du Socialisme déterminé ou philosophie positive [1].

Ayant montré l'insuffisance radicale de toute idée politique ou socialiste qui n'aspire pas à la rénovation complète, spirituelle et temporelle, de la société, ma tâche est maintenant de montrer quelles sont les bases réelles de l'ordre nouveau.

La question ainsi posée (et ceci frappera certainement tout lecteur attentif) écarte et met hors de cause le dogme de la souveraineté populaire, dogme qui a pris une si grande importance dans le parti révolutionnaire et qui a même entamé, chez une fraction du parti rétrograde, le principe du droit divin. Si le développement des sociétés est un phénomène soumis à des lois naturelles et placées en dehors de la volonté humaine (et il l'est en effet), la souveraineté populaire n'a pas prise là-dessus, et elle ne peut pas plus nous remettre au paganisme, comme y tendaient quelques philosophes du XVIIIe siècle dans leur haine contre le moyen âge, ou à l'état de nature, comme le souhaitait Rousseau, que nous retenir aujourd'hui dans le christianisme. Si le développement des sociétés, qui a toujours mis en jeu les plus hautes facultés de l'esprit, exige de plus en plus dans ceux qui en sont chargés une forte préparation (et il l'exige en effet), la souveraineté populaire devient manifestement in-

[1] *National*, 27 janvier 1851.

compétente. Quand les apôtres commencèrent à prêcher dans le monde païen la doctrine de Jésus, cette doctrine, mise aux voix devant la souveraineté populaire, aurait été condamnée ; et cependant là était le salut provisoire, et la conservation du paganisme n'était plus que désordre matériel et abaissement intellectuel et moral. Après février, quand on discutait sur ce que ferait la population de la France devant la proclamation de la République par les prolétaires parisiens, des hommes ardents déclarèrent hautement qu'ils ne reconnaissaient pas sur ce point la compétence de la souveraineté populaire, et, chose remarquable, cette opinion, qui parut alors exorbitante, vient de se faire entendre devant l'assemblée par la bouche d'hommes modérés [1]; à la vérité, la nation entière accepta le verdict rendu contre la royauté; mais ces esprits ardents avaient raison, la République étant très-certainement ce qu'il y a de mieux aujourd'hui pour la France, comme le prouvent la situation particulière de notre pays et la situation générale de l'Europe. Il importe plus que jamais de dégager la souveraineté populaire des nuages métaphysiques que l'ignorance des lois du développement social a répandus sur cette notion. Cette souveraineté a deux caractères, l'un transitoire, l'autre définitif. Le caractère transitoire ou révolutionnaire est celui que nous voyons aujourd'hui : il est purement négatif, a pour but et pour effet d'anéantir les anciennes supériorités, résulte naturellement de l'incompétence commune (les conservateurs ne sachant pas conserver et les progressistes ne sachant pas avancer), et se montre aux époques de révolution sociale ; c'est ainsi que la plèbe antique, à l'approche du christianisme, nivela son aristocratie ; c'est ainsi que présentement notre peuple, si supérieur à la plèbe antique, nivelle, à l'approche d'une nouvelle réorganisation sociale, rois, noblesse et clergé. Le caractère définitif, vers lequel nous marchons à grands pas, est pleinement positif, a pour but et pour effet d'as-

[1] Voyez le discours du général Cavaignac dans la séance du 18 janvier.

surer l'entière efficacité des principes une fois trouvés, résulte naturellement de l'alliance entre les masses pupulaires et le pouvoir spirituel, et se montre aux époques organiques; témoin le catholicisme et le polythéisme, où la concordance entre les sentiments populaires et les principes sociaux mettait en exercice la véritable et permanente souveraineté du peuple d'alors. En un mot (et, amenée à ce point, la question se résout d'elle-même), la souveraineté du peuple ne peut *trouver* les voies et moyens du développement social; mais elle les *sanctionne* et les investit, par son assentiment continu, de la puissance réelle.

Je viens encore une fois de heurter des préjugés révolutionnaires fortement enracinés et de fermer la porte à des croyances illusoires qui se complaisent dans le vague sans limite d'une conception métaphysique. Mais c'est pour ouvrir une large issue à des croyances positives qui, ne se méprenant plus sur la condition véritable des choses, demandent à la réalité tout ce qu'elle peut produire. Le cours de l'histoire et le sentiment populaire indiquent présentement, avec une clarté visible à tous, le but social, c'est-à-dire l'égalité par l'éducation, la seule qui soit possible, et la consécration des inégalités au service commun, seul moyen qu'il y ait de régler les inégalités essentielles à l'ordre temporel. Jamais un tel but n'a été assigné dans sa plénitude, comme il l'est aujourd'hui, à la conscience humaine. Dans l'antiquité, l'esclavage d'une partie nombreuse de la population et l'hostilité acharnée entre les nations ne permettaient pas la généralité de vues qu'il suppose; et dans le moyen âge, bien qu'un pas considérable eût été fait par l'institution du servage, bien que l'hostilité de religion substituée à l'hostilité de nation laissât entrevoir la possibilité d'une communion générale de l'humanité, toutefois la morale sociale n'était pas encore née, et l'on aurait eu bien de la peine à faire comprendre aux rois et aux nobles de ce temps qu'ils étaient faits pour leurs serfs et non leurs serfs pour eux. Aussi, les masses populaires ne supportent plus l'ordre ancien, qui, suffisant pour les générations passées, est oppressif pour elles. Rachetées par le labeur séculaire de leurs aïeux, elles demandent avec une urgence croissante à être admises à un nouvel ordre qui consacre leur ascension intellectuelle, morale et matérielle; dans leur juste impatience, elles ont renversé tous les obstacles qu'opposaient les vieilles croyances, les vieilles institutions. Mais, à ce point, et quand il s'agit enfin, non plus de détruire les obstacles, mais d'effectuer cette grave et sérieuse transformation, l'efficacité populaire fait défaut; car, pour pouvoir, il faut savoir.

Du moment que l'on considère l'histoire, autrement dit la forme des sociétés, non comme soumise aux volontés arbitraires soit des individus, soit des peuples, ou à la direction d'une providence non moins arbitraire (et c'est là un des dogmes les plus importants de la philosophie positive), il devient évident que, pour l'évolution de l'histoire, autrement dit pour la conservation et le développement des sociétés, il est des conditions essentielles sans lesquelles l'existence et le progrès sont compromis. L'organisme social est, en ceci, pleinement comparable avec l'organisme animal; pour modifier l'un ou l'autre, il faut connaître et respecter les causes fondamentales qui entretiennent leur vie respective; sans cette connaissance et ce respect, on sera aussi mauvais politique que mauvais médecin. Or, entre ces causes fondamentales d'existence et de développement, se présentent en premier lieu le pouvoir spirituel et le pouvoir temporel; c'est, à vrai dire, le résumé de tout l'être social. Ces pouvoirs existent au milieu de nous malgré la décadence définitive du principe qui les vivifia jadis; ils ont gouverné avec un grand éclat tout le moyen âge; sous une forme moins pure, mais pourtant très-reconnaissable, ils ont présidé à la période du polythéisme, si longue que l'origine s'en perd dans les obscurités du passé; enfin, ils sont à l'état embryonnaire dans les peuplades fétichiques, où les connaissances sont très-bornées et les affaires très-peu complexes. La conclusion inévitable est que l'on ne pourrait supprimer le pouvoir spirituel et le pouvoir temporel sans amener la dissolution même de la société; ce serait, pour continuer ma comparaison avec l'organisme vivant, prétendre faire vivre un animal sans estomac ou sans cerveau.

Arrivés ainsi des profondeurs de l'histoire, ces deux pouvoirs, tels que nous les voyons maintenant, se caractérisent nettement par ces noms : théologie et royauté. Ils représentent, dans l'évolution progressive de l'humanité, la période fictive et guerrière. Des pouvoirs de ce genre sont indispensables, nous venons de le constater, et cependant ceux-ci s'écroulent de jour en jour davantage. Comment concilier cette contradiction apparente? Comment faire que ce qui est indispensable à la société soit supporté par elle? C'est justement parce que ceux-ci sont et se nomment théologie et royauté qu'on ne les supporte plus ; la destination de la société n'est plus guerrière ; ses notions ne sont plus fictives. Quoi d'étonnant qu'elle n'accepte plus ce qui ne lui va plus ni intellectuellement ni moralement? et, réciproquement, quoi de plus certain que son adhésion dévouée aux deux pouvoirs fondamentaux quand ils seront en rapport avec les nouvelles notions, avec la destination nouvelle?

Il faut se dégager (et une préparation négative qui a ébranlé tout théologisme y dispose naturellement les esprits), il faut se dégager des préjugés traditionnels et voir en la théologie non une révélation surnaturelle, mais une production spontanée de l'intelligence humaine et du travail social. Sous la protection de cette philosophie initiale, qui était la seule possible au début des choses et qui fut une hardie et merveilleuse hypothèse suggérée naturellement par le conflit entre le monde réel, si décevant au premier coup d'œil, et l'intelligence, si dénuée à ces commencements ; sous la protection, dis-je, de cette philosophie se poursuivit le développement de l'expérience, qui devait peu à peu constituer les sciences positives et former la trame de la philosophie destinée à supplanter l'ancienne. C'est en effet une philosophie qui en supplante une autre ; c'est une œuvre de même nature, accomplie, comme l'autre, par les forces inhérentes à la société. A des êtres hypothétiques chargés fictivement d'administrer le monde, et d'être l'explication des phénomènes qui s'y présentent, se sont substituées graduellement les lois immuables qui régissent ce monde et qui sont l'explication des phénomènes. A l'origine, on ne connaissait pas les lois, et on imagina les causes; aujourd'hui on connaît les lois et on renonce aux causes, qui échappent à toute expérience, et qu'il serait maintenant puéril et impardonnable d'imaginer comme firent nos aïeux.

C'est ainsi que du ciel la société a été graduellement ramenée sur la terre, au propre et au figuré. Au propre, puisque le ciel n'est plus pour l'homme moderne qu'un espace illimité où se meuvent notre soleil avec ses planètes, et, plus loin, dans une perspective infinie, un nombre infini d'astres radieux, décoration de la nuit; qu'un espace illimité où règne un froid glacial, au moins égal à celui de nos pôles; qu'un espace illimité, sillonné à jamais par les rayons lumineux, seule révélation, pour nos faibles yeux, de tant de globes qui accomplissent éternellement leur révolution silencieuse; qu'un espace illimité parcouru par des masses flottantes de petits corps solides qui, sous le nom d'étoiles filantes, viennent tomber incessamment en pluie sur notre planète. Au figuré, puisque le but personnel que le théologisme assignait aux individus dans un séjour fictif disparaît, pour faire place à un but social, et qu'évidemment la société, impossible à transporter dans une autre existence, ne peut être conçue que sur la terre et en vue de la terre. Avec cette idée, jetez un coup d'œil rétrospectif sur l'histoire et voyez combien ces conditions intérieures et profondes se manifestent à la surface et à l'extérieur. Qui n'a été, en se reportant au paganisme, frappé de l'exubérance de joie et de fête qui concordait merveilleusement avec tous ces dieux mêlés à l'humanité, et avec cette humanité enfant? Qui au contraire n'a pas été saisi du contraste sévère qu'offre le moyen âge et du mélange d'ascétisme et d'activité auquel cette jeunesse de l'humanité fut portée comme l'est si souvent la jeunesse de l'individu qui, suivant l'impulsion, est entraînée aux dures pénitences aussi bien qu'aux jouissances effrénées? Maintenant l'âge mûr commence ; et, sans pouvoir retrouver ni les joies insouciantes du polythéisme, ni la sombre ardeur du monothéisme, l'humanité se sent arrivée au point de jouir de la vie librement, mais sérieusement, c'est-à-dire sous une doctrine intellectuelle plus rationnelle, sous une discipline morale meilleure et plus complète, sous un régime temporel mieux adopté au service commun.

Au fond, l'ordre spirituel a pour objet de satisfaire à deux besoins capitaux, le besoin intellectuel et le besoin moral : il doit nous donner une conception générale du monde, voilà pour l'esprit, et un idéal qui nous dirige, voilà pour le cœur. Et en effet il les donna dans l'âge païen et dans l'âge catholique : mais l'âge païen et l'âge catholique ont successivement passé, emportant avec eux et leur conception du monde et leur idéal. Les mêmes coups qui déracinèrent le polythéisme sont venus retomber sur le monothéisme, à savoir les incompatibilités croissantes entre une doctrine qui demeurait immuable et une science qui s'agrandissait de siècle en siècle. Mais, par cet enchaînement naturel des facultés humaines qui explique toute l'histoire, au fur et à mesure que quelque chose se défaisait, il se refaisait quelque chose. Si rien n'avait bougé dans les conceptions, rien n'aurait bougé dans les institutions ; et justement ces conceptions qui altéraient l'ordre ancien étaient les bases, préparées d'avance, de l'ordre nouveau.

La foi scientifique est, par droit de filiation, l'héritière de la foi théologique. Ce beau mot, consacré depuis si longtemps à un service social, n'en doit pas être détourné ; car il implique simultanément l'adhésion ferme de l'esprit et le saint enthousiasme du cœur ; et, demeuré longtemps et avec justice étranger à la science, il lui arrive de droit au moment où elle devient philosophie, religion, donnant à son tour une conception du monde et un idéal, mais une conception qui est positive et un idéal qui est réel.

Les chrétiens ne manquèrent pas (et ils eurent raison) de signaler leur supériorité sur ce monde païen qu'ils venaient renouveler, injustes toutefois et profondément ignorants de la filiation historique quand ils couvraient d'opprobre et damnaient ce polythéisme sans lequel il n'y aurait pas eu de monothéisme. La foi scientifique, qui ne commet pas cette grave erreur et qui paye un sincère tribut de reconnaissance aux sages et aux héros de tous les temps, de toutes les religions, de tous les pays, ne manque pas de signaler sa supériorité sur ce monde chrétien qu'elle vient renouveler. Pleinement satisfaisante pour la raison moderne puisqu'elle s'incorpore toutes les sciences, elle l'est pleinement aussi pour le cœur moderne, puisque sa destination est sociale. Elle accepte avec une respectueuse gratitude et comme un précieux héritage la morale personnelle fondée par le polythéisme, la morale domestique fondée par le catholicisme; et elle y ajoute la morale sociale, qui n'avait été qu'ébauchée par ces deux régimes de l'humanité. Et en effet que pouvait la théologie à cet endroit? C'est à l'individu, non à la société qu'elle promet une existence indéfinie; c'est du salut de l'individu qu'elle s'occupe, non du salut de la société; une telle direction ne lui laisse sur la destinée sociale qu'une influence très-indirecte et, partant, très-incomplète. Ainsi l'emporte le régime nouveau sur l'ancien.

Ce n'est pas, on le voit, un vain jeu que le jeu des idées; elles changent le monde. Non-seulement, devenant positives, elles ont successivement restreint et finalement dissipé les opinions théologiques; mais aussi, par une conséquence certaine quoique moins accessible, pour le moment, à la généralité des esprits, elles tendent à donner une direction tout à fait différente à l'activité humaine. Dans le passé, l'activité humaine a été essentiellement guerrière. L'affaire capitale c'était ou se défendre ou attaquer. De là la prépondérance, dans le temporel, des castes militaires, des chefs et des rois. Soit qu'il s'agît entre tribus de luttes où le cannibalisme achevait ce qui avait échappé au combat, soit que des populations déjà policées eussent à se préserver contre l'invasion des hordes dévastatrices, soit qu'elles se fissent la guerre entre elles, la défaite entraînait de telles conséquences, que les vertus guerrières étaient au premier rang. Cet âge de guerre fut l'âge des théologies; et l'on comprendra cette liaison intrinsèque quand on se représentera que les théologies ne sont compatibles qu'avec un degré limité de science et, par conséquent, un degré limité d'industrie. Reste alors pour champ des grands travaux et des nobles exploits la guerre, où l'on combat pour les foyers domestiques, où l'on étend la domination et la grandeur de cette patrie si chère et si jalouse. L'homme ne sait pas encore s'attaquer systématiquement à la nature ; et d'ailleurs les passions sont trop indomptées et trop hostiles pour que la paix puisse prendre racine dans ce monde agité.

C'est de ce caractère qu'est empreinte la royauté ; et c'est ce caractère qui la rend inhabile à gouverner les sociétés modernes. Un nouveau pouvoir temporel, aussi bien qu'un nouveau pouvoir spirituel, est donné par l'histoire, s'élevant, comme lui, par le déclin des vieilles institutions, et fondé, comme lui, sur des éléments qui ont grandi. La paix se fait de proche en proche sur la terre. Les grandes nations occidentales, déjà mises hors d'état, par la situation des esprits, de guerroyer entre elles, transformeront cette paix négative en une paix positive, et étendront peu à peu leur ascendant modérateur sur le globe, aidées qu'elles seront par les puissants rejetons qu'elles ont en Amérique et ailleurs. Entretenir aujourd'hui, outre mesure, la royauté, c'est entretenir le pouvoir militaire, avec toutes les tendances qui lui sont propres, et laisser dans un vague indéfini et par conséquent dans une anarchie périlleuse l'activité moderne, qui ne peut plus être qu'industrielle. Détachez-vous un moment des habitudes où vous êtes plongés, et demandez-vous ce qu'il adviendrait de la société, si la monarchie pouvait être maintenue en Occident d'une façon illimitée ; voyez-la avec sa noblesse pour l'entourer, son clergé pour lui imprimer le caractère divin, son armée pour la servir ; n'est-ce pas une organisation parasite si elle n'agit pas, dangereuse si elle agit ? Maintenant qu'une plus pure lumière s'est répandue parmi les hommes, et qu'une meilleure morale les domine, la guerre tombe en désuétude, et, avec elle, les pouvoirs qui avaient été jadis chargés de ce soin prédominant. En place s'élève l'industrie, qui se définit ainsi : lutte avec la nature et appropriation de plus en plus savante et parfaite des forces naturelles aux besoins de l'humanité. Là est la cause de la déchéance de l'antique et glorieuse royauté; là est l'origine de l'organisation future, qui, beaucoup plus complexe et beaucoup moins concentrée, prendra une tout autre forme; le gouvernement ayant pour but, non comme par le passé, de régir d'en haut la société, de lui être en quelque sorte superposé, et de diriger la guerre, mais de pénétrer plus profondément le corps social, de conduire tout le travail de production et d'échange, et, en retour de cette immense force remise en ses mains, d'assurer aux prolétaires éducation, subsistance et famille, en un mot, de diriger la paix.

Donc, les deux bases de l'ordre nouveau que la révolution occidentale a pour mission d'inaugurer. sont: le pouvoir spirituel régénéré par la science et le pouvoir temporel régénéré par l'industrie.

XV.

Côté positif. — Distinction de la Religion d'avec la Théologie [1].

J'arrive au point culminant, celui où il importerait le plus que ma parole ne restât pas au-dessous de ma tâche, et que mon insuffisance ne me trahît pas. Je l'ai dit dans un des précédents articles, je ne serai pas lu, quoique je ne craignisse pas de l'être; je ne serai pas lu par les conservateurs ou demeurés de bonne foi, ou rentrés depuis peu, et jusqu'à ce que l'aiguillon les pique, dans le giron théologique; mais je serai lu par les socialistes, qui vont encore une fois se trouver en présence d'idées peu compatibles avec leurs notions actuelles. C'est, en effet, l'office essentiel, mais en même temps la difficulté perpétuelle de la philosophie

[1] *National*, 17 février 1851.

positive, d'avoir non pas à suivre le courant facile d'opinions trop souvent inconsistantes et contradictoires, mais à établir un régime intellectuel et moral qui, tout en faisant justice des opinions, qui ne sont pas tenables, donne satisfaction aux sentiments, qui sont excellents. Les socialistes, particulièrement en France, se divisent pour la plupart en ceux qui appartiennent à un vague déisme, et ceux qui appartiennent à un athéisme non moins vague. Les premiers, tenant par un point essentiel au système théologique, sont mal disposés pour une idée religieuse qui ne s'y rattache pas; et les autres, mus par les sentiments purement négatifs qui animèrent le dix-huitième siècle, sont hostiles à toute idée qui a un caractère religieux. La philosophie positive est en égal dissentiment avec les uns et les autres; trop antithéologique pour le déisme, trop religieuse pour l'athéisme. Et ceci repose sur ce résultat décisif de toute l'exploration scientifique, durant le long cours des siècles, à savoir que rien de ce qu'on appelle cause première n'est accessible à l'esprit humain, et qu'on ne peut expliquer l'origine du monde ni par plusieurs dieux, ni par un seul, ni par la nature, ni par le hasard, ni par les atomes. Ce résultat, devenu un principe, s'empare progressivement des intelligences modernes, et porte toute l'organisation sociale de l'avenir; car, montrant que les lois seules des phénomènes du monde tombent sous notre connaissance, il nous enseigne quelles sont ces lois pour l'organisme social, et écarte le théologisme comme nécessairement rétrograde et l'irréligion comme nécessairement anarchique.

Je dis donc que la théologie et la religion, longtemps tenues pour une seule et même chose, longtemps confondues en une notion commune, sont pourtant fondamentalement distinctes. L'une est transitoire, l'autre est permanente. Tant que les notions des hommes ont été théologiques, la religion a été théologique nécessairement; mais, aujourd'hui que les notions des hommes deviennent positives, la religion devient positive aussi.

Ici on m'arrêtera tout d'abord, et on objectera : Pourquoi ne pas s'en tenir à la conception du monde purement intellectuelle, et à la donnée purement rationaliste de la philosophie positive? Elle peut nous convenir, dira maint révolutionnaire, car elle substitue une notion précise à un déisme privé de révélation, et, partant, si chancelant. Elle peut nous convenir, diront les athées, car elle nous délivre du théologisme, qui nous est si profondément antipathique. Mais ce qui ne peut nous convenir, c'est que vous rattachiez à cette conception du monde si éminemment intellectuelle, à cette donnée si éminemment rationaliste, une morale qui en découle, une éducation qui en est la conclusion, une inspiration pour les arts, des symboles pour les fêtes publiques, des encouragements et des consolations pour le foyer domestique et pour le for intérieur. Nous acceptons la satisfaction infinie que la philosophie positive procure à l'esprit, la satisfaction de planer, pour la première fois, sur l'ensemble des phénomènes, et de voir les lois immuables des choses dans leur vérité, dans leur grandeur, dans leur beauté. Mais ce pas est tout ce que nous voulons faire; nous ne consentons pas à rentrer dans les vieilles superstitions. Et serait-ce autre chose si, après vous avoir permis de saisir notre esprit, nous vous permettions de saisir notre cœur?

Un tel langage, un langage analogue, du moins, a souvent été tenu, j'en suis certain, lors de l'établissement du christianisme. Dans ce temps les intelligences les plus avancées penchaient vers le monothéisme, comme elles penchent aujourd'hui vers les notions rationalistes; et, quand le christianisme parlait de conversion, on répondait sans doute : Oui, nous sommes prêts à laisser cette multitude incohérente de dieux que notre raison ne peut admettre; c'est pour nous une satisfaction infinie de vous suivre dans cette conception rationnelle qui nous simplifie si merveilleusement le monde. Mais pourquoi ne nous en tiendrions nous pas là? à quoi bon cette morale que vous y joignez, ce culte que vous instaurez, cette organisation spirituelle que vous établissez? Notre esprit est avec vous, mais notre cœur reste plus païen, et nous ne voyons pas comment notre adhésion intellectuelle entraînerait notre adhésion morale.

Le fait est que, par-devant l'histoire, dont le jugement est ici décisif, l'adhésion intellectuelle entraîna l'adhésion morale; ou plutôt ces deux conditions sont tellement liées que, réagissant l'une sur l'autre, elles s'accomplirent simultanément. Alors c'était la croyance au monothéisme qui, au milieu du monde païen, établissait son idéal sur la base étroite du surnaturalisme, ayant pour histoire la légende; aujourd'hui c'est la croyance en l'Humanité, qui, au milieu du monde chrétien, établit son idéal sur la base solide de la réalité, ayant pour légende l'histoire.

C'est vraiment une chose merveilleuse que de considérer, dans cet espace lointain des siècles écoulés, comment la légende, en apparence si capricieuse et si fictive, a pu, en absence de vérités encore inconnues, fournir aux hommes les conditions d'une sociabilité complexe, savante, morale et perfectible! Quelle spontanéité heureuse dans cet instinct qui personnifie tous les objets de la nature, les rend mystérieux et vénérables, et crée, en créant le fétichisme, la trame primitive de l'existence sociale! Quelle splendeur d'imagination et quelle inspiration de beauté, quand tout ce fétichisme, délaissé comme grossier et inculte, vint s'épandre en ces créations, à la fois si rationnelles et si ingénieuses, qu'on appelle le polythéisme! Enfin, quelle austérité de morale, quelle savante réduction des êtres théologiques, quelle vigoureuse ébauche du pouvoir spirituel, quand il fut donné à la raison plus mûre d'enfanter le catholicisme! Admirable efficacité de la légende primitive, incessamment épurée; de la légende, qui, comme un chêne vénérable dont les racines se sèchent, perd ses feuilles, et laisse désormais sans ombrage tout le sol à l'entour!

Mais c'est une chose encore plus merveilleuse et plus captivante que de contempler comment l'histoire, en apparence, si bornée et si incohérente, a peu à peu dessiné la grande et souveraine figure de l'Humanité. Venez avec moi, penchez-vous un moment sur cet abîme du passé. L'Humanité, qui présentement nous apparaît déjà si radieuse, où est-elle en ces commencements? Un voile épais la cache aux hommes d'alors, et leurs yeux sont trop faibles pour le percer. A quel prix tous ces aïeux, envers qui nous ne saurions être assez reconnaissants, à quel prix donneront-ils à nous, leurs descendants, cette notion suprême et cet idéal réel? Pendant que la légende imagine et remplit glorieusement un office indispensable, la réalité, humble et petite, amasse patiemment ses trésors. L'Humanité ne sera connue que quand les hommes connaîtront le séjour qu'ils habitent; et les astronomes mesurent le monde, et les voyageurs explorent la terre. Elle ne sera connue que quand les phénomènes qui nous entourent cesseront d'être des merveilles inexpliquées; et des esprits ingénieux captivent la foudre, décomposent la lumière, assujettissent la chaleur et surprennent le secret des combinaisons moléculaires. Elle ne sera connue que quand des notions positives auront été acquises sur les conditions de la vie; et des mains actives sondent les organes délicats des végétaux et des animaux, et rapportent une ample moisson de vérités imprévues. Elle ne sera connue, enfin, que quand l'histoire, jusque-là dispersive, deviendra réellement son histoire; et, au temps voulu par l'évolution commune, l'histoire laisse deviner son unité fondamentale, complétant, par un dernier travail, l'immense travail de cette nouvelle révélation.

De même que c'est le couronnement de toute notre histoire, c'est aussi le couronnement de toute notre science. Jadis, et conformément au milieu où elles agissaient, la théologie et la métaphysique, sa servante, donnèrent leur démonstration de l'existence divine. Semblablement, la science positive donne aujourd'hui la démonstration de l'existence de l'Humanité. Il n'est plus possible de méconnaître la croissance de cet idéal, la solidarité qui unit son plus lointain passé à son plus lointain avenir, et cette vie puissante dont chaque homme a été, est et sera un organe. Vie d'autant plus puissante que les organes individuels auront été meilleurs! Organes d'autant meilleurs, que la vie de l'Humanité se sera développée davantage! Et à peine la science a-t-elle saisi l'ensemble de cette grande existence, qu'elle en reçoit aussitôt toute sa destination et toute sa valeur. A l'instant tombe le bandeau qui lui masquait l'unité; à son tour, elle confesse avec reconnaissance qu'elle ne vaut qu'en vue de l'Humanité, et que son travail ne peut plus être fructueux s'il n'est dirigé par cette âme de tout ce que nous sommes ; et, abaissant désormais son orgueil révolutionnaire, elle s'enthousiasme non plus pour cette vérité froide et particulière où elle fut jusque-là condamnée, mais pour cette vérité vivante et générale qui ne donne pas moins de chaleur que de lumière.

C'est le couronnement de toute notre morale. Je l'ai dit bien des fois : la morale théologique a formé dans l'âge païen les héros et les sages, dans l'âge catholique les saints, les pieuses femmes et le vrai mariage. Mais elle trébuche aujourd'hui devant la tâche sociale qui échoit au pouvoir spirituel. C'est un fait, mais c'est aussi un principe ; en d'autres termes, ce fait a sa raison d'être dans les nécessités historiques. Fonder la morale sociale et conserver la doctrine théologique est impraticable ; car, la doctrine soulevant l'indomptable insurrection de l'esprit moderne, le cœur n'a jamais permission de prendre son légitime ascendant. C'est justement cette distinction qui est la révolution ; et, à son tour, la révolution, qui n'a aucun moyen de mettre un frein à l'esprit, lui laisse fouler, dans son dédain négatif, les besoins les plus purs et les plus touchants du cœur, compromettant ainsi le but même qu'elle voudrait atteindre. L'Humanité concilie ces dissidences, qui, sans elle, demeureraient à jamais inconciliables. Devant elle, qui est la vérité même, l'esprit s'incline sans s'humilier, accepte un joug qu'il reconnaît salutaire, et se plaît à obéir. Alors on peut donner, sans crainte de provoquer l'insurrection intellectuelle, pleine carrière à tous les sentiments d'amour et de bienveillance, de dévouement et de fraternité, de reconnaissance et de piété, sans lesquels la société ne pourrait se réorganiser. Ames tendres, qui aimez à vous plonger dans les douceurs profondes d'une tendresse désintéressée, tournez les yeux vers cet idéal ; l'Humanité vous promet, comme votre récompense suprême, le bonheur de la servir. Pauvres, qui portez péniblement le poids de votre misère, mettez votre confiance en elle ; l'Humanité a travaillé à vous affranchir en s'affranchissant, à vous racheter en se rachetant. Et vous, riches qu'au sein du bien-être, attriste plus d'une fois, quoi qu'on dise, le souci de la souffrance d'autrui, ne craignez pas d'être bannis de son royaume : l'Humanité saura rendre votre richesse la plus précieuse pour vous, en la rendant la plus fructueuse pour les autres.

C'est le couronnement de toute notre poésie et de tous nos beaux arts. Vaine eût été l'entreprise, quand le paganisme mourut, de révivifier l'esthétique qui y était attachée, et il fallut bien que tout suivît l'inévitable décadenee de l'idée religieuse. Non moins vaine eût été l'entreprise, quand, pour la première fois, le catholicisme s'ébranla, d'entretenir cette poésie, cette architecture, cette peinture qu'il avait inspirées. A la vérité, dans le temps d'arrêt du protestantisme et avec la Renaissance, il se fit une nouvelle création esthétique plus imprégnée en Espagne, en Angleterre, en Allemagne, des souvenirs du moyen âge, de ceux de l'antiquité classique en France et en Italie; mais ceci, malgré d'éclatantes beautés, n'eut qu'une durée éphémère. Et partout on sent et on déplore une incertitude, un déclin, une incohérence attestant, non certes l'affaiblissement des facultés esthétiques, mais l'influence d'un milieu qui ne sait plus ni donner ni recevoir une impression. La divergence illimitée des intelligences ôte toute puissance et toute sérénité à la poésie et à ses sœurs. Quelle est la classe qui n'est pas déclassée? Quelle est la foi qui ait foi en elle-même? Quel est le pouvoir qui se sente puissant? La science positive et la théologie, la démocratie et l'ordre féodal, la république et la royauté, la paix et la guerre, tout se heurte, tout se divise. Des nuages qu'un vent rapide amoncelle sans cesse cachent les étoiles directrices; et, comme l'Ajax d'Homère, qui, enveloppé de poussière et de ténèbres dans le combat, implore de Jupiter un peu de jour, l'art implore tantôt du génie de la conservation, tantôt de celui de la révolution un peu de jour et de lumière. Le jour et la lumière s'avancent, et les nuages se dissipent. L'Humanité apporte un nouveau type de beauté. Poëtes, elle vous demandera des chants; peintres et sculpteurs, elle vous demandera des toiles et des marbres; architectes, elle vous demandera des temples;

musiciens, elle vous demandera des harmonies. Et de cette inspiration commune donnée à tous les génies créateurs, il naîtra pour les siècles à venir ce qui nous manque à nous, générations révolutionnaires, ce qui fut accordé dans une certaine mesure à l'âge polythéistique et à l'âge catholico-féodal, la contemplation du bon et du vrai dans la beauté idéale.

S'il est vrai que le paganisme fut rétrograde dans sa lutte contre une doctrine meilleure; s'il est vrai que le christianisme l'est maintenant, on doit pourtant proclamer hautement comme une des plus essentielles vérités de l'histoire, que les religions, lors de leur pleine maturité, sont la concentration la plus heureuse et la plus efficace de toute la science, de toute la morale, de toute la poésie des sociétés. Justement parce qu'elles sont la forme réelle de la spiritualité humaine, il n'est, dans l'ordre spirituel, rien qui ne découle de cette source profonde. Par là s'explique la concordance irrécusable dont tous les temps et tous les lieux témoignent, entre la religion, le régime social, le caractère scientifique et les œuvres des arts. Dans chaque âge aucune conception n'est plus haute que la conception religieuse; en elle, tout ce que chaque grande époque a su de plus vrai, senti de plus moral, imaginé de plus beau, s'est incorporé et réalisé, afin de se dispenser aux populations entières comme le pain quotidien de la vie. Aussi est-ce une nouvelle incorporation de ce que nous savons de plus vrai, sentons de plus moral, imaginons de plus vrai, qui se réalise aujourd'hui dans la révélation immense et permanente de l'Humanité; c'est une nouvelle dispensation du pain quotidien de la vie spirituelle.

Il faut donc, dans toute l'histoire, considérer les religions successives comme l'unité suprême des époques successives. Et ici, saisi d'une profonde admiration, je m'arrête involontairement pour la faire partager, s'il est possible, au lecteur. J'ai porté un regard curieux dans toutes les sciences, et souvent je suis tombé dans ces ravissements qui saisissent l'âme contemplant les lois de la régularité éternelle; mais jamais je n'ai rien ressenti d'aussi vif qu'en apercevant enfin, sous la direction de la philosophie positive, ces merveilleux et délicats ressorts qui meuvent l'histoire. Grandeur, simplicité, fécondité, avec quel éclat vous apparaissez dans la création de ces foyers religieux où tout aborde et d'où tout rayonne ! Humanité ! toi qui, en ceci, te révèles sous des formes de plus en plus distinctes, et qu'il nous est présentement donné de voir dans ta pure lumière, combien désormais l'esprit a besoin de te connaître et le cœur de te servir !

Un des plus nobles attributs de l'intelligence humaine, c'est la puissance qu'elle a d'idéaliser. L'idéal est à la fois son rêve et son culte ; elle le poursuit et l'adore ; elle le modèle et se laisse à son tour modeler par lui. Perpétuel échange d'une efficacité que rien n'arrête ! Mais les idéalisations théologiques ne furent jamais que fictives ; et, quoiqu'une interprétation sagace montre qu'au fond, dans de telles conceptions, l'homme a toujours adoré peu ou beaucoup l'Humanité, toutefois, ni cette aperception n'était claire, ni cette adoration n'était pure, ni cette satisfaction n'était pleinement salutaire. Il faut y voir une indubitable idolâtrie par rapport à la vraie notion religieuse. Voici venir, en effet, les temps étant accomplis, voici venir l'idéal qui n'a plus rien de fictif et qui est tout entier réel !

Humanité, règne, voici ton âge, a dit le poëte en son inspiration prophétique. Oui, c'est un âge nouveau qui commence ; et, pour parler le langage d'un autre poëte, dont l'inspiration prophétique ne fut pas moindre à l'aurore d'une révolution :

Magnus ab integro seclorum nascitur ordo.

L'Humanité est un idéal réel qu'il faut connaître (éducation), aimer (religion), embellir (beaux-arts), enrichir (industrie), et qui, de la sorte, tient toute notre existence, individuelle, domestique et sociale, sous sa direction suprême.

XVI.

Côté positif. — Idée religieuse de l'Humanité [1].

M. Comte a pleinement raison quand il dit : Le genre humain devient de plus en plus religieux, à mesure qu'il se développe et que son histoire se prolonge. A l'origine, la religion ne peut se manifester que sous la forme théologique ; et cette forme implique des conditions mentales qui ne permettent à l'influence religieuse qu'une faible efficacité. Quand le fétichisme règne sur la terre, le lien religieux n'existe qu'entre les membres de la tribu ; mais entre les tribus elles-mêmes, les fétiches particuliers à chacune ne font qu'ajouter aux animosités et aux guerres. Alors le théologisme est le plus développé, puisque tout, pour ainsi dire, est divinité ; mais la religion est réduite à sa moindre puissance, puisqu'elle ne sert à unir que les individus dans le sein de la peuplade. Sous le polythéisme, elle prend un notable essor ; en même temps que les fétiches deviennent des dieux, les tribus deviennent des cités et des nations ; toutefois, il n'y a rien là qui puisse contre-balancer et finalement surmonter les antagonismes ; c'est toujours la guerre, mais la guerre conquérante qui fonde les empires et civilise les hommes. Un nouveau et très-grand progrès s'effectue par le monothéisme. Durant cet âge, la religion rayonne avec force à travers l'enveloppe théologique ; et il s'agit non plus de dieux multiples qui s'accommodent les uns à côté des autres, et qui président aux destinées de leurs nations respectives, mais d'un dieu unique et jaloux qui aspire hardiment à la suprématie universelle. Qui l'empêchera donc d'y arriver ? Trois conditions inhérentes au

[1] *National*, 10 mars 1851.

monothéisme, et qui l'ont fait trébucher. D'abord, sa base doctrinale était trop peu sûre pour qu'aucun ralliement fût complet; aussi, s'est-il partagé en trois grandes fractions, aussi hostiles réciproquement que le furent jamais les cités antiques, le monothéisme catholique, le Grec et le Musulman. En second lieu, il commence par commettre une profonde et irréparable mutilation en damnant tout le passé polythéistique et fétichique. Comment, dès lors, deviendrait-il universel dans l'espace, puisqu'il ne peut pas l'être dans le temps? En troisième lieu, enfin, pendant qu'il se débat ainsi devant des obstacles insurmontables, l'heure de la décadence sonne pour lui, et une décomposition intestine l'atteint et le travaille. Alors, parallèlement à cette décadence et à cette décomposition de la dernière et plus rationnelle forme du théologisme, et malgré les orages de l'immense révolution où est engagé l'Occident, croît et grandit le sentiment de la fraternité des peuples, de la république universelle, de la paix qui doit noblement présider aux destinées futures, de la destruction des priviléges, de la suppression des castes; en un mot, d'une société plus savante et meilleure aussi bien entre les peuples que dans le sein de chaque peuple. Donc, en fait, les hommes sont devenus plus unis, plus religieux (car, qu'est-ce que la religion, sinon lien et union?), non-seulement sous l'influence et grâce aux perfectionnements successifs du théologisme, mais encore dans le temps même où le théologisme perd son antique domination sur les intelligences et indépendamment de lui. Plus l'histoire marche et se prolonge, plus la religion fait de progrès dans le genre humain.

L'homme n'a jamais été sans religion, et il l'est aujourd'hui moins qu'en aucun temps. Le sentiment religieux, pour vivre et s'exercer, a besoin de se fixer sur quelque être qui paraisse ou qui soit réel, et dont on se sente sérieusement dépendant. Jadis, il se fixa sur les êtres fictifs dont l'imagination primitive peupla le ciel; de nos jours, il se fixe sur l'existence réelle de l'Humanité. De même qu'à l'approche du christianisme, et pendant la révolution qui accomplit la ruine du paganisme, les esprits et les cœurs penchaient vers la notion, alors pleinement satisfaisante, d'un seul dieu, de même, dans notre révolution parallèle, qui accomplit la ruine de l'ordre catholico-féodal, tout se tourne spontanément vers la nouvelle révélation qui surgit à l'horizon du monde. C'est surtout dans le courant du XVIIIe siècle que cette influence a commencé de se faire sentir. Alors, servir l'Humanité était dans les bouches et dans les cœurs. Ce siècle, si passionnément négatif et athée, ayant la conscience de travailler pour elle, en avait le profond désir ; et, quand vinrent l'orage et les rudes épreuves, personne ne broncha, chacun donnant résolument sa fortune et sa vie pour le succès de la grande cause ; preuve décisive, comme l'a remarqué M. Comte, de la force des sentiments de dévouement, indépendamment de tout motif de récompense théologique. Les mêmes hommes qui se déclaraient indifférents aux promesses et aux menaces d'une vie future, mouraient sur les champs de bataille ou sur l'échafaud, supportaient la prison, l'exil, la ruine, n'ayant pour tout salaire (et ils le trouvaient suffisant) que la satisfaction d'avoir fait leur devoir et servi la révolution. Ce qui ne veut pas dire que, dans l'autre camp, on ne sût aussi mourir et se dévouer ; mais là, c'étaient le ciel et les anciens mobiles qui donnaient l'impulsion. Dieu et le roi, disait-on d'un côté ; la République et l'Humanité, disait-on de l'autre.

Pour avoir la pleine et religieuse notion de l'Humanité, il ne suffit pas de vouloir la servir ; il faut encore savoir que nous vivons dans sa dépendance étroite ; que nous tenons d'elle tout ce que nous sommes, et qu'elle seule nous donne, avec le pain de la vie corporelle, le pain de la vie spirituelle. Ce sont là les deux termes nécessaires auxquels conduit toute l'histoire.

Ces deux termes, la volonté de servir et l'étroite dépendance, se confondent en un seul sentiment, l'amour de l'Humanité. Et ceci n'est point une création arbitraire. L'amour de Humanité surgit parmi nous ; il inspire des actions, il suscite des dévouements, il dicte des pensées. C'est un sentiment réel, et qui a sa source dans une disposition de notre âme. L'homme primitif aime la tribu ; plus développé, il aime la patrie ; arrivé enfin au point culminant de son développement, il aime l'Humanité. Il y a là les degrés successifs d'un même sentiment fondamental ; il n'y a pas à constater un sentiment nouveau lequel, d'ailleurs, serait radicalement inintelligible. Rien ne se crée dans la nature humaine ; et ce que nous y apercevons aujourd'hui de plus grand et de plus beau, y a toujours été en germe. Une métaphysique ignorante et qui n'a aucun moyen d'expliquer les sentiments, est toujours tentée de les nier. On l'a vue, dans le siècle dernier, rayer d'un trait de plume tout une part de notre être et faire de l'intérêt personnel la base de la morale. Mais, ni le sens commun ordinaire, ni la science, qui n'en est que le prolongement, ne permettent ces divagations ; et sans pouvoir *expliquer* pourquoi on aime son père et sa mère, sa femme et ses enfants, ses amis et sa patrie, et finalement l'Humanité, on reconnaît ces sentiments comme un fait primordial de notre nature. Il ne reste plus qu'à les développer, qu'à les affermir, qu'à leur faire produire tous les fruits qu'ils peuvent donner, en combattant systématiquement et réduisant au moindre degré possible les sentiments égoïstes, qui sont aussi un fait primordial de notre nature.

Servir l'humanité a été de tout temps ; nous le comprenons, maintenant qu'il nous est loisible d'apercevoir cette immense évolution due aux labeurs accumulés des générations. Mais alors on la servait insciemment ; c'est sciemment qu'il faut que nous la servions aujourd'hui. Différence capitale qui élimine les divagations individuelles, règle les égoïsmes et fait tourner au bien de tous les efforts de tous ! Cet unique aperçu (tant il est vrai qu'arrivés à cet ordre d'idées nous sommes réellement à la sommité et au point suprême d'où le reste découle), cet unique aperçu suffit pour fournir un principe de jugement et d'appréciation touchant les peuples, les classes et les individus, tant dans le présent que dans le passé. L'Humanité consacre dans le souvenir des hommes, dans l'éternité des temps, dans la gloire des choses (*in animis hominum, in æternitate tem-*

porum, fama rerum), tout ce qui a été fait pour elle, et plonge dans l'éternelle réprobation tout ce qui a été fait contre elle. Ainsi est définitivement jugé ce meurtre coupable de César, meurtre si longtemps défendu par la métaphysique historique; ainsi est condamné Julien, qui tenta de faire rétrograder le monde ancien vers le paganisme; ainsi tombe la mémoire de Napoléon, qui tenta de faire rétrograder le monde moderne vers le moyen âge. Et, pour le présent, malgré des préjugés, au reste, décroissant de jour en jour, qui ne sent que le roi, avec sa fonction désormais rétrograde; que le noble, avec son privilége désormais inutile; que le riche (je parle de celui qui vit oisivement ou égoïstement de sa richesse, ce qui est si fréquent aujourd'hui), doivent être placés moralement bien au-dessous du laboureur qui cultive, de l'industriel qui fabrique, de l'artiste qui charme, du savant qui éclaire? L'Humanité ouvre aussi son panthéon à des rois et à des nobles, mais c'est à ceux de l'âge qui vient de s'écouler. Pour y être accueilli, il faut, par des services, avoir mérité que les autres se souviennent de nous. (*Quique sui memores alios fecere merendo.*) Cet admirable vers est la devise de son panthéon.

Dans le système théologique, la définition même de Dieu, d'ailleurs complétement négative, ne permet pas que les hommes songent à lui être utiles, à le servir. Car que faire à un être que l'on suppose infini, immense, immuable, éternel? Quel service lui rendre? et comment ajouter à ses perfections et à sa puissance? Aussi, cette impulsion manquant pour nos actions, une compensation qui se suggéra instinctivement à l'esprit et aussi une condition morale qui accordait une influence trop petite au sentiment désintéressé, et trop grande aux peines et aux récompences, donnèrent crédit à ces jouissances *infinies tant en prix qu'en durée*, comme dit Lafontaine, qui étaient promises aux fidèles. De la sorte, le salut personnel devint la seule affaire véritable. Jamais un si complet système d'égoïsme n'avait été organisé dans le monde; et, si de puissants instincts, et, il faut l'ajouter, la sagesse sacerdotale n'avaient contrebalancé en partie les effets désastreux d'une telle direction habituelle, la tendance à l'ascétisme individuel et l'aspiration au salut auraient brisé les liens sociaux. La métaphysique athée du dix-huitième siècle n'eut pas à faire, pour établir la base de sa morale, d'autre effort de savoir et de conception que de s'approprier le dogme théologique. Le salut des théologiens est un calcul personnel tout comme l'intérêt bien entendu des matérialistes. Ceux-ci disent : Fais bien, car c'est ton intérêt dans cette vie. La théologie dit : Fais bien, car c'est ton intérêt dans une autre vie. La parité est manifeste. Ce n'est donc, on le voit, qu'au prix de grands dommages pour le fonds sympathique et aimant de l'âme humaine qu'on obtint l'efficacité attachée provisoirement au dogme des peines et des récompenses après la mort. Plus généreuse, plus noble, plus impersonnelle, plus sociale en un mot, est l'espérance que suscite l'Humanité. Justement parce qu'on peut lui rendre service, justement parce qu'on peut augmenter ses perfections et sa puissance, le sentiment de cette action réelle, de ce service effectif, devient une pure jouissance, une satisfaction profonde, une récompense suffisante. L'égoïsme baisse d'autant. Loin d'être cultivé systématiquement, il se trouve systématiquement réprimé. Destination naturelle de la religion qui s'élève, puisqu'elle s'élève précisément au moment où tombent les castes et les priviléges, et où les instincts populaires réclament de plus fraternelles institutions !

La décadence, non plus que la création, des dogmes théologiques, n'est ni cherchée, ni préméditée, ni facultative. L'une comme l'autre naît nécessairement de la condition intellectuelle, réglée elle-même par le développement scientifique. Plus on va, plus des doutes graves naissent sur la réalité de l'idée théologique. De toutes parts, à tout propos, ce qui avait paru aux ancêtres si réel et si évident, paraît à leurs neveux douteux et fictif. A mesure que la croyance s'ébranle, l'efficacité sociale du dogme diminue, et il finit par être d'une complète stérilité soit pour diriger la science, soit pour dominer la société. Et en effet, s'il est fictif, il ne peut renfermer en soi que ce qu'une conception subjective y a mis ; il n'est susceptible d'aucune production ultérieure, complétement comparable à cette opération des alchimistes, qui ne trouvaient de l'or dans leurs creusets qu'à la condition d'y en mettre préalablement. L'idéal théologique des différentes époques représente uniquement l'idée que chaque époque avait respectivement du monde et de sa cause. Aussi, à proportion que l'examen des générations successives devenait plus rigoureux, ce fonds, que rien ne renouvelait, s'épuisait peu à peu, et finalement cessait d'être productif et fécond. Mais l'Humanité n'est point une conception fictive, qui ne doive son existence qu'à des inspirations subjectives; elle vit, elle se développe, elle grandit; elle ne se connaît bien qu'à la condition de connaître le monde extérieur, et le monde extérieur est un champ éternel de découvertes et de spéculations; elle a une longue existence, une organisation complexe, une histoire qui se déroule perpétuellement, et cette histoire est une merveille profonde où l'esprit contemplatif peut se plonger sans mesure. Ainsi, pendant que la théologie, ou connaissance de Dieu, est frappée d'une stérilité croissante, la sociologie, ou connaissance de l'Humanité, est douée d'une non moins croissante fécondité; et le lien religieux, qui menaçait de se rompre d'un côté, se refait de l'autre et enlace les hommes d'une étreinte et plus sûre et plus étroite.

La religion, relative et progressive comme tout le reste, est toujours conforme à l'état intellectuel et moral des populations. De même que le système de la gravitation des corps célestes est une notion qui dépassait toute la force des anciens esprits, de même l'Humanité est une existence trop profondément reculée pour avoir été connue des anciens hommes; et, comme il a fallu de toute nécessité croire d'abord que le soleil se levait à l'orient et se couchait à l'occident, il a fallu d'abord aussi adorer le fétiche. Les fétiches n'étaient pas ce qu'un *vain peuple pensait;* si l'on brise la pierre adorée, on n'y trouve qu'une poussière inerte, et rien de ce divin que l'imagination y avait incorporé. Les dieux du polythéisme ne sont que ces fétiches transformés, et enfin le monothéisme lui-même n'est que la réduction rationaliste de tous ces dieux à un seul. L'idolâtrie n'a donc pas encore quitté le monde; et l'on ne doit pas s'étonner que la remplacer enfin par une religion plus pure de tout alliage soit une œuvre si grande et une si complète révolution.

Permis à l'homme des anciens temps d'avoir ignoré ce qu'il devait à l'Humanité et combien sa dépendance était étroite. Mais nous, le pouvons-nous? Cette terre qui nous fournit et notre nourriture et notre abri, quelle main nous l'a ainsi préparée et embellie? Supposez un moment anéanti ce fruit du labeur de tant de siècles, que deviendrions-nous, même avec tous nos moyens d'action perfectionnés? Les campagnes assainies et défrichées, les rivières contenues, les forêts primitives abattues, les végétaux transformés par une longue et intelligente culture, les animaux domptés et appropriés, les villes, merveilleux foyer de concentration intellectuelle, tout cela nous vient par héritage. Mettez maintenant en regard l'autre domaine, les beaux-arts, la science. Que de méditations amassées pour produire cet immense trésor de notions spéculatives qui se partage si abondamment à nos intelligences! Maintenant qu'une claire vision de la filiation des choses nous est donnée, il n'est plus possible de recevoir ces enseignements supérieurs, que nous recevons comme un enfant le lait de sa mère, sans remonter pieusement d'âge en âge à la source d'où ils dérivent et sans confesser notre dette et notre reconnaissance. Et les jouissances pures et profondes qu'alimente la contemplation du beau, où seraient-elles si tant d'imaginations créatrices n'avaient pas empli notre passé de formes idéales et de ravissantes harmonies? De ces générations entrées dans la tombe, il nous arrive quelque chose de lumineux et de suave qui charme et élève; et l'Humanité, en nous mettant en communication les uns avec les autres, nous vivants, avec ceux qui ne sont plus, nous soutient, nous parle et nous inspire.

C'est notre providence perpétuelle. Elle est là, placée entre les forces redoutables et sévères par lesquelles l'ordre cosmique est régi, et l'individu humain, faible et dénué dans un monde rigoureux. Elle étend sur lui sa main protectrice. Elle lui embellit son séjour. Elle lui prépare des richesses intellectuelles, si bien qu'il ne faut qu'une brève jeunesse pour apprendre ce qui a coûté des siècles à trouver. Elle a soin de son moral, et, lui rendant désormais plus faciles les sentiments de sympathie et de dévouement, elle le dispose pour éprouver tout le bonheur dont il est capable. Rien n'échappe à sa bienveillante sollicitude; mais c'est surtout des pauvres qu'elle se préoccupe. Forcée par les conditions fatales qui régissent son existence, elle n'a pu, alors qu'elle était cachée par des voiles épais et n'agissait que sous le pseudonyme des êtres théologiques, elle n'a pu développer son action providentielle que par des créations temporaires de castes et de priviléges. Enfin tout cela tombe; elle se montre dans sa plénitude; son règne arrive, non sans doute qu'elle veuille effacer les inégalités inévitables et utiles de la nature humaine, mais, exigeant que tous ses membres la connaissent, l'aiment et la servent, elle les rachète ainsi définitivement de l'ignorance et de la misère.

XVII.

Côté positif. — Théorie positive de la révélation et de la félicité [1].

J'entraîne le socialisme en des voies qui, longtemps, ont semblé devoir lui être à jamais étrangères, et pourtant il faut qu'il y entre, tout le reste étant illusoire et rétrograde. Que, sur de premières apparences, il ait pensé pouvoir, soit se développer à côté des idées théologiques, soit se passer de toute idée générale ou religieuse, c'est une erreur qui se comprend alors qu'il n'avait pas conscience de lui-même. Mais maintenant il lui est obligatoire de donner la

[1] *National*, 14 avril 1851.

solution du problème tout entier, ou il retomberait dans le néant des vaines et dérisoires conceptions. Science, éducation, morale, pouvoir spirituel, tout cela est de son ressort et la première tâche dont il ait à s'occuper. Le socialisme n'est pas le peu que souvent il s'imagine être, songeant seulement à régler des intérêts temporels dans un monde dont il laisse à d'autres la direction spirituelle, et s'embarrassant, de la sorte, dans une impasse sans issue. C'est de cette impasse qu'il doit se tirer; c'est cette direction spirituelle qu'il doit saisir présentement, et, dès qu'il saura réfléchir sur lui-même, il sentira qu'il arrive, au milieu de nos sociétés en pleine crise, comme une révélation et une félicité.

J'ai trop bien aperçu sur moi et sur le petit groupe de disciples comme moi l'efficacité profonde de ce socialisme régénérateur, et le contentement dont il abreuve les âmes, pour ne pas convier à y prendre part. Dans ce temps de déchirement où les uns se lamentent sans fin sur l'imminence du danger et de la ruine, où les autres se laissent aller à d'ardentes passions de destruction, où beaucoup sont saisis d'un scepticisme énervant et d'une égoïste mélancolie, combien n'est-il pas salutaire de se sentir en pleine communication avec l'immense existence qui nous protége, avec l'idéal infini qui nous absorbe, avec cette Humanité, enfin, qui est l'esprit de notre globe et la providence des générations successives! Combien n'est-il pas salutaire de n'avoir ni à se lamenter sur le passé qui s'évanouit, ni à s'user dans les colères de la destruction négative, ni à se perdre misérablement dans la langueur du scepticisme, mais de vivre l'esprit clair, l'âme sereine et le cœur ardent!

Et ici se présente l'occasion non pas tant de prévenir une objection que d'expliquer plus à mon aise, et sous une nouvelle forme, la doctrine que je prêche. Si ces lignes venaient à tomber sous les yeux de personnes dévotes (et elles ne doivent pas y tomber, car de telles lectures leur sont interdites), ces personnes, ou du moins leurs ayants-cause, pourraient dire: Tout ce que vous vantez si fort, la clarté de l'esprit, la sérénité de l'âme, l'ardeur du cœur, se trouve en ceux qui confessent la foi théologique, et vous ne sauriez rien leur donner qu'ils n'aient déjà. Soit, bien pourtant qu'il y ait beaucoup à dire. Il n'est pas vrai que l'âme soit sereine avec des doctrines exclusives qui condamnent à des supplices sans fin les hétérodoxes, et qui permettent de concevoir, sans frissonner, un état où les personnes liées le plus étroitement seraient, après la mort, les unes dans la béatitude, les autres dans la torture. Il n'est pas vrai non plus que l'esprit ait la clarté; et il ne reste en accord avec le cœur qu'à la condition de se fermer soigneusement à toute la science moderne; sinon, l'homme a une vie double, l'une intellectuelle et raisonnable, où il admet ce qui contredit sa doctrine; l'autre affective et irrationnelle, où il suit ce qui satisfait son cœur. Mais laissons cela, car, dans le fait, la question est tout autre : il ne s'agit pas de savoir si le système théologique est aussi satisfaisant que le système positif, puisque l'un et l'autre s'adressent à des conditions mentales complétement différentes; et, de même qu'il est vrai que le premier convient à des esprits théologiquement disposés, il est vrai aussi que l'autre est la ressource inévitable des esprits disposés antithéologiquement.

Or, le nombre des esprits antithéologiques croît d'une façon continue et par l'effet naturel de la civilisation. On se trompe quand on attribue une grande part dans cette action à la polémique bruyante qui s'institua dans le XVIIIe siècle en France et dans le XIXe en Allemagne, contre les théories théologiques; la vraie polémique, celle qui porta les premiers coups, celle qui poursuit sans relâche son œuvre, est le développement incessant des sciences, qui se montrent de plus en plus contradictoires et incompatibles aux conceptions du surnaturalisme, tellement que, si, par une satisfaction purement individuelle, on retenait l'idée d'un être théologique quelconque, multiple ou unique, il n'en faudrait pas moins aussitôt le concevoir réduit à la nullité et à un office nominal et surérogatoire; car le résultat de l'investigation scientifique est qu'il n'y a dans la marche des choses, tant du monde inorganique que du monde organique, aucune trace de miracle et de gouvernement d'en haut, et rien qu'un enchaînement perpétuel de lois modifiables, en certaines limites, par l'action séculaire de l'Humanité. C'est, comme le disait Laplace, une hypothèse désormais inutile. Voilà pourquoi les esprits antithéologiques se multiplient sans relâche ; chaque jour, quelque transfuge, ne pouvant mettre d'accord ce qu'il sait avec ce qu'il croit, quitte le champ des doctrines surnaturelles et passe parmi ce qu'on appelait autrefois les libres penseurs. C'est de ces esprits qu'il s'agit ; ce sont eux qu'il importe d'arracher à l'état purement négatif ; c'est pour eux que renaissent de toutes part, sur le sol moderne longtemps tourmenté par la révolution, les éléments de satisfactions religieuses plus élevées et meilleures.

Meilleures justement parce qu'elles sont plus élevées. Il y a une étroite et heureuse liaison entre l'amélioration de l'esprit et l'amélioration du cœur. Plus l'un gagne en clarté et en étendue, plus l'autre gagne en justice et en bonté. Je reconnais et je professe, comme le veut la philosophie positive, que le côté affectif de la nature humaine doit toujours avoir la prépondérance sur le côté intellectuel ; ce rôle des deux parts de notre âme n'est interverti que dans les époques de transition révolutionnaire, où il faut bien que l'esprit secoue un moment le joug du cœur, retenu outre mesure dans les liens de l'ordre ancien ; et l'on sait que ces époques, toutes nécessaires qu'elles sont, s'accompagnent de déchirements douloureux et de périls imminents. Mais, cela posé et mis hors de conteste, il n'en est pas moins vrai que la condition essentielle du perfectionnement moral est le perfectionnement intellectuel. La morale se purifie à mesure que la science grandit ; elle aussi, pour se sanctifier, a besoin de devenir générale, et elle ne le peut que quand la généralité s'introduit dans l'intelligence. Peu de notions dans l'esprit implique peu de règles dans le cœur. C'est la justice qui forme le lien entre le progrès de la science et le progrès de la morale, et qui est l'agent direct de l'influence de l'une sur l'autre. A mesure que les froides lumières de l'intelligence tombent sur le centre ardent de nos sentiments, elles s'y transforment en justice impartiale, et, sans rien détruire, elles lui ouvrent de plus en plus le champ de son activité. Quand les lumières et à leur suite la justice font défaut, on ne trouve parmi les hommes qu'une morale étroite, pauvre, vacillante, capricieuse; mais plus la vue s'étend, plus la bonté innée s'étend aussi, les barrières et les préjugés qui l'atténuaient s'écartent, et c'est de la sorte que la morale, progressive comme tout le reste, devient, de rudimentaire qu'elle est dans l'état sauvage, personnelle, domestique, sociale, suivant les âges de l'histoire humaine.

Révélation est le nom que l'on donne à ces grandes mutations qui, modifiant simultanément la science et la morale, impriment à chaque civilisation son caractère spécial. Le mot est comme celui de religion; il n'implique aucune idée théologique, et il peut parfaitement entrer au service de la doctrine positive. Plus les sociétés sont primitives, plus les révélations y sont multipliées; alors toutes les découvertes de l'esprit humain sont rattachées à quelque divinité secourable qui enseigne ou l'art d'écrire, ou celui de forger les métaux, ou la culture des céréales, ou la domestication d'animaux utiles. Comment en pourrait-il être autrement puisqu'alors l'homme ne conçoit partout que dieux et génies, uniquement occupés à régir une terre qui est le centre du monde, et toujours avides d'encens, de victimes et d'offrandes qui les disposent favorablement en faveur des faibles humains? Mais, le sentiment théologique s'affaiblissant parmi des sociétés qui se perfectionnaient, les révélations devinrent plus rares; et la dernière de quelque importance est celle qui établit chez les Musulmans un monothéisme mal préparé. Depuis lors il s'est fait des découvertes, mais il ne s'est pas fait de révélation, c'est-à-dire qu'aucun système ne s'est proposé délibérément de remplacer, dans toutes ses fonctions essentielles, l'ancien système théologique. Quand je dis *remplacer*, je veux, bien entendu, parler du temps où le système théologique était entier et accomplissait son office. Aujourd'hui il n'est plus que l'ombre de lui-même; la science non-seulement lui a échappé, mais le bat en brèche; il est obligé de partager l'éducation avec une métaphysique ennemie; l'art n'en reçoit plus d'inspiration, et, quand il lui obéit, il ne fait plus que se souvenir et copier bien ou mal; les institutions féodales avec lesquelles il avait grandi et qui, garanties par lui, le garantissaient à leur tour, sont partout en décadence et en ruine. Tout cela fut jadis de son domaine, et appartient légitimement au système spirituel qui s'élève sur un monde en rénovation.

Les découvertes, à force de se multiplier, de s'étendre et de se généraliser, sont devenues une révélation. Et, de fait, les révélations antiques, malgré leur déguisement théologique, ne sont pas autre chose : des découvertes qui se généralisèrent assez pour fournir un système social. Quiconque a jeté le moindre coup d'œil sur ce que j'écris, ne peut se méprendre sur le sens de mes expressions; la forme théologique des époques passées fut à la fois spontanée, nécessaire, admirable; et une saine connaissance de la nature humaine et des sociétés humaines ne permet qu'une profonde reconnaissance pour ces labeurs préliminaires de nos ancêtres dans le champ de la civilisation. Mais non moins spontanée, non moins nécessaire, non moins admirable est la révélation qui surgit à notre époque; bien que positive, elle est fille de toutes les révélations antécédentes, et elle reconnaît qu'elle n'a pu venir au jour ni sans la révélation monothéistique, ni sans la révélation polythéistique, ni sans la révélation fétichique. Pour toutes, le procédé a été le même : un travail mental, progressivement rectifié par l'expérience. Pour toutes aussi, excepté pour la dernière, il y a une méprise générale, méprise parfaitement d'accord avec la conception qu'on avait du monde, ce fut de rapporter chaque avancement à des êtres extérieurs et fictifs. Mais, par la dernière, on sait enfin qu'en tout ceci l'Humanité seule se manifeste, et que les cieux où elle a calculé la courbe des planètes, la terre qu'elle a défrichée, la vie qu'elle a étudiée, l'histoire qu'elle a conçue, ne racontent que sa gloire.

L'œuvre de révélation successive est aussi une œuvre de successive rédemption. C'est en vertu d'une connexion nécessaire que les nations ne perfectionnent jamais leur état mental sans perfectionner concurremment leur état social. Avant toute information, l'esprit aurait pu s'imaginer que ces deux conditions n'étaient point inséparables, et admettre une société où l'oppression et l'exploitation des classes inférieures auraient crû en même temps que la science et les lumières. Il n'en est rien; plus la révélation devient rationnelle, plus la situation sociale s'améliore. Un progrès immense s'est accompli; pauvres, vagabondes et dénuées, les tribus sauvages se transforment en nations sous le polythéisme, et l'esclavage, meilleur en somme que la vie des forêts, s'organise par cette influence civilisatrice. L'esclave devient serf sous le régime du monothéisme catholique; et le servage féodal, dans la transition révolutionnaire, se transforme en prolétariat. Que reste-t-il à faire? C'est que ce prolétaire soit définitivement tiré, par une dernière rédemption, de l'ignorance et de la misère.

La rédemption païenne a un caractère matériel; la rédemption chrétienne, un caractère de salut individuel; la rédemption positive, un caractère de morale sociale. Les dieux païens venaient aider l'homme dans ses travaux sur la terre, ils lui enseignaient les arts utiles, ils tuaient les monstres qui lui disputaient son séjour; assez semblables à ces vigoureux colons de l'Amérique septentrionale qui s'enfoncent dans les forêts, abattent les arbres, défrichent les champs, élèvent des maisons et préparent le terrain à des générations moins préoccupées de pareils labeurs. Cette longue et préliminaire opération était accomplie quand le dieu chrétien vint en recueillir le fruit. Alors un certain dégoût se fit sentir pour cette matière et ce monde qui avait été le triomphe du polythéisme et de divinités désormais condamnées; le solitaire gagna les déserts; le moine et la nonne allèrent chercher les rigueurs du cloître; et une morale énergique, dirigée tout entière par les espérances ou les craintes individuelles relatives à une vie future, s'épandit sur l'Occident. C'était encore là une opération préliminaire qui, une fois terminée, devait faire place à quelque chose de plus complet et de meilleur; il fallait en effet avoir passé par cette discipline, afin que les générations prissent des habitudes concordantes, et se créassent une puissante opinion morale qui ne pût plus rétrograder. Aussi, rien ne rétrograda quand les bases mêmes de toute croyance théologique commencèrent à s'ébranler. La morale se détacha graduellement de la croyance aux récompenses et aux peines éternelles, de même que l'hygiène, individuelle ou collective, mise, dans le régime initial, sous la sauvegarde de prescriptions théologiques, avait fini depuis longtemps par se passer de cet appui, évidemment nécessaire à l'origine. Et elle s'en détacha dans le moment même où il lui fallait, devenant véritablement sociale, étendre sa fonction salutaire à l'immense prolétariat de nos temps et consacrer les forces de tous au service de tous.

Là est le nœud de la félicité pour les hommes modernes. Il a été possible, pour les hommes anciens, de trouver la leur, tout en se livrant aux passions haineuses de la guerre, à l'orgueil de la domination sur l'esclave ou sur le serf, à la soif de la richesse gagnée par l'exploitation immiséricordieuse du travail d'autrui. Ces nécessités d'un monde qui ne pouvait encore cheminer autrement étaient acceptées; et, par un dédommagement spontanément suggéré, la théologie promettait à l'individu un séjour où ses instincts sympathiques auraient une carrière infinie. Aujourd'hui, ce monde de violence, de guerre, de domination privilégiée, de richesse égoïste, nous déplaît de plus en plus; et, à tout prix, sous l'impulsion salutaire et régénératrice des masses prolétaires, nous songeons à en sortir. En sortir, c'est justement donner une carrière infinie, non pas dans un séjour fictif, mais sur notre terre, sur cet héritage permanent des générations humaines, à nos instincts sympathiques et à notre besoin d'aimer.

Connaître est le second terme de la satisfaction de notre âme. L'âme moderne ne peut résister à l'entraînement vers la connaissance. Plus les siècles se sont accumulés, plus le vrai a pris d'importance auprès des hommes; c'est maintenant une vaste lumière qui se projette sur le monde et qui nous l'éclaire. Tout a changé depuis l'époque primitive. Le ciel n'est plus cette résidence voisine où il semblait qu'on pouvait toujours facilement monter. Les espaces se sont immensément agrandis; les temps se sont démesurément allongés. Ume doctrine, désormais réduite en un seul corps et susceptible de devenir un enseignement commun, met à la portée de tous cette suprême jouissance de savoir. Les mystères de la destinée humaine se sont autant dévoilés que le comporte la nature de notre esprit. Pure et tranquille lumière qui désormais s'épanche sans relâche sur les intelligences! quiétude profonde qui les calme! spectacle éternel qui les touche et les plonge dans la contemplation de l'infini!

De graves et salutaires émotions s'élèvent dans le cœur à la vue de ce vrai, que l'esprit a su mettre dans un jour splendide; et, pour parler le langage du poëte italien, s'abîmer dans cette mer est une joie (*il naufragar in questo mar è gioia*).

Servir est le troisième terme de la satisfaction humaine. M. Comte l'a dit avec une profondeur admirable : ce qu'il y avait sans doute de plus douloureux, sous le régime antique de l'esclavage et du servage, pour les belles âmes, c'était de ne pouvoir se dévouer librement au service d'autrui. Nous, que le progrès de la civilisation a définitivement affranchis, nous, qui ne sommes plus ni esclaves ni serfs, nous entrons dans cette pleine liberté du dévouement au service de l'Humanité. D'autant plus dévoués que nous sommes plus libres, nous trouvons un aliment assuré à notre activité la plus étendue. Tout, sous cette direction, s'ennoblit et se sanctifie.

Avoir contemplé les lois éternelles du monde et aimé ce qui est digne d'être aimé, vaut bien la peine d'avoir vécu.

Et les morts? Il n'est point de vie pleine et entière où les morts ne doivent avoir leur place. Perdre les êtres que nous chérissons est l'épreuve la plus douloureuse à laquelle nous puissions être soumis; le froid de cette séparation est pour notre âme ce qu'est l'acier pour nos chairs palpitantes. A ceci nul remède; il faut laisser saigner la plaie et couler les larmes. Mais, quand l'amertume s'est un peu dissipée, quand le temps a produit sa cicatrice, alors il faut rappeler par tous les moyens le souvenir de nos morts bien-aimés, vivre fréquemment avec eux, et les contempler dans cette existence idéale qui les présente à notre mémoire plus beaux, meilleurs, plus touchants que jamais. Le culte privé des morts est ce qu'il y a de plus doux, de plus triste et de plus consolant.

Aimer, connaître, servir, et, à mesure que nous avançons dans la vie, cultiver le souvenir de ceux que nous avons perdus, tel est le fondement de notre existence morale et de notre félicité permanente.

XVIII.

Côté positif. — De la devise révolutionnaire : Liberté, Égalité, Fraternité [1].

Cette devise fut inaugurée au moment où la révolution, préparée par l'insurrection protestante, par les penseurs du dix-septième siècle, par les vulgarisateurs du dix-huitième, et surtout par le progrès continu des sciences positives, éclata dans sa force et sa grandeur. Alors, il s'agissait de poser des principes formellement contradictoires à l'ordre ancien, devenu depuis longtemps oppressif, et l'on ne peut qu'admirer la complète concordance de la devise et de l'état mental des populations à cette époque solennelle. L'ordre catholico-féodal gênait les mouvements, la pensée, la croyance, la parole, la presse, et la nation révolutionnaire proclama la liberté. Les inégalités qui constituaient le vieil ordre social, clergé, royauté, noblesse et vilains, n'avaient conservé, de leur organisation, qui, en plein moyen âge, fut protectrice, que des privilèges inutiles, onéreux, abusifs, blessants; et la nation révolutionnaire proclama l'é-

[1] *National*, 9 juin 1851.

galité. Puis, dans le sentiment de la lacune qu'allaient laisser tant et de si grandes abolitions, et aussi dans la plénitude d'espoir et de bienveillance qui débordait de toutes parts, elle compléta le nouveau symbole par le mot fraternité.

Il faut, au lieu de la théorie sociale, qui donnerait le même résultat, laisser parler les événements, qui se chargèrent de prouver, par leur inexorable logique, l'insuffisance de la devise. Je dis la devise, car, dans le fait, elle était la représentation fidèle de l'organisation qui se hâtait de venir au jour, et qui, nécessairement, avorta. D'abord, les partisans du passé ne voulurent entendre parler ni de liberté, ni d'égalité, ni de fraternité ; et une guerre terrible, tant civile qu'étrangère, fondit sur la nation vaillante qui avait osé la première lever l'étendard de la révolution définitive. Puis, et ceci fut le principal, l'anarchie vint menacer la société, en vertu même des idées qui avaient précipité la chute de l'édifice catholico-féodal ; la liberté et l'égalité n'étaient qu'une négation des entraves et des priviléges féodaux ; on pouvait faire les citoyens libres, ce qui était excellent ; on pouvait essayer de les faire égaux, ce qui était impossible ; mais on ne pouvait trouver dans ces deux conditions aucun point stable qui arrêtât la divagation des esprits et la propagation de l'ébranlement dans tous les rangs de la société. Aussi le danger devint grave, et il y eut alors une oscillation en sens inverse ; mais, les principes de l'ordre ancien n'étant pas moins anarchiques, la stabilité ne fut pas trouvée davantage. Dieu et le roi, devise féodale, ne purent pas plus que la liberté et l'égalité, devise révolutionnaire, rétablir ou fonder un ordre social.

Considérée en elle-même, la formule révolutionnaire révèle aussitôt son origine métaphysique, c'est-à-dire qu'elle représente non pas une condition réelle des choses, mais une notion subjective, une idée que l'esprit s'était faite d'une société normale à la fin du dix-huitième siècle. Examinez-la, et dites ce qu'elle vous apprend sur ce grand phénomène de l'association humaine. Appliquez-la au passé ;

si elle a quelque valeur véritable, elle doit y être applicable; et que serait une théorie sociale qui laisserait en dehors tous les âges écoulés? Eh bien! elle nous répond qu'alors les hommes n'ayant été ni libres ni égaux, ces sociétés, desquelles la nôtre provient, ne furent que mal et misère. Fausse réponse, car ces sociétés ont eu leur grandeur, leur beauté, leur bonté; anarchique réponse, car elle rompt le fil de la tradition et tient l'histoire pour non avenue; réponse immorale, car elle nous ôte la pieuse reconnaissance que nous devons à nos aïeux pour nous avoir préparé par leur labeur un monde de plus en plus éclairé et sanctifié. Appliquez-la au présent : elle ne fait que compromettre la liberté en mettant devant les yeux des classes opposées le spectre d'une chimérique égalité. Appliquez-la à l'avenir : elle laisse tout flotter dans le vague, sans qu'il soit possible d'entrevoir comment, de ces deux conditions combinées ensemble, pourra sortir un ordre social quelconque.

Mais on ne doit pas s'arrêter là et signaler seulement l'inaptitude complète de la devise révolutionnaire à représenter l'existence réelle d'aucune société, il faut encore faire voir qu'elle renferme une conception incompatible avec la nature des choses. Je veux parler de l'égalité; sans doute l'esprit qui spécule et qui n'observe pas peut faire toutes sortes de combinaisons sur les phénomènes sociaux aussi bien que sur les autres, et imaginer une société dont tous les membres seraient égaux. Mais l'esprit qui ne spécule qu'après avoir observé, étudie la société dans le passé et dans le présent, la reconnaît soumise à des lois qui lui sont propres, aperçoit que ces lois sociales sont sous la dépendance de lois plus générales qui président à l'existence des êtres vivants, et que les lois des êtres vivants euxmêmes relèvent à leur tour des lois du monde inorganique, qui sont les plus générales de toutes. A ce point, il ne reste plus de place pour les combinaisons arbitraires de la métaphysique; et la société se présente comme un corps immense qui se développe par sa vertu propre, et où la sagesse des peuples et des individus ne peut avoir d'autre effet que de procurer l'évolution des aptitudes fondamentales.

Au premier coup d'œil, ce qui frappe c'est l'inévitable inégalité établie par les conditions mêmes de la vie individuelle. La société se compose d'hommes et de femmes, d'enfants, d'adultes et de vieillards, de malades et de bien portants, de forts et de faibles, tant au physique qu'au moral. Ceci est inflexible; car il n'y a là rien sur quoi l'organisation sociale ait prise. De tels degrés sont créés par ces lois de la vie individuelle qui, comme je viens de le dire, priment les lois de la vie sociale. Comment, avec des éléments aussi inégaux, arriver à une égalité quelconque?

Si, maintenant, des considérations biologiques on passe aux considérations sociologiques, on voit que le résultat est le même. Tout d'abord l'histoire arrive avec sa longue expérience, et elle nous montre que l'égalité n'a été réalisée dans aucune des sociétés qui nous ont précédés. Mais cette réponse a besoin d'être analysée; car l'histoire a pour caractère d'être mobile et progressive; et toujours, pour juger de l'avenir d'une condition sociale par son passé, il faut reconnaître si elle s'appuie sur une notion fictive ou une notion réelle, et si elle est allée en grandissant ou en déclinant dans le cours des âges. Or, bien loin que les inégalités aient diminué dans les sociétés, elles s'y sont continuellement multipliées. L'existence sociale est devenue de plus en plus complexe, et, pour y satisfaire, il a fallu incessamment scinder les inégalités anciennes et les augmenter. On n'a jamais fait, dans les passages d'une civilisation à une autre, que changer des inégalités oppressives pour des inégalités salutaires et conformes à l'ordre qui s'établissait. Même le temps moderne si démocratique (et la démocratie véritable s'accommode très-bien des inégalités), le temps moderne, qui a secoué si complétement les inégalités de la noblesse, accepte par le fait aujourd'hui, et acceptera par la raison dans l'avenir les inégalités de la richesse. Celles-là sont réelles et indestructibles, attendu qu'elles reposent, en dernière analyse, sur la capacité des individus, laquelle est diverse par une loi immuable de la nature. Et comme, en ces choses, il est toujours bon de s'appuyer sur les expériences historiques, je rappellerai que les républiques antiques de la Grèce et de l'Italie étaient fondées sur le partage égal des terres entre les citoyens, et que, malgré l'intérêt puissant qu'on avait à conserver cette égalité, malgré les prescriptions légales qui devaient la préserver, la propriété foncière, au bout de quelques générations, s'était concentrée en un petit nombre de mains. Le reste des citoyens, désormais sans avoir, était tombé au rang de ce que l'antiquité nommait des prolétaires; prolétaires tout à fait différents des nôtres, soit par l'origine, soit par le caractère. Les anciens prolétaires étaient des citoyens déchus; les nôtres sont des citoyens qui s'élèvent; les anciens étaient des hommes oisifs et demandant du pain et les jeux du cirque; les nôtres sont des hommes laborieux et pleins des plus hautes aspirations vers un socialisme régénérateur.

Tandis que l'inégalité persiste et croît dans le trajet de l'histoire, voyez ce que deviennent la liberté et la fraternité. Le contraste est frappant et instructif. Celles-ci, qui, à l'origine, étaient rudimentaires, ne font que grandir et se fortifier. Quoi de plus infraternel que la tribu sauvage? Et quel progrès accompli de notre temps, où l'on voit la fraternité s'étendre de peuple à peuple, et préparer une organisation d'abord européenne, et finalement universelle, dont les plus hardis penseurs dans le passé avaient pu à peine concevoir quelque ébauche! Et la liberté! contemplez cette évolution incessante depuis la haute antiquité et l'esclavage à travers le moyen âge et le servage jusqu'au plein affranchissement de l'époque moderne. Elle touche manifestement à son dernier terme, puisqu'elle est arrivée à l'état positif; j'entends par là qu'elle est définitivement soustraite à toute tutelle du droit divin. Tous les esclavages, tous les servages, toutes les castes, tous les patriciats, toutes les noblesses se sont toujours, dans les âges antécédents, appuyés sur des traditions rattachées au ciel; et, par ce côté aussi, on découvre la solidarité entre l'état théologique des populations et leur ordre social. Aujourd'hui, les derniers vestiges du droit divin disparaissent; et la théologie, que toute la science témoigne n'avoir été qu'une construction provisoire suggérée spontanément à l'Humanité, se montre, elle aussi, décroissante dans ce changement de la condition des hommes, puisque les liens nécessaires dont elle les avait enlacés pour le bien et le développement des sociétés s'usent, se rompent, et tombent de toutes parts. Toutes les formes de servitude n'étaient que provisoires comme la théologie; la liberté est définitive.

C'est cet avénement final de la liberté qui a causé une certaine illusion touchant l'égalité; comme il n'a pu surgir qu'en effaçant au fur et à mesure les inégalités provisoires, les hommes qui, nourris des doctrines du dix-huitième siècle, entamèrent la grande révolution, furent naturellement portés à prendre leur haine pour tout ce qui s'autorisait du droit divin comme quelque chose de social, et à la consigner sous le nom d'égalité dans leur devise. Ce nom est à double entente; il signifie l'égalité politique, l'admissibilité aux emplois, en un mot, l'abolition de tous les priviléges qui ont été détruits avec le droit divin (ceci est fait et bien fait); mais il signifie aussi le nivellement social : ceci est impraticable et par conséquent anarchique; car, ne pouvant réussir, il n'en sort que troubles et agitations ruineuses.

Dès lors, ce qui importe, ce n'est pas de tenter une chimérique entreprise et d'aller se heurter contre les conditions permanentes et essentielles de l'existence sociale, c'est de faire servir au bien commun les inégalités naturelles. Or, de ce côté, nous avons grand pouvoir. J'en citerai un exemple caractéristique entre tous. Les divagations égalitaires sont allées au point (et cela était inévitable; car quel frein mettre à des conceptions subjectives qui ignorent la nature des choses?), au point de rêver je ne sais quelle émancipation pour les femmes. Sans doute rien n'est faisable en ce genre. Mais figurez-vous un moment les femmes chargées de toutes les besognes qui appartiennent à l'homme, de la vie du dehors, du poids des affaires, des luttes et des efforts, et entrant par toutes ces rencontres en conflit avec lui; et dites-moi ce que deviendra la meilleure part de l'influence féminine, les égards qu'on leur doit, la galanterie qu'on leur témoigne et la promptitude satisfaite avec laquelle on se met à leur service. Au lieu de ce tableau chimérique et rebutant, contemplez par quelle voie la civilisation a produit, à l'aide d'un travail instinctif, la véritable émancipation des femmes. Plus les hommes se sont éclairés et améliorés, plus ils ont laissé prendre d'empire sur eux à leurs compagnes. La polygamie primitive et brutale a été répudiée; l'amour s'est épuré; les mœurs chevaleresques du moyen âge ont imprimé leur cachet sur l'Occident. Que reste-t-il à faire? les développer et les étendre à tout le prolétariat. C'est d'après cet exemple fondamental qu'il faut considérer et traiter toutes les inégalités réelles et partant immuables.

Et dans cette catégorie est la richesse. Sans elle, et personne, excepté sans doute ceux qui rêvent l'état de nature, sans elle aucune des satisfactions légitimes dans notre ordre social n'est possible. Si une immense richesse n'était pas accumulée par les travaux des générations qui nous ont précédés, si de la richesse n'était pas sans cesse produite par la génération vivante, notre société s'abîmerait dans le chaos. Mais on se demande si cette richesse ne pourrait pas être également répartie, à tant par tête, entre tous les membres de la communauté. Cela est impossible, parce que les hommes sont naturellement inégaux; et, au fond, une pareille conception n'est pas moins métaphysique et n'est pas plus réelle que l'émancipation des femmes. Cela posé, pour peu qu'on examine profondément les conditions du problème, on verra que l'égalité des richesses n'est pas même désirable, et que cette inégalité, comme celle des sexes, est le seul moyen (l'homme étant ce qu'il est) d'établir l'harmonie et la satisfaction entre les citoyens.

On se méprendrait du tout au tout, si l'on pensait qu'en parlant ainsi je me porte le défenseur des rapports actuels entre les riches et les pauvres. Non, non; je suis tout à fait du côté des prolétaires dans leurs réclamations. Elles sont justes. Le chômage, qui les jette dans la misère, la concurrence, qui abaisse les salaires, les enfants employés sans miséricorde dans les manufactures, les femmes retirées du ménage pour suffire aux besoins d'une industrie mal réglée, tout cela fait aux prolétaires une position qui doit nécessairement être changée. Ajoutez les maladies, contre lesquelles, d'ordinaire, ils ne peuvent pas longtemps lutter; l'introduction inévitable des machines, et qui, salutaire pour l'ensemble, ruine toujours quelque corporation; ajoutez l'impossibilité où ils sont de recevoir l'éducation qui doit être leur partage, et sans laquelle cette masse formidable ne serait jamais gouvernée, et vous comprendrez combien des hommes chez qui déclinent incessamment les croyances théologiques et en qui surgissent de nouveaux besoins moraux, doivent ressentir le mal qui pèse sur eux. La situation économique n'est en effet que la moitié de la situation totale. C'est la décadence des vieilles croyances qui a rendu la situation économique intolérable, en ouvrant les yeux et les cœurs; et c'est également par la propagation des nouvelles croyances, des croyances positives, qu'un ordre économique meilleur sera organisé. Les conditions en seront, pour les prolétaires: éducation, travail, ménage, mais non capital et richesse. Et cela suffit au bonheur. Qui sans doute voudrait prononcer entre la richesse du chef industriel avec la responsabilité qui la suivra, et l'humble situation du travailleur, avec son irresponsabilité?

La partie négative de la révolution a eu sa devise. La partie positive a aussi la sienne; c'est : *Ordre et progrès.* Celle-ci est applicable à tous les temps, au passé, au présent, à l'avenir. Pour le passé, c'est l'expression du travail spontané qui, à la fois, maintient les conditions fondamentales des sociétés, et les porte, de degrés en degrés, du fétichisme au polythéisme, puis au monothéisme, et enfin sur le seuil de l'existence positive. Pour le présent, c'est la clef du malaise qui travaille tout l'Occident, entre l'ordre, que l'anarchie menace, et le progrès, que les préjugés arriérés repoussent; c'est la claire manifestation de la nécessité d'une doctrine qui concilie ces deux éléments, tenus présentement, par l'insuffisance des hommes politiques, dans une disjonction si fâcheuse. Pour l'avenir, c'est la prévision d'un ordre social qui régira le monde dans une stabilité plus sûre, dans un progrès mieux conçu que ne firent jamais l'ordre catholico-féodal et l'ordre païen.

XIX.

Côté positif.—Transition [1].

Nous sommes dans une transition, c'est-à-dire dans le passage d'un ordre social qui finit à un ordre social qui commence. Cette notion est de la dernière importance : elle rassure les timides, encourage les faibles, retient les téméraires, et détermine chacun à faire, dans la mesure de ses forces et suivant sa position, tout ce qui lui est possible pour hâter un développement plus beau, plus grand, plus salutaire qu'il n'en fut jamais.

A nous, hommes du second tiers du XIXe siècle, il est donné d'assister, avec conscience de ce qui se passe et de ce que nous faisons, à la profonde et sublime élaboration qui transforme le monde ; plus heureux que les premiers chrétiens, qui n'avaient pas une claire aperception de leur œuvre et qui, travaillant réellement pour la terre, croyaient travailler pour le ciel (le ciel, cette fiction des âges théologiques) ; plus heureux surtout que nos devanciers immédiats, qui ont commencé instinctivement la révolution, et qui, à tant de reprises, se sont demandé où l'on allait et s'il n'était pas bientôt temps de s'arrêter.

Aujourd'hui qu'en Europe de graves et rapides événements ont appelé l'attention sur les questions sociales, je ne pense pas qu'il y ait beaucoup d'hommes pour qui l'accélération du mouvement qui entraîne tout demeure ina-

[1] *National*, 27 août 1851.

perçue. Les riches, les puissants, les habiles, les forts, les rois, les nobles, les théologiens, se coalisent pour retenir ce qui si visiblement leur échappe. Vains efforts! les choses se jouent de l'habileté grossière et du pouvoir matériel; un esprit libre et ferme se propage à travers les populations sans que les citadelles et les armées puissent l'arrêter; il les gouverne plus que les rois; il s'y fait plus écouter que les théologiens, et il est bien clair que contre cette force toute spirituelle, qui est le fond du socialisme, il faudrait avoir une force spirituelle contraire qui s'en rendît maîtresse.

Cette force, on ne sait où la prendre. Toutefois, dans le désarroi général auquel nous assistons, beaucoup parmi ceux qui ressentent de sincères alarmes pour l'ordre, se rejettent vers les doctrines théologiques, catholiques ou protestantes, espérant trouver là cette force spirituelle qui doit combattre l'esprit de rénovation et de socialisme. Faisons rentrer dans le bercail théologique, s'est-on dit d'un bout de l'Europe à l'autre, ces ouailles dispersées. Et l'on s'est mis à l'œuvre; si bien que le pouvoir temporel, qui demande appui au pouvoir spirituel, est tout d'abord obligé de le soutenir, de le défendre, de combattre pour lui et d'user dans cette lutte le peu qui lui reste de force et de considération. Réciproquement, le pouvoir spirituel, devenu serviteur des oppresseurs, consume dans cet emploi le peu qui lui reste d'empire sur les âmes et de popularité traditionnelle.

Au temps de Luther, un homme d'un esprit étendu et sagace, considérant d'une part l'ébranlement de la croyance, et de l'autre les nouvelles découvertes de la science, Copernic et la théorie du monde, Colomb et l'Amérique, aurait pu se dire : oui, la blessure faite à l'Église catholique est irrémédiable; mais le protestantisme lui-même où va-t-il? Plus tard, à l'ouverture de la révolution française, un homme voyant où le protestantisme avait abouti, voyant aussi que la vieille blessure du catholicisme n'avait fait que s'agrandir et empirer, aurait pu dire : oui, tout le sol catholico-féodal est miné en Europe, et ou plus tôt, ou plus tard il n'en restera rien debout; mais quelle forme sociale est destinée à le remplacer? De nos jours le socialisme, mais le socialisme déterminé, le socialisme positif, fait la réponse à cette question, qui se transmet tacitement de phase en phase depuis l'avénement du protestantisme et qui présentement éclate de toute part. Rien n'est fortuit, rien n'est arbitraire dans cet enchaînement de faits sociaux qui ont enfanté notre époque. Un nouveau pouvoir spirituel, s'appuyant sur la notion du monde telle que la science l'a fondée, notion qui, écartant les êtres fictifs de la théologie, agrandit la morale et perfectionne les devoirs; un nouveau pouvoir temporel, désormais débarrassé des intérêts militaires qui furent prédominants dans les sociétés théologiques, et voué tout entier au réglement des intérêts industriels, seule affaire temporelle des sociétés à venir; voilà, en bref, l'ordre social qui doit sortir du passé catholico-féodal.

Entre ce but, ainsi clairement défini, et le point où nous sommes est un intervalle, une transition, qui, depuis la révolution de février, prend un caractère bien déterminé et une généralité indispensable à la sûreté des nouvelles conquêtes. Jusqu'à présent, cette transition procède par elle-même, c'est-à-dire par les seules forces inhérentes à la société et à la situation. Rien n'a été tenté pour l'apprécier d'abord, pour la favoriser ensuite, rien, sauf les efforts systématiques de l'école positiviste. A la vérité, la voix de cette école est encore faible, son enseignement restreint, et son prosélytisme circonscrit. Cependant, tel est l'à-propos de sa doctrine et la puissance de vérité qui y est répandue, que, malgré toutes les insuffisances, elle commence à peser dans l'opinion et à faire écouter sa parole. Étant le véritable socialisme, elle attend que celui qui n'est encore qu'un sentiment arrive à la pleine connaissance de soi-même pour le recueillir et l'incorporer. Étant le véritable ordre, elle attend que ceux qui aiment l'ordre pour lui-même et non pour de vaines conceptions métaphysiques ou théologiques aient perdu leurs illusions, puisqu'ils en ont encore, touchant l'efficacité des vieilles recettes politiques, pour leur montrer la stabilité où ils aspirent, et les y attirer.

Ce qui pousse, ce qui presse la transition, ce qui fait qu'elle marche toujours sans s'arrêter un moment, c'est la situation telle qu'elle résulte de tout le passé occidental. Les sciences, qui ne cherchaient ni à servir ni à desservir la théologie, l'ont par le fait ruinée, et, avec elle, la base même qui portait l'ordre social de nos aïeux. Il ne restait qu'un terrain débattu, la théorie des sociétés, que la spéculation scientifique n'avait su s'approprier. Et voilà que la philosophie positive franchit ce dernier échelon, et montre que tout est soumis à des lois naturelles, le monde inorganique comme le monde organique, comme les sociétés! Maintenant, qu'auraient à faire les partisans de l'ordre, qui croient que l'ordre peut se rétablir par les doctrines théologiques? Ruiner les sciences à l'aide de la théologie, comme on a ruiné la théologie à l'aide des sciences. Mais qui le peut? Cela posé, tout le reste s'ensuit, et la transition chemine irrésistiblement. Toutes les autorités qui régissent l'Europe étant de droit divin, toutes sont ébranlées dans leur base même : de là, l'instabilité croissante de tous les pouvoirs, qui ont leur origine dans l'ordre ancien, instabilité qui finira par leur chute totale, et qui, tout d'abord, a pour effet de maintenir la paix occidentale hors des ambitions individuelles et des combinaisons politiques. Cette paix, à son tour, donne plein loisir aux peuples de s'éclairer et de s'entendre. Elle accroît la fraternité internationale, elle entretient le sentiment de la solidarité commune, elle rend les solutions générales. Plus ce grand spectacle se prolonge devant tous les yeux, plus la justice universelle fait des progrès, et plus devient impérieux le désir d'une rénovation. Rien ne peut empêcher les hommes de se rendre compte de la situation sociale et de la juger, ni les croyances théologiques qu'ils n'ont plus, ni le respect pour des autorités qui ne sont qu'oppressives, ni l'influence de préjugés nobiliaires tombés avec ce qui les soutenait. Aussi, pour les masses populaires, qui considèrent la société d'un œil de plus en plus indépendant, elle paraît comme un édifice à réparer de fond en comble; et, quand elles s'entendent appeler barbares, que peuvent-elles penser, sinon que les vrais barbares sont ceux qui s'attachent à des formes vieillies, dures, grossières, et voudraient conserver dans les institutions la rouille d'une ignorance relative et les inclémences d'un ordre ancien? Ah! c'est dans cette aspiration vers une régénération universelle, c'est dans cette fraternité qui vivifie les âmes, c'est dans cette suprême justice qui prétend faire tourner au profit de tous les forces de tous, c'est dans cette moralité supérieure qui s'exprime avec une si généreuse énergie, qu'est le plus beau titre de notre âge, celui qui le recommandera au souvenir de la postérité, celui qui rend contente et heureuse toute âme digne de vivre dans ce temps et de s'associer à ses joies, à ses douleurs, à ses dévouements.

Dans cette marche vers un ordre social nouveau, dans cette transition qui s'effectue de toute part autour de nous et en nous, il est deux indications prépondérantes et véritablement connexes : à savoir, maintenir l'ordre et faciliter l'évolution. Prépondérantes, car toute la politique de la transition roule sur cette double donnée; connexes, car, si l'ordre est troublé, l'évolution s'arrête, et, si l'évolution est gênée, l'ordre à son tour s'ébranle jusque dans ses fondements.

Maintenir l'ordre a été jusqu'ici impossible en France depuis la fin du siècle dernier ; les succès dont on s'est le plus félicité dans le temps n'ont eu qu'une durée éphémère; et, au moment où les puissants se croyaient le plus puissants, la ruine est arrivée profonde, irrémédiable. Depuis lors, à des degrés divers, un spectacle analogue se reproduit dans l'Europe; et, moins que jamais, les gouvernements y peuvent se promettre un long avenir et de vastes pensées. Ce n'est pas qu'ils aient complétement méconnu le péril de la situation; et, quoiqu'ils ne se rendent compte ni de ce qui fit jadis leur pouvoir, ni de ce qui présentement le défait, néanmoins ils se sont sentis assez menacés pour prendre toutes leurs mesures de conservation ; mais ces mesures, dans le fond, se réduisent à une seule, qui est la force matérielle. Depuis une trentaine d'années les armées sont toujours allées croissant, et aujourd'hui, en pleine paix, le nombre des soldats sous les armes dépasse celui qu'exigèrent jamais les guerres effroyables de la fin de l'empire, sans pourtant que rien soit davantage consolidé. Loin de là; tout est plus compromis que jamais.

D'où vient donc que l'ordre, avec des défenses aussi sûres en apparence, ne se maintienne pas? Et, cependant, l'immense majorité des hommes de chaque pays désire l'ordre, est disposée à le soutenir et ne le voit troubler qu'avec regret. Si cette immense majorité, dirigée par une sage politique, restait compacte, aucun danger ne pourrait surgir. Mais les fautes des gouvernements la rompent et la rendent ou indifférente ou hostile. Certes, il n'est personne qui soit attaché à l'ordre d'une façon plus ferme et plus désintéressée que je ne le suis; et si les gens qui s'en prétendent les défenseurs ne m'ont pas de leur côté, c'est bien leur faute et non la mienne. Ce que je dis ici d'un simple individu est vrai de plusieurs millions. C'est Charles X qui permit à l'orage d'éclater, c'est Louis-Philippe qui décida l'insurrection et son triomphe en forçant les hommes d'ordre à craindre, en grand nombre, plus pour la liberté que pour la tranquillité. L'habileté des ministres anglais consiste justement à savoir garder, jusqu'à présent, de leur côté la masse immense des hommes d'ordre. Aujourd'hui encore, dans notre pays, une réaction aveugle ne tarderait pas à compromettre la paix si la forme républicaine n'avait, dans le renouvellement à court terme de tous les pouvoirs, un remède assuré contre ce funeste vertige.

L'ordre ne se maintient pas par la seule force matérielle. Il ne se maintient que par le concours spontané de ceux qui l'aiment aussi bien parmi les conservateurs que parmi les novateurs. Mais un tel concours, qui comprendrait, on peut le dire, la presque universalité des citoyens, ne sera obtenu que par un gouvernement qui satisfera les deux grands intérêts représentés par ces deux drapeaux : ferme et intrépide dans la défense de la tranquillité matérielle, et laissant pleine carrière à la liberté spirituelle.

Parler de la liberté spirituelle, c'est indiquer la seconde condition capitale que réclame la transition. Cette liberté est, en effet, la contre-partie nécessaire de tout système ferme à conserver la paix. Tandis que, comprimée, elle détache du parti de l'ordre les intelligences actives, les cœurs ardents et la masse innombrable des adhérents de près ou de loin aux idées nouvelles, et est, de la sorte, un élément nécessaire de la tranquillité, elle sert directement à préparer les voies vers la réorganisation des opinions et des mœurs. Aussi, tout esprit clairvoyant et sincèrement désireux de voir persévérer le calme dans notre pays a-t-il dû s'alarmer de ce luxe de mesures compressives qui traquent partout la pensée, la parole, la presse, la discussion, l'éducation, et qui, dans leur honteuse partialité, ne laissent libres que d'anarchiques déclamations en faveur d'un passé impossible, royal ou impérial, théologique ou métaphysique. C'est pourquoi la prorogation, que la sagesse générale s'accorde, heureusement, de tous les côtés, à mettre à néant, aurait créé de pressants dangers, ouvrant, dès lors, par la même raison que la royauté immobile et sénile, les chances aux violences des partis et aux convulsions. Tout cela ne devant pas durer au delà de 1852, il n'est pas difficile d'avoir patience et de faire prendre patience jusqu'à ce terme.

Examinez la situation, vous tous qui, de façon ou d'autre, par la parole, par la plume, par l'autorité, exercez de l'influence sur vos concitoyens, examinez la situation et touchez du doigt ce qui en fait le nœud véritable. Quelle que soit la juste préoccupation que vous causent au jour le jour les événements, il n'est pas que vous n'aperçoviez l'immense besoin qui travaille la société tout entière. Une doctrine, une éducation, une religion, toutes idées étroitement connexes et pour ainsi dire synonymes, sont venues à manquer peu à peu et ne sont pas encore remplacées. A la vérité, le parti conservateur essaye de rappeler sous la doctrine théologique les masses déclassées; mais on refuse de toutes parts de suivre un appel qui n'est qu'une tactique, une foi plâtrée qui n'est que d'occasion. Comment en effet l'homme moderne pourrait-il être ramené à des notions que tout désormais vient contredire? Peut-être, des esprits qui ont reçu une culture métaphysique (et c'est le cas de tous ceux qu'on appelle lettrés) pourraient se maintenir et durer en cet état sceptique, entre un théologisme en désarroi et une incrédulité peu conséquente. Mais, à ce point, surgissent les prolétaires (et c'est là que l'on comprend l'influence salutaire de leur intervention, et combien elle est morale), à ce point surgissent les prolétaires qui posent le problème social dans sa grandeur sérieuse, et bien loin de ce jeu stérile dont, à toute force, s'accommoderaient les classes supérieures. A ceux-là que répondre? Rien, si on ne leur fait la réponse que dicte la philosophie positive.

Là, en effet, est une doctrine née des entrailles mêmes de l'histoire humaine, une éducation qui régénérera le monde, une religion qui rassemblera les intelligences et les cœurs sous la notion suprême de l'Humanité. Sans doute le prosélytisme qui a commencé sous un système restrictif se poursuivra malgré ce système; mais il importe aujourd'hui à tout le monde (je l'ai fait voir un peu plus haut) que la liberté spirituelle soit pleine et entière. Or, elle ne sera telle que quand l'état cessera de subventionner la théologie et la métaphysique, le clergé et l'Université. Cette mesure profitera grandement à l'ordre; mais elle profitera surtout à l'évolution de la phase que la société européenne parcourt en ce moment.

Dès les premiers jours qui ont suivi la révolution de Février, l'école positive a signalé le caractère de la transition, indiqué les mesures principales qui étaient exigées par la situation, et constaté que le mouvement naturel des choses tendait à porter au pouvoir des chefs prolétaires, et que la sagesse politique consistait à favoriser cette tendance. Rien n'est venu encore contredire cette prévision. Les embarras sont restés les mêmes et attendent une même solution; et il est toujours permis de croire que nous n'aurons que de gouvernants prolétaires un gouvernement à la fois mobile et ferme, qui maintienne l'ordre et donne la liberté spirituelle.

XX.

Côté positif. — Du parti de l'ordre. Conclusion [1].

Le parti conservateur, dans son opposition au parti révolutionnaire, avait pu jusqu'ici, grâce à la marche des événements, accaparer le nom de parti de l'ordre, sans qu'aucun grave démenti lui fût donné, sinon ce démenti radical que les commotions sociales lui infligeaient pour ainsi dire périodiquement. Mais présentement, cette apparence mensongère disparaît, ou plutôt, car la philosophie positive m'a enseigné à ne pas méconnaître le fond honnête et respectable qui soutient les deux grandes fractions de la société européenne, ce qu'il y eut de réel dans sa fonction transitoire se dissipe, du moins en France et sur le continent, et il n'en reste qu'une impulsion dont le but se perd et qui dégénère en intrigue. C'est l'établissement de la République qui a donné ce nouveau tour aux événements et révélé l'épuisement définitif du principe d'ordre tel que le concevaient les conservateurs. Quand, par une commotion où la force matérielle a eu aussi peu de part que possible (et plus on va, plus les révolutions dépendent de la force morale), la monarchie a été abolie, le parti conservateur une fois ses premières craintes passées, n'a plus songé qu'à renverser le véritable et sûr garant de la stabilité commune, la République. Plus les choses se sont consolidées, plus il s'est irrité dans son œuvre mauvaise; le pouvoir officiel qu'il tenait tout entier, il en a fait un instrument d'agitation et de désordre. Les rôles se sont trouvés intervertis, et, si la société n'eût eu déjà cette ferme et morale organisation dont justement la République a été la conséquence, on

[1] *National*, 2 octobre 1851.

aurait vu reparaître de bien mauvais jours. Démonstration complète de ceci : que le parti conservateur n'est plus à aucun titre le parti de l'ordre.

Le parti de l'ordre est à reconstituer tout entier sur des bases nouvelles. La situation des conservateurs est devenue exactement semblable à celle de ceux qu'on appelait ultras sous la restauration. Les ultras étaient en rébellion ouverte et constante contre les conditions essentielles de l'ordre social au milieu duquel il leur fallait vivre, si bien qu'un jour, n'y tenant plus, ils ont précipité leur roi dans un abîme et le pays dans une révolution. Alors, la défense de l'ordre reposait essentiellement sur ceux qu'on appelait libéraux, essayant de maintenir la tranquillité et d'empêcher la rétrogradation. Ils échouèrent dans leur tâche par la folie des ultras, qui, ayant la main au gouvernement et conspirant contre ce gouvernement même, en profitèrent pour briser tous les liens d'une légalité protectrice. Alors ce qui attaquait l'ordre était au pouvoir; ce qui le défendait était le gros de la nation.

A peine la commotion fut-elle passée, qu'un nouveau parti de l'ordre se reconstitua pour les nouvelles circonstances. Naturellement il se trouva dirigé par les chefs des libéraux sous la Restauration. Mais ce qui aurait suffi, du moins pour un temps, sous la branche aînée, ne pouvait plus suffire sous la branche cadette. Déjà les aspirations républicaines, interrompues par la tyrannie rétrograde de Bonaparte et par ses sanglantes guerres, renaissaient spontanément en un milieu qui leur était favorable, et reprenaient leurs cours naturel; déjà le socialisme se faisait sentir. Le nouveau parti de l'ordre n'avait ni la clairvoyance qui reconnaît l'état réel des choses, ni la fermeté qui sait prendre une résolution et faire un sacrifice, ni l'ambition grande et sage qui sert un intérêt général et non un intérêt particulier. Sous sa direction nominale, tout flottait au hasard. Il était clair que, tandis que, du temps de Charles X, le danger venait des hautes classes, le danger, du temps de Louis-Philippe, venait des classes populaires, qui, plus gravement touchées des besoins sociaux, ne pouvaient être contenues qu'en étant servies. Aussi, fut-ce de ce côté que l'on chavira; et jamais chute n'a été ni si profonde ni produite par un si petit effort, tant les choses étaient prêtes et mûres?

La première préoccupation, après la commotion, fut de restaurer l'ordre, d'autant plus que des utopies qui s'étaient propagées sourdement et sans contrôle sous la compression inintelligente du juste-milieu, et qui n'avaient pas été obligées de se justifier au grand jour et par la discussion libre et publique, firent une apparition turbulente. L'émotion aveugle du moment remit cette importante tâche aux débris des ruines successives, aux systèmes qui n'avaient su tenir debout ni l'empire ni la légitimité, ni la quasi-légitimité. Nouveaux ultras, ils rêvent le renversement de ce qui est; ils attaquent l'établissement républicain; ils protégent ce qui lui est hostile; ils persécutent ce qui lui est favorable, et, s'ils réussissaient, on verrait la République mise en question, la paix troublée, les partis royalistes aux prises entre eux, les républicains soulevés et les masses populaires livrées à de formidables impulsions. S'ils réussissaient.... Mais leur pouvoir ne va pas jusque-là, bien qu'ils tiennent le pouvoir. Jamais il n'y eut pareille démonstration de la force d'une situation, jamais pareille démontration des nécessités historiques ou sociales. En de tels termes, il est certain (et la chose devient de moment en moment plus évidente à tous les yeux) que le parti conservateur n'est pas le parti de l'ordre.

C'est à former un tel parti que doivent tendre tous les efforts. La période présente ne peut être considérée que comme une halte; non pourtant que le temps y soit véritablement perdu. Elle sert à témoigner de l'impuissance radicale de tout ce qui prétend gouverner en dehors des conditions essentielles de la société moderne. Elle place dans le plus grand jour la force intrinsèque de la République, qui, remise entre les mains de ses adversaires déclarés, se soutient et se consolide: ce qui serait un miracle, si ce n'était un effet naturel des dispositions fondamentalement républicaines de la nation française. Elle élimine définitivement l'ordre pseudonyme qui nous régit momentanément, pour laisser prévaloir l'ordre réel en harmonie avec les circonstances, avec les tendances, avec les besoins.

Et en effet, tandis que ce qui gouverne est poussé, comme par une sorte d'agonie, à des mouvements désordonnés, la nation se calme jusque dans ses profondeurs. Plus l'agitation s'irrite et s'aggrave en haut, plus, au-dessous, la tranquillité prend conscience d'elle même; non cette tranquillité morne et indifférente qui laisse faire et souffre tout, mais cette tranquillité intelligente qui ne permettra pas qu'on la dérange.

C'est donc spontanément, et en dépit de tout ce qu'on fait pour le troubler, que l'ordre tend à s'établir. Une telle tendance est éminemment favorable; seulement, elle est aveugle en tant que spontanée. La rendre systématique doit être le but de tout publiciste, de tout homme d'état. A la vérité, le parti républicain, en butte à une persécution incessante et générale, est, malgré lui, dans une situation hostile, et ne sert l'ordre que d'une manière négative et par l'empêchement qu'il met aux révolutions monarchiques. De son côté, le parti conservateur est tout occupé d'entreprises subversives, et n'emploie son autorité passagère qu'à soulever les plus dangereux désordres. Cette anarchie va prendre fin en 1852. Ce qu'il y aurait de plus périlleux, c'est qu'elle ne prît pas fin à cette date. Que ceux qui jugent de l'avenir par le passé apprécient quelles chances ouvrirait à l'élément révolutionnaire le maintien d'un pouvoir qui, à la fois, deviendrait et plus mal assis et plus incapable de mettre un frein à sa propre violence.

Cet élément révolutionnaire, il s'agit de le désarmer. Son rôle, depuis l'ère solennelle de 89, où il remplit sa pleine et véritable mission, consiste à disputer le terrain à la rétrogradation, et à détruire, par des coups de main, les fragiles abris qu'elle essaye de se reconstruire. Plus on ôtera de prise à la rétrogradation, plus, du même coup, on enlèvera de chance à l'élément révolutionnaire. Qui ne le comprend aujourd'hui où le parti républicain est rejeté tout entier dans cet élément, et ne pourrait hésiter à faire cause commune avec lui, s'il devait y avoir cette crise à laquelle le parti conservateur pousse avec un acharnement aveugle? La mutation progressive de l'ancienne société est un fait inévitable; l'habileté politique, et par suite le maintien de l'ordre, consiste à ne pas s'opposer à cette mutation nécessaire. Aujourd'hui, toute l'Europe a subi sa révolution de séparation avec le système catholico-féodal; sa révolution, soit protestante (la Hollande et l'Angleterre), soit philosophique (la France et les nations qui ont suivi son exemple). La tâche des hommes d'état est non d'essayer la restauration d'un passé impossible, mais de ne pas laisser à une violence qui, sans jamais cesser d'être douloureuse, redeviendrait salutaire si elle redevenait inévitable, le soin de changer ce qui doit être changé. Tous les peuples européens s'engagent de plus en plus dans une transformation immense, qui substituera un ordre social nouveau à l'ordre catholico-féodal, maintenant assez ruiné par les révolutions antécédentes pour tout laisser surgir. Ceux-là auront eu les hommes d'état les plus habiles qui passeront par le moins de commotions et de tumultes.

La durée même de la République sera le meilleur enseignement d'ordre qui se puisse donner. Elle a déjà beaucoup appris au parti révolutionnaire en ce genre. C'est grâce à elle qu'il garde, au milieu des provocations, une attitude pacifique, attendant du calme et de la discussion le redressement de ses griefs. Sans aucun doute, cette influence s'exercera, quoique plus tardive, sur le parti conservateur. Beaucoup d'hommes de ce parti sentiront qu'il est grandement temps de chercher le salut de l'ordre ailleurs que dans des institutions temporelles et des doctrines spirituelles convaincues, les unes et les autres, d'une impuissance croissante. On dépense, de ce côté, dans des tentatives de plus en plus laborieuses pour restaurer soit les monarchies, soit les théologies, bien plus d'efforts et d'habileté qu'il n'en faudrait pour maintenir l'ordre, si maintenir l'ordre était l'unique préoccupation. Mais plus nous irons, plus cette préoccupation deviendra unique, se dégageant de ce qui la masque et l'altère; elle dissoudra le parti conservateur, et, à tout ce qui est sensé, elle fera reconnaître qu'il importe non pas de s'attacher à un passé qui ne peut plus être soutenu et encore moins soutenir, mais de se mettre en règle avec un présent dont rien ne détournera l'action générale.

Au fond, la politique de ce présent, qui s'installe ainsi avec une force irrésistible, doit être : Maintenir l'ordre matériel, laisser la liberté spirituelle. C'est sur cet axiome qu'une conciliation, suffisante pour assurer la paix, peut intervenir entre le parti conservateur et le parti révolutionnaire : une fois que la liberté spirituelle est accordée, toutes les exigences légitimes du parti révolutionnaire sont satisfaites ; car, dès lors, c'est à lui de faire prévaloir, par la discussion et par des convictions volontaires, les réformes ultérieures. Une fois que l'ordre matériel est maintenu, le parti conservateur n'a, non plus, rien à demander ; car son vœu essentiel est rempli, et les doctrines monarchiques et théologiques, qu'il soutient afin qu'elles le soutiennent contre les révolutions, se trouvent mises hors de cause par le maintien de l'ordre et n'ont, si elles en sont capables, qu'à se défendre elles-mêmes dans le monde moderne. Conservation rétrograde et violence révolutionnaire sont deux dispositions étroitement connexes, qui s'entretiennent l'une l'autre et qu'on frappe d'une déchéance commune en leur ôtant leur aliment propre : la crainte pour la liberté, la crainte pour la sécurité.

A mesure que la politique exigée par l'état mental de la génération présente s'affermira mieux, un sage acquiescement à la marche inévitable que prendront les choses générales prévaudra de part et d'autre. Il ne faut pas, en effet, cesser de répéter ce dogme de la philosophie positive : l'évolution des sociétés est un phénomène naturel soumis à des lois propres, et soustrait, comme tel, à la volonté humaine, mais non à l'intelligence humaine, qui peut le comprendre et, le comprenant, le modifier notablement, sans toutefois en changer la tendance et l'issue. Et, de fait, cette issue ne sera ni celle qu'ont imaginée les révolutionnaires ni celle que rêvent les conservateurs. La société ne retournera pas aux institutions et aux croyances agonisantes que ceux-ci essayent vainement de ranimer ; elle ne prendra pas les conceptions métaphysiques que ceux-là ont émises en l'absence des conceptions réelles ou positives. La rénovation sera pleinement radicale, ce qui est contre l'espérance rétrograde des uns; et elle sera pleinement historique, ce qui est contre la notion négative des autres. Rallier en une action commune les amis de l'ordre et les amis de la liberté, est présentement toute la sagesse politique. Jusqu'à cette heure, on n'a guère fait qu'effaroucher les amis de l'ordre au nom de la liberté, les amis de la liberté au nom de l'ordre.

Le socialisme a immensément agrandi la base sur laquelle un tel ralliement peut se faire. Comme il a pénétré surtout dans le peuple, il a intéressé à la prospérité et à l'amélioration communes un nombre infini de cœurs qui seraient restés ou indifférents ou livrés à des passions purement anarchiques. Dans la désuétude croissante où tombent les croyances théologiques, le socialisme intervient comme un anneau entre ce passé qui se dissout et la notion suprême de l'Humanité, qui sera la religion de l'avenir. Je l'ai déjà dit bien des fois, le socialisme, qui, parmi les chefs, est un conflit de sectes, est simplement, parmi les classes populaires, un sentiment qui, aspirant à l'amélioration commune, reste ouvert à toutes les saines notions. C'est lui qui entre, pour une part immense, dans ce poids que les partis monarchiques ne peuvent soulever et qui garantit la stabilité de la République. C'est lui qui, passant toutes les frontières, agite de son souffle vivifiant les populations européennes, et, troublant les rois jusque dans la base même de leur pouvoir, empêche la guerre. C'est lui qui inspire aux nations un esprit de fraternité les unissant de jour en jour davantage, une solidarité enchaînant leurs destinées et ne leur permettant plus de voir qu'une seule grande cause en Europe et qu'une seule grande solution.

En soi, le socialisme est sans issue; mais, vu comme il doit l'être, c'est-à-dire comme une préparation instinctive à des idées plus générales et à des sentiments plus déterminés, il est à la fois la pierre de touche du cœur populaire et la meilleure introduction qui se puisse concevoir à la régénération finale. Il est sans issue, car, se bornant aux questions matérielles d'impôt et de richesse, il prétend réformer la société tout en laissant subsister et les doctrines théologiques, qui, justement, ont consacré l'ordre social qu'il voudrait changer, et les doctrines métaphysiques, qui n'offrent que des négations ou des conceptions arbitraires et chimériques. Il est pourtant la vraie introduction populaire : car, que peut-il y avoir de plus noble et de plus pur que cette préoccupation qui pénètre dans les rangs les plus humbles pour l'amendement général, tandis que les riches et les puissants ne forment que des projets de violence et de compression pour arrêter et, s'il est possible, refouler l'expansion salutaire d'un peuple émancipé? La vieille société, qui se dissout, est haineuse et implacable; la nouvelle, qui s'élance à la vie, est pleine des aspirations les plus bienveillantes, et sa première parole, en 1848, fut l'abolition de la peine de mort en matière politique.

Le développement naturel de l'histoire vient en aide au socialisme pour lui ouvrir l'issue qui lui manque. La religion révélée touche à son terme, comme y touchait la religion spontanée ou polythéisme, lors de l'avénement du christianisme. La religion démontrée vient prendre sa place. Les sciences ont défait toute théologie ; mais, transformées en une seule science, ou philosophie, elles refont une nouvelle base religieuse pour la société de l'avenir.

Cette base, c'est l'Humanité, seule providence qui travaille pour nous et qui allége le poids des fatalités naturelles, fatalités provenant de trois sources, l'ordre cosmique, l'organisme vivant et la loi des sociétés. Elle s'avance à travers les siècles, existence idéale et réelle à la fois, longtemps ignorée, puis pressentie, enfin, se dégageant splendide de ses nuages en notre temps, elle s'avance à travers les siècles, fécondant la surface de la terre, gardant soigneusement l'héritage des richesses matérielles et intellectuelles, et nous améliorant tous de race en race sous sa discipline maternelle et sa bénigne influence.

Elle s'avance, abolissant la guerre, qui fut la dure et sanglante condition des sociétés passées. Alors on ne connaissait que la tribu ou la patrie : l'Humanité n'avait point encore apparu aux hommes.

Elle s'avance, consacrant l'industrie et le travail, qui sera la pacifique et salutaire condition des sociétés à venir. Les mains se détournent du glaive, et se dirigent vers les labeurs utiles, afin qu'une civilisation de plus en plus perfectionnée trouve des aliments de plus en plus abondants.

Elle s'avance, apportant une éducation profonde et sans réserve, qui sera le partage des plus humbles conditions. C'est à ce prix seulement que les hommes, connaissant les fatalités réelles qui les bornent, à la fois accepteront les nécessités sociales et obtiendront la somme de satisfactions morales, intellectuelles et matérielles, que comporte progressivement notre nature.

Elle s'avance, donnant une véritable vie à la science, qui, toute fragmentaire dans son origine, et toutignorante de sa destination réelle, prend un corps et un cœur sous cette révivification.

Elle s'avance, rallumant la flamme immortelle de l'art, qui s'épuise dans le désordre de la société et des inspirations négatives.

Elle s'avance, épurant la morale, qui, entravée par la préoccupation égoïste du salut individuel, sort enfin de la personnalité et s'épand dans la consécration de chacun au service de tous. Pleine et inévitable consommation de l'histoire ! c'est au moment où les masses populaires, grandissant régulièrement, prennent conscience d'elles-mêmes, que surgissent dans l'Occident une science et une morale en harmonie avec l'immensité des aspirations. C'est le dernier mot du socialisme.

FIN.

TABLE.

DES PROGRÈS DU SOCIALISME.

FIN DE LA TABLE.

ERRATA.

Pag. 17, lig. 7, au lieu de *masse*, lisez : *marche*.

Pag. 22, lig. 25, au lieu de *prit*, lisez : *pris*.

PARIS. — IMPRIMÉ PAR E. THUNOT ET Ce, RUE RACINE, 26,
Près de l'Odéon.

www.ingramcontent.com/pod-product-compliance
Lightning Source LLC
LaVergne TN
LVHW020531230826
846091LV00002B/234

* 9 7 8 2 0 1 9 1 3 4 7 1 6 *